현, 노장의 커뮤니케이션

김정탁

대한민국, 서울, 커뮤니케이션북스, 2010

현, 노장의 커뮤니케이션

지은이 김정탁
펴낸이 박영률

초판 1쇄 펴낸날 2010년 5월 18일

커뮤니케이션북스(주)
출판 등록 2007년 8월 17일 제313-2007-000166호
121-869 서울시 마포구 연남동 571-17 청원빌딩 3층
전화 (02) 7474 001, 팩스 (02) 736 5047
commbooks@commbooks.com
www.commbooks.com

CommunicationBooks, Inc.
3F Cheongwon Bldg., 571-17 Yeonnam-dong
Mapo-gu, Seoul 121-869, Korea
phone 82 2 7474 001, fax 82 2 736 5047

ISBN 978-89-6406-083-4

책값은 뒤표지에 있습니다.

현, 노장의 커뮤니케이션

머리말

의사소통이 우리 시대 담론의 중심에 서 있다. 미국산 쇠고기의 광우병 여부로 촉발된 2008년 여름의 촛불 시위가 중요한 계기를 만들었는데, 그 후부터 소통을 강조하는 목소리가 여기저기서 봇물 터지듯 쏟아져 나오고 있다. 의사소통이 이런 식으로 우리 사회의 지배적 담론이 되어본 적이 일찍이 없다. 그런데 정작 이를 연구하는 학자들은 그저 침묵으로 일관하는 듯하다. 물론 침묵을 깨고 자신의 입장을 밝히더라도 일반인의 관점에서 많이 벗어나 있어 마땅한 해법이 되지 못한다. 안타까운 일이지만 의사소통학이 왜 이 지경까지 무용지물無用之物의 학으로 추락한 것일까? 저자는 한국의 의사소통학 연구가 오랫동안 서구의 기능적 패러다임에만 매달린 결과라고 조심스럽게 진단해 본다. 게다가 의사소통학, 또는 커뮤니케이션학을 풍요롭게 만들었던 매체 테크놀로지의 비약적인 발전도 이런 학문관을 뿌리 내리게 하는 데 적지 않게 기여했다고 본다. 그런 결과인지 몰라도 의사소통학 연구에서 소통의 미학적 차원은 학자들의 관심에서 점점 멀어지고, '보다 빨리, 보다 많이, 보다 멀리'라는 전달의 효과 내지 영향력 차원만이 점차 힘을 얻어가고 있다. 그래서 의사소통의 중요성에 대한 바깥의 아우성에도 불구하고 정작 관련 학자들의 학문적 작업은 이와 무관하게 진행되는 것이 아닐까 하는 생각마저 든다.

서양의 의사소통학 연구에서 큰 획을 그은 바 있는 세계적인 사회철학자 위르겐 하버마스는 한국을 몇 차례 다녀간 적이 있는데, 언젠가 조언을 부탁드리는 자리에서 "명륜당明倫堂과 해인사海印寺에 이미 모든 답들이 있는데 굳이 내 철학을 통해 한국 사회를 연구하려고 드느냐?"

는 말을 남긴 적이 있다. 어쩌면 지극히 당연한 말이지만 망치로 뒤통수를 얻어맞는 듯한 충격을 받은 것은 비단 필자만의 곤혹스러운 경험이 아닐 것이다. 사실 우리나라의 주류 사회과학계는 서구이론을 통해 우리의 현실을 짜 맞추는 데 어떤 주저함이나 부끄러움이 없이 오랜 시간을 보내왔다. 몇 년 전 ≪교수신문≫이 한국의 인문사회 분야 학자들을 상대로 한 조사에서도 우리나라 학자들 스스로가 외국이론에 종속된 현재의 연구 풍토를 가장 큰 문제점으로 지적한 바 있다. 이런 자각에도 불구하고 당분간 서구이론에 의한 학문적 종속 현상이 쉽게 사라지지 않을 듯싶다. 의사소통학도 이런 학문적 풍토에 깊이 물들어 있는 것은 결코 예외가 아니다. 의사소통 연구가 한국에서도 벌써 반세기를 넘어섰지만 토착 이론으로 의사소통 현상이나 행위를 규명하려는 자주적이고 독창적인 노력을 찾아보기가 힘들다.

그런데 한중일로 대표되는 동아시아는 세계의 다른 지역과 비교할 때 매우 독특한 문화권을 자랑하고 있다. 의사소통도 이런 문화권을 형성하는 데 중요한 요인 중 하나다. 예를 들어 동아시아인은 의미 있는 의사소통을 하기 위해 전통적으로 텍스트 자체보다는 텍스트를 작성하고자 하는 사람의 의도, 즉 말하는 사람의 진정성을 중시해 왔다. 그래서 동아시아인에게 어떤 위험으로부터의 '안전安全'만을 강조하면 제대로 된 설득을 이룰 수 없다. 마음을 편안하게 해야, 즉 '안심安心'을 시켜야 비로소 위험으로부터 벗어날 수 있다는 확신을 지닌다. 이는 마음과 마음이 통하는 우리식의 의사소통이, 객관적 정보와 지식의 공유에 따른 서구식 커뮤니케이션보다 우선한다는 의미다. 그래서 과학적 지식과 정보를 동원해서 광우병이나 심지어 원자력의 안전을 호소하는 방식으로는 동아시아인의 마음을 사로잡는 데 그다지 효과가 없어 보인다. 동아시아인은 '머리와 머리 간(brain-to-brain)'의 소통에 머물지 않고 그것이 '가슴과 가슴 간(heart-to-heart)'으로 확대되어야만 제대로 된 의사소통이 이루어진다고 믿는다. 동아시아인의 의식 속에 깊이 뿌리 내린 이심전심以心傳心 개념도 이런 연유에서 생겨났다고 본다.

물론 이런 의미 있는 의사소통관이 동아시아인에게 어느 날 갑자기 생겨난 것은 아니다. 이를 뒷받침하는 근거는 이들의 의식 속에서 오랫동안 그 뿌리를 내려왔다. 동아시아인의 대표적 사유 방식인 유불선 사상이 바로 그것이다. 예를 들어 공자가 완성된 인간의 모습으로 제시한 "귀를 순하게 하다(耳順)", "도를 도라고 하면 늘 그러한 도가 아니다(道可道非常道)"로 상징되는 노자의 언어도단론, 장자서의 핵심적 내용으로서 이론적 틀에 해당하는 제물론齊物論, 불가의 『금강경』을 압축한 「반야바라밀다심경」의 "색과 공이 다르지 아니하고, 공과 색이 다르지 아니하니 수 · 상 · 행 · 식도 이와 마찬가지다(色卽是空 空卽是色 受相行識 亦不如是)"는 것, 이 모두가 소통 수단으로서의 감관과 감관의 연장에 해당하는 언어, 그리고 의미 작용을 일으키는 심관과 직접적으로 연관된다. 이순耳順의 이耳와 수상행식의 수受가 감관을, 언어도단론의 언어가 매체를, 제물齊物과 상相 · 행行 · 식識이 심관 작용을 각각 의미하고 있기 때문이다. 우리의 의사소통이 감관과 감관의 연장인 매체, 그리고 의미 작용 등 세 가지로 구성된다는 점을 감안하면, 의사소통은 유불선 사상의 중심을 관통하고 있는 셈이다.

이처럼 동아시아인은 서구인에 비해 오랫동안 의미 있는 의사소통을 해왔고, 또 이것을 가능케 하는 사상적 근거가 분명 있어왔다. 이런 사실은 의사소통을 연구하는 학자들의 관심과 흥미를 불러일으키기에 충분하다. 그럼에도 의사소통을 오로지 서구이론으로 분석하고, 또 그것을 금과옥조로 생각해 왔으니, 한국에서 의사소통을 연구하는 학자들에게서 적지 않은 모순이 발견된다. 또 의사소통 학자들의 모순보다는 덜할는지 모르지만, 유불선 사상 연구자에게도 역시 문제점이 생겨난다. 무엇보다도 한국인의 의식 속엔 유불선 사상이 함께하고 있을 터인데,

학문적 차원에선 마치 별개인 양 개별적으로 연구되어 온 것이다. 이론이나 사상이 우리의 의식을 제대로 담아내어야 그것이 올바른 학문관을 확립하는 길인 터인데, 기존 연구자들에게선 의식보다도 이론이나 사상이 앞서 있는 게 아닌가 하는 의구심을 좀처럼 지울 수 없다. 그래서 학문 세계에서는 유불선 사상들 간의 연결 고리가 끊어진 지 이미 오래되었다. 한국인의 의식 속에 함께하는 사상이 무엇인지에 대해 좀더 고민했더라면 하는 아쉬움이 남는 대목이다. 이런 고민의 결과인지 몰라도, 저자는 유불선 사상에서 공통적으로 자리하는 것이 소통 수단인 감관과 그것의 연장인 언어, 또 이것들이 일으키는 의미 작용이라는 사실을 발견할 수 있었다. 이 같은 발견은 철학의 울타리 안에서만 맴돌던 유불선 사상의 외연을 크게 확장하는 일이라고 본다.

흔히 사람들은 유가사상이 낮의 사상이라면 노장사상은 밤의 사상이고, 또 유가철학이 경세의 철학이라면 노장철학은 휴식의 철학이라고 말한다. 그래서 노장사상을 매력적으로 평가하면서도 사춘기적 취향에 기울어져 있다고 폄하한다. "가장 옳은 선은 물과 같다(上善若水)"거나 "그칠 줄을 알아야 위태롭지 않다(知止不殆)"는 말들은 분수를 지키는 겸손한 삶의 전범으로 활용되곤 하지만, 유가에서 말하는 적극적 방식의 현실 참여와는 거리가 있다. 이 때문에 '공맹지학'에서 '노장지학'으로의 전환은, 현실에서 일하다 지쳐서 귀거래사歸去來辭를 읊으며 자연으로 돌아가는 것이라고 말한다. 그렇지만 노장이 그리는 삶의 모습은 2000년 전의 것 같지 않게 오늘날에도 여전히 유효하다. 무엇보다 희망이 없어 보이는 이 세상을 살아가는 우리에게 노장은 사변적으로 안이하거나, 실천적으로 어려운 주문을 내놓지 않는다. 삶의 본질과 소외에 대한 정확한 통찰을 통해 노장은 즉물과 피상을 넘어서는 심도 있는 처방을 내리며, 이 처방에 따라 삶에 전혀 무리를 주지 않으면서 우리를 자연스럽게 변화하도록 만든다. 그래서 말과 행동이 일치하며, 이론과 실천이 따로 놀지 않으며, 나아가 진리를 추구하는 작업과 인격을 완성하는 일도 분리되지 않는, 가장 이상적인 의사소통학이 노장사상을 통해 구현될 수 있다. 이 점이 서양의 의사소통학과 크게 다른 점이면서 동시에 노장사상을 통해 의사소통을 규명하는 저자의 크나큰 즐거움이다.

그런데 즐거움은 여기에서 그치질 않는다. 노장사상에는 철학뿐 아니라 역사와 문학도 함께하고 있어서 공부할수록 그 내용이 새롭게 다가온다. 춘추전국 시대의 사건이나 인물에서 적지 않은 예를 동원한다는 점에서 노장은 분명 역사를 말하고 있다. 또 중국 최고의 문학서로 평가될 정도로 장자서는 수준 높은 은유들의 보고이기에 소위 '필'이 꽂히게끔 그 내용들이 우리에게 다가온다. '대붕의 꿈'으로 알려진 장자서 도입부만 해도 그러하다. 기학器學이 아니라 도학道學을 하겠다는 장자의 포부를 "곤이라는 큰 물고기가 붕이라는 큰 새로 변해 하늘 높이 올라가 바다에 큰 그림자를 드리우며 난다"로 표현했는데 왜 이렇게 표현했는지 잘 이해가 되지 않는다. 그렇지만 그림자를 학문 내지 이론의 설명 가능성으로 바꾸면 그 의미가 좀더 가깝게 느껴진다. 낮게 나는 새는 바다에 선명한 그림자를 드리우지만 새 그림자 크기가 실제 새의 크기에 불과한 반면, 높이 나는 새는 희미한 그림자를 드리우지만 바다에 넓게 퍼질 정도로 아주 크기 때문이다. 도학과 기학 간의 차이가 이것이라고 본다. 기학은 오늘날의 과학처럼 설명 범위가 제한되지만 그 설명이 객관적이고 명료한 반면, 도학은 설명 범위가 넓은 대신 그 설명이 모호하고 불분명하기 때문이다. 이렇게 보면 노장사상은 소위 문사철文史哲로 대표되는 인문학의 총합인 셈이다. 그래서 이것저것 '나누어[科]' 공부할 필요도 없을뿐더러, 나눈 학문끼리, 즉 과학科學끼리 통섭할 필요조차 없다.

노장사상의 이런 총체적 성격이 저자로 하여금 책의 집필을 더디게끔 만들었다. 책의 줄거리에 대한 구상도 오래전에 끝냈고, 줄거리를 구성하는 개별적 내용의 학습도 몇 차례 강의를 통해 어느 정도 마무리 지었지만, 막상 집필을 시작하고부터 책을 완성하는 데까지 적지 않은 시간이 소요되었다. 지금까지 저자에게 익숙한 서술 방식이었던 과학적 분석력만으로는 노장사상을 전달하는 데 한계를 절감했기 때문이다. 반드시 인문적 상상력이 수반되어야 노장사상의 숨결을 제대로 전달할 수 있음을 집필하면서 깨달았지만 이미 때는 늦었다. 그래서 쓴 글을 고치고, 고친 글을 또다시 바꾸는 식의 교정 과정을 수없이 되풀이했지만, 여전히 부족하다는 점을 인정하지 않을 수 없다. 그나마 다행이라면 불문학자 김순경金舜慶 교수에게서 인문적 상상력의 감을 어설프게나마 배울 수 있어서 부족한 부분을 어느 정도 보완할 수 있었다는 점이다. 이 자리를 빌려 감사의 마음을 전한다.

또 저자에게 동양학의 길을 처음 안내하고, 의사소통 관점에서 유불선 사상을 볼 수 있을 거라는 격려를 틈날 때마다 해준, 한국학중앙연구원의 한형조韓亨祚 교수에게도 고마운 마음을 금할 수 없다. 또 노장 텍스트를 해석하는 데 필자에게 나침반과 같은 중요한 역할을 해준 철학자 김형효金炯孝 선생님에게도 감사의 말을 올리고 싶다. 또 아직까지 일면식은 없지만 그의 책을 통해 의사소통 관점에서 장자사상을 접근할 수 있다는 확신을 저자에게 심어준 강신주 박사에게도 고맙다는 말을 전하고 싶다. 끝으로 이 자리를 빌려 한 가지 고백할 사실이 있다. 그동안 저자는 동료 학자들로부터 그 난해한(?) 노장사상에 어떻게 접근할 수 있었느냐는 질문을 자주 받아왔다. 물론 저자도 처음부터 노장사상이 눈에 확 띄게 쉽게 들어왔던 것은 아니다. 저자 역시 노장사상을 설명하기 위해 사용된 개념들이 이제까지 서양을 통해 배워왔던 개념과는 너무나 달라 모든 것들이 낯설게만 느껴졌다. 이런 어려움을 극복하는 데 우리의 전통 종교라고 할 수 있는 원불교 사상이 큰 도움을 주었다. 원불교 텍스트에는 유불선 사상이 잘 용해되어 있어서 이를 통해 노장의 텍스트에 대한 두려움을 쉽게 떨쳐버릴 수 있었다.

이 책은 크게 세 부분으로 구성되어 있다. 첫 번째 부분은 노장사상의 핵심 개념인 도道에 대한 설명이다. 이를 위해 두 가지 차원에서 도의 성격을 파악해 보았는데, 우주 · 자연 · 인간세 원리로서의 도와, 완성된 인간을 향한 도의 작용이 그것이다. 먼저 우주 · 자연 · 인간세 원리로서의 도는 1) 무질서하지만 생명 있는 존재, 2) 존재하지만 알 수 없는 존재, 3) 무위자연無爲自然한 존재로 각각 구분해서 설명했다. 이런 구분은 서양철학을 구성하는 데 가장 핵심적인 존재론적 차원, 인식론적 차원, 도덕철학적 차원을 제각각 반영한다고 말할 수 있다. 그리고 완성된 인간을 향한 도의 작용은 1) 외물만 다를 뿐 만물은 같다는 제물齊物, 2) 마음을 가지런히 놓아야 한다는 심재心齋의 두 가지 관점에서 접근했다. 도에 대해 이렇게까지 구체적으로 언급한 것은 의사소통 문제를 노장사상의 차원에서 본격적으로 접근한 시도가 여태까지 거의 없었기 때문이다. 그래서 의사소통학을 전공하는 학자들이 가질 수 있는 노장에 대한 생경함을 줄일 필요가 있었는데, 이를 위해 노장사상의 핵심 개념인 도의 설명을 통해 노장에 대한 이해의 폭을 넓히고자 했다.

두 번째 부분은 의사소통 수단인 감관과, 감관의 연장인 언어 및 그것들의 의미 작용에 관한 내용으로 이 책의 본론부에 해당한다. 본론의 전반부는 소통 수단으로서의 감관과, 의미 작용으로서의 심관에 대해 설명하고, 후반부는 감관의 연장으로서의 언어에 대해 언급하고 있다. 먼저 전반부는 '오색五色이 우리의 눈을 멀게 한다'는 제목으로 감관 및 심관에 대한 노장의 부정적 관점에 대해, '욕망의 원천인 구멍을 막다'는 제목으로 감관 및 심관 작용의 미망과 허상으로부터 벗어나는 노장의 방법론에 대해, '포정의 소 잡는 일'이라는 제목으로 감관 및 심관 작용으로부터 해방되었을 때 얻어지는 통찰력에 대해 각각 설명하고 있다. 그리고 후반부는 '물고기를 잡으면 통발을 잊어라'는 제목으로 노장의 회의적인 언어관에 대해, '반편의 지식인은 배운 바에 고착되어 있다'는 제목으로 언어 작용의 문제점에 대해, '아침에 셋, 저녁에 넷(朝三暮四)'의 우화를 통해서는 잘못된 언어 작용으로부터 벗어나는 방법에 대해 각각 설명하고 있다.

세 번째 부분은 이 책의 결론부로서 현玄의 원리에 입각하여 노장의 의사소통관을 포괄적으로 제시하고자 한다. 그리고 현의 원리에 입각한 구체적인 의사소통 방식을, 소통 수단인 언어 차원과 소통 형식인 관계 차원으로 나누어 설명했다. 먼저 언어 차원에서는 우언 · 중언 · 치언의 은유법을 통한 방법을, 또 관계 차원에서는 대대對待 논리의 해체를 통한 방법을 각각 제시했다. 끝으로 이 책 말미에 저자가 최근 발표한 "주체와 객체의 융합 조건에 관한 연구: 자크 데리다와 유불선 사상과의 접합을 통해서"라는 제목의 논문을 첨부했다. 이 논문을 여기에 수록한 것은 의사소통이 유불선 사상과 어떻게 결합될 수 있는지, 또 서양사상과 동양사상이 소통 수단인 언어를 매개로 해서 어떻게 연결을 이룰 수 있는지를 보여주기 위함에서였다. 이 논문을 통해 노장사상의 관점에서 의사소통에 접근하는 방법이 결코 낯선 것이 아니라는 사실을 깨달았으면 하는 저자로서의 희망을 가져본다.

庚寅年 초후
憑虛書樓에서

차례

Ⅱ. 의사소통 수단과 의미 작용

III. 현玄에 입각한 의사소통

I

도道의 원리와 작용

우주 · 자연 · 인간세 원리로서의 도

도道는 노장老莊사상을 이해하는 데 가장 핵심적인 개념이다. 노장사상에서 도가 차지하는 비중은 어쩌면 유가를 대표하는 인仁, 불가를 상징하는 공空이 유가와 불가에서 차지하는 비중보다 크다고 말할 수 있다. 이런 이유 탓인지는 몰라도 영어권에서는 공자사상을 '유교주의(Confucianism)', 불가사상을 '불교주의(Buddhism)'라고 말하지만, 노장사상은 이와는 달리 도의 이름을 그대로 차용해서 '도道주의(Taoism)'라고 부른다. 이 책이 노장의 의사소통 사상을 주제로 삼고 있기는 하지만, 노장의 의사소통 사상에 제대로 접근하기 위해선 도에 대한 기본적 이해가 전제되어야 할 것이다. 물론 도에 대한 이해가 그리 만만치는 않다. 노자는 『도덕경道德經』 서두에서 "도를 도라고 말하면 늘 그러한 도가 아니다(道可道非常道)"고 규정함으로써, 도가 무엇인지 꼭 집어서 말할 수 있는 개념이 아니라고 주장한다. 단지 '물(水)', '통나무(樸)', '갓난아이(嬰兒)' 등에 비유해서 말할 수 있을 뿐이라고 주장한다. 그럼에도 노자서老子書와 장자서莊子書라는 텍스트를 전체적으로 조망하면 다음의 세 가지 측면에서 도의 개념을 압축하여 설명할 수 있지 않을까 하고 생각해 본다.

첫째, 무질서無秩序하지만 생명 있는 존재로서의 도.
둘째, 불가지不可知한 존재로서의 도.
셋째, 무위자연無爲自然한 존재로서의 도.

그런데 이 세 가지 측면은 서양철학적 관점에서 볼 때 존재론적 차원, 인식론적 차원, 도덕철학적 차원을 제각각 반영한다고 말할 수 있다. 먼저 '무질서하지만 생명 있는 존재로서의 도'는 존재론적 차원과 관련이 깊다. 물론 노장이 말하는 도의 존재론은 서양철학에서 말하는 존재론과 분명 다른 모습을 하고 있다. 서양철학에서는 매우 짜임새 있고 질서정연한 모습을 존재론의 대상으로 삼고 있지만, 노장사상에서는 혼돈混沌으로서의 무질서한 모습을 존재론의 대상으로 가정하고 있다. 두 번째 '불가지한 존재로서의 도'는 인식론적 차원을 반영하고 있다. 이것 역시 서양의 인식론과는 서로 다른 관점에 위치해 있다. 서양철학에서는 이성을 통해 이루어지는 객관적이며 명료한 것의 추구를 인식의 방법론으로 삼는다면, 노장사상에서는 도를 이성적 사고로 접근할 수 없는 대상으로 파악하기에 결과적으로 탈인식론적 사유를 지지한다. 마지막으로 '무위자연한 존재로서의 도'는 실천철학적 차원, 즉 도덕철학적 차원을 의미한다. 이 역시 서양의 도덕철학과는 반대되는 입장에 있다. 서양의 도덕철학이 선善과 같은 지고의 가치를 삶의 목표로 추구한다면, 노장사상은 이런 가치를 인간의 의지가 개입된 인위人爲로서 단정하고, 인간의 흔적이 전혀 발견되지 않는 여여자연如如自然한 무위無爲의 가치를 삶의 의미로 삼는다.

그런데 도의 개념과 관련해서 한 가지 흥미로운 사실이 있다. 도가 노장이 만들어낸 고유의 개념이 아니라 걸어 다니는 '길(道)'에서 그 의미를 빌려왔다는 점이 그것이다. 노자와 장자는 우주·자연·인간세의 원리로서 깨달은 바를 무엇으로 표현할까 고민하다가 그 많은 것들 중에서 '길'을 선택했다고 보인다. 따라서 도는 우주·자연·인간세의 원리를 의미하는 일종의 은유에 해당한다. 물론 고속도로처럼 반듯하게 놓인 길을 생각하면 노장이 인용한 길의 은유를 제대로 이해할 수 없다. 그렇지만 산에 올라가 저 아래에 펼쳐진 길을 내려다보면 우주·자연·인간세의 원리로서 노장이 길의 개념을 왜 차용했는지 어렴풋하게나마 느낄 수 있다. 실제로 길이 똑바로 나 있으면 들판을 가로질러 그렇게 된 것이고, 구불구불한 모습을 하고 있으면 산과 강을 마주해서 그렇게 된 것이다. 그래서 산을 만나면 적당한 곳에서 우회해야 하고, 강을 만나면 징검다리를 놓을 수 있는 곳까지 거슬러 올라가야 한다. 그렇지만 이 길은 우리가 많은 힘을 들이지 않고 원하는 곳까지 가장 빨리 갈 수 있는 최적의 길이다. 물론 이 길은 누구의 기획이나, 설계에 의해 만들어진 길은 더더욱 아니다. 많은 사람들이 오랜 기간 끊이지 않고 다니다 보니까 저절로 생겨난 길이다. 여기서 불가지不可知한 존재로서의 도의 성격이 잘 드러난다.

노장에게서 길의 의미란 적은 노력으로 원하는 곳까지 빨리 가야 하는, 소위 기능적 목적만을 지니는 것은 결코 아니다. 길이란 힘을 덜 들이고 목적지에 빨리 가는 것을 목표로 해서 만들어진 것이지만, 노장에게서는 이런 목표보다 더 중요한 것이 있다. 그것은 길이 만들어지더라도 자연의 섭리를 거슬러서는 안 된다는 사실이다. 오늘날 길을 만들다가 산을 만나면 터널을 뚫고, 강을 만나면 다리를 놓는 데 아주 익숙해져서 어떤 거리낌조차 갖지 않는다. 이런 길은 자연과의 조화를 무시하고 오로지 목적지에 빨리 도착해야 한다는 인간 중심주의적 편의를 그대로 반영한 길이다. 바로 우리의 맹목적 의지가 넘쳐나는 소위 인위人爲에 입각해 있는 길이다. 반면 자연의 모습을 상하지 않고 저절로 생겨난 길은 언젠가는 자연의 일부로 편입되고 마는데, 이런 길은 우리의 의지가 전혀 작용하지 않는 무위無爲에 따른 길이다. 이런 길을 걷다 보면 우리는 자연의 섭리를 새삼 체험하고, 자연의 섭리만큼 진실하고 영원한 것이 없다는 점을 깨닫기도 한다. 자연의 섭리란 무언가를 위해 목적적으로 움직이는 운동 현상이 아니기 때문이다. 이런 관점에서 '무위자연無爲自然한 존재로서의 도'의 성격을 이해할 수 있지 않을까?

마지막으로 '무질서하지만 생명 있는 존재로서의 도'에 대해 생각해 보자. '생명 있는 무질서'와 반대되는 개념은 '생명 없는 질서'다. 그런데 우리가 고속도로를 달리다 보면 '생명 없는 질서'가 어떤 것인지 쉽게 체험할 수 있다. 고속도로를 타는 순간부터 목적지에 빨리 도착해야 한다는 조급함에서 우리의 마음은 좀처럼 헤어나지 못한다. 더욱이 차가 붐벼 길이라도 막히면 제때에 도착하지 못한다는 불안감으로 마음이 더욱 초조해진다. 그런데 오솔길을 걸을 때도 우리의 마음이 이렇게 초조해질까? 또 고속도로를 벗어나서 한적한 길을 달릴 때도 이런 초조함이 여전히 있는 것일까? 물론 그렇지는 않을 것이다. 오솔길을 걸으면 우리는 자연과 절로 호흡할 수 있고, 자신의 내면과 대화할 수 있는 여유도 생겨날 것이다. 그러면서 빨리 가야 한다는 사실을 까맣게 잊고 마는데, 그럴수록 자신이 존재한다는 느낌만은 강하게 받는다. 그래서 구불구불한 길은 무질서해 보일는지 모르지만, 그 길은 우리의 존재를 확인할 수 있는 어떤 생명력을 갖는다. 반면 반듯하게 놓인 도로는 질서정연해 보일는지 모르지만, 그 위를 달리는 사람에게선 어떤 존재의 의미를 찾을 수 없다. 그렇다면 지금 우리는 질서정연하지만 생명의 숨소리가 들리지 않는 죽은 길을 가고 있는 것일까, 아니면 무질서하지만 생명이 살아 숨 쉬는 산 길을 가고 있는 것일까?

i

도의 존재론적 차원: 무질서하지만 생명 있는 존재

우리가 살고 있는 이 세상은 누가 만들었을까? 우리는 어머니로부터 태어났으니 세상의 어머니라는 존재도 분명 있을 터인데, 그렇다면 세상의 어머니는 누구이며, 그 어머니는 어디에서 찾을 수 있을까? 물론 어머니의 존재를 찾기 위해서는 우리의 조상을 한없이 더듬어 올라가야 하는데, 그렇다고 하더라도 이런 식의 질문에 대해서 마땅한 답을 찾기란 여간 어렵지 않다. 그 어머니라는 존재가 꼬리에 꼬리를 물면서 끊임없이 등장하기 때문이다. 더욱이 지구의 탄생, 또 우주의 탄생으로까지 그 영역을 확장한다면 우리는 어머니의 존재에 대해서 전혀 감을 잡을 수가 없다. 물론 신의 존재를 믿는 사람들에게서는 그것이 바로 '신의 의지'라는 식의 대답을 예상할 수 있지만, "과연 신이 존재할까?" 하고 되물으면 이들로부터 어떤 명쾌한 답변을 기대하기란 쉽지 않다. 신은 이런 문제를 해결하기 위해서 인간이 관념적으로 요청한 개념으로 보이기에, 신의 실재 여부를 따지는 것 자체가 모순으로 생각된다. 노자 역시 세상의 탄생에 대해서 "세상 만물은 유有에서 생겨나고, 유有는 무無에서 생겨난다"고만 말할 뿐이다.

> 세상 만물은 유有에서 생겨나고, 유有는 무無에서 생겨난다.
>
> 天下萬物生於有 有生於無 (『노자』 40장)

세상의 기원에 대한 노자의 이런 생각도 '신의 의지'라는 개념 못지 않게 우리에게 여전히 모호하게 들린다. 그렇지만 "만물은 유有에서, 유有는 무無에서"라고 규정함으로써, 세상의 모습이 무 → 유 → 만물이라는 세 단계로 진행되어 왔음을 밝히고 있는데, 이는 매우 중요한 진전으로 생각된다. '중요한 진전'이라는 표현을 왜 사용했느냐 하면, 말로선 쉽게 설명할 수 없는 오묘한 진리가 노자의 이 말에 숨겨져 있기 때문이다. 장자도 천지가 생겨날 때 모든 물체들은 구체적인 형상을 갖고 있지 않았기에 이를 '무無'로 표현했는데, 장자에게 무는 도의 본체이자 우주의 근원에 해당한다. 그리고 도의 창조와 생명 작용을 통해서 만물이 생겨났는데, 장자는 이를 '유有'라고 표현했다. 무無와 유有의 관계를 인간의 탄생에 적용하면 난자와 정자의 오묘한 결합이라는 도의 작용을 통해 태아라는 유有가 만들어지는데, 난자와 정자가 어떻게 생겨났을까를 끊임없이 따져 들어가면 결국은 '무無'에 이른다. 이런 식으로 생각하면 지구의 탄생, 또 우주의 기원도 마찬가지 방법으로 설명될 수 있다. 즉 무의 존재가 모든 세상 만물 탄생의 비밀을 간직하고 있는 셈인데, 그렇다면 세상 만물의 기원에 대한 궁금증을 풀기 위해서는 무가 무엇인지를 먼저 규명해야 한다. 그래서 노자도 그의 책 첫 부분을 무에 대한 언급으로부터 시작한다.

> 무는 이 세상의 시작이고, 유는 모든 만물의 어머니다.
> 고로 언제나 무를 통해서 세상의 오묘함을,
> 언제나 유를 통해서 세상의 구체적 형상을 보고자 한다.
>
> 無名天地之始 有名萬物之母
> 故常無欲以觀其妙 常有欲以觀其徼 (『노자』 1장)

즉 무無란 "이 세상의 시작으로서 그것을 통해 세상의 오묘함을 보고", 유有란 "모든 만물의 어머니로서 그것을 통해 세상의 구체적인 면을 보고자 한다"이다. 이 세상 모든 만물들은 어머니와 같은 존재로 인해 특별한 형상을 갖고 이 세상에 태어날 수 있었다. 그래서 우리는 유를 통해서 만물의 구체적인 형상들을 파악할 수 있다. 반면 무에는 모든 만물들의 흔적이 혼재되어 있어서 만물들 간에 어떤 구별이 생겨나지 않는다. 이를 어머니 뱃속에 있는 태아에다 비유하면 남여로 구분되기 이전의 상태로서, 남아도 될 수 있고 여아도 될 수 있는 그런 상태를 뜻한다. 그래서 무의 상태는 '없다'의 상태가 아니라 모든 것이 혼합되어서 만물이 서로 구별되지 않는 상태를 뜻한다. 그래서 노자는 이를 오묘하다고 말한다. 그렇지만 모든 사물의 가능태로서 존재하는 무의 상태는 어떤 계기로 인해 구체적 형상을 띠게 되는데 이것이 바로 유의 상태다. 마치 남녀의 우연한 만남을 통해서 가능태로만 있던 무의 존재가 어린아이라는 구체적 형상을 띤 유의 존재로서 나타나는 것처럼 말이다. 그래서 노자는 무를 천지의 시작에 비유한다.

또 노자는 '묘妙'와 '요徼'를 대비하면서 무와 유에 대한 설명을 이어나간다. '묘'는 말 그대로 묘하다는 뜻이기에 우리가 쉽게 이해할 수가 있다. 즉 무의 상태는 모든 만물들의 흔적들이 혼재되어 있어서 이것이 저것이고, 저것이 이것일 수가 있다. 그래서 무의 상태는 말 그대로 묘한 모습을 띠게 된다. 그렇지만 가장자리, 또는 주변이라는 의미를 지닌 '요'가 어떻게 구체적인 형상이라고 해석될 수 있을까? 대부분의 『노자』[1] 해설서들은 이 대목을 해석하면서 가장자리, 또는 주변이라는 식의 직역에

---

1 여기서 『노자』란 흔히 『도덕경道德經』이라고 불리는 『노자서』를 의미한다. 이렇게 함으로써 사람을 지칭하는 노자와 구분하고자 한다. 『장자』의 경우도 마찬가지로 『장자서』를 의미한다.

그치고 마는데, 이런 식으로 해석하면 전체적인 의미가 잘 통하지 않는다. 그래서 동그란 원과 그 안에 있는 일점을 통해서 구체적 형상이라는 의미를 지닌 '요'의 개념을 설명할 필요가 있다.

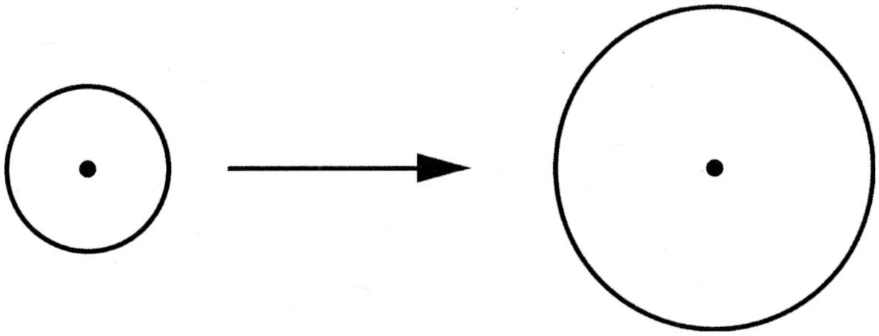

이 그림에서 원 한가운데의 일점은 천지의 시작으로서 모든 것이 혼재된 혼돈混沌이라는 무의 상태라고 말할 수 있다. 이 상태는 모든 흔적들이 압축되어서 일점으로 표시될 수 있다. 그리고 원을 그리는 바깥의 선은 구체적인 형상으로 나타나는 유의 상태라고 말할 수 있다. 물론 태초에는 일점과 원을 그리는 바깥 선 사이의 거리가 멀지 않았기에 작은 원의 모습을 하고 있었다. 그런데 원이 커질수록, 즉 생명의 분화가 가속화될수록 혼돈 상태였던 일점은 식물계와 동물계로, 동물계는 다시 포유류계와 비포유류계로, 포유류계는 다시 인간계와 비인간계로, 인간계는 다시 흑인종, 백인종, 황인종 등으로 끊임없이 분화하다가 아주 큰 원으로 그 모습을 달리하게 된다. 이것이 태초에서부터 지금까지 이 지구상에서 이루어진 오랜 생명 분화의 과정이라고 말할 수 있다. 이런 생명 분화가 계속될수록 일점에서 원을 그리는 선까지의 거리가 더욱 더 멀어진다. 그래서 원을 그리는 선은 일점에서 볼 때 변방인 '요'에 해당하는 것이다.

그런데 일점과 변방까지의 거리가 멀어질수록, 즉 생명 분화가 더 많이 이루어질수록 우리는 무/유가 함께하고 있음을 깨닫지 못하고, 무/유를 더욱더 구분해서 보려고 한다. 마치 무의 세계와 유의 세계가 따로 있는 것처럼 말이다. 그 결과 우리는 존재/비존재, 미/추, 선/악 등의 경우처럼 이항대립二項對立적 방식에 따라 세상 만물 내지 만사를 자의적으로 재단하려고 든다. 그런데 서양사상의 근저에는 이런 이항대립적 사고가 깊게 자리해 왔다. 이런 사고방식은 무엇보다 대상을 객관적으로, 또 명료하게 파악하려는 데서 비롯된다. 그리고 언어·문자와 같은 소통 매체는 대상의 의미를 객관화하고 명료화하는 데 가장 으뜸가는 역할을 수행해 왔다. 또 우리가 언어·문자에 대한 의존을 끊임없이 늘려가면서 이항대립적 사고를 우리의 삶 속에 고착화시켜 온 것도 분명한 사실이다.

반면 동아시아의 사유 방식은 대상을 의미에 따라 객관적으로 구분하기보다는 대상의 의미들이 서로 연결되어 있음을 강조하면서 세상 만물을 통합적으로 보려고 한다. 이에 노자도 무/유는 분리된 것이 아니라 동전의 양면처럼 결합된 것이어서 단지 우리의 눈에 다르게 보일 뿐이라고 말한다. 이런 사실은 음陰과 양陽으로 구성된 태극의 모양에서도 잘 나타난다. 즉 만물을 기본적으로 음/양으로 구분하지만 음과 양이 서로 상승하면서 작용하는 운동 원리, 즉 태극太極 내지는 무극無極의 원리를 도의 원리로 삼으려고 하는 것은, 무엇보다 무/유를 통합적으로 보려는 시도 때문이다. 이럼으로써 노장은 대상의 의미를 객관화하고 명료화하기 위해 불가피하게 동원할 수밖에 없었던 이항대립적 사유 방식이 지닌 한계를 극복하려고 노력한다.

서양의 이항대립적 사유 방식

노장의 반이항대립적 사유 방식

그런데 노자가 무/유의 개념으로 도의 원리를 설명하고는 있지만, 그가 정말로 강조하려는 바는 유有의 개념보다는 무無의 개념에 있다. 왜냐하면 유의 상태는 우리의 감관을 통해서 그 모습을 드러내고 있기에 굳이 설명할 필요가 없지만, 무의 상태는 우리의 감관으로는 전혀 파악되지 않기 때문이다. 물론 무란 서양 존재론이 오랫동안 가정해 온 것처럼 유와 대립된 개념은 결코 아니다. 즉 '있음'의 반대로서의 '없음'이 아닌 것이다. 그럼에도 서양에서 무/유를 대립적 개념으로 파악해 왔던 것은 이항대립적 사고가 그만큼 뿌리 깊게 자리한 탓이다. 반면 동아시아인의 사유에선, 무란 존재하지만 우리의 감관으로는 포착되지 않아 마치 없는 것처럼 느껴진다. 이런 점에서 보면 노장에서의 무의 개념은 불가에서 말하는 공空의 개념과도 흡사하다. 즉 공이란 존재하지만 그것이 텅 비어 있는 상태를 뜻한다. 그렇다면 유의 개념은 불가에서 말하는 색色의 개념에 비유할 수 있지 않을까? "색이 곧 공이고, 공이 곧 색이다(色卽是空 空卽是色)"라는 불가의 유명한 언설도 이렇게 해서 성립된 것으로 보인다. 그렇다면 무의 개념은 '비어 있다'는 허虛의 개념으로 파악하는 것이 우리의 이해를 훨씬 쉽게 만들 것이다. 그래서 무심無心보다는 허심虛心이 더 바람직한 표현이라고 생각된다.

그럼에도 우리는 눈에 보이는 유의 상태에서 세상의 모든 원리를 파악하는 데 아주 익숙해 있다. 그래서 사람이 죽으면 슬퍼하고, 태어나면 기뻐한다. 그런데 무의 세계에서는 삶과 죽음조차 서로 연결되어 있어서 기氣의 작용에 따라 이루어지는 하나의 반복 과정에 불과할 뿐이다. 즉 기가 모이면 삶으로 나타나고, 기가 흩어지면 죽음으로 나타날 뿐이다. 그렇다면 삶과 죽음은 분리된 개념이 아니라 동거의 개념이라고 볼 수 있다. 그럼에도 삶과 죽음을 양립 불가능한 것으로 구분하려고 들면, 이런 식의 구분은 우리의 감관이 작동하는 유의 세계에서나 가능한 일이다. 물론 삶과 죽음뿐 아니라 만물의 변화도 마찬가지 이치로 설명될 수 있다. 사람들은 자신들의 잣대에 따라 아름다움은 좋고, 추함은 밉다는 식으로 반응하지만, 만물의 아름다움과 추함도 단지 기氣의 변화일 따름이다. 노자는 성인만이 이 기의 작용을 알고 있어서 대상의 모습, 즉 외물만을 보고 구분하려고 들지 않는다고 말한다.

> 삶 뒤에는 죽음이 따르고, 죽음은 삶의 시작이다.
> 이처럼 삶과 죽음이 서로 반복하는데 그걸 누가 관장하는지
> 어찌 알 수 있겠는가?
> 사람의 삶이란 기의 취합이다.
> 기가 모이면 삶이 되고, 기가 흩어지면 죽음이 된다.
> 이처럼 삶과 죽음은 서로 뒤쫓고 있는데
> 나 어찌 걱정을 안 할 수 있겠는가?
> 그래서 만물은 하나다.
> 사람들은 만물이 아름다우면 신기하다고 하고,
> 추하면 썩어서 냄새가 난다고 한다.
> 그렇지만 썩어 냄새나는 것이 변해 신기하게 되고,
> 신기한 것이 변해 썩어 냄새가 나기도 한다.
> 이처럼 천하는 하나의 기로서 통한다.

성인은 무차별 경지에 있으면서 하나의 기를 귀하게 여긴다.

生也死之徒 死也生之始 孰知其紀
人之生氣之聚也 聚則爲生 散則爲死
若死生爲徒 吾又何患 故萬物一也
是其所美者爲神奇 其所惡者爲臭腐
臭腐復化爲神奇 神奇復化爲臭腐
故曰 通天下一氣耳 聖人故貴一 (『장자』 외편 「지북유」)

여기서 동양의학과 서양의학을 구분할 수 있는 중요한 단서가 제공된다. 동양의학에서는 유有의 작용과 무無의 작용을 함께 고려해서 우리의 몸을 진단한다. 혈관 조직과 신경 조직이라는 유의 세계와, 기氣라고 하는 무의 세계가 바로 그것이다. 그런데 서양의학은 혈관 조직과 신경 조직과 같은 유의 세계만 인정하고, 기의 존재를 전혀 인정하지 않는다. 서양의학에서는 눈에 보이는 세계, 즉 유의 세계로서만 우리의 몸을 설명하려고 하기 때문이다. 동양의학은 서양의학과 달리 무/유의 작용을 동시에 설정하면서, 눈에 보이는 유의 원리보다 눈에 보이지 않는 무의 원리로 설명하려는 경향이 강하다. 이런 경향은 감기感氣라는 말을 사용하는 데서도 잘 드러난다. 감기란 '기氣가 느껴진다'는 것인데, 이는 무無의 작용인 기가 유有의 작용으로 나타나서 우리가 감관으로 느낄 수 있는 단계까지 온 탓이다. 이는 우리의 몸이 제대로 작동하지 않은 결과로, 동아시아인의 사유에서는 이런 상태가 바로 감기에 해당한다. 이처럼 무/유는 나름대로의 작용 원리를 지니는데, 우리의 몸에서조차 이런 원리가 제대로 작용하지 않으면 도의 원리와 조화를 이루지 못해 결국 병으로 나타날 수밖에 없다. 이것은 감관을 통해 지각하는 유의 원리만으로 병을 진단하는 서양의 합리적 관점에서는 좀처럼 이해할 수 없는 방식이다.

그런데 우리는 질서(order)와 무질서(disorder)의 개념도 합리성 여부와 관련해서 곧잘 말한다. 즉 합리적이면 질서가 있고, 비합리적이면 질서가 없다는 식으로 말이다. 그런데 서양은 무질서한 상황에서 질서정연한 상황으로, 즉 엔트로피(entropy)가 높은 상황에서 낮은 상황으로 이행해 가는 것을 문명이라고 규정해 왔다. 이런 사실은 '글월' 문文과 '밝을' 명明의 합성어인 문명文明이라는 단어에서도 잘 나타난다. 여기서 '밝다(明)'는 엔트로피가 높은 상황에서 낮은 상황으로의 이동을 의미하며, '글월(文)'은 엔트로피를 낮추게 하는 원인으로서 작용한다. 그래서 서양의 역사는 엔트로피를 죽여 가며 리던던시(redundancy, 질서)[2]를 확립해 온 역사라고 해도 과언이 아니다. 실제로 고대 그리스에선 이데아(idea), 중세에선 신, 근대에 들어서는 이성의 개념에 제각각 입각해서 우리가 사는 세상에다 온갖 질서를 부여하려고 노력해 왔다. 이런 식의 질서화는 근대에 들어서는 과학기술의 발전으로 이어지고, 또 그 발전은 인류에게 엄청난 물질적 혜택을 가져다준 것이 사실이다. 그렇지만 그 대가로 우리는 무질서 속에 위치 지워진 자연스런 존재, 그래서 자유롭고 생명력을 다할 수 있었던 존재로서의 위치를 크게 위협받고 있다.

그런데 도의 원리는 나름대로의 질서와 조화를 지닌다. 물론 그 나름대로의 질서와 조화가 어떤 원리에 의해 작동하는지를 밝히는 일이란 정말로 어려운 작업에 해당한다. 만약 우리의 감관으로 이 원리를 밝히려고 한다면 그것은 무질서한 혼돈混沌으로밖에 인식되지 않는다. 그런데 이 혼돈을 자세히 들여다보면 일체의 차별과 대립을 혼연히 하나로 감싸고 있기에 그야말로 움직이면서 살아 있는 상태로서 존재한다. 또한 인과적 사고로 질서 지울 수 없고, 스스로 생겨나고 스스로 변화하는 커

---

2 엔트로피와 리던던시의 관계에 대해서는 졸저 『禮 & 藝: 한국인의 의사소통 사상을 찾아서』의 '제2장 정보이론과 의미론'을 참고할 것.

다란 흐름이기에 생동하는 존재라고 말할 수 있다. 이처럼 생기 있고 발랄한 우주 자연의 작용이자 모든 대립과 모순을 자신 안에 그대로 에워싸는 위대한 무질서이기에, 도의 오묘함은 우리의 개념적 인식을 훨씬 뛰어넘는다. 그래서 장자는 살아 있는 혼돈과 하나가 되며, 또 살아 있는 혼돈을 그 자체로 사랑하도록 우리에게 주문한다. 이는 도를 향한 인간의 혼돈화를 통해 해탈의 궁극적 논리를 이해하도록 요청하는 일에 해당한다.

이처럼 혼돈이란 우주 · 자연 · 인간세의 원래 그대로의 모습을 의미한다. 노자는 천지보다 먼저 생겨난 것이 있는데 거기에는 어떤 모양, 어떤 소리도 없을 뿐 아니라, 홀로 있는 존재임에도 절대로 변화하지 않고, 또 그 작용은 미치지 않는 곳이 없으면서도 어그러지지 않아서 이를 혼돈이라고 말한다. 노자는 그 이름을 알지 못해 도라고 말할 뿐인데 굳이 이름을 붙인다면 크다고밖에 말할 수 없다. 노자에 따르면 큰 것은 떠나고, 떠나면 멀어지지만 멀어지더라도 반드시 되돌아와서 다시 커다란 모습을 한다. 이렇게 큰 것이 세상에는 세 가지가 있는데 우리가 가장 먼저 느낄 수 있는 것이 땅이고, 그 다음이 하늘이고, 그리고 마지막이 도다. 즉 도의 존재가 가장 멀리 떨어져 있기에 우리가 가장 느끼기 힘들다. 물론 인간세에서 왕의 존재도 크다는 점에서 그 한 귀퉁이를 차지한다. 그래서 사람들은 먼저 땅을 본받고, 땅은 하늘을 본받고, 하늘은 도를 본받는다. 그리고 도는 '스스로 그러함(自然)'을 따르는데 이것이 바로 혼돈을 의미한다.

> 혼돈의 상태로 된 사물이 있는데 천지보다 먼저 생겼다.
> 그것은 고요하고, 공허하며, 홀로 서 있으면서 달라지지 않고,
> 그 작용이 두루 미치면서도 위태롭지 않아
> 가히 이 세상의 어미가 될 수 있다.

나는 그 이름을 알지 못하지만 도라고 말하고,
억지로 이름을 붙인다면 '크다'고 말할 뿐이다.
큰 것은 떠나고, 떠나면 멀어지며, 멀어지면 되돌아온다.
그러므로 도는 크고, 하늘은 크고, 땅은 크고, 왕 또한 크다.
이처럼 세상에는 네 가지 큰 것이 있는데
왕도 그중의 한 자리를 차지한다.
사람은 땅을 본받고, 땅은 하늘을 본받고, 하늘은 도를 본받는데
도는 스스로 그러함을 본받는다.

有物混成 先天地生
寂兮寥兮 獨立不改 周行而不殆
可以爲天下母
吾不知其名 字之曰道 强爲之名曰大
大曰逝 逝曰遠 遠曰反
故道大 天大 地大 王亦大
域中有四大 而王居其一焉
人法地 地法天 天法道 道法自然 (『노자』 25장)

그런데 한 가지 흥미로운 사실은 세계 여러 나라의 신화(myth)에서 공통적으로 나타나는 개념이 바로 혼돈이라는 점이다. 각 나라의 신화들은 우주와 자연, 인간이 창조되기 이전의 상태는 오로지 어둠뿐이며, 그리고 모든 것이 뒤엉킨 혼돈의 상태라고들 말하는데, 동양과 서양은 이런 혼돈에 대한 평가를 두고 서로 다른 입장을 취한다. 고대 그리스인들은 혼돈을 카오스(chaos)로 규정하고, 이 혼돈의 상태에서 질서(cosmos)의 상태로 옮아가는 것을 매우 바람직한 것이라고 파악했다. 그리고 제우스 신을 비롯한 수많은 신들을 신화에 등장시켜 카오스 상태를 해체하려 들면서 혼돈에 대해서는 매우 부정적인 입장을 취했다. 반면 고대 중국인

들은 혼돈에 대해 긍정적인 태도를 지니고 있었다. 중국인들은 자신의 시원인 반고盤古를 잉태한 달걀이 점점 커져 엄청나게 큰 '우주의 알(cosmetic egg)'이 되었다고 보는데, 이 우주의 알을 모든 것이 뒤엉켜 있는 혼돈 상태로 파악한다. 그리고 이 거대한 혼돈의 알이 창조, 분화, 진화의 모든 가능성을 지니는 '힘의 상징'으로 파악하면서 혼돈을 매우 긍정적으로 평가했다. 장자도 혼돈에 대해 고대 중국의 신화에서 나타나는 것처럼 긍정적인 태도를 보인다.

> 남해의 황제 숙과 북해의 황제 홀이 중앙의 황제 혼돈과 어느 날 만났다.
> 혼돈은 이들을 극진히 대접했다.
> 숙과 홀은 혼돈이 베푼 은혜에 보답하고자 상의한 끝에
> 모든 사람에게는 일곱 개의 구멍이 있어 보고 듣고 먹고 숨 쉬는데
> 혼돈은 유독 구멍이 없으니 그에게 구멍을 뚫어주기로 작정했다.
> 하루에 하나씩 구멍을 뚫어나갔는데 7일째 마지막 구멍을 뚫자
> 혼돈은 그만 죽었다.
>
> 南海之帝爲儵 北海之帝爲忽 中央之帝爲混沌
> 時相與遇於混沌之地
> 混沌待之甚善
> 儵與忽謀報混沌之德
> 曰人皆有七竅 以視聽食息
> 此獨無有 嘗試鑿之
> 日鑿一竅 七日而混沌死 (『장자』 내편 「응제왕」)

여기서 중앙의 혼돈이란 도를 구성하고 있는 중요한 한 측면인 무無를 상징한다. 혼돈은 너무나도 큰 형상(大象)을 하고 있어서 보아도 보이지 않고, 들어도 들리지 않고, 붙잡으려 해도 붙잡을 수 없는 그런 무

의 상태를 하고 있다. 그래서 감각은 물론이고, 관념으로도 파악할 수 없는 세계다. 그럼에도 우리는 살아 있는 혼돈을 대상화하면서 이를 분석적으로 파악하려고 든다. 장자는 이를 '혼돈에 구멍을 뚫는 일'에다 비유한다. 만약 혼돈에 구멍을 뚫으면 혼돈의 상태는 '생명이 있는 무질서'에서 '생명이 없는 질서'로 점점 바뀐다. 그래서 '생명이 있는 무질서'의 상태로 혼돈을 그냥 놔두려면 '감각의 구멍(感官)'과 '관념의 구멍(心官)'을 무조건 막아야 한다. 그럼에도 우리는 감관과 심관의 구멍을 우리의 몸에 항상 지니면서 모든 것을 '나누고(分)' '가르는(別)' 데 점점 익숙해져 간다. 마지막에는 혼돈의 상태마저 가르려고 드는데 그 결과 우리의 마음에는 대상大象의 모습이 지워지고, 분별지分別智에 따른 분별상分別相, 즉 반쪽의 작은 모습만이 남게 된다. 이것이 도의 실상으로부터 우리가 왜 점점 멀어지는가의 이유다.

이런 식으로 우리는 모든 만물을 대상화하면서 분석적으로 파악하려고 든다. 이런 뿌리 깊은 습성이 모든 만물에 상처를 입히거나 심지어 죽이는 경우조차 만들어낸다. 그래서 혼돈을 죽이는 일이란 우리에게 진정한 세계상을 보지 못하도록 하는 일종의 불행을 의미한다. 그런데 사람들은 이 불행을 불행이라고 깨닫지 못하고, 오히려 행복이자 축복이라고 착각하면서 혼돈에다 구멍을 뚫는 일에 더욱 박차를 가한다. 그래서 장자는 육체에만 노예가 있는 것이 아니라, 정신에도 노예가 있다고 말한다. 정신의 노예란 정신이 고역의 쇠사슬에 얽매여 있다는 의미인데 이것은 모든 것을 나누고(分) 가르기(別) 때문에 생겨난다. 마치 어떤 어린아이가 자신은 50평 아파트에 살아서 부자인데 친구는 24평 아파트에 살아서 가난하다고 말하는 것처럼 말이다. 아무런 의미가 없는 숫자가 어린아이에게 이런 어처구니없는 분별심을 만들어내고 있다. 그런데 이런 분별심이 비단 어린아이에게만 국한되는 일일까? 우리 모두는 이런 정신의 노예 상태로 말미암아 온갖 미망과 허상으로부터 자유롭지 못하여, 단순함의 위대함과 소박함의 강인함을 망각해 가고 있다. 그렇지 않고서야 자신의 존재를 서열상 지위의 높고 낮음이나, 또 계량화된 재산의 많고 적음에만 맡길 수는 없지 않은가.

그런데 노자는 혼돈과 질서와의 관계를 통나무(樸)와 그릇(器)과의 관계에도 비유한다. 통나무는 가공되지 않은 자연 그대로의 상태인데 비해, 그릇은 그 통나무를 자르고 나누어 만들어진 결과물이다. 그래서 노자는 "통나무가 쪼개져서 그릇이 만들어졌다(樸散則爲器)"는 표현을 하는데 여기서 그릇은 곧 만물을 의미한다. 그릇을 만물에 비유한 것은, 노자가 살았을 당시 그릇이 오늘날의 반도체처럼 생활에 없어서는 안 될 필수적이면서도 동시에 부가가치가 높은 생활용품이었기 때문이다. 또 노자는 혼돈을 '갓난아이(嬰兒)'에도 비유하는데, 이는 갓난아이가 언어를 습득하지 못해 사물을 제대로 분석하거나 분별하지 않는 존재라고 본 탓이다. 따라서 기器를 지양하고 도道를 지향하는 것, 즉 어른에서 갓난아이의 상태로 복귀한다는 것은 잡다한 기술이나 지식보다는 본래의 순박한 심리 상태로 돌아가는 것을 의미한다. 즉 감관과 심관을 닫고 분절되지 않은 본래의 마음 상태, 즉 가치판단이 개입되지 않은 상태로 사물을 바라보는 것을 뜻한다.

> 수컷을 알고, 암컷을 지키면 그것이 천하의 계곡이다.
> 천하의 계곡은 항상 덕이 떠나지 않아 갓난아이처럼 도의 상태에 이른다.
> 흰 것을 알고 검은 것을 지키면 그것이 천하의 모범이다.
> 천하의 모범은 항상 덕이 어긋나질 않아 한계가 없는 도의 상태에 이른다.
> 영화로움을 알고 수치스러움을 지키면 그것이 천하의 골짜기다.
> 천하의 골짜기는 항상 덕이 풍성하여 질박한 통나무처럼
> 도의 상태에 이른다.
> 그런데 통나무가 흩어지면 그릇이 된다.

성인은 이런 이치를 알아서 세상을 다스린다.

그러므로 큰 다스림은 분할하거나 나눔으로써 이루어지는 것이 아니다.

知其雄守其雌 爲天下谿

爲天下谿 常德不離 復歸於嬰兒

知其白守其黑 爲天下式

爲天下式 常德不忒 復歸於無極

知其榮守其辱 爲天下谷

爲天下谷 常德乃足 復歸於樸

樸散則爲器 聖人用之 則爲官長

故大制不割 (『노자』 28장)

"통나무가 쪼개져서 그릇이 만들어졌다(樸散則爲器)"는 말에서도 알 수 있듯이, 노자는 문명의 표상인 그릇을 함께 사유하면서도 실제에 있어서는 자연의 상징인 통나무를 더욱 중요시한다. 이를 학문과 연관지어 설명하자면, 노자는 우주 · 자연 · 인간세의 원리를 포괄적으로 설명하는 학문인 도학道學을, 과학 · 기술처럼 구체적인 현상을 설명하는 학문인 기학器學에 비해, 그 중요성을 더 강조하고 있음을 뜻한다. 그래서 동양 사회가 상대적으로 도학을, 서양 사회가 상대적으로 기학을 오랫동안 중시해 왔으며, 그리고 이런 경향이 근대에 들어와 더욱 심화되었다는 사실은 결코 우연이 아니라고 본다. 그런데 기학을 전개하려면 언어가 상대적으로 강조될 수밖에 없다. 왜냐하면 기학은 대상을 '나누고(分)' '가르고(別)' 해야만 성립할 수 있는데, 언어가 이런 역할을 가장 앞장서서 담당하기 때문이다. 반면 도학은 분별을 통해서 이해될 수 있는 영역이 아니라 체험을 통해 느껴지는 영역이다. 따라서 언어의 중요성은 상대적으로 떨어진다. 이렇게 해서 '무명無名의 통나무(樸)'와 '유명有名의 그릇(器)'이라는 개념이 성립할 수 있다.

도에는 항상 이름이 없다.
통나무 상태인 도가 비록 하찮지만 천하가 도를 신하로 삼지 못한다.
물론 제후나 왕이 이 도를 잘 지키면 만물은 저절로 따르고,
하늘과 땅은 상합하여 감로를 내리며, 백성에게 명령을 내리지 않아
스스로가 알아서 한다.
그럼에도 통나무를 규격화하여 자르면 거기에는 이름이 붙여지고,
이름 역시 이미 있음을 의미한다.
무릇 만물은 그침의 한계를 아는데, 그침의 한계를 아는 것이
만물이 위태롭지 않은 까닭이다.
도가 이 세상에 있는 것을 비유하자면, 골짜기의 냇물들이
모두 강이나 바다로 흘러들어 가는 것과 같다.

道常無名
樸雖小 天下莫能臣也
侯王若能守之 萬物將自賓
天地相合以降甘露 民莫之令而自均
始制有名 名亦旣有
夫亦將知止 知止可以不殆
譬道之在天下 猶川谷之於江海 (『노자』 32장)

이 글은 "골짜기의 냇물들이 모두 강이나 바다로 흘러들어 가는 것과 같다(猶川谷之於江海)"는 것으로 끝을 맺는다. 그런데 이 말이 의미하는 바가 과연 무엇일까? 세상을 구성하는 만물들에 대해 굳이 개별화해서 이름을 지어줄 필요가 없다는 의미로밖에 해석할 수 없다. 왜냐하면 골짜기의 냇물들이 서로 다른 것처럼 보이지만 결국은 하나의 강, 하나의 바다로 모이기 때문이다. 여기서 모든 것이 모이는 강과 바다는 도道를, 그것의 지류들에 해당하는 냇물들은 기器를 각각 의미한다. 그래서 기의

단계에서는 밥그릇, 국그릇, 반찬그릇 식의 구분처럼 시냇물마다 제각각 이름이 필요할는지 모르지만, 도의 단계에서는 모든 것이 하나로 모이기에 그릇이라는 이름만으로도 족하다. 만물도 이런 점들을 잘 알고 있어서 자신들의 이름을 구체화하지 않는 소위 '그침의 한계'를 안다. 그렇지만 인간은 그침의 한계를 무시한 채 이를 넘어서서 온갖 만물에 대해 자의적으로 이름 붙이는 만용을 거두지 않는다. 이런 사실은 법치法治라는 이름 아래 필요할 때마다 법을 만들어내는 정치에서 잘 나타난다. 오늘날 개인의 권리를 보호하기 위해 수많은 법(器)이 만들어지지만 오히려 이것들이 우리의 존엄성(道)을 여지없이 파괴할 때가 많다.

이런 측면에서 통나무(樸)의 비분절성 및 무규정성은 사회정치적 함의까지도 지닌다. 통나무의 자연 상태란 사회제도 등에 의해 구분되거나 나눠지지 않은 자율적인 상태를 의미한다. 그리고 '이름이 지어진 상태(有名)'는 체계적으로 질서 지워진 사회구조를 의미한다. 따라서 기器는 사물의 존재적 분리라는 의미를 넘어서서 인간의 행위 규제, 신분 등의 나뉨이라는 의미까지 확장될 수 있다. 그런데 오늘날 우리는 법에 의해 자유로워지기보다 오히려 구속되어 있다고 할 정도로 너무나 많은 법에 의해, 또 눈에 보이지 않는 규범 등에 의해 온통 둘려 쌓여 있다. 이는 보편적 원리가 아니라 전문화된 지식, 또 통나무(樸) 차원이 아니라 그릇(器) 차원의 정치와 행정이 판을 치고 있는 탓이다. 전문화된 지식, 또는 그릇(器) 차원에서 이루어지는 정치란 문자화된 규범, 언어화된 명령, 상징화된 신상필벌信賞必罰, 심지어 이데올로기 등에 의존하는 정치로서, 소위 문자, 언어, 상징이라는 '이름(名)'에만 집착하는 정치다. 결국 이것은 백성들의 자발적인 참여로 이루어지는 무위無爲의 정치가 아니라 지도자의 의지에 따라 이루어지는 유위有爲의 정치에 해당한다.

그런데 이름으로 규정된 세계 안에서는 사람들이 그들의 본질적인 자율성을 쉽게 상실하고 만다. 그래서 노자는 이런 식의 나라 경영은 자연스러움과는 부합하지 않기에 이로부터 마땅히 벗어날 것을 우리에게 주문한다. 왜냐하면 사람들의 자발적인 복종을 이끌어낼 수 없어서 저절로 다스려지지 않기 때문이다. 따라서 노자는 이름이 지향하는 비본질적인 구획의 세계에서 본질적으로 구분이 없는 하나인 상태로, 다시 말해 이름이 있는 상태에서 통나무로 표현되는 질박한 상태, 즉 도道의 상태로 복귀하고자 한다. 이를 도표로 표현하면 다음과 같다.

	무위無爲에 입각한 국가 경영	유위有爲에 입각한 국가 경영
작용 원리	통나무(樸)	그릇(器)
기호화 여부	무명無名(도道, 천명天命)	유명有名(인명人名)
작용 원리	무규정성과 자율성	규정성과 비자율성
결과물	도덕	윤리, 제도, 법, 신상필벌, 이데올로기

노장사상의 핵심 중의 하나가 '근본으로 돌아간다는 것(歸)'이다. 이는 서양 근대를 지배해 왔던 '나아감(進)'과는 크게 비교가 된다. 또 돌아가는 근본은 자연自然이고, 나아감의 결과는 문명文明으로 나타나기에, '돌아감'과 '나아감'은 더욱 대조적인 것으로 나타난다. 게다가 노장에게 자연은 문명에 대한 야만의 개념이 아니라 우주 · 자연 · 인간세를 지배하는 원리에 해당한다. 그런데 서양은 자연을 혼돈混沌으로, 문명을 질서로 파악하면서 자연스런 상태에 있는 세상에 온갖 질서를 부여하려고 노력해 왔고, 이것을 문명이라고 규정했다. 이런 문명은 노장에게는 단지 '생명이 없는 질서'에 불과하다. 그래서 노장은 '생명이 있는 무질서'를 바람직한 것으로 보고서 혼돈을 긍정적인 것이라고 평가한다. 이렇게 보면 혼돈(chaos)이 최고의 질서(cosmos)가 될 수 있다. 왜냐하면 혼돈으로서의 자연은 온갖 풍상과 변화 속에서도 나름대로 완벽한 질서를 오랫동안 유지해 왔기 때문이다.

일본의 저명한 장자 사상가인 후쿠나가 미쓰지(福永光司)는 인류의 한결같은 지적 노력이 쌓아 올린 오늘날 사회의 거대한 체계, 만족할 줄 모르는 호기심이 탄생시킨 광기 어린 선정주의, 짐짓 위엄스런 가치에 도취되어 과장되게 떠드는 신경질적 자기주장, 거기서 꿈틀거리려는 우리의 모습을 보고서, 그것은 단지 자기를 상실한 채 광란하는 '문명의 노예'가 되어가고 있음을 말해주는 증거라고 한다. 이런 상황에서 스스로 이름 지은 문명 속에서 우리가 치매 환자가 되어간다는 불안감이 드는 것은 어쩌면 당연한 일이다. 그래서 우리는 오늘날 모든 사상事象을 있는 그대로 긍정하는 생명력 있는 자연을 완전히 상실하고 있다. 이런 '약상弱喪(비극적인 고향 상실자)'의 모습, 즉 혼돈混沌이라는 원래의 고향을 잊고 방황하는 모습이 지금 우리의 자화상은 아닐까?

그래서 장자는 말한다. 그 불안감으로부터 벗어나는 길은 만물이 드러나는 유有의 관점에서 만물이 숨어 있는 무無의 관점으로, 곧 '생명 없는 질서'에서 '생명 있는 무질서'인 혼돈의 관점으로 우리의 시각을 이동하는 일이라고. 장자는 이런 식의 혼돈화를 통해서 우리가 자유로운 존재로 거듭날 수 있는 해탈의 논리를 전개하고자 한다. 실재란 살아 있는 혼돈, 즉 모든 대립과 모순을 스스로 감싸고 있는 커다란 무질서이기에 인간의 개념적 인식을 훨씬 넘어서고 있다. 그래서 살아 있는 혼돈과 하나가 되고, 또 살아 있는 혼돈을 있는 그대로 사랑하도록 하는 것이 노장이 생각하는 해탈의 개념이다. 그러려면 우리의 마음은 언어와 문자라는 소통 매체로부터 우선적으로 해방되어야 한다. 우리가 살아 있는 혼돈을 분分하고, 별別해서 결국은 죽이고 마는 데에 소통 수단인 매체가 앞장서고 있다. 즉 소통 수단으로서 매체가 지닌 효용성이 우주 · 자연 · 인간세를 지배하는 원리를 깨닫는 데 오히려 방해자로 작용하고 있는 셈이다.

그래서 노장은 우리 시선을 인간세로부터 벗어나 무한한 자연으로 옮겨가 무궁한 시공을 향하라고 권한다. 즉 죽음에서 삶을 그리지 말며,

남에게서 자신을 그리지 않으며, 스스로를 자각하라고 주문한다. 이는 무한에서 유한을 그리지 말고, 지나간 과거와 닥쳐올 미래에서 현재를 그리지 말고, 가치 없는 것에서 가치 있는 것을 그리지 말라는 의미다. 즉 삶과 죽음, 남과 자신, 무한과 유한, 현재와 미래 같은 이항대립적 사유의 속박에서 훌훌 벗어나 이런 모든 것들이 혼재된 자연 상태에서 세상을 바라보라는 의미다. 그래야만 우리는 비로소 자유를 얻어서 삶의 모든 속박으로부터 벗어날 수 있다. 그래서 '노장지학老莊之學'을 가리켜 무한 시간과 무한 공간에 우리의 생명을 삼투시켜 자유를 체험하도록 하는 철학이라고 부른다. 이런 식으로 무질서하지만 생명력이 있는 혼돈의 존재를 우리의 가슴에 깊이 간직할 때 비로소 삶의 궁극적 해방을 이루어낼 수 있다.

ii

도의 인식론적 차원: 불가지不可知한 존재

노장은 도가 우주 · 자연 · 인간세의 원리라고 규정하고는 이를 마땅히 알 수 있는 방법이 없다고 말한다. 심지어 "도가 말해지면 늘 그러한 도가 아니며, 이름이 개념화되면 늘 그러한 이름이 아니다(道可道非常道 名可名非常名)"고 언급하면서 노자서를 시작하고 있다. 그러면서 도道와 덕德을 노자서의 주제로 삼고 총 81장에 이르는 적지 않은 내용들을 텍스트로 구성하고 있으니 이보다 더한 모순이 어디에 있을 수 있을까? 도가 말해질 수 없는 개념이라면 노자는 도에 대한 일체의 언급을 하지 말았어야 하는데… 그런데 노자는 이런 모순을 왜 스스로 자초하는 것일까? 그것은 도에 대한 섣부른 이해와 접근을 차단하려는 일종의 방어막이 아닐까 하고 나름대로 추측해 본다. 실제로 노자는 도에 대해 직접적인 언급은 피하면서 '물(上善若水, 『노자』 8장)', '통나무(無名之樸, 『노자』 28장)', '영아(嬰兒, 『노자』 28장)' 등에 비유한다. 이런 시도들은 도를 '알 수 없는(不可知)' 존재로 규정하면서도 간접적으로나마 우리를 이해시키고자 하는 의도를 담고 있는 게 아닐까? 그래서 '도는 무엇이다'라고 명확히 규정할 수는 없지만 '도는 이런 것이다' 정도로 느끼게 하려는 노자 나름의 고민이 반영된 것으로 보인다.

그런데 노장은 도를 가리켜 왜 알 수 없는 존재라고 규정하는 것일까? 노자서와 장자서 텍스트를 전반적으로 조망하면 대략 세 가지 이유를 발견할 수 있지 않을까 생각한다. 첫째, 도가 너무 크다고 생각해서인데 이는 도의 형체와 관련된 측면으로서 도의 형체가 우리가 접근하기에 너무 큰 모습을 하고 있기 때문이다. 둘째, 도에는 모양, 소리, 맛 등이 없다고 보는데 이는 도의 내용과 관련된 것으로서 도가 무미건조하여 우리의 감관에 반응할 수 없기 때문이다. 셋째, 도는 끊임없이 생성변화 한다고 보아서인데 이는 도가 고정된 모습을 하지 않고서 그 모습을 항상 변화하고 있기 때문이다. 그래서 노장은 '도가 무엇이다'는 식으로 단정적으로 규정할 수 없다고 말한다. 그런데 이 세 가지 이유에서 우리는 서양철학의 인식론적 근거가 송두리째 부정되고 있다는 흥미로운 사실을 발견할 수 있다. 서양철학의 인식론은 우리의 감관으로 파악할 수 있는 존재를 인식 대상으로 한정하고 있는데, 끊임없이 변화하는 존재로서의 도, 무미건조한 존재로서의 도, 엄청나게 큰 존재로서의 도는 우리의 감관으로는 도저히 파악할 수 없기 때문이다.

물론 노장이 도를 '알 수 없는' 존재로 규정하더라도 이것은 우리가 도의 모습을 전혀 그려낼 수 없다는 사실을 의미하지 않는다. 전혀 그려낼 수 없다는 의미보다는 그려낼 수는 있지만 그려낸 것이 도의 모습과 일치하지 않는다는 사실을 강조하기 위함이라고 보인다. 즉 도의 실제 모습인 기의記意(signified, sd)와 그것을 표현하는 기표記表(signifier, sr) 사이에 완전한 합일이 이루어지지 않는다는 의미다. 이는 서양의 기호학이 오래 동안 믿어왔던 고정된 '기의=기표'의 관계보다는 느슨한 '기의≒기표'의 관계를 지지하는 것으로서 이해될 수 있다. 따라서 알 수 없는 존재로서 도의 의미란 어렴풋하게나마 도를 그려낼 수는 있지만 완벽하게 그려낼 수 없다는 뜻으로 해석되어야 한다. 도에 대한 노장의 이런 입장은 결국 기표를 구성하는 언어와 문자라는 소통수단, 그리고 소통수단이 등장하기 이전에 존재했던 감각기관(感官)에 대한 회의가 짙게 깔려 있음을 반영한다. 이처럼 노자는 의사소통 수단으로서 감관과 감관의 연장에 해당하는 매체의 역할에 대해 일정 부분에 있어서 한계를 짓는다. 여기서 유가의 정명론正名論과 불가의 무명론無名論과 대비되는 노장의 비명론非名論이 등장할 수 있다.

우리는 앞 장에서 혼돈으로서의 도를 규명하기 위해서 '누가 이 세상을 만들었을까'라는 질문으로부터 시작했다. 이 질문에 대해 노자는 "무無가 이 세상의 시작이다(無名天地之始, 『노자』 1장)"라고 답한다. 무와 유는 음양陰陽 작용의 경우에서 보듯이 서로 동거하는 것이기에 유도 세상을 만드는 존재에 해당한다. 이에 따라 노자는 유를 "모든 만물의 어머니다(有名萬物之母, 『노자』 1장)"라고 명명하고는, 무와 유는 보는 관점에 따라 분리된 것처럼 보일 뿐 사실은 함께하는 것이라고 말한다. 그렇다면 무와 유가 어떻게 함께하고 있기에 세상이 이런 식으로 만들어졌는지 무척 궁금해진다. 그래서 이번 장은 '세상이 어떻게 만들어졌을까'라는 질문으로 시작해야 할 것 같다. 이것이 불가지不可知한 존재로서의 도를 규명하기 위한 첫 번째 작업에 해당하는데, 이렇게 해야만 도의 모습을 그나마 어렴풋하게나마 그려낼 수 있기 때문이다. 이 어렴풋한 모습을 그려내는 작업을 "도는 하나를 낳고, 하나는 둘로 낳고, 둘은 셋을 낳고, 셋은 만물을 낳는다(道生一 一生二 二生三 三生萬物)"는 노자의 언급에서부터 시작해 보자.

> 도는 하나를 낳고, 하나는 둘을 낳고, 둘은 셋을 낳으며,
> 셋은 만물을 낳는다.
> 만물은 음을 떠맡고 양을 포용하며 충기로써 조화를 이룬다.
>
> 道生一 一生二 二生三 三生萬物
> 負陰而抱陽 沖氣以爲和 (『노자』 42장)

여기서 하나, 둘, 셋의 의미를 제대로 파악하는 것이 이 글을 이해하는 데 가장 중요하다. 물론 여러 가지 해석이 가능할 수 있지만 하나(一)를 미분화 상태의 통일체인 혼돈混沌으로, 둘(二)을 혼돈으로부터 분화된 음陰과 양陽으로, 셋(三)을 음과 양, 그리고 그것의 충기沖氣로 조화를 이룬 음양陰陽 작용으로 파악하면, 글의 자연스러운 흐름에 큰 방해가 되지 않는다. 일체의 변화가 기대고 있는 모든 존재의 최종적 의거이자 만물의 총체적 근거인 도에서부터 '하나'라고 하는 혼돈이 생겨나고, 그 혼돈은 또다시 음과 양이라고 하는 '둘'로 구분되고, 구분된 음과 양은 상반상생相反相生하여 '셋'이라는 화성만물和成萬物을 이루어서 우리가 살고 있는 이 세상을 만든다고 해석하면 말이다. 이처럼 혼돈의 상태에서부터 세상 만물의 등장까지를 하나, 둘, 셋으로 표현하고 있지만 이것이 지니는 의미는 매우 함축적이다. 『주역周易』에서도 "하늘의 일월성신은 상을 이루고, 땅의 산천과 동식물은 형체를 이루어 음양의 변화와 조화를 드러낸다(在天成象 在地成形 變化見矣, 『주역』「계사繫辭편」)"고 하는데 이것 역시 노자가 생각하는 세상관과 매우 흡사하다.

그런데 노장사상을 자연주의라고 칭하면서 이것을 무신론과 연결 짓고자 하는 사람들이 적지 않다. 이런 사람들은 기본적으로 노장사상을 제대로 이해하지 못한 것이다. 장자에 따르면 '세계를 이루고(造物)', '지배하는(主宰)' '신(天君)'이 있지만 그 신은 인격의 형태로 존재하는 것은 아니다. 왜냐하면 한 인격이 포괄하기에는 천군天君이 너무나도 큰 존재이기 때문이다. 이렇게 함으로써 장자는 천지를 운행시키면서 만물의 생로병사生老病死에 간여하는 신비스런 존재에 대한 의인화, 즉 인격화된 신의 유혹으로부터 우리를 한껏 떨쳐내고자 한다. 그래서 천군이라고 하는 신은 있지만 그것은 모든 것을 초월해 있는 하나님과 같은 의인화된 존재가 아니라고 본다. 오히려 '스스로 그러함(自然)'으로 존재하면서 전혀 그 형체를 바깥으로 드러내지 않는 무형의 존재일 뿐이다. 그렇지만 엄청나게 큰 모습을 하고 있어서 장자는 이런 존재에 대해 도라는 이름을 붙였을 따름이다.

> 도는 나왔지만 그 뿌리가 없고, 들어갔지만 구멍이 없다.
> 실체가 있지만 처한 곳이 없고, 오래되었지만 시간의 흐름이 없다.
> 나온 곳이 있었으나 돌아갈 구멍은 없고, 그러면서 실체는 있다.
> 실체가 있지만 처한 곳이 없음을 가리켜 '큰 공간(宇)'이라고 말하고,
> 오래되었지만 시간의 흐름이 없음을 가리켜 '큰 시간(宙)'이라고 말한다.
>
> 出無本入無竅
> 有實而無乎處 有長而無本剽
> 所出而無竅者有實
> 有實而無乎者 宇也
> 有長而無本剽者 宙也 (『장자』 잡편 「경상초」)

이처럼 도는 한마디로 말해서 불가해不可解한 존재다. 나왔지만 나온 뿌리가 없고, 들어갔지만 들어간 구멍이 없다. 또 '모습을 하고 머물렀지만(有實)' 거처한 곳이 없었고, '오래되었지만(有長)' 시간이 흐르지 않았다. 어떻게 해서 이런 상황이 전개될 수 있을까 하고 의아해할 수 있지만, 장자는 이런 불가해한 존재가 도의 특성이라고 전제하고는 이런 불가해함으로 인해 도의 모습이 클 수밖에 없다는 논리를 전개한다. 즉 머물렀지만 거처한 바가 없었기에 '큰 공간(宇)'에다, 또 오래되었지만 시간이 흐르지 않았기에 '큰 시간(宙)'에다 도를 비유한 것이다. 즉 도는 큰 시간과 큰 공간이라고 하는 우주宇宙에 비견될 정도로 엄청나게 큰 존재인 것이다. 노자도 "큰 모양은 형태가 없으며, 도는 숨어 있어서 이름이 없다(大象無形 道隱無名, 『노자』 41장)"고 말함으로써 장자와 같은 입장을 취한다. 장자는 우리가 크다고 생각하는 것, 예를 들어 천지

안의 사해四海, 대양에 둘러싸인 중국中國, 심지어 자신의 존재조차도 도의 관점에서 보면 매우 작다고 말한다. 즉 사해는 큰 연못의 개미구멍, 대양에 둘러싸인 중국은 큰 창고 안의 싸라기, 자신은 말 엉덩이에 붙어 있는 털 하나에 불과할 정도라고 말한다. 그러니 도란 얼마나 큰 것이겠느냐고 우리에게 반문한다.

천지 안의 사해를 보라! 큰 연못의 개미구멍 같지 않은가?
대양에 둘러싸인 중국을 헤아려보라!
큰 창고 안의 싸라기와 같지 않은가?
사물의 수효는 수만이지만 사람은 그 가운데 하나에 불과하다.
사람은 구주에 살며 땅 위의 곡식을 먹고 배와 수레를 타고 다니지만
사람이 사는 곳은 그중 하나일 뿐이다.
이것을 만물에 비교하면
가는 털 하나가 말 엉덩이에 붙어 있는 것과 같지 않은가?

計四海之在天地之間也 不似礨空之大澤乎
計中國之在海內 不似稊米之在大倉乎
號物之數謂之萬 人處一焉
人卒九州 穀食之所生 舟車之所通 人處一焉
此其比萬物也 不似毫末之在於馬體乎 (『장자』 외편 「추수」)

그래서 장자는 혼연일체로 구성된 사물이 하나 있었는데 그것은 천지가 형성되기 전에 이미 존재했다고 말한다. 또 그것은 소리도 없고, 형체도 없으며, 영원히 외부적인 힘에 의존하지 않고, 쉬지 않고 순환하며 운행한다고 말한다. 그것은 천하 만물의 근본으로서 이 세상의 어미라고 말할 수 있지만 그 이름을 제대로 알 수 없어 그저 도라고 부를 뿐이다. 물론 억지로 도의 형상을 묘사하려고 들면 끝이 없이 아주 큰 것이라고

말할 수 있다. 이렇게 큰 것이기에 떠날 수밖에 없는데 떠나면 멀어지지만 멀어지면 다시 원점으로 되돌아와 허무함과 적막함의 상태로 회귀한다. 이렇게 되돌아오는 순환을 끊임없이 계속하기에 제아무리 먼 곳에 있더라도 항상 닿을 수가 있다. 그래서 장자는 도도 크고, 하늘도 크고, 사람도 크다고 말한다. 또 우주에는 사대四大가 있는데 그중의 하나가 사람이다. 그런데 사람은 땅을, 땅은 하늘을, 하늘은 도를, 도는 '스스로(自) 그러한(然)' 자연을 법칙으로 삼는다.

> 흐릿한 상태로 된 사물이 있는데 천지보다 먼저 생겼다.
> 그것은 고요하고, 공허하며, 홀로 서 있으면서 달라지지 않고,
> 그 작용이 두루 미치면서도 위태롭지 않아
> 가히 이 세상의 어미가 될 수 있다.
> 나는 그 이름을 알지 못하지만 도라고 말하고,
> 억지로 이름을 붙인다면 '크다'고 말할 뿐이다.
> 큰 것은 떠나고, 떠나면 멀어지며, 멀어지면 되돌아온다.
> 그러므로 도는 크고, 하늘은 크고, 땅은 크고, 왕도 크다.
> 이처럼 세상에 네 가지 큰 것이 있는데 왕도 한 자리를 차지한다.
> 사람은 땅을 본받고, 땅은 하늘을 본받고, 하늘은 도를 본받는데
> 도는 스스로 그러함을 본받는다.
>
> 有物混成先天地生
> 寂兮寥兮 獨立而不改 周行而不殆 可以爲天下母
> 吾不知其名 强字之曰道 强爲之名曰大
> 大曰逝 逝曰遠 遠曰反
> 故道大 天大 地大 人亦大
> 域中有四大 而人居其一焉
> 人法地 地法天 天法道 道法自然 (『노자』 25장)

이처럼 큰 모습을 하고 있는 도는 우리가 쉽게 언급할 수 있는 대상이 아니다. 마찬가지로 큰 말(辯), 큰 어짊(仁), 큰 청렴(廉), 큰 용맹(勇)도 쉽게 말할 수 있는 것이 아니다. 왜냐하면 말로써 분별을 이루면 큰 담론이 되지 못하고, 어짊이 상습화하면 큰 어짊이 되지 못하며, 청렴이 결벽만으로 해결된다면 큰 고결함이 생겨나지 않으며, 용맹이 남을 해치면 그 진가를 잃어서 큰 용기가 되지 못하기 때문이다. 그래서 큰 어짊을 가리켜 어질다 하지 않으며, 큰 청렴을 두고 겸양하지 않다고 말하며, 큰 용맹을 일컬어 남을 해치지 않는다고 말한다. 마찬가지로 도도 우리의 앞에 그 모습을 뚜렷이 드러내면 그것은 도의 참된 모습이 아닐 것이다. 따라서 도란 큰 말, 큰 어짊, 큰 청결, 큰 용맹과 마찬가지로 그것을 알지 못하는 데 머물도록 하는 것이 도에 대한 최고의 앎에 해당한다.

> 무릇 큰 도는 일컬을 수 없고, 큰 논증은 말로 할 수 없다.
> 큰 어짊은 어질다 하지 않으며, 큰 청렴은 겸양하지 않으며,
> 큰 용기는 남을 해치지 않는다.
> 도가 뚜렷이 나타나면 도가 아니며,
> 말로써 분별하면 참 분별을 이룰 수 없고,
> 어짊이 상습화하면 이루어지지 않고,
> 청렴은 결벽만으론 거짓이 되고, 용기가 남을 해치면 진가를 잃는다.
> 이 다섯 가지(道 · 言 · 仁 · 廉 · 勇)는 원만한 것이지만
> 자칫 모가 나서 고정되기 쉽다.
> 고로 알지 못하는 데 머무는 것이 최고의 앎이다.
>
> 夫大道不稱 大辯不言 大仁不仁 大廉不嗛 大勇不忮
> 道昭而不道 言辯而不及 仁常而不成 廉淸而不信 勇忮而不成
> 五者圓而幾向方矣
> 故知止其所不知 至矣 (『장자』 내편 「제물론」)

노자는 도가 이렇게 큰 모습을 하고 있는 것은 도 자체가 크기 때문이기도 하지만 우리의 감관感官으로 헤아릴 수 없기 때문이라고 말한다. 즉 형상形象으로서 존재하는 도는 우리가 현실에서 경험하는 사물들과 달라 우리의 감관으로는 도저히 확인할 수 없다는 것이다. 그것은 구체적인 형상을 띤 사물이 아니어서 형체도 없을 뿐만 아니라 빛깔도 소리도 없다. 그래서 도란 보이지도, 들리지도, 잡히지도 않는다. 게다가 그것을 마주 보아도 머리가 보이지 않고, 따라가도 끝이 보이지 않는다. 이런 표현은 도란 우리의 감관으로 알 수 없음을 형용하는 수사들에 해당한다. 결국 도는 우리의 모든 감관感官과 심관心官, 게다가 우리의 지각능력을 초월해 있는 존재다. 그래서 장자는 도가 현상도 없고(無狀), 모습도 없고(無象), 소리도 없고(無聲), 울림도 없고(無響), 지각으로도 알 수 없고(不得而知), 하지만 능히 통하지 않는 데가 없어서(能無所不通) 운행되지 않는 곳이 없다(無所不往)고 말한다.

도는 보아도 보이지 않는 무색이고,
들으려도 들리지 않는 무성이며, 잡으려도 잡히지 않는 무형이다.
이 세 가지는 끝까지 따져볼 수가 없다.
왜냐하면 원래부터 섞여 엄청나게 큰 하나(太一)이기 때문이다.
이렇게 엄청나게 큰 하나는 그 위로는 들추어낼 수 없고,
그 아래로는 어둡지가 않다.
게다가 새끼줄처럼 두 가닥으로 꼬여 있어서 개념화가 곤란하고,
또 아무것도 없는 곳으로 돌아간다.
그래서 형상 없는 형상이고, 아무것도 없는 모습이다.
이를 일러 황홀이라고 한다.
앞에서 맞이해 보지만 그 머리가 보이지 않고,
뒤에서 따라가 보지만 그 뒷모습이 보이지 않는다.

고로 옛날의 도를 잡아서 지금의 유를 맞아들이면
옛날의 시작을 알 수 있다.
이를 일컬어 도의 본질이라고 한다.

視之不見名曰夷 聽之不聞名曰希 搏之不得名曰微
此三者不可致詰 故混而爲一
其上不皦 其下不昧 繩繩不可名
復歸於無物 是謂無狀之狀 無物之象 是謂惚恍
迎之不見其首 隨之不見其後
集古之道 以御今之有 能知古始 是謂道紀 (『노자』 14장)

장자도 노자와 비슷한 입장을 견지한다. 장자는 우리가 눈으로 보아서 보이는 것이란 사물의 형체와 색깔뿐이고, 귀로 들어서 들리는 것이란 사물의 이름과 음성뿐이라고 말한다. 그럼에도 사람들은 형체와 색깔, 이름과 음성만으로 도의 참 모습을 터득할 수 있다고 생각하고 있기에 장자는 슬프다고 말한다. 장자에 따르면 형체와 색깔, 이름과 음성만으로는 도의 참 모습을 도저히 터득할 수 없다. 이에 장자는 "아는 사람은 말하지 않고, 말로 설명하는 사람은 아는 것이 없다(知者不言 言者不知)"고 말한다. 세상에 도가 무엇이라고 떠벌리는 사람들이 많은데 장자의 눈에는 이런 말들이 모두 허황된 것으로밖에 보이지 않는다.

도대체 눈으로 보아서 보이는 것은 형체와 색깔이고,
귀로 들어서 들리는 것은 이름과 음성이다.
슬프구나! 사람들은 형체, 색깔, 이름, 음성으로
도의 참 모습을 터득할 수 있다고 생각하다니.
그 형체, 색깔, 이름, 음성으로는
도저히 도의 참 모습을 터득할 수 없는 법이다.

그러니까 참으로 아는 자는 말하지 않고,
말로 설명하는 자는 아는 것이 없다.

故視而可見者 形與色也
聽而可聞者 名與聲也
悲夫 世人以形色名聲爲足 以得彼之情
夫形色名聲果不足 以得彼之情
則知者不言 言者不知 而世豈識之哉 (『장자』 외편 「천도」)

노자는 도가 담담하여 맛도 없고, 보이지도, 들리지도 않지만 끝없이 사용할 수 있다고 말한다. 즉 보이지도 들리지도 않지만 아무리 써도 다 쓰지 못한다는 것이다. 그만큼 도의 작용이 무궁무진하다는 의미인데 어떻게 이것이 가능할까? 짐작하건대, 도는 맛도 없고, 보이지도, 들리지도 않는 원형의 모습을 그대로 간직하고 있기에 끝없이 사용할 수 있다는 의미가 아닐까? 그렇다면 세상 경영에서도 이런 무미건조한 도의 작용이 잘 적용될 수 있을 것이다. '도의 큰 원리에 입각해서(執大象)' 지도자가 나라 경영을 펼치면 '천하 사람들이 오가면서(天下往)' 모두 모여들어 나라가 크게 흥할 수 있다. 나아가 '오가면서 서로에게 피해를 주지 않기에(往而不害)' 거기에 사는 백성들은 모두 평안할 수 있다. 반면 정치공학에 기초한 나라 경영은 백성들의 관심을 잠시 모을지 모르지만 결코 오래갈 수는 없다. 이에 노자는 "듣기 좋은 음악과 맛있는 음식은 지나가는 나그네의 발길을 잠시 멈추게 할 뿐(樂與餌 過客止)"이라는 표현을 사용하는데, 여기서 듣기 좋은 음악과 맛있는 음식이란 감관이 좋다고 느끼는 것일 뿐 몸을 튼튼히 하고, 마음을 편안케 해서 우리에게 정말로 보탬이 되는 것이 아니라는 것을 뜻한다.

도의 위대한 원리를 가지고 있으면 이 세상 모두가 그리로 돌아간다.

그리로 돌아가서는 서로 해를 입히지 않으니 태평한 세상이구나.
듣기 좋은 음악과 맛있는 음식은
지나가는 나그네의 발길이라도 멈추게 하지만
도는 담담하여 우리가 맛으로 느낄 수가 없다.
보아도 족히 보지 못하고, 들어도 족히 듣지 못한다.
그렇지만 사용해도 족히 다 사용하지 못한다.

執大象天下往 往而不害安平太
樂與餌過客止
道之出口 淡乎其無味
視之不足見 聽之不足聞 用之不足旣 (『노자』 35장)

도가 우리의 눈으로 볼 수 있는 존재가 아니라 무색無色・무성無聲・무형無形이라는 혼돈의 형태를 띠는 것은 어떤 이유에서일까? 그 이유는 도가 형체가 없는 형이상形而上의 존재이기에 정조精粗의 개념이 없어서일까? 물론 이것만은 아닐 것이다. 그보다 더 근원적인 이유가 있을 것으로 보이는데, 그것은 도가 혼돈混沌(chaos)[1]의 모습을 하고 있어서가 아닐까 상상해 본다. 혼돈이란 아직 의미가 분화되지 않은 원초적 상태를 의미한다. 그것은 우리가 어머니 자궁에 있었을 때의 모습일 수도 있고, 세상이 시작되었을 때의 모습일 수도 있고, 우주가 막 생겨났을 때의 모습일 수도 있다. 어쩌면 『구약성서』 창세기에서 말하는 빛이 있기 이전의 이른바 '흑암黑暗'의 상태일 수 있다. 사실 빛이 있어야 분별

---

1 장자는 혼돈이라는 말 대신에 '망상(罔象)'이라고 표현한다. 그런데 노자는 혼돈을 주역의 '명이明夷괘'로 표현한다. 명이괘는 '지地(땅) 화火(불)'로 구성되는데 이는 땅속에 해가 숨어 있는 모습이라고 말할 수 있다. 그런데 땅속의 불은 만물을 길러내는 은혜로움을 베풀지만 겉으로는 드러나지 않기에 이것은 결국 도를 형상한 것이라고 말할 수 있다.

이 생기고, 거기서부터 의미 분화가 이루어지기에 흑암 단계에서 이런 분별이 이루어진다는 것을 상상조차 할 수 없다. 이렇게 분별이 생겨날 수 없기에 도는 무색 · 무성 · 무형의 형태를 지닌다. 이에 대해 장자도 노자와 비슷한 생각을 피력한다. 장자에 따르면 도란 우리의 일상적 감관만으로 파악할 수 없다. 만약 우리의 감관으로 파악된다면 그것은 이미 도가 아니다. 왜냐하면 도는 형체를 갖고 있지 않기 때문이다. 따라서 도가 만물에 대해 형체를 제공하지만 그 스스로는 형체가 없음을 알고 있기에 우리가 도에 대해 무어라고 이름 붙이는 것 자체가 곤란하다.

> 도란 들을 수 없는 것이니 들었다는 것은 도가 아니다.
> 도는 볼 수 없는 것이니 보았다는 것은 도가 아니다.
> 도는 말할 수 없는 것이니 말했다는 것은 도가 아니다.
> 형체를 지각할 수는 있지만 지각한 형체는 도의 형체가 아니다.
> 그러므로 도에 이름 붙이는 것은 마땅치 않다.
>
> 道不可聞 聞而非也
> 道不可見 見而非也
> 道不可言 言而非也
> 知形形之不形乎 道不當名 (『장자』 외편 「지북유」)

장자는 도란 '들을 수도, 볼 수도, 말할 수도 없다'고 규정하고서 만약 도의 형체를 지각할 수 있다면 그것은 더 이상 도라고 할 수 없다고 말한다. 그렇다고 장자가 도의 존재 자체를 부정하는 것은 아니다. 장자에 따르면 도에는 정도 있고 믿음(信)도 있어서 존재 자체가 있다는 사실은 분명히 인정한다. 사실 도에 정이 있고, 믿음이 있다는 점은 도가 살아 있는 생명체라고 하는 좋은 증거다. 그렇지만 생명체와 같은 존재라 할지라도 그 도의 존재를 파악하려고 들면 우리가 일상에서 행하는 인식론적 방법으로는 불가능하다. 이는 서양의 존재론적 형이상학에 대한 일종의 반박에 해당하는데 서양의 존재론적 형이상학은 신의 존재조차도 '파악할 수 있는(可知)' 대상으로 두고 있기 때문이다. 그래서 장자는 체득해야만 비로소 도의 존재를 파악할 수 있다고 말한다. 그런데 체득한다는 것은 이해한다는 차원을 훨씬 넘어선다. 이해가 우리의 머릿속에서만 이루어지는 작업이라면 체득은 그것을 넘어서서 가슴 안에서도 이루어져야 하기 때문이다. 그래서 도는 우리가 가슴으로 느껴야 할 대상이지 머리로 이해할 수 있는 대상이 결코 아니다.

> 대저 도는 정이 있고, 믿음이 있으나
> 하는 것도 없고 형체도 없어서
> 마음으로 전할 수는 있으나 입을 통해 가르쳐줄 수 없고,
> 체득할 수는 있으나 눈으로는 볼 수가 없다.
>
> 夫道有情有信 無爲無形
> 可傳而不可受
> 可得而不可見 (『장자』 내편 「대종사」)

장자에게 도란 감관과 그것의 연장에 해당하는 언어와 문자 같은 매체를 통해 파악할 수 있는 대상이 아니다. 오히려 도를 깨달으려면 언어나 문자에 집착해서는 안 되고, 오로지 마음으로 깨달아야 한다. 이는 의사소통상에서 가장 중요한 작업인 기호화(encoding)와 해독화(decoding)가 머리에서 머물지 않고 가슴으로 옮아가야 한다는 사실을 뜻한다. 여기서 소통의 지향점이 '머리와 머리 간(brain-to-brain)'을 넘어서 '가슴과 가슴 간(heart-to-heart)'으로 확대되어야 한다는 당위성을 찾을 수 있다. '머리와 머리 간' 소통이 '이해(understanding)'를 목표로 하고, 이런 목표가 언어와 문자 같은 소통 매체를 낳게 했던 것이 사실이다.

그렇지만 '느낌(feeling)'을 목표로 하는 소통, 나아가 직관과 명상을 통해 이루어지는 소통은 굳이 소통 수단을 동원하지 않더라도 별다른 문제가 없다. 오히려 소통 수단을 동원하는 경우 느낌으로서의 소통이 방해받을 수 있다. 그런데 동아시아인들이 오랫동안 이상적이라고 추구해 왔던 소통은 매체라는 소통 수단으로부터 해방된 방식이 아니었을까?

마지막으로 도가 불가지不可知한 존재라는 사실은 그것이 고정되지 않고 생성변화하고 있기 때문으로 보인다. 그래서 세상 만물이 시들지 않고 무성하게 자라나는 것은 도의 잠재력이 쉴 새 없이 이루어지고 있다는 좋은 증거다. 도는 모든 존재의 근원에 해당하기에 거기에서 무한한 잠재력과 창조력이 끊임없이 생겨나서 만물을 항상 생성변화시킨다. 그래서 노장의 도는 플라톤의 이데아처럼 완전한 실체에 대한 언급이나, 그것에 버금가는 명실상부한 존재, 예를 들어 신과 같은 것에 대한 이름이 아니다. 오히려 도의 실상은 언제나 끊임없이 변화하는 과정에 있기에 명名(기표)과 실實(기의)의 일치를 사실상 이루어낼 수 없다. 즉 느슨한 '기의≒기표'의 관계는 이룰 수 있어도 고정된 '기의=기표'의 관계는 이룰 수 없다. 이는 인위적 표현 수단인 언어 자체의 한계성으로 인해 그 존재와 완전한 일치를 이룰 수 있는 개념이란 있을 수 없다는 사실을 뜻한다. 여기서 소통 수단으로서 언어와 문자가 지닌 한계가 여실히 드러나는데, 사람들이 언어와 문자에 보내는 신뢰는 가히 절대적이다.

노자서가 "도를 도라고 말하면 늘 그러한 도가 아니다(道可道非常道)"라고 시작하는 것도 바로 이런 이유에서다. 이는 도를 범주화하거나 개념화하면 '늘 그러한 도(常道)'가 아니라는 의미다. 생명은 항상 변화하듯이 영원한 도, 즉 상도常道란 오직 자연법칙일 뿐이기에 이를 언어로 묶어버리면 죽은 박제처럼 되어 도가 지니는 생명력 그 자체를 이해할 수 없다는 뜻이다. 실제로 언어란 지극히 방편적이고 잠정적인 수단이기에 언어를 통해서 사물의 실상이나 본체, 그리고 진의에 도달하기란 여간 어렵지 않다. 왜냐하면 사물의 이름이나 개념은 사물의 유한한 상태와 관련이 있기 때문이다. 따라서 우리가 사물을 지시하는 이름이나 개념에 집착하면 오히려 분란이 생겨서 사물의 자연스런 상태에 도달할 수 없다. 하물며 세상 만물의 근원과 생성 원리인 도는 우리가 생각하는 시간과 공간의 범주로는 도저히 파악할 수 없다.

그런데 생성변화하는 도의 입장은 노자보다는 장자에게서 보다 강조되고 있다. 노자는 도를 주로 생성변화의 근원으로 파악하고, 우리가 본받고 따라야 할 궁극적 귀착점이라는 점만을 강조한다. 이런 점은 노자서 곳곳에서 발견되는데 '도는 물과 같다(上善若水)'가 그 대표적인 표현이다. 노자는 도를 물에다 비유하고 그것의 이유로 "물은 만물을 이롭게만 하지 다투지 않고(水善利萬物而不爭, 『노자』 8장)", "사람들이 싫어하는 낮은 곳에 처하고(處衆人之所惡, 『노자』 8장)", "세상에서 물이 가장 유약하지만 공력이 아무리 굳세고 강하더라도 그것을 이겨내지 못한다(天下莫柔弱於水而攻堅强者 莫之能勝 以其無以易之, 『노자』 78장)"는 사실을 든다. 이는 우리가 물과 같은 태도로 처신해야만 도의 단계에 이를 수 있음을 암시하는 내용인데, 이런 식으로 노자는 도를 생성변화의 입장보다는 우리가 궁극적으로 추구해야 할 목표로 설정하고 있다.

반면 장자는 도를 무궁한 생성변화 그 자체로 파악한다. 그래서 장자는 "큰 물고기가 새로 변한다(北冥有魚 化而爲鳥, 『장자』 내편 「소요유」)"는 다소 생뚱맞은 이야기로 자신의 책 도입부를 구성한다. 즉 북쪽 바다에 곤鯤이라고 하는 큰 물고기가 살았는데 이 물고기가 바람을 타고 날더니 붕鵬이라고 하는 큰 새로 변하여 남쪽 바다로 훨훨 날아간다는 이야기인데, 이 짧은 표현에서도 알 수 있듯이 장자는 근원으로 돌아가기보다는 그냥 변화에 몸을 맡겨 함께 흐르거나 그대로 변화하기를 강조한다. 그리고 큰 물고기에서 큰 새로의 변화에 바람(風)이 그 중심에 있는데, 바람이란 신과 같은 절대자의 의지가 작용하지 않는 가장 자연스러운 변화 수단이다. 그만큼 장자는 변화 자체를 자연스러운 작용으로 보려고 한다. 이런 식으로 노자는 도의 '생生'하는 측면을 강조하고 있다면 장자는 도의 '화化'하는 측면에 보다 관심을 두고 있다. 도에 대한 장자의 이런 태도는 '이도관지以道觀之(도의 관점)'를 설명하는 데서도 잘 드러난다.

> 북해의 신선 약이 대답했다.
> 도의 관점에서는 무엇이 귀하고 천하고 하는 일이 없다.
> 이를 끝없는 변화라고 한다.
> 그래서 당신의 뜻을 구속하지 말라. 구속하면 도와 크게 부딪친다.
> 또 도의 입장에서는 무엇이 적고 무엇이 많다는 일도 없다.
> 이를 사물 변화에 순종함이라고 한다.
> 당신의 행동을 고정하지 말라. 고정하면 도와 어긋난다.
>
> 北海若曰 以道觀之 何貴何賤 是爲反衍
> 無拘以志 與道大蹇
> 何小何多 是爲私施
> 無一而行 與道參差 (『장자』 외편 「추수」)

장자는 도의 입장에선 무엇이 귀하다/천하다고 하는 구분이 없는데도 이를 구분하려고 들면 도와 부딪친다고 말한다. 또 도의 입장에선 무엇이 많다/적다고 하는 사실이 없는데도 이를 고정하려고 들면 도와 어긋난다고 말한다. 여기서 귀하다/천하다, 많다/적다고 하는 게 있을 수 없다는 말은 대상을 불문하고 대상들 간에 질적인 차원에서의 어떤 구분도 생겨나지 않음을 뜻한다. 그런데 이런 생각이 어떻게 가능할까? 장자는 이를 모든 만물이 생성변화하기 때문이라고 말한다. 그리고 만물의 생성변화란 획일적이지도 않고, 선형적이지도 않아서 만물이 어떤 모습을 하게 될는지 누구도 예측할 수 없다고 말한다. 장자에 따르면 인간이 지금과 같은 모습을 할 수 있는 것은 도의 기획이나 신의 의지에 따른 것이 아니다. 반면 서양은 오랫동안 만물이 획일적이고, 또 선형적인 과정을 통해 변화해 왔다고 믿어왔다. 그 결과 인류는 원시에서 근대로 발전해 올 수 있었는데 이런 식의 역사관은 기본적으로 대상을 좋고 나쁨으로 구분하려는 데서 비롯된다. 원시가 야만적이라면 근대는 문명적이고, 과거가 어두우면 현재는 밝다는 식의 구분이 그것이다.

그런데 도의 입장에서는 모든 것이 생성변화하고 있어서 대상을 흑백논리로 재단한다 하더라도 고정된 모습이나 형태로 나타나지 않는다. 이런 사실을 잘 알고 있기에 장자는 사물의 생성변화를 음양陰陽 작용으로 설명하려고 한다. 음양 작용이란 음에서 양으로, 또 양에서 음으로 서로 간에 영향을 주면서 끊임없이 변화하는 것인데 이런 변화는 예측 불가능한 비선형적 방식으로 주로 이루어진다. 즉 양이 다하면 거기서부터 음이 생겨나고, 또 음이 다하면 거기서부터 양이 생겨나지만 그것이 언제, 어떻게, 어떤 형태로 나타날는지 누구도 예측할 수 없다. 그래서 도의 작용을 가리켜 '알 수 없다(不可知)'고 말하는 것이다. 게다가 음양 작용이 이루어지면 거기에는 절대적인 음과 절대적인 양이란 존재할 수 없고, 오로지 음의 쪽에, 또는 양의 쪽에 어느 정도 기울어 있는지에 따라 그 모습이 결정될 뿐이다. 물론 그 기울기의 정도를 우리가 정확히 측정할 수는 없다. 이는 음양 작용에 따른 다양한 변화에 일일이 부응할 만한 언어가 제한되어 있는 탓이다. 이것 역시 도를 여전히 알 수 없는 상태로 남게 하는 중요한 이유일 것이다.

도는 무엇에 가리어져 진실한 도와 거짓된 도의 구분이 생겨나는 것일까?
말하기는 본래 소박한 것인데 무엇에 가리어져
시비 판단이 생겨나는 것일까?

참된 도는 어디를 가더라도 있지 않겠는가?
소박한 말은 어디서나 받아들여지지 않겠는가?
도는 보잘것없는 것의 완성에 가리어지고,
말하기는 화려한 수사에 가리어진다.

道惡乎隱而有眞僞
言惡乎隱而有是非
道惡乎往而不存
言惡乎存而不可
道隱於小成 言隱於榮華. (『장자』 내편 「제물론」)

사람들은 도의 '알 수 없는' 측면을 모르고서 마치 아는 것처럼 말한다. 그래서 장자는 도가 보잘것없는 것의 완성에 가리어져 참된 도와 거짓된 도의 구분이 생겨나고, 말하기도 화려한 수사에 가리어져 시비 판단이 생겨난다고 하며 안타까워한다. 사람들이 세상 만물을 자신들의 기준에 따라 자의적으로 재단하기에 이런 시비 판단이 생겨나는데 여기서 언어가 으뜸가는 역할을 한다. 그런데 소통 수단인 매체의 급속한 발전으로 인해 오늘날 의사소통상에 등장하는 수사는 양적으로 더욱 구체적이고, 질적으로 더욱 화려해진다. 장자는 참된 도는 어디에 가더라도 받아들여지는 것처럼 소박한 말도 어디에나 받아들여질 거라는 막연한 희망을 품는다. 그런데 우리가 소박한 말에 익숙해지려면 세상 만물에 대해 더욱 겸손한 태도를 지녀야 한다. 그리고 이런 겸손한 자세를 지니려면 무엇보다 도道의 불가지不可知한 측면을 깊이 깨달아 세상 만물에 대해 함부로 이름을 갖다 붙이며 재단하는 식의 오만한 자세를 접어야 할 것이다.

iii

도의 도덕철학적 차원: 무위자연無爲自然한 존재

자연自然이란 말처럼 일상에서 잘못 사용되는 개념도 드물다. 우리는 자연을 영어의 'nature'쯤으로 생각해서 하늘과 땅, 산과 강, 동물과 식물, 그리고 인간을 총칭한 것쯤으로 생각하는데, 원래 자연이란 의미는 '무엇이다'라는 대상이 아니라 '어떠하다'라는 상태를 뜻한다. 이런 사실은 자연이라는 한자를 풀이해 보아도 금방 드러나는데 자연이란 '스스로(自)'와 '그러하다(然)'는 두 개념으로 구성된 단어다. 따라서 자연이라는 개념이 '스스로 그러하다'는 내용을 담고 있는 것이라면 그것은 대상을 의미하는 것이 아니라 상태를 의미한다. 노자와 장자도 도의 중요한 성격으로 영원히 변하지 않는 자연의 질서에 더해 그것의 무궁한 조화에서 비롯되는 '스스로 그러하다(自然)'는 사실을 강조하고 있지 않은가.

그래서 우리는 눈을 멀리 응시해서 자연의 섭리가 어떤지를 곰곰 생각해 볼 필요가 있다. 봄이 되면 식물에 생기가 돌면서 신록의 여린 잎들이 돋아나지 않는가. 여름이 되면 그 잎들이 점점 무성해지면서 초록색으로 치장하게 되고, 또 가을을 맞이하면 단풍으로 자신을 알록달록하게 물들이지 않는가. 그리고 겨울이 되면 이것들은 낙엽이 되어서 어디론가 자취를 감추지 않는가. 이처럼 봄이 가면 여름이 오고, 여름이 가면 가을이 오는 것은 어쩔 수 없는 자연의 섭리다. 그런데 이런 자연의 섭리를 담당하는 연출자가 분명 있을 터인데 과연 그것이 누구일까? 서양 종교에서는 그것을 신이라고 단정하지만 노자와 장자는 이 연출자를 도라고 규정한다. 이런 노장의 생각대로라면 우리는 세상과 자연을 뒤흔드는 바람(風)의 지휘, 즉 도의 기획에 따라 그저 울고 웃어야 할 오케스트라의 단원이 되고 만다. 즉 봄이 되면 꽃을 피우고 가을이 되면 잎을 떨어뜨리듯이, 우리는 자신의 몸을 도의 의지에 실어야만 한다.

이것은 인간으로서 어찌할 수 없는 도리다. 그래서 모든 것을 이런 자연의 변화에 맡기는 것이 오히려 마음이 편하다. 이것이 무위자연無爲自然한 삶의 모습일 것이다. 이런 식으로 자연의 섭리에다 모든 것을 의탁하면 우리의 마음은 훨씬 유연해지고, 또 편안해진다. 그래서 노자는 삶을 부드러움으로, 죽음을 강한 것이라고 규정하는데 이런 규정은 우리의 상식과는 반대다. 우리의 상식에선 삶이란 강하고 죽음은 여리다고 하지 않는가. 그래서 살아 있을 때는 자신의 의지를 강하게 다듬고, 죽음이 다가오면 그 강한 의지조차 쉽게 꺾여 여리게 변한다고 본다. 그렇지만 어떤 생명체든 숨을 쉬고 있을 때는 몸이 유연하지만 죽음을 맞이하면 몸이 뻣뻣하게 굳는다. 이런 점을 감안하면 삶을 부드러움으로, 죽음을 강한 것으로 파악하는 노자의 관점에 절로 고개가 끄덕여진다. 그래서 저 들판에 있는 흐늘흐늘한 풀은 어떤 거센 바람이 불어와도 뽑히는 법이 없지만 강건하게 생긴 큰 나무는 종종 뽑혀서 그 추한 모습을 드러낸다.

> 삶은 부드럽고 여림이요, 죽음은 단단하고 굳세다.
> 만물과 초목도 산 것은 부드럽고,
> 유약하며 죽은 것은 단단하고 굳세다.
> 그러므로 단단하고 굳센 것은 죽음의 무리요,
> 부드럽고 여린 것은 삶의 무리다.
>
> 人之生也柔弱 其死也堅强

萬物草木之生也柔脆 其死也枯槁

故堅强者死之道 柔弱者生之道 (『노자』 76장)

이처럼 노자는 부드러움과 강함으로 삶과 죽음을 구분한 뒤, 유약한 것은 생명의 도이고 견강한 것은 죽음의 도라고 규정한다. 그러면서 견강한 죽음의 도보다 유약한 생명의 도를 따르는 것이 보다 올바른 삶의 모습이라고 본다. 그래서 나무도 강하면 부러지고, 강한 군대도 전쟁에서 패할 수 있다고 말한다. 이는 '무위자연無爲自然'이 '인위부자연人爲不自然'에 비해 유약하게 보일지 모르지만 실제에 있어선 정말로 강하다는 것을 강조하려는 말이다. 그래서 장자는 인위人爲로써 자연을 멸하고, 고의固意로써 천성을 망치고, 명리名利로써 천성의 덕을 잃는 것을 극히 경계한다. 장자는 이를 말머리에 고삐를 달고, 소의 코에 구멍을 뚫는 것에 비유한다. 소나 말에게 각기 네 발이 있는 것, 이것이 무위자연의 이상적 상태다. 그런데도 인간은 자신들의 필요에 따라 말머리에 고삐를 달고, 소의 코에 구멍을 뚫고 하는데 이는 자연스러운 흐름에 개입하거나 자연의 조화와 질서를 깨뜨리는 일에 해당한다.

소나 말에게 각기 네 개의 발이 있는 것, 이것이 하늘의 자연이다.
말머리에 고삐를 달고, 소의 코에 구멍을 뚫는 일, 이것이 사람의 작위다.
(그래서 말인데) 인위로써 자연을 파괴하지 말고,
고의로써 천성을 망치지 말라.
(자연 그대로의 본성을) 조심하게 지키면서 잃지 않는 것,
이것이 근본으로 돌아가는 것이다.

牛馬四足 是謂天
絡馬首 穿牛鼻 是謂人
故曰 無以人滅天 無以得殉名

謹守而勿失 是謂反其眞　　　　　　　　　　　　　(『장자』 외편 「추수」)

이 글은 장자가 소의 코에 구멍을 뚫고 말머리에 고삐를 다는 것이 인위人爲에 입각해 있음을 강조하려고 그냥 꺼낸 이야기가 아니다. 그보다는 소의 코에 구멍을 뚫듯이, 말머리에 고삐를 달듯이 살아가는 우리의 안타까운 삶을 풍자하려는 취지에서 소개한 것으로 보인다. 그렇다면 우리의 삶이 어떤 모습을 하고 있기에 소의 코에 구멍을 뚫고, 말머리에 고삐를 다는 것에 비유할 수 있을까? 우리는 지금 다리를 대신해서 자동차를, 머리를 대신해서 컴퓨터를, 감관을 대신해서 언어와 문자를 만들어왔다. 그 결과 '더 멀리, 더 빨리, 더 많이'라는 슬로건으로 상징되는 것처럼 인간 기능의 확장이 과거에 비해 엄청나게 빠른 속도로 진행되어 왔다. 이런 발명품들은 철저히 인위에 입각해 있기에 마치 소의 코에 구멍을 뚫는 일, 말의 머리에 고삐를 다는 일에 비유할 수 있다. 사실 문명의 이름으로 만들어진 모든 발명품들은 전부 여기에 해당할는지 모른다. 그렇다고 해서 우리가 문명의 혜택을 일체 거부하면서 살아갈 수는 없는 노릇이다. 그래서 문명의 이기들이 무위자연한 상태에서 얼마나 멀리 떨어져 있는가 하는 점이 문제일 것이다.

그런데 사람들은 무위자연한 상태에서 멀리 떨어져 있을수록 보다 발전된 문명이고, 또 무위자연한 상태에 가깝게 놓여 있을수록 덜 발전된 문명이라고 생각한다. 이런 잘못된 생각을 교정하기 위해 장자는 오리의 다리가 짧다고 늘려주고, 학의 다리가 길다고 잘라준다는 표현으로 무위자연無爲自然과는 반대되는 문명관, 즉 '인위부자연人爲不自然'한 문명관의 문제점을 지적한다. 장자가 보기에 인류가 이룩해 낸 문명은 너무나 인위적이어서 결코 자연스럽지 못하다. 이는 오리의 다리가 짧다고 해서 늘리고, 학의 다리가 길다고 해서 자르는 것과 흡사하다. 그만큼 인류 문명이란 작위적인 성격이 강하다. 그렇지만 오리의 다리가 짧은 것은 짧은 이유가 있기에 짧은 것이고, 학의 다리가 긴 것은 긴 이유가 있기에 긴 것이다. 이를 짧다고 늘려주고, 길다고 잘라준다고 해서 오리와 학의 우환이 덜어지는 것은 아니다. 오리가 자신의 다리가 짧다는 것에 대해, 또 학이 자신의 다리가 길다고 하는 것에 대해 어떤 근심이나 걱정을 가진 일이 한 번도 없었기 때문이다.

> 그렇기 때문에 오리의 다리가 비록 짧다고 하더라도
> 늘려주면 우환이 되고,
> 학의 다리가 비록 길다고 하더라도 자르면 아픔이 된다.
> 그러므로 본래 긴 것은 잘라서는 안 되며,
> 본래 짧은 것은 늘여서는 안 된다.
> 그렇다고 우환이 없어질 까닭이 없다.
> 생각건대 인의가 사람의 본성일 리 있겠는가?
> 저 어짊(仁)을 갖춘 자들이 얼마나 근심이 많겠는가?
>
> 是故鳧脛雖短 續之則憂 鶴脛雖長 斷之則悲
> 故性長非所短 性短非所續 無所去憂也
> 意仁義其非人情乎 彼仁人何其多憂也 (『장자』 외편 「변무」)

노장의 유가사상에 대한 비판은 바로 여기서부터 시작한다. 노장은 유가와 달리 현실을 있는 그대로 보기를 원한다. 그래서 노장에게는 천지에 만물이 생길 때부터 어짊(仁)이라는 개념이 없었고, 이런 이유 때문에 어짊이 없는 현실을 무질서하다고 보지 않았다. 만약 어짊이 사라지더라도 노장은 유가가 생각하는 것처럼 세상이 무질서하게 변하지 않을 것이라고 전망했다. 설령 어짊이 사라지더라도 인간 세상은 무질서하게 변할는지 모르지만 인간을 제외한 세상은 그렇게 되지 않을 것이라고 전망했다. 왜냐하면 천지에는 만물이 생겨났다가 사라지는 현상이 반복되면서, 나름대로의 질서가 잘 유지되며 지금까지도 꾸준히 지속되어 오고 있기 때문이다. 그래서 겨울이면 천지가 비어 있어 고요하고, 봄이 되면 다시 기운이 일어나면서 만물이 생겨나기를 끊임없이 계속해 왔던 것이 아닌가. 반면 어짊이 세상을 오랫동안 지배해 왔는데도 유가의 전망과는 달리 세상의 근심이 사라지지 않는다. 그것은 인위人爲로써 재단된 어짊이 사람의 자연스런 본성이 아니기 때문이다. 그래서 노장은 우리가 사는 세상을 자연에 비유하면서 굳이 인간의 기준, 즉 인위에 따라 재단하려고 들지 않는다.

옛 사람의 지혜는 최고의 경지에 달했다.
어느 정도로 최고의 경지에 이르렀는가?
우주가 처음 시작할 때부터 외물이 존재한 적이 없다고 생각하는
지극한 경지다.
최고의 경지여서 어떤 것을 더 이상 보탤 수가 없다.
그다음은 외물이 있지만 애초부터 나뉜 적이 없다는 경지다.
그다음은 나뉨은 있지만 옳음과 그름으로 나뉘어 있지 않다는 경지다.
옳음과 그름의 나뉨을 분명히 하는 것은 도가 무너지는 이유이며,
도가 무너지면 인의와 같은 편애가 발생하는 원인이다.
과연 이룸과 허물음이 있는 것일까, 없는 것일까?

古之人其知有所至矣 惡乎至
有以爲未始有物者 至矣 盡矣 不可以加矣
其次以爲有物矣 而未始有封也
其次以爲有封焉 而未始有是非也
是非之彰也 道之所以虧也
道之所以虧 愛之所以成
果且有成與虧乎哉 果且無成與虧乎哉 (『장자』 내편 「제물론」)

우리의 사고방식이나 행동 유형이 설령 무위無爲에 입각해 있더라도 그 사고방식과 행동 유형은 다를 수가 있다. 이에 장자는 사물을 세 단계로 나누면서 무위의 차원에도 여러 가지가 있을 수 있다고 말한다. 첫 번째는 "외물이 처음부터 존재한 적이 없다(有以爲未始有物者)"는 단계로서, 이는 외물 자체가 없는 무물無物의 단계, 더 이상 보탤 것이 없는 최고의 경지이자 지극한 경지다. 두 번째는 "외물이 있기는 하지만 그것들이 처음부터 나뉜 적이 없다(以爲有物矣 而未始有封也)"는 단계로서, 이는 외물들이 자신의 모습을 드러내지 않고 혼재되어 있는 혼돈混沌의 상태다. 세 번째는 "외물들의 나뉨은 있지만 처음부터 옳음과 그름으로 구분되어 있지 않다(以爲有封焉 而未始有是非也)"는 단계로서, 이는 세상 만물이 음과 양으로 구분되지만 선과 악의 경우처럼 옳고 그르다는 식의 판단은 이루어지지 않은 단계다. 만약 선과 악으로 세상 만물이 구분된다면 우리의 마음에는 저절로 시비지심是非之心이 생겨나는데 이럴 경우 도는 이미 흩어지거나 무너지게 되고 만다.

그런데 노장은 인의예지仁義禮智와 같은 유가적 가치들이 세 번째 단계도 넘어서서 철저히 시비지심에 입각해 있다고 비판한다. 노장은 인위예지를 인위에 따른 기준이라고 보고 인위에 입각해 있는 기준이란 결코 공정할 수 없다고 본다. 왜냐하면 어짊(仁)의 경우에서도 어디까지 어질고, 어디까지 어질지 않은지에 대한 기준이 애매모호하기 때문이다. 예를 들어 사나운 태풍이 몰아칠 경우, 우리는 이를 보고 천지가 어질지 않아서 그렇다고 단정할 수 있을까? 물론 아니다. 태풍이 가끔씩 불어야만 바닷속까지 대기가 들어갈 수 있어서 그곳의 생명체에 산소를 제공하는 긍정적 역할이 가능하다. 이처럼 자연의 모든 현상들은 긍정과 부정의 양면성을 모두 지니고 있다. 이런 이유 때문에 노자는 천지의 어질지 않음이 오히려 자연스럽다고 말한다. 그래서 노자는 인의예지라는 기준이 없는 세상을 텅 빈 풀무에 비유해서 비어도 다함이 없고, 움직일수록 더욱 나오는 풀무의 가치에 주목한다. 오히려 인의예지로써 행위를 제한하거나 재단하려고 든다면 우리가 사는 세상은 그 정령이 더욱 복잡해져 죽은 세상이 되고 만다.

> 천지는 어짊이 없어 만물을 짚으로 만든 개라고 여긴다.
> 성인도 어짊이 없어 백성을 짚으로 만든 개라고 여긴다.
> 하늘과 땅 사이는 마치 풀무와도 같다.
> 비어 있어도 다함이 없고, 움직일수록 더욱 나온다.
> 말로 모든 것을 이루려는 것은 마음의 중심을 지키는 것만 못하다.
>
> 天地不仁 以萬物爲芻狗
> 聖人不仁 以百姓爲芻狗
> 天地之間 其猶橐籥乎
> 虛而不屈 動而愈出
> 多言數窮 不如守中 (『노자』 5장)

하늘과 땅 사이는 마치 풀무의 안처럼 텅 비어 있다. 그리고 풀무에서 바람이 나오는 것은 그 안이 비어 있기 때문이다. 마찬가지로 하늘과 땅 사이도 텅 빈 공간이기에 여기서 만물이 저절로 자라날 수 있다. 그런데 풀무의 안이 무언가에 의해 꽉 채워져 있다면 바람은 일어날 수 없다. 마찬가지로 하늘과 땅 사이의 열린 공간이 인의예지 등의 가치로 채워진다면 만물의 자람이 예전만 하지 못할 것이다. 따라서 천지가 '풀로 만든 개(芻狗)'[1]를 대하듯, 세상 만물에 어떤 차별을 두지 않고 똑같이 대해야

---

1 추구芻狗는 제사 때 사용하는 풀로 만든 개다. 제사 때만 의례용으로 사용하다가 제사가 끝나면 곧 버려지는 그런 존재다. 천지에 인仁이 없다는 것의 실례로 추구를 선택한 것은, 제사 후 추구를 대하듯 천지가 그렇게 무심하게 만물을 대한다는 의미를 담기 위해서다.

만 사랑과 미움 등의 감정이 사라질 것이다. 마찬가지로 성인도 백성을 인위人爲로 구분하지 않고 똑같이 대해야만 나라 경영을 잘할 수 있다. 여기서 다언多言은 정령의 복잡함을 의미한다. 그래서 많은 사설辭說을 만들고, 많은 법규를 동원하는 것이 오히려 일의 착오와 실패를 가져다줄 수 있다. 결국 이는 인위에 입각해서 무리한 일들을 벌이지 말라는 의미다. 오히려 마음을 풀무처럼 비우고, 천지자연의 원리에 모든 것을 기대면 하는 것이 없어 보이지만 그렇다고 이루지 못하는 것도 없다는 말이다.

> 도는 언제나 하는 것이 없지만 이루지 못하는 것도 없다.
> 제후와 왕이 이를 지킬 수 있다면 만물이 스스로 생성되고 자라날 것이다.
> 저절로 자라는데 혹시 이루려는 마음이 생겨나면
> 도의 순박함으로 그것을 굴복시킨다.
> 도의 순박함이란 하고자 하는 마음이 없어진다는 것을 의미한다.
> 하고자 하는 마음을 없앰으로써 마음이 고요해지면
> 천하가 저절로 안정될 것이다.
>
> 道常無爲 而無不爲
> 候王若能守之 萬物將自化
> 化而欲作 吾將鎭之以無名之樸
> 無名之樸 夫亦將無欲
> 不欲以靜 天下將自定 (『노자』 37장)

노자서를 크게 조감하면 1) 천도로부터 인도人道의 구현, 2) 천도로부터 왕도王道의 실천, 이 두 차원으로 천도天道의 구현을 말하고 있음을 알 수 있다. 즉 우주 · 자연의 원리인 천도를 우선적으로 언급하면서 그 천도에 입각해 사람의 도리인 인도와 세상 경영의 도리인 왕도를 펼쳐나가야 한다는 내용을 담고 있다. 이를 논문에 비유하면 천도天道에 대한 논의가 이론적 틀이라면 인도와 왕도의 구현은 이론적 틀을 사람과 사회에다 제각각 적용해 보는 본론 부분에 해당한다. 실제로 노자 『도덕경』은 총 81장으로 구성되어 있는데 이 중에서 1장,[2] 2장,[3] 3장[4]이 가장 핵심적 내용을 담고 있는 장으로 평가받는다. 왜냐하면 1장이 천도天道, 2장이 인도人道, 3장이 왕도王道에 대해서 가장 원론적으로 언급하고 있기 때문이다. 그리고 『도덕경』의 나머지 장들은 천도에서 인도의 논리를, 또는 천도에서 왕도의 논리를 이끌어내는 내용으로 구성된다. 그래서 천도의 원리를 밝히는 1장, 인도의 원리를 밝히는 2장, 왕도의 원리를 밝히는 3장이 노자서의 사실상의 뼈대다.

앞서 언급한 『도덕경』 5장의 "천지는 어짊이 없어 만물을 짚으로 만든 개라고 여긴다. 성인도 어짊이 없어 백성을 짚으로 만든 개라로 여긴다(天地不仁 以萬物爲芻狗 聖人不仁 以百姓爲芻狗)"는 내용도, 천도에서 왕도의 논리를 밝히는 장이다. 짚으로 만든 개를 매개로 해서 천지와 성인을 나란히 병렬시켜 놓고선 천지와 성인이 만물과 백성들에 대해 어질지 못하다고 말하고 있기 때문이다. 즉 천지가 어질지 못하니 마찬가지로 성인도 어질지 못하다는 논리를 펴는데, 이는 천지의 관점에 의해 성인의 관점이 결정된다는 사실을 뜻한다. 그런데 대표적인 성인으로 나라를 경영하는 왕을 들 수 있다. 이에 노자는 어짊(仁)과 같은 인위人

---

2 道可道非常道 名可名非常名 無名天地之始 有名萬物之母 故常無欲以觀其妙 常有欲以觀其徼 此兩者同出而異名 同謂之玄 玄之又玄 衆妙之門

3 天下皆知美之爲美 斯惡已 皆知善之爲善 斯不善已 故有無相生 難易相成 長短相較 高下相傾 音聲相和 前後相隨 是以聖人 處無爲之事 行不言之敎 萬物作焉而不辭 生而不有 爲而不恃 功成而不居 唯不居 是以不去

4 不尙賢 使民不爭 不貴難得之貨 使民不爲盜 不見可欲 使民心不亂 是以聖人之治 虛基心 實基腹 弱基志 强基骨 常使民無知無慾 使夫智者不敢爲也 爲無爲 則無不治

爲가 아니라 무위자연無爲自然한 도의 이치에 따라 왕이 나라를 경영해야 한다고 말한다. 구체적으로 백성을 짚으로 만든 개를 대하듯 어질지 못함(不仁)에 따른 정치를 펴라는 것인데, 이는 백성이 하고 싶은 것을 마음대로 할 수 있도록 그냥 놔두라는 것이다. 이것이 천도에 입각한 노자의 왕도정치를 의미하는데, 이는 패도覇道와 반대되는 개념으로 왕도정치를 설파했던 유가와 사뭇 다른 입장이다.

> 사람은 땅을 본받고, 땅은 하늘을 본받고,
> 하늘은 도를 본받고, 도는 자연을 본받는다.
>
> 人法地 地法天 天法道 道法自然 (『노자』 25장)

이 글은 천도에서 인도를 이끌어내는 내용을 담고 있다. 즉 인도가 곧 천도이고, 천도가 곧 인도임을 강조하는 대목인데, 차도車道를 연상하면 이 글의 내용이 잘 이해되지 않는다. 차도란 자연 조건을 무시하고 오로지 목적지에 빨리 도착하기 위해 만든 길이기에 철저히 인위에 입각해 있는 인도人道다. 아마도 인위에 입각한 인도란 꾸불꾸불하면서 자연스럽게 생겨난 무위無爲의 인도가 못마땅해서 인의예지라는 기준 아래 똑바로 편 길일 것이다. 물론 이런 인도의 개념으로 자연을 마주하면 무위자연한 무위無爲 모습보다는 대상으로서의 무위만을 응시할 뿐이다. 그래서 노자는 사람이 마땅히 행해야 할 길, 즉 윤리 규범이라는 추상적 길이 왠지 자연스럽지 못하다고 말한다. 왜냐하면 윤리 규범이란 시간적 내지 공간적 상황이나 형편에 따라 그 모습을 얼마든지 달리할 수 있기 때문이다. 그래서 이런 인위의 가치에 집착하면 마음속에 주변과 조화를 이루지 못한 부자연스러운 인도만이 만들어질 뿐이다.

그래서 장자도 인도와 천도가 일치하지 않는 경우를 애써 피하려고 노력한다. 그래서 천지天地는 말이 없는 큰 아름다움을 지니며, 만물萬

物은 설명되지 않는 생성의 이치를 가지며, 사시四時는 논의될 수 없는 밝은 법을 가지고 있듯이, 성인도 천지, 만물, 사시의 이런 이치를 깨달은 사람이라야 한다고 말한다. 실제로 우리는 아름다운 천지를 대하면 말로 형언할 필요조차 느끼지 않고, 신비로운 생명의 탄생을 보아도 만물의 생성 이치에 대해 굳이 설명할 필요를 느끼지 않으며, 나아가 모든 구성원이 잘사는 사회를 마주하면 왜 그렇게 작동하는지 논의조차 할 필요를 느끼지 않는다. 그래서 장자는 이런 우주 · 자연 · 인간세의 원리를 터득한 사람이 성인의 조건이라는 점을 누차 강조한다.

> 천지는 큰 아름다움을 가지고 있으나 말이 없고,
> 사시는 밝은 법을 가지고 있으나 논의하지 않고,
> 만물은 생성의 이치를 가지고 있으나 설명하지 않는다.
> 성인은 이와 같은 천지의 아름다움에 근원하고
> 만물의 이치를 통달해 있다.
>
> 天地有大美而不言
> 四時有明法而不議
> 萬物有成理而不說
> 聖人者 原天地之美 而達萬物之理 (『장자』 외편 「지북유」)

이런 이치를 깨달아서 성인이 되고자 한다면 무엇보다 마음을 비워야 한다는 점을 장자는 강조한다. 그래서 제사를 받드는 신을 두었던 것이 '사사로운 복(私福)'을 없애려는 것과 같았던 것처럼, 나라에 군주를 두는 것은 '사사로운 덕(私德)'을 없애려는 것이라고 말한다. 이는 유가가 강조하는 왕도정치 사상과는 정면으로 배치된다. 유가에서는 인의예지의 가치를 사회에서 구현하는 것을 왕도정치의 목표로 삼고 있는데 장자는 이를 사사로운 덕으로 일축했으니 말이다. 장자가 이런 입장에 서게

된 것은 무엇보다도 천지사방의 무궁함이야말로 진실로 구분(境界)을 이루지 않은 것으로 파악한 결과다. 실제로 사사로운 덕과 사사로운 복은 이런 경계境界로부터 자유로울 수 없다. 반면 큰 덕과 큰 복은 모든 경계로부터 자유로워져서 온갖 사람들에게 혜택을 줄 수가 있다. 이 때문에 군주와 제사용 신이 자신의 역할을 다하는 것은 개인 차원의 사사로움을 들어주는 것이 아니라 백성 전체를 위해서 큰 덕과 큰 복을 실천하는 일이다.

아주 엄정하구나!
나라에 군주를 두는 것이 마치 사사로운 덕을 없이 하려는 것처럼.
아주 무성하구나!
제사를 받드는 신을 두는 것이 마치 사사로운 복을 없게 하려는 것처럼.
아무런 구분이나 한계가 없구나!
천지사방의 무궁함이 마치 진실로 경계가 없이 하려는 것처럼.

嚴嚴乎 若國之有君 其無私德
繇繇乎 若祭之有社 其無社福
泛泛乎 其若四方之無窮 其無所畛域 (『장자』 외편 「추수」)

이런 실천이 제대로 이루어지려면 모든 경계로부터 자유로워져야 하는데 그것은 우리의 마음에 차별심을 만들어내지 않는 일이다. 그럼에도 마음에 차별심이 생겨난다면 그것은 눈에 비친 '사물의 관점(以物觀之)'으로 보기 때문이다. 예를 들어 우리가 사물의 관점에서 보면 만물은 많다/적다, 길다/짧다, 아름답다/추하다는 기준으로 구분된다. 반면 '도의 관점(以道觀之)'에서 보면 만물에는 어떤 차별이 없어서 모두가 같아지고, 심지어 시작과 끝의 구분은 물론이고, 삶과 죽음의 구분조차 없어진다. 이는 도가 때로는 텅 비거나, 때로는 가득 차거나 해서 그 모습이 일정치 않아 모든 사물에 대해 어떤 차별심을 만들어내지 않기 때문이다.

그래서 장자는 이물관지以物觀之가 아니라 이도관지以道觀之의 관점에서 모든 사물을 똑같이 대해야 한다고 우리에게 권한다.

> 만물을 고루 감싸고서 누구를 받들고 공경할 것인가?
> 이를 일러 구분(차별)이 없다고 말한다.
> 만물은 하나같이 가지런한데 어느 것을 짧고, 어느 것을 길다고 하겠나?
> 도에는 시작과 끝이라는 게 없다.
> 그렇지만 사물에는 죽음과 삶이 있어서
> 사물의 완성된 면만으로는 판단할 수 없다.
> 도는 때로는 텅 비고 때로는 가득 차서 그 모습이 일정치 않다.
>
> 兼懷萬物 其孰承翼 是爲無方
> 萬物一齊 孰短孰長
> 道無終始 物有死生 不恃其成
> 一虛一滿 不位乎其形 (『장자』 외편 「추수」)

그럼에도 우리는 심지心知의 분별 작용에 따라 본래 하나인 도를 옳고 그름으로, 아름다움과 추함으로, 큰 것과 작은 것으로, 꿈과 현실로, 인간과 금수 등으로서 온갖 경계들을 만들어낸다. 게다가 모든 사상事象을 원인과 결과의 계열로 질서 짓기도 한다. 그래서 현재를 과거에, 미래를 현재에, 현상을 본체에, 인간을 신에게로 하는 식의 인과를 부여하려고 든다. 그렇지만 세상 만물은 저절로 태어나고 저절로 변화하며, 어떤 것에도 의존하지 않고, 어떤 것과도 인과관계를 지니지 않는다. 본래 하나인 실재의 진상을 옳고 그름으로, 꿈과 현실 등으로 경계를 지을 때 거기서부터 인간의 모든 미혹과 망집이 시작된다. 그리고 감관의 연장에 해당하는 언어와 문자는 우리를 더 깊은 미혹과 망집의 굴레에 빠지게 한다. 오관으로 대상을 직접 보고 듣는 것보다도 언어와 문자 같은 소통 수단으로 대상을 간접적으로 접하는 경우 우리의 마음에는 훨씬 큰 허상이 만들어지기 때문이다. 그래서 장자는 "도에는 애초부터 경계가 있는 것이 아니고, 말(言)에도 애초부터 경계가 있는 것이 아니다"고 말한다.

> 무릇 도는 애초부터 나뉨(경계)이 있었던 것은 아니다.
> 말도 애초부터 (불변의 법칙에 따라)
> 당연히 그렇게 만들어진 것이 아니다.
>
> 夫道未始有封 言未始有常 (『장자』 내편 「제물론」)

그런데 시작과 끝의 경계가 없다는 의미에서 바라보는 '하나(一)'인 도의 원리는 오히려 변화하는 일체 존재의 형상에 주목할 때 보다 명백하게 드러난다. 인간을 포함해서 일체 만물이 스스로 부단히 변화하고, 또 그 변화는 무한히 전개되는데, 이른바 만물의 자생자화自生自化가 그것이다. 이런 자생자화의 과정에서 보면 만물은 때로는 텅 비고, 때로는 가득해서 그 형상이 항상 고정되어 있지 않다. 그럼에도 우리는 만물의 한 면, 즉 완성되었을 때의 한 형상만을 보고서 만물이 자생자화한다는 사실을 깜박 잊을 때가 더 많다. 그 결과, 만물에 대한 어떤 고정관념이 만들어지는데 이 경우 우리의 마음에는 경계심이 더욱 깊어진다. 어쩌면 도라는 이름은 스스로 생겨나고 스스로 변화하는 흐름을 임시로 부르는 표현에 지나지 않는다. 그럼에도 그 임시적인 표현에 우리의 마음이 점점 더 고착화되면서 만물을 자신의 고정관념 아래 놓아두려고 한다. 그래서 장자는 무위자연無爲自然이라고 하는 도의 원리를 다시 한번 강조한다.

세월을 되돌릴 수 없고, 흐르는 시간을 멈추게 할 수 없으니
사라지면 생겨나고, 가득 차면 비어지고, 끝나면 다시 시작된다.
이것이 큰 도의 참 뜻을 말하고 만물의 이치를 논하는 이유다.
사물이 생기면 그 변화는 말이 달리듯 너무 빠르다.
움직이지 않아도 변하지 않는 것이 없고,
시간이 흐르지 않아도 옮아가지 않는 것이 없다.
왜 그런가? 왜 그렇지 않은가?
본디 견고한 것이라도 스스로 변화하기 마련이다.

年不可擧 時不可止 消息盈虛 終則有始
是所以語大義之方 論萬物之理也
物之生也 若驟若馳 無動而不變 無時而不移
何爲乎 何不爲乎 夫固將自化 (『장자』 외편 「추수」)

결국 장자는 "모든 것은 스스로 변화하게 마련이다(固將自化)"는 말로 이 글을 끝낸다. 그런데 '스스로 변화한다'는 것이 곧 무위자연을 의미하는데, 사실 이 무위자연의 법칙에 따라 만물이 스러졌다가 일어나고, 텅 비었다가 가득차고, 끝났다가도 다시 시작한다. 이것은 모두 도의 작용에 따른 것이지 인간의 의지가 작용해서 그렇게 세상 만물이 변화하는 것은 아니다. 단지 우리의 감관에만 그렇게 보일 뿐이다. 그럼에도 우리는 무엇은 좋아서 하고, 무엇은 싫어서 하지 않는다는 식의 철없는 행동을 보일 때가 많다. 심지어 자신들의 의지에 따라 삶을 얼마든지 변화시킬 수 있다고 하는 만용까지 주저하지 않을 때가 있다. 그 결과 자신의 정신을 스스로 폐쇄화하면서 세상에 대한 심한 편견을 만들어내는 경우도 있으며, 심지어 자신의 몸을 학대하면서 삶을 일찍 끝내는 경우조차도 있다. 바로 이것이 유위有爲의 착각 속에서 헤어나지 못하는 우리 삶의 한 비극적인 단면이 아닐까 생각해 본다.

물론 무위無爲란 아무것도 하지 않는다는 것을 의미하는 것은 아니다. 오히려 자연의 변화와 질서 속에서 아무런 것도 할 수 없음을 깨닫고, 스스로의 입장을 정리하는 태도일 것이다. 이런 자세를 취하면 최소한 마음의 평정만은 이룰 수 있지만 실제에 있어서 더 많은 것을 이루어내는 경우가 적지 않다. 마음의 평화까지 얻고, 또 더 많은 것을 이룰 수 있다면 살아가는 데 이보다 즐거운 일이 어디에 있을 수 있을까? 그럼에도 자연의 변화와 질서를 거스르려고 들면 그것이 바로 유위有爲에 입각한 길일 터인데, 유위의 가장 구체적 형태가 바로 인위人爲에 입각해 있는 우리의 사고와 행동이 아닐까. 어쩌면 자연계 안에서도 인간만이 자신의 능력을 믿고 자연의 조화를 깨뜨리겠다고 감히 나서곤 하는데 이런 인위가 바로 유위有爲에 해당한다. 그런데 인위란 자연의 질서에서 볼 때 일종의 기만이자 허위일 것이다. 그것은 인위를 구성하는 '인人'과 '위爲'의 글자를 합하면 거짓 '위僞'가 만들어지는 데서도 잘 드러난다. 따라서 자연에 대한 인간의 개입 그 자체가 거짓이며, 그것이 바로 자연을 속이는 일이다.

그럼에도 우리는 기쁜 일을 고착화하려 들고, 슬픈 일을 차단하려 들면서 더 많은 돈을 벌고, 더 높은 자리에 오르기 위해 자신의 정신과 육체를 끊임없이 학대하곤 한다. 이런 행위들은 모두 인위에 입각한 행위들이다. 게다가 자신의 삶마저 연장하기 위해 온갖 무리한 수단들을 다 동원하는데 이런 식의 생명관은 도의 입장에서 볼 때 정말로 부질없는 짓에 해당한다. 어쩌면 인간의 비극은 도의 자발적 과정과 유기적 연관을 벗어나서 자신의 의지를 고집하면서 불거진 것이라고 생각된다. 그럼에도 인간은 자신의 의지에 따라 삶을 기획하고, 나아가 세상을 재단하려고 든다. 마치 밤이 싫다고 낮을 고집하고, 겨울이 춥다고 계절을 가을에 고정하려는 것과 같이 말이다. 이런 것들은 자연에 반하는 결코 상서롭지 못한 짓이다. 그래서 노장은 유위有爲에 입각한 이성의 기획이 아니라 무위無爲에 기초한 자연의 도리에 따라 살 것을 주창한다.

그래서 우리는 걱정한다. 자연을 거스르는 인위의 가치에 의해 세상이 지배된다면 우리의 앞에는 빨간 불이 켜지는 것이 아닐까 하고 말이다. 이에 노장은 앞만 바라보지 말고 한번쯤 뒤돌아볼 것을 주문한다. 인식이 이루어지기 이전의 세계로, 실용이 활보하기 이전의 세계로, 애호가 판치기 이전의 세계로, 감상이 지배하기 이전의 세계로 한번쯤 되돌아가 보자고. 그 세계는 아마도 의미가 분화되기 이전에 있었던 하나로 구성된 무명無名의 세계일 것이다. 이 무명의 세계는 우주에 있는 모든 정신의 큰 창고로서 여기에선 인위로 재단된 질서정연함이란 전혀 찾아볼 수가 없다. 만약 마음이 이런 세계의 우주정신과 소통할 수만 있다면 우리의 삶은 무위無爲에 따른 삶으로 자기도 모르게 바뀔 것이다. 그런데 무명無名의 조용한 상태를 깨뜨리면서 우리의 마음을 인위에 의해 지배하도록 만드는 존재가 있는데 그것이 바로 언어와 문자와 같은 소통수단이다. 평천하平天下를 이루려면 정명正名 → 정언正言 → 성사成事 → 예악禮樂 → 형벌刑罰의 과정을 거쳐야 한다면서, 의사소통 매체를 지시하는 '정명'과, 의사소통 자체를 뜻하는 '정언'을 무엇보다 중요시해서, 그것들을 평천하의 조건으로 가장 앞에 배치한 공자의 정명론正名論을 떠올리며 더욱 이런 생각을 하게 된다.

인간의 완성을 향한 도의 작용

앞 장에서 우리는 우주 · 자연 · 인간세의 원리로서의 도를 1) 생명 있는 무질서로서의 도, 2) 불가지不可知한 존재로서의 도, 3) 무위자연無爲自然한 존재로서의 도라는 세 가지 차원으로 구분해서 설명했다. 여기서는 그런 도의 원리가 우리의 삶에 구체적으로 어떻게 적용되고, 그럼으로써 바람직한 인간상과 이상적인 사회가 어떻게 구현될 수 있는지에 대해 말하고자 한다. 마치 유가에서 인의예지의 가치를 통해 유가적 인간상과 사회를 구현하는 것처럼 말이다. 그런데 노자와 장자는 유가와는 분명 다른 해법을 제시하고 있다. 유가가 이상적인 인간과 사회의 구현을 위해 인의예지라는 인위人爲에 입각한 기준을 마련하고 있다면, 노장은 이런 인위적 기준을 배격하고 도의 원리에 해당하는 무위無爲를 이상적인 인간과 사회의 구현을 위한 기준으로 설정하고 있다.

그렇다면 우리가 일상에서 무위에 입각한 삶을 어떻게 이룰 수 있을까? 장자는 세상 만물을 똑같이 볼 수 있는 '제물齊物'의 상태에 도달할 때 그런 삶이 가능할 수 있다고 말한다. 제물이란 '물物'을 '제齊하다'는 뜻으로, 세상 만물도 그 근원을 따져서 거슬러 올라가면 같을 수밖에 없다는 만물제동萬物諸同의 개념과 동일한 의미를 지닌다. 그런데 이런 제물의 상태가 우리에게 어떻게 가능할 수 있을까? 그것은 오로지 우리의 심관心官 작용이 어떻게 이루어지느냐의 여부에 달려 있다. 즉 감관 차원에서는 외물이 지닌 서로 다른 모습으로 인해 그 차이가 어쩔 수 없이 나타나지만 심관 차원에서는 그것의 작용이 무심한 상태에서 이루어지면 어떤 차이도 만들어내지 않는다. 이것이 우리의 마음을 가지런히 놓는다는 의미를 지닌 심재心齋의 상태에 이르는 길이다. 그래서 심재란 제물의 상태에 도달하기 위한 필요하고도 충분한 조건에 해당한다.

그렇다면 심재란 구체적으로 무엇을 의미할까? 심재는 '마음(心)'을 '재계한다(齋)'라는 것인데, '마음을 재계한다'는 말은 우리의 마음을 엄숙히 한다는 의미를 지닌다. 이는 마음의 불을 꺼야만 가능할 수 있는데 마음의 불이란 온갖 희로애락의 감정을 만들어내는 원인자에 해당한다. 우리의 마음에 켜져 있는 불은 감관을 통해 들어온 외부의 모든 사물들과 사건들을 일일이 비춤으로써 그것의 밝기에 따라 우리의 감정을 자유자재로 변화시킨다. 예를 들어 밝게 비추면 기쁘거나 즐거운(喜·樂) 감정을, 어둡게 비추면 화나거나 슬픈(怒·哀) 감정을 만들어낸다. 그래서 '불 꺼진 마음'이 되어야만 비로소 감관을 통해 들어온 외부의 사물이나 사건들에 대해 무심히 반응할 수 있다. 즉 무심한 심관 작용을 통해 사사로운 감정을 모두 태워서 마음에 재災만 남겨야만 비로소 심재의 상태에 이를 수가 있다. 그래서 심재란 '심재心災'의 의미까지를 포함한다.

장자는 심재의 의미를 우리에게 보다 실감나게 전달하기 위해 '인간의 퉁소 소리(人籟)', '대지의 퉁소 소리(地籟)', '하늘의 퉁소 소리(天籟)'라는 세 종류의 퉁소 소리를 동원한다. 대지가 숨을 쉬면 바람을 일으키는데 그때 나무들의 모든 구멍에선 서로 다른 소리를 낸다. 이것이 바로 대지가 만들어내는 퉁소 소리, 즉 지뢰地籟다. 그렇지만 바람만 멎으면 언제 그런 소리들이 있었냐는 듯 사방이 금방 조용해지므로 이를 무심한 퉁소 소리라고 말한다. 그런데 하늘의 퉁소 소리, 즉 천뢰天籟가 바로 무심한 퉁소 소리의 전형에 해당한다. 그리고 하늘의 퉁소 소리는 대지의 퉁소 소리에서 바람이 하는 역할처럼 누군가의 지휘에 의해 만들어지는 것이 아니다. 그래서 하늘의 퉁소 소리에선 '나 자신'이란 개념조차 없다. '나 자신'이 없다는 것은 마음이 없다는 무심한 상태를 뜻한다. 그런데 우리가 평생 불어대는 퉁소 소리에는 온갖 희로애락이 모두 다 담겨 있다. 게다가 '나 자신'에 의해 만들어지므로 소리가 멈추는 경우조차 없다. 그래서 사람들은 인간의 퉁소 소리, 즉 인뢰人籟를 가리켜 유심한 퉁소 소리라고 말한다.

그렇다면 하늘과 땅이 만들어내는 퉁소 소리의 경우처럼 인간이 만들어내는 퉁소 소리는 왜 무심한 상태가 되지 못하는 것일까? 이에 대해 장자는 '도의 관점(以道觀之)'이 아니라 '세속의 관점(以俗觀之)', '사물의 관점(以物觀之)', '차이의 관점(以差觀之)', '사물 작용의 관점(以功觀之)', '마음 방향의 관점(以趣觀之)' 등으로 우리가 외물을 접하기 때문이라고 말한다. 그래서 우리는 외물의 한 면만을 보고 양적으로는 많다/적다, 크다/작다, 높다/낮다 등으로, 질적으로는 아름답다/추하다, 행복하다/불행하다, 잘났다/못났다 등으로 구분한다. 그 결과 마음에는 온갖 경계境界들이 생겨나는데 우리는 이런 구분들에 점점 더 익숙해지면서 갖가지 미혹과 망집에 빠져든다. 이것들은 온갖 희로애락의 감정으로 나타나는데 유심한 인간이 만들어내는 퉁소 소리의 한 단면을 잘 보여준다.

그런데 제물과 심재의 개념을 통해 우리의 의사소통을 이론적으로 규명하려고 들면 그것은 장자의 의중을 제대로 파악하는 일이 아니다. 제물과 심재의 개념을 통해 장자가 진정으로 의도하려고 했던 바는 완성된 인간으로 나아가는 데 의사소통 행위의 중요성을 강조함으로써 이를 실천의 용도로서 적극적으로 활용하기 위함이었다. 즉 단순히 학문적 차원의 규명만을 위한 것이 아니었다. 사실 의사소통 행위만큼이나 우리에게 실천적인 행위는 없다. 그래서 의사소통을 담론의 주제로 삼는 데 이론과 실천의 균형이 그 어느 것보다 많이 요구된다. 실제로 우리의 의사소통에서 다양한 격格이 따르며, 그 격에 따라 사람의 격, 즉 인격人格이 얼마든지 달라질 수 있다. 예를 들어 의사소통 행위의 격을 높이면 사람의 격도 자연스럽게 올라간다. 공자가 완성된 인간의 모습을 이순耳順, 즉 감관인 귀(耳)로부터의 해방에서 찾은 것도 이런 이유라고 본다. 따라서 의사소통 행위에 대한 학문적 규명도 중요하지만 의사소통을 매개로 우리가 보다 완성된 인간으로 나아가는 길이 있다면 이것이 노장의 의사소통 사상이 지향하는 진정한 가치다.

그런데 노장사상을 의사소통의 관점에서 접근하다 보면 주자학의 핵심적 개념인 '사물의 격을 따져 지식에 도달한다(格物致知)'는 것과 상반되는 입장에 처한다. 왜냐하면 격물치지를 통해 이루어지는 우리의 앎이란 결국 감관을 통해 아는 것으로 제한되기 때문이다. 이런 점에서 노장사상은 감관에다 인식의 기본을 두는 서양철학과는 반대되는 입장에 서 있다고 말할 수 있다. 서양철학에서 다루는 분석대상이란 감관을 통해 보이는 감각계에 한정되며, 이를 '지식이 도달할 수 있는 세계(可知界)'로 규정하고 있기 때문이다. 이에 반해 노장사상은 감관을 통해 다르게 보이는 것이란 단지 사물의 허상일 뿐이고, 심관을 통해 사물들이 같아 보일 때 비로소 그 대상의 의미를 제대로 파악하는 길이라고 말한다. 이 같은 입장은 "색이 곧 공이고 공이 곧 색이다(色卽是空 空卽是色)"로 상징되는 불가의 대표적 텍스트인 『반야바라밀다심경』의 '공空 사상'과 깊은 연관이 있다.

iv

제물齊物 —
이물관지以物觀之에서 이도관지以道觀之로

장자에게도 절대적 존재자의 개념이 과연 있을까? 이런 질문을 뜬금없이 던지는 것은 장자에게 그런 절대적 존재자의 개념이 없을 거라는 일반적인 판단 때문이다. 그렇지만 장자에게도 이런 절대적 존재자의 개념이 분명 자리한다. 단지 절대적 존재자가 하느님의 경우에서처럼 바깥에 외재하는 것이 아니라 우리의 마음속에 내재하는 것이기에 마치 없는 것처럼 보일 뿐이다. 이런 장자적 절대자의 개념이란 심관 작용, 즉 심지心知에 따른 분별과 구분에서부터 자유로워져 실재를 하나의 혼돈混沌으로 받아들일 때 성립이 가능하다. 즉 모든 대상을 외물로 직시하여 겉으로 드러나는 모습에 따라 그 대상의 의미를 나누지 않을 때 가능하다. 나아가 그 혼돈과 자신을 일체화함으로써 무심망아無心忘我의 경지에서 노닐 때 궁극적으로 절대적 존재자가 누리는 해탈의 상황에까지 도달할 수 있다.

우리의 모든 미혹과 망집, 모든 슬픔과 두려움은 대상을 겉에서 둘러싸고 있는 표피, 즉 외물에 따라 그 의미를 구분하면서부터 시작된다. 새옹지마塞翁之馬[1] 이야기도 이런 사실을 잘 말해준다. 새옹지마 이야기의 주인공인 '시골의 한 늙은이(塞翁)'처럼 끊임없이 생멸 변화하는 만상의 자연 속에서 자신을 허虛하게 만들고, 주어진 현재를 자신의 전부로 긍정할 때 모든 미혹과 망집, 또 모든 슬픔과 두려움으로부터 자유롭게 벗어날 수 있다. 그래서 주어진 현재가 삶이라면 그 삶을 꿋꿋이 살아가고, 주어진 현재가 죽음이라면 그 죽음을 달게 받고, 주어진 현재가 꿈이라면 그 꿈을 즐기고, 주어진 현재가 새라면 날개를 퍼덕여서 하늘 높이 날아본다. 이렇게 일체의 세상사를 기꺼이 긍정하면서 어떤 목적을 두지 않고 살아가는 삶에서 우리는 크나큰 자유를 만끽할 수 있다. 이것이 장자가 그리는 절대적 존재자의 해탈에 상응하는 모습인데 장자서 첫 장인 「소요유逍遙遊」에 이런 점이 잘 표현되고 있다.

「소요유」 편의 내용은 '대붕大鵬의 비상飛上'으로 잘 알려져 있다. 대붕의 비상은 하늘 높이 날아오르는 큰 새(大鵬), 즉 절대적 존재자의 조건은, 만물이 하나임을 깨닫고 궁극적인 하나의 세계, 즉 혼돈으로 이루어진 세상으로 돌아가는 것에 있음을 말한다. 그런데 장자가 아니더라도 소요유에 입각한 이런 식의 삶을 살아보는 것이 우리의 간절한 소망이 아닐까? 또 삶의 종착지로서 택하고 싶은 궁극적 목표가 아닐까? 그런데 우리는 이런 삶을 살고 싶어도 스스로 소요유적인 삶을 부정하고 있다. 세상만사를 시비是非, 선악善惡, 미추美醜, 정사正邪, 화복禍福, 길흉吉凶, 각몽覺夢, 생사生死 등, 이분법적으로 만물의 의미를 재단하려는 그릇된 습성 탓이다. 「소요유」 편 다음으로 이어지는 「제물론齊物論」[2] 편

---

1 옛날에 새옹이 기르던 말이 오랑캐 땅으로 달아나서 노인이 낙심했는데 그 후에 달아났던 말이 준마를 한 필 끌고 와서 그 덕분에 훌륭한 말을 얻게 되었다. 그러나 아들이 그 준마를 타다가 떨어져서 다리가 부러졌으므로 노인이 다시 낙심했는데 그로 인해 아들이 전쟁에 끌려 나가지 아니하고 죽음을 면할 수 있었다는 이야기에서 유래한다. 『회남자淮南子』의 「인간훈人間訓」에 나오는 이야기다. 이 내용은 인생의 길흉화복은 변화가 많아서 예측하기가 어렵다는 의미다.

2 『장자서』의 「제물론齊物論」 편을 「소요유逍遙遊」 편과 함께 장자의 본래 사상으로 여기는 데는 학자들 사이에 의견의 일치를 보인다. 그만큼 「제물론」 편과 「소요유」 편 내용이 장자의 핵심적 사유를 구성한다. 이 둘 사이에 내용상 차이가 있다면 「소요유」 편

은 이런 식의 의미 구분이 얼마나 어리석으며, 무의미한지를 잘 밝히고 있다. 그래서 「제물론」 편에서는 만물제동의 사상이 그 중심을 이루며, 이 사상은 「추수秋水」 편에서는 하백河伯과 북해약北海若의 문답으로, 「지북유知北遊」 편에서는 중니仲尼와 염구冉求의 문답으로, 「즉양則陽」 편에서는 소지少知와 대공조大公調의 문답으로 자연스럽게 연결되면서 장자사상의 본질적 측면이 되풀이되며 강조되고 있다.

그런데 제물이 뜻하는 바는 무엇일까? 제물을 글자 그대로 풀이하면 '물物'을 '제齊한다'는 뜻이다. 여기서 '제齊한다'는 것은 '같게 하다', '하나로 하다'라는 의미를 지니기에 제물이란 결국 '물(대상)을 같게 한다'는 뜻으로 해석될 수 있다. 물론 세상 만물은 모양이나 색깔, 또 느낌마저 다르기에 제물의 상태로 그냥 있는 것은 아니다. 그렇지만 드러난 외형이 다를지라도 우리의 마음에서 이것들이 같은 의미로 받아들여질 수 있는 가능성은 얼마든지 있다. 바로 그 가능성의 해법을 찾는 것이 「제물론」이 일관적으로 추구하는 주제이다. 물론 제물이란 우리가 알고 있는 것처럼 대상을 하나로 해서 서로 다른 사물들을 일률적으로 획일화하자는 의미는 아니다. 오히려 '하나로 하다'에서 '하나'는 획일화된 하나가 아니라 다양함 속에서 찾을 수 있는 조화와 일치의 의미를 지닌 하나다. 그래서 '하나로 하다'는 '이것/저것(either/or)' 중에서 한쪽을 택하는 것이 아니라 '이것/저것(both/and)' 모두를 받아들인다는 의미다. 이것이 시비를 초월한 세계, 즉 '제일齊一', '제동齊同', '여일如一'의 세계인 셈이다. 「제물론」 편은 이런 식으로 세상 만물이 우리의 마음에서 어떤 차별이 생겨나지 않은 채 고르게 자리 잡을 수 있는 가능성이 무엇인지를 끊

이 장자서의 서론인 동시에 결론에 해당한다면 「제물론」 편은 문제가 어떻게 제기되고, 결론에 어떻게 도달할 수 있는지를 설명하는 이론적 틀에 해당한다고 말할 수 있다. 그래서 『장자서』를 구성하는 총 33편의 글 중에서 유일하게 '논(論)'이라는 이름이 붙여졌다.

임없이 찾으려고 한다.

그런데 만물이 고르다고 하면 우리는 어떤 수준에서의 평등이나 흡사함처럼 물리적인 개념이라고 연상하기 쉽다. 즉 평평하고 아무런 높낮이가 없는 물질의 표면이라든지, 또는 비슷비슷하게 보이는 물질의 외면을 그려보기 십상이다. 이것은 단지 외연적 의미에서 고르다는 것을 의미하는 언어적 상징에 불과하다. 그렇지만 개별 사물들의 사물성이라는 고유한 가치는, 다른 사물들과 관계할 때 그것이 상대적으로 폄하되지 않으면서 동시에 동일한 존재라는 의미를 지닐 때 가능할 수 있다. 이것은 내포적 의미를 지니는 평등으로서, 장자가 「제물론」 편에서 항상 강조하는 만물이 고르다는 것을 뜻한다. 그래서 장자서의 「제물론」은 사물들의 다양함 속에서 조화와 일치를 찾고자 하는 시도로 보이는데, 이런 시도는 장자의 평등 개념과도 궁극적으로 그 맥을 같이한다. 즉 의식적인 시선으로 사물을 대하지 않는 것, 즉 스스로를 대상화하면서 주체를 포기하는 것이 장자가 강조하는 평등 개념이다.

만약 우리가 스스로를 대상화하면서 주체의 위치를 포기하면 우리는 외물의 세계로부터 쉽게 해방될 수 있다. 뿐만 아니라 우리의 마음도 외물에 의해 사물화되지 않음으로써 외물의 속박으로부터 자유롭게 벗어날 수 있다. 그래서 이 세상에 비록 발을 붙이고 살지만 사물을 오로지 사물로 대할 수 있어서 진정한 의미에서 사물의 주재자로 등극할 수 있다. 세상의 온갖 일에 일일이 개입할 필요도 없고, 또 세상만사의 갖가지 변화에도 일일이 개의하지 않아도 된다. 그럼으로써 우리의 마음은 사물들로부터 해방되어 하늘 높이 훨훨 나는 대붕大鵬과 같은 큰 자유를 획득할 수 있다. 반면 우리의 마음이 사물들에 의해 지배됨으로써 사물화가 진행되는 경우 온갖 희로애락을 만나게 되는데 이것이 사물의 노예로 전락하는 우리의 적나라한 모습이다. 실제로 우리는 많은 재산을 모으고, 큰 명예를 얻는 데 집착함으로써 기쁨(喜)과 성냄(怒)을 함께 경험하고, 큰 집, 멋있는 차, 비싼 귀금속 등에 탐닉함으로써 슬픔(哀)과 즐거움(樂)을 동시에 맛보고 있지 않은가.

그래서 「제물론」은 우리의 실존적 한계성을 초월해서 궁극적으로 존재하기 위한 조건들을 다루고 있다. 그리고 가장 중요한 조건으로 우리에게 '하나'의 세계상을 꿰뚫어 볼 것을 제시하는데, 그것은 사물의 한 면만을 추구하는 분석적, 체계적, 이분법적 사고의 틀에서 과감히 벗어나는 일이다. 그 대신 그 자리에다 예지, 직관, 통찰과 같이 비분석적이고, 비체계적인 사유 방식을 채워 넣는다. 이것이 바로 사물을 총체적으로 보고자 하는 도의 관점이다. 도의 관점에서 볼 때 외물에서 드러나는 차이란 상대적 차이일 뿐 절대적 차이가 아니다. 그래서 우리의 몸 안에는 간과 쓸개가 가깝게 붙어 있지만 이는 결코 절대적 기준에 따른 거리의 차이가 아니다. 다른 기준에서 보면 간과 쓸개조차도 멀리 떨어져 있는 존재일 수 있다. 나중에 소개될 '포정 이야기'에서도 이런 사실이 잘 드러난다. 예를 들어 소에 붙어 있다 시피한 살과 근육조차도 포정의 눈에는 그 사이에 큰 공간이 있는 것으로 보이기에, 그곳에다 칼을 들이대면 소는 죽은 줄도 모르고 해체되고 만다.

> 다르게 보면 간과 쓸개도 초楚나라와 월越나라의 거리만큼
> 멀리 떨어져 있는 것 같지만 같다고 보면 만물은 모두 마찬가지다
>
> 自其異者視之 肝膽楚越也
> 自其同者視之 萬物皆一也 (『장자』 내편 「덕충부」)

우리는 아주 작은 것은 형체가 없고, 아주 큰 것은 손으로 둘러쌀 수 없을 정도로 크다고 말한다. 예를 들어 나무 등걸에 붙어 있는 진딧물의 형체는 아주 작아서 잘 보이지 않지만, 수령이 500년이나 된 나무라면 서너 사람이 팔을 벌려야 간신히 나무의 허리를 감쌀 정도로 크다. 그렇지

만 장자에게 크다 작다는 것의 구분은 사람들의 기준에 따라 결정되는 것이 아니다. 진딧물에 비해 사람의 모습이 훨씬 크기에 사람의 눈에는 진딧물이 작게 보일 뿐이지 진딧물보다 작은 하루살이의 눈에는 진딧물도 마냥 크게 보일 수 있다. 그래서 정말로 큰 나무는 누가 보아도 크고 정말로 작은 벌레는 누가 보아도 작지만, 이런 판단은 우리의 기준이 아니라 도의 관점으로 옮겨갈 때나 가능한 판단이다. 단지 진딧물은 자기가 거처하고 있는 나무 등걸만을 알고 있어서 나무 전체를 볼 수가 없고, 마찬가지로 큰 나무의 눈에는 진딧물이라는 하찮은 존재가 있는지 없는지조차 알 수가 없어서 진딧물이 그저 하염없이 작게 보일 뿐이다.

> 하백이 물었다. 세상 사람들은 아주 작은 것은 형체가 없고,
> 아주 큰 것은 둘러쌀 수 없을 정도로 크다고 하는데 정말입니까?
> 북해의 신선 약이 대답했다.
> 작은 것에서 큰 것을 보면 큰 게 다 보이지 않고,
> 큰 것에서 작은 것을 보면 작은 게 다 나타나지 않는다.
> 아주 작은 것은 작은 것 중의 작은 것이고,
> 아주 큰 것은 큰 것 중의 큰 것이다.
> 고로 (작다 크다 하는) 차이가 있지만 각자의 적당한 데도 있다.
> 이것은 사물들의 고유한 형세다.
> [차이는 그저 편하게 추세를 따를 뿐(상황에 맞게 임할 뿐)이다.]
>
> 河伯曰 世之議者皆曰 至精無形 至大不可圍 是信情乎
> 北海若曰 夫自細視大者不盡 自大視細者不明
> 夫精小之微也 垺大之殷也
> 故異便此勢之有也 (『장자』 외편 「추수」)

이처럼 차이가 있다 없다 하는 식의 구분은 우리가 그 기준을 어디

에 두느냐에 따라 얼마든지 달라질 수 있다. 예를 들어 같다는 기준에서 보면 만물은 모두 같을 수 있고, 다르다는 기준에서 보면 모두가 다를 수 있다. 또 이쪽에 서 있으면 여기와 저기는 구분될 수밖에 없으며, 또 저쪽에 서 있으면 저기와 여기는 구분될 수밖에 없다. 또 우리는 곧잘 양을 동서로 구분해서 비교하려는 경향이 강하다. 예를 들어 동양인은 이러한데 서양인은 저러하다는 식으로 말이다. 그런데 막상 서양인을 만나서 이야기해 보면 우리의 의식과 별반 차이가 없음을 발견하고 깜짝 놀랄 때가 한두 번이 아니다. 이런 경우 적지 않은 당혹감이 생겨나는데 이런 당혹감은 우리 스스로가 설정해 놓은 기준, 즉 서양인은 우리와는 분명 차이가 있을 거라는 고정관념에서 비롯된 것이라고 생각된다. 이런 고정관념이 우리의 마음을 지배하면 이는 동서양 차이를 구분하는 데서 그치는 것이 아니라 짐승의 털끝을 두고서도 크다 작다는 식의 논쟁으로 번질 수 있다.

(작은 기준에선) 세상에 가을철 짐승의 털끝보다 큰 것이 없다면
(큰 기준에선) 태산도 작다.
(짧은 기준에선) 태어나자마자 죽은 아기보다 오래 산 자가 없다면
(오랜 기준에선) 팽조도 일찍 죽은 셈이다.
천지는 나와 함께 살고, 만물은 나와 함께 하나가 된다.

天下莫大於秋毫之末 而泰山爲小
莫壽於殤子 而彭祖爲夭
天地與我竝生 而萬物與我爲一 (『장자』 내편 「제물론」)

가을철이 되면 짐승들의 털끝도 오므라드는가 보다. 다가오는 겨울철 추위에 대비하느라 짐승들의 자율신경계가 털끝을 움츠리게 만들어서인 듯싶다. 그 움츠림 때문에 생겨난 털끝 길이의 차이를 우리는 거의

느낄 수 없지만 그 털에서 기생하는 작은 기생충들은 털끝 길이의 조그마한 변화에도 민감하게 반응한다. 그래서 털끝이 조금만 줄어들어도 금방 추위를 느끼게 되어서 작은 기생충은 그만 감기에 걸리고 만다. 반대로 남녘 하늘을 향해 힘차게 날아가는 큰 새(大鵬)의 눈에는 태산도 티끌만 하게 보인다. 대붕이 하늘로 나르기 위해 일으킨 파도가 3000리나 되고, 또 올라간 높이가 9만 리가 된다면 아래에 있는 모든 것들이 작게 보일 수밖에 없지 않은가. 어려서 죽은 갓난아이를 보고 오래 살았다고 한다면 800살까지 산 팽조조차도 일찍 죽은 셈이 된다. 이 모두가 기준을 어디에 두느냐에 따라 달리 말할 수 있다. 그래서 장자는 어떤 상황에서도 변하지 않는 절대적 기준을 제시하는데 이것이 바로 도에 입각한 기준이다. 이 기준을 받아들이면 천지의 유구함이 나와 함께 살아 있고, 만물의 다양함이 나와 함께 하나가 될 수 있다.

장자는 구체적으로 도의 기준을 정중앙正中央이라고 말하고 있다. 그리고 왜 그런지의 이유를 설명하기 위해 궤변 같은 이야기를 하나 소개하는데… 사람들은 월越나라의 남쪽이 너무 멀어서 그 끝이 없다고 말하지만 그 남쪽 너머에는 연燕나라 북방선이 있기에 월나라에도 분명코 남쪽 끝이 있다. 또 오늘 월나라로 떠난다 해도 오늘을 내일의 시점에 맞춰놓으면 어제 월나라에 도착한 셈이 된다. 또 이어진 고리를 풀 수 없다고 하지만 그 고리들은 결국 빈틈을 통해 서로 연결한 것이기에 실제로는 풀려 있는 고리라고 말할 수 있다. 이 이야기들은 모두 궤변처럼 들리지만 그 기준을 어디에 두느냐에 따라 궤변의 논리도 성립할 수 있다. 그래서 장자는 우리가 발을 담그고 있는 시공에다 기준을 두지 말고, 그 기준으로부터 자유롭게 벗어날 것을 권하는데 그 위치가 바로 어떤 기준에도 영향을 받지 않는 정중앙이다. 여기서 정중앙이란 위치는 물리적인 정중앙이 아니라 세상 만물을 편향적으로 보지 않고 두루 사랑하며 만들어낸 우리 마음의 위치다. 이런 마음 하에서 우리는 비로소 천지가 하나임을 알 수 있다.

> 남쪽은 끝이 없다고 하지만 끝이 있고,
> 오늘 월나라로 떠났다고 해도 어제 월나라에 도착했다고 말할 수 있다.
> 이어진 고리는 풀 수 없다고 하지만 풀려 있다고 말할 수 있다.
> 나는 천하의 중앙을 알고 있다.
> 그곳은 연나라의 북쪽이요, 월나라의 남쪽이다.
> 두루 만물을 사랑하면 천지가 하나가 된다.
>
> 南方無窮而有窮
> 今日適越而昔來
> 連環可解也
> 我知天下之中央
> 燕之北越之南是也
> 汎愛萬物 天地一體也 (『장자』 잡편 「천하」)

물론 우리가 크다 작다, 멀다 가깝다, 높다 낮다고 말할 수 있는 것은 형체가 있는 사물에만 제한된다. 정말로 큰 존재는 우리의 언어로 그 크기를 형용할 수 없어서 사물의 형체를 도저히 헤아릴 수 없다. 마찬가지로 정말로 작은 존재는 우리의 생각이 그 작음에 미치지 못하기에 사물의 형체를 도저히 분별할 수 없다. 그래서 정말로 크거나 정말로 작은 것은 우리의 감관과, 감관의 연장인 언어를 훨씬 넘어서고 있다. 단지 우리가 언어로 크다고 말할 수 있는 것은 사물의 큰 면일 뿐 사물의 전체가 아니며, 또 작다고 말하는 것은 사물의 작은 면일 뿐 사물의 전체가 아니다. 그럼에도 우리는 한 면만을 보고 사물을 크다/작다로 분별하는 데 매우 익숙해 있는데 이는 사물의 전체를 보고 판단한 결과가 아니다.

[사물의 어떤 성격(면)이] 크다 작다 하는 것은
형체가 있는 사물에만 해당한다.
사물의 형체가 없는 것은 수로 세어 나눌 수 없으며,
범위를 정할 수 없는 것(사물의 형체가 아주 큰 것)은
수로 일일이 다 헤아릴 수 없다.
단지 말로 표현할 수 있는 것은 사물들의 조잡한 겉모습이요,
생각으로 헤아릴 수 있는 것은 사물들의 세세한 내면의 모습이다.
따라서 말로 표현할 수 없고, 생각으로 헤아릴 수 없는 것은
작다거나 크다거나 하는 범위를 넘어선다.

夫精粗者 期於有形者也
無形者 數之所不能分也
不可圍者 數之所不能窮也
可以言論者 物之粗也
可以意致論者 物之精也
言之所不能論 意之所不能
察致者不期精粗焉 (『장자』 외편 「추수」)

장자는 이런 식으로 크다 작다 등으로 평가할 수 있는 것은 형체가 있는 것으로 제한된다고 말한다. 그런데 여기서 한 가지 의문이 더해진다. 혹시 사물의 외면과 내면에 따라 이런 식의 평가가 달라질 수 있지 않을까 하고 말이다. 그래서 강가에서 일가를 이루고 사는 하백河伯이 북해의 신선인 약若에게 "어디서부터 귀하고 천함이 갈라지고, 어디서부터 크고 작은 것의 구분이 생겨나느냐(惡至而倪貴賤 惡至而倪小大)"고 조심스럽게 물어본다. 이에 신선 약은 사물은 큰 것도 없고, 작은 것도 없을 뿐 아니라, 귀한 것도 없고 천한 것도 없다고 말한다. 하백은 좀처럼 이해할 수 없어서 다시 신선 약에게 "사물의 외면을 보고 그렇게 판단한

것인지, 아니면 내면을 보고 그렇게 판단한 것(若物之外 若物之內)"인지 하고 되물어본다. 이에 신선 약은 '도의 관점(以道觀之)'에서는 '모든 만물이 똑같다(萬物齊同)'고 하기에 사물에는 대소大小가 없으며, 귀천貴賤도 생겨나지 않는다고 말한다. 이렇게 함으로써 사물의 내면과 외면에 따라 대소와 귀천이 구분되는 것이 아니라는 사실을 간접적으로 말한다. 그렇지만 '사물의 관점(以物觀之)'에서는 대소와 귀천의 구분이 생겨난다고 말한다. 그리고 사물의 입장은 자기중심적이어서 자신은 귀하고 상대는 천하게 본다는 사실까지 덧붙인다.

> 하백이 물었다. 혹시 사물의 외면인가요, 아니면 사물의 내면인가요?
> 대체 어디서 귀하고 천함이 갈라지고,
> 어디서 크고 작은 것의 구분이 생겨납니까?
> 북해 약이 대답했다.
> 도의 입장에서 보면 만물에는 애초부터 귀천 구분이 없다.
> (그렇지만) 사물의 입장에서는 스스로는 귀하고 상대방은 천하다고 한다.
>
> 河伯曰 若物之外 若物之內
> 惡至而倪貴賤 惡至而倪小大
> 北海若曰
> 以道觀之 物無貴賤
> 以物觀之 自貴而相賤 (『장자』 외편 「추수」)

장자에 따르면 '사물의 관점(以物觀之)'에서 나타나는 차이란 세속의 눈에선 어쩔 수 없이 생겨나는 불가피한 점이 있다. 이는 사람들 각자에 문제가 있어서 그 차이가 생겨나는 것이 아니라는 사실을 말해준다. 왜냐하면 세속의 눈이란 원래부터 '차이의 관점(以差觀之)', '사물 작용의 관점(以功觀之)', '마음 방향의 관점(以趣觀之)' 등이 작용하고 있기 때문이다. 즉 이차관지以差觀之에서 보아 조금 크다고 하여 큰 것이라고 생각하면 세상 만물에는 크지 않은 것이 하나도 없고, 조금 작다고 해서 작은 것이라고 생각하면 세상 만물에는 작지 않은 것이란 하나도 없다. 그래서 우리가 살고 있는 이 세상도 여기에서 보면 아주 넓은 것 같지만 우주선을 타고 지구 바깥으로 나가서 내려다보면 매우 작아 보이고, 태양계 바깥에서는 더욱 작아 보이고, 은하계에서는 지구가 마치 쌀 한 톨처럼 아주 작게 보인다. 거꾸로 밤하늘에 수없이 떠 있는 가물가물한 별도 가까이 갈수록 우리가 살고 있는 이 지구보다 훨씬 큰 별로 나타나는 경우가 많다. 이런 사실을 알면 크기의 차이란 상대적이지 결코 절대적인 것이 아니라는 사실을 금방 이해할 수 있다.

또 이공관지以功觀之에서 조금 쓸모가 있다고 해서 정말로 쓸모가 있다고 생각하면 세상에는 쓸모가 있지 않은 것이 하나도 없고, 조금 쓸모가 없다고 해서 정말로 쓸모가 없다고 생각하면 세상에는 쓸모가 없지 않은 것이 하나도 없다. 해가 동쪽에서 뜬다고 동쪽에다 더 비중을 두고 '동방의 조용한 아침 나라'니 '동방박사'니 해서 동쪽 방향을 좋은 의미의 수사로 동원하는 경우가 있는데, 만약 해가 서쪽으로 떨어지지 않는다면 다음 날 동쪽에서 해가 뜨지 않으므로 서쪽 역시 소홀히 할 수 없는 방향이다. 이처럼 동쪽과 서쪽은 서로 반대되는 방향이지만 어느 방향이 좋다는 식의 편을 들 수 없는, 그러면서 서로가 없어서는 안 될 꼭 필요한 방향에 해당한다. 그런데 만물이 지닌 효용성의 본질이란 다 이런 성격을 지니고 있는 것이 아닐까. 즉 상대가 있기에 나의 존재가 더욱 드러나고, 상대가 부족하기에 나의 여유 있음이 더욱 덧보이고, 상대가 흑黑이기에 나의 백白이 더욱 드러나는 것이 아닐까.

마지막으로 이취관지以趣觀之에서 조금만 좋아도 좋다고 생각하면 세상에는 좋지 않은 것이 하나도 없고, 조금만 싫어도 싫다고 생각하면 세상에는 싫지 않은 것이 하나도 없다. 사람들은 흔히 요순堯舜시대가 중국 역사상 가장 평화로웠던 시대라고 말하면서 요堯 임금을 이상적 군주의 전형으로 삼는 반면 걸주桀紂 시대의 걸桀 임금을 가장 사악한 왕으로 평가한다. 그런데 요 임금과 걸 임금 자신들도 세상 사람들이 평가하는 것처럼 자신을 그렇다고 생각할 것인가? 만약 요 임금이 이런 평가를 마치 당연한 것으로 받아들이면 이는 결코 겸손한 자세에서 비롯된 태도가 아닐 것이다. 그럼에도 이런 태도를 보인다면 요 임금에 대한 긍정적 평가는 다소 과장된 것으로 밖에 해석되지 않는다. 이에 요 임금은 자신에 대한 긍정적 평가가 단지 사람들의 취향에 따른 결과라고 일축할 것이다. 물론 걸 임금의 경우는 두말할 여지없이 자신은 결코 사악한 왕이 아니라고 항변할 것이다. 이처럼 사람들이 갖는 취향은 모두가 상대적이기에 우리가 이를 절대적인 평가로 착각해서는 안 된다.

> 세속의 관점에선 (다른 사람들 평가에 달려 있기에)
> 귀천의 구별이 본인에게 나오지 않는다.
> 차이의 관점에서 크니까 큰 거라고 하면 만물은 크지 않은 게 없고,
> 작으니까 작은 거라고 하면 만물은 작지 않은 게 없다
> (이처럼) 천지도 쌀 한 톨처럼 작은 게 될 수 있고,
> 가는 털 한 올도 산처럼 큰 게 될 수 있음을 알면
> 차이란 '꼼꼼히 헤아려보거나(數)' '크게 보거나(覩)' 하는 문제일 뿐이다.
> 이룸의 관점에서 이루었다고 하면 만물은 이루지 못한 게 없고,
> 못 이루었다고 하면 만물은 이룬 게 없다.
> (그래서) 동쪽과 서쪽은 반대이지만 서로가 없어서 안 됨을 알면
> 이룸이란 분리와 고정의 문제일 뿐이다.
> 취향의 관점에서 그렇다고 여기면 만물은 그렇지 않은 게 없고,
> 그렇지 않다고 여기면 만물은 그런 게 없다.
> (그래서) (훌륭한 임금) 요와 (폭군) 걸조차 자신은 그렇고(옳고),

상대방은 그렇지 않다(그르다)고 알면
이는 마음이 향하는 바를 잡을 것이냐,
아니면 바라볼 것이냐의 문제일 뿐이다.
(마음이 향하는 바를 엄격한 기준에서 볼 것이냐,
널찍한 기준에서 볼 것이냐의 문제일 뿐!)

以俗觀之 貴賤不在己
以差觀之 因其所大而大之 則萬物莫不大
因其所小而小之 則萬物莫不小
知天地之爲稊米也 知毫末之爲丘山也 則差數覩矣
以功觀之 因其所有之有之 則萬物莫不有
因其所有之無之 則萬物莫不無
知東西之相反而不可以相無 則功分定矣
以趣觀之 因其所然而然之 則萬物莫不然
因其所非而非之 則萬物莫不非
知堯桀之自然而相非 則趣操覩矣 (『장자』 외편 「추수」)

지금까지는 장자서의 「추수秋水」 편 내용을 주로 인용해서 설명해 왔다. 「추수」 편은 장자 외편에 속해 있기는 해도 장자가 직접 쓴 글이라고 여겨질 정도로 장자사상을 이해하는 데 중요한 내용들을 담고 있다. 「추수」 편에서는 '도로써 세상을 본다(以道觀之)'라고 말하면서 이것이 큰 사람(大人)이 지니는 전체적인 조망과 관조에 도달하는 방법이라고 규정한다. 이는 '개별자의 관점에서 세상을 보는 것(以物觀之)'과는 분명 구별이 된다. 셀 수 없이 많은 부분적인 개별자들은 변하지 않으면서도 구분이 불가능한 도 안에서는 계속해서 변화하면서 그 모습을 끊임없이 바꾼다. 그래서 개별자 입장에서는 자신들을 귀하거나 천하거나 하는 식으로 구분할 수 있어도 도의 입장에서는 그런 구분이 생겨나지 않는다. 그럼에도 우리는 전체적이고 포괄적 관점에서 개별자를 보려고 하지 않고, 부분적인 관점 또는 자신의 관점에서, 스스로는 귀하고 상대방은 천하다는 식으로 규정한다. 이에 장자는 세상 만물이란 오직 하나로 이루어진 것일 텐데 단지 사람들의 마음에서 이런 구별이 생겨난다고 말하면서 이를 망상 탓이라고 돌린다.

장자는 도의 관점(以道觀之)과 사물의 관점(以物觀之) 간의 구분을 '세상의 안(六合之內)'과 '세상의 바깥(六合之外)'의 개념과 연결 지어서 설명한다. 여기서 육합六合이란 하늘과 땅, 동서남북 사방을 가리키는데, 육합의 안이란 그것들의 안쪽을 뜻한다. 즉 우리가 볼 수도, 만질 수도, 무엇인지 논의할 수도 있는 현실 세계로, 이물관지以物觀之가 적용되는 세상이다. 그리고 육합의 바깥이란 하늘과 땅, 동서남북의 바깥을 뜻한다. 즉 감관과 그것의 연장인 언어가 감지할 수 없는 세계로, 우리가 괄호 안에 묶어 봉해 놓고서 논의하지 않는 세상이다. 즉 이도관지以道觀之만이 통용되는 세상이다. 그런데 육합의 안쪽이라도 우리가 판단의 잣대를 마구 들이대선 안 된다. 왜냐하면 "논의하되 평가하지 않는다(論而不議)"는 말처럼 육합의 안쪽이라도 그것을 판단하는 데 일정한 한계가 있기 때문이다. 즉 논의를 통해 세상의 조리와 질서를 언급함으로써 육합의 안쪽에 대해 '무엇이다'고 말할 수는 있지만, 평가를 통해선 미추와 시비 등으로 세상을 재단할 수밖에 없는데 이런 식으로 육합의 안쪽에 대해 '어떻다'고 말할 수 없기 때문이다.

> 육합의 바깥쪽에 대해선 성인은 그냥 가만히 두고서 논의하지 않는다.
> 육합의 안쪽에 대해서는 성인은 논의하되 평가하지 않는다.
>
> 六合之外 聖人存而不論
> 六合之內 聖人論而不議 (『장자』 외편 「제물론」)

이처럼 장자는 우리가 논의할 수 있는 대상을 육합의 안쪽에다 제한한다. 그래서 육합의 바깥쪽에 대해서는 아예 논의할 생각조차 하지 말라고 우리에게 주문한다. 단지 육합의 바깥에 대해서는 가끔씩 바라볼 수 있다고 말한다. 육합의 바깥을 바라보면 우리가 가끔씩 육합의 안쪽 기준에서 육합의 바깥을 논의한다는 잘못된 사실을 비로소 깨달을 수 있기 때문이다. 이에 장자는 우리가 육합의 바깥에 있는 세상을 지향하면서 도의 원리에 따라 살아가기를 희망한다면 무엇보다 언어를 잊어야 한다고 하는 사실을 강조한다. 우리가 언어에 의해 마음이 구속되면 이 마음의 구속으로 말미암아 시비가 우리의 마음에서 저절로 생겨나기 때문이다. 이는 언어 자체가 나빠서가 아니라 언어가 만들어내는 시비가 나쁜 탓이어서이다. 그래서 장자는 우리의 언어 사용을 무척이나 경계한다. 물론 우리가 언어를 사용하면서 의사소통을 하는 경우 편리함을 만끽할 수 있지만, 그래도 거기에 너무 의존하는 경우 육합의 안쪽 기준에서 육합의 바깥쪽을 재단하는 엄청난 어리석음을 저지를 수 있다.

> 말을 하되 시비를 논하지 않으면 평생 말한들 말한 셈이 안 되고,
> 평생 말을 하지 않더라도 (말 안에 시비가 이미 포함되기에)
> 말하지 않았다고 할 수 없다.
>
> 言無言 終身言未嘗不言
> 終身不言未嘗不言 (『장자』 잡편 「우언」)

이 글의 내용을 읽고 또 읽어도 좀처럼 이해하기가 힘들다. 말을 하더라도 '옳고 그름(是非)'으로 논하지 않으면 평생 말을 하더라도 말을 했다고 할 수 없고, 또 평생 말을 하더라도 안 했다고 말할 수 없다는데, 이게 대체 무슨 소리인가? 결론부터 말하면 말을 하더라도 옳고 그름으로 시비를 논하지 않으면 이는 결국 말을 하지 않았다는 소리다. 그래서

우리는 말이 만들어내는 시비로부터 과감히 벗어나야 한다. 시비를 논하는 것이 바람직하지 않은 일이기에 그 시비를 만들어내는 말도 이런 비난에서부터 벗어나기 힘들다. 일상에서 시비를 논하고, 또 논하지 않는 것과 관계없이 우리는 일상에서 항상 말을 할 수밖에 없다. 우리가 말을 하고 있다는 것은 분명한 사실이지만, 말을 하더라도 옳고 그름으로 논하지 않으면 이는 말을 하지 않는 것과 같은 효과를 지닌다. 그래서 말을 하고서도 말을 하지 않았다는 논리가 성립할 수 있다. 그렇지만 언어 자체에 이미 시비논란의 소지가 숨어 있기에 말을 하는 순간부터 우리는 시비로부터 결코 자유로울 수 없다. 이에 장자는 말이 일으키는 시비 논란을 사전에 차단하기 위해 아예 말을 하지 말라는 어려운 주문을 우리에게 던진다.

> 천지는 나와 함께 살아가고, 만물은 나와 함께 하나가 된다.
> 이미 하나가 되었으니 또 말(言)이 있을 수 있겠는가?
> 이미 하나라고 말했으니 또 말(言)이 없을 수 있겠는가?
> 하나와 말(言)이 더해져서 둘이 되고, 둘과 하나가 더해져서 셋이 된다.
> 이런 식으로 나아가면 뛰어나게 셈을 잘하는 사람이라도
> 다 헤아릴 수가 없다.
> 하물며 보통 사람들이야 어떠하겠는가?
> 즉 없음에서 있음으로 나아가 셋에 이르렀는데
> 하물며 있음에서 있음으로 나아가면 어떻겠는가?
> 헤아려나갈 필요가 없고,
> 그저 '자연의 원리에 그대로 맡길 뿐(因是)'이다.
>
> 天地與我竝生 而萬物與我爲一
> 其已爲一矣 且得有言乎
> 旣已謂爲之一矣 且得無言乎

一與言二 二與一爲三

自此以往 巧曆不能得 而況其凡乎

故自無適有以至於三 而況自有適有乎

無適焉 因是已 (『장자』 내편 「제물론」)

하나는 말할 수 없는 것이지만 일단 말했으니 이미 하나가 아니고 둘, 셋…으로 변해 무궁으로 나아간다. 이렇게 되면 우리는 사물의 세계에 빠져 헤어날 수 없다. 이에 장자는 '큰 도는 말할 수 없다(大道不稱)'고 주장하면서 지금까지 도는 한 번도 구분된 적이 없다고 말한다. 그렇지만 말(言)은 그 의미가 시공의 상황에 따라 항상 변화할 수 있기에 의미가 그대로 지속되는 상태인 적이 없다. 이렇게 일정함이 없는 말(言)로써 구분이 지어진 적이 없는 도에 대해 언급하면 이에 대한 결과는 보지 않아도 뻔하다. "천지는 나와 함께 살아가고, 만물은 나와 함께 하나가 된다(天地與我竝生 而萬物與我爲一)"고 말하지만, 도를 체득한 증거로 한 이 말조차도 그것이 발단이 되어 하나가 둘이 되고, 둘이 셋이 되고 만다. 이는 끊임없이 말이 만들어져가는 모순을 적나라하게 보여주는 예인데, 이런 예는 도와 언어, 체험과 인식 간의 대립적 모순에 대한 반성의 빌미를 제공한다. 그래서 도는 언어를 초월한 체험의 의미를 지닐 수밖에 없다. 이렇게 체험을 중시하고, 인식을 배척하는 경향을 띠면서 종국적 해탈의 가장 높은 실천에 해당하는 선禪과 장자사상 사이에는 정신사적 연결이 자연스럽게 이루어진다.

이에 장자는 언어를 초월해 있는, 그래서 '어째서(何有)'라는 이유조차 없는 '무하유無何有 세계'로 우리를 안내한다. 우리가 무하유 세계에 들어가기 위해서는 우선 문자를 만나는데 그것은 어디까지나 무하유 세계의 초입에 불과할 뿐이다. 여전히 거쳐야 할 많은 단계들이 그 앞에 놓여 있기 때문이다. 즉 문자를 통한 다음에는 언어에 도달해야 하고, 언어를 통한 다음에는 눈에 도달해야 하고, 눈을 통한 다음에는 귀에 도달해야 하고, 귀를 통한 다음에는 어둠에 도달해야 하고, 어둠을 통한 다음에는 공허에 도달해야 하고, 공허를 통한 다음에야 비로소 의문이 시작되는 지점에 도달한다. 바로 여기가 '어째서'의 이유가 없는 무하유의 마을이다. 이 무하유의 마을이 종국적 해탈의 단계에 이를 때 비로소 도착할 수 있는 우리의 마음이다. 우리로 하여금 무하유의 마을에 도착하기 위해서 여러 단계를 거치도록 만들어놓은 것은, 장자에게 도는 '인식의 대상'이 아니라 '체득의 대상'이기 때문이다.

남백자규가 여우에게 말했다.
당신은 나이가 많은데도 얼굴이 어린아이 같군요. 어찌 그런 겁니까?
여우가 대답했다. 나는 도를 들었습니다….
남백자규가 물었다. 당신은 누구에게서 도를 들었습니까?
여우가 대답했다. 부묵의 아들에게 들었습니다.
부묵의 아들은 낙송의 손자에게 들었고,
낙송의 손자는 첨명에게 들었습니다.
첨명은 섭허에게 들었고, 섭허는 수역에게 들었습니다.
수역은 어구에게 들었고, 어구는 현명에게 들었습니다.
현명은 참료에게 들었고, 참료는 의시에게 들었습니다.

南伯子葵問乎女偊
子之年長矣 而色若孺者 何也
曰 吾聞道矣…
南伯子葵曰 子獨惡聞之
曰 聞諸副墨之子
副墨之子聞諸洛誦之孫 洛誦之孫聞之瞻明
瞻明聞之聶許 聶許聞之需役

需役聞之於謳 於謳聞之玄冥

玄冥聞之參寥 參寥聞之疑始　　　　　　　　(『장자』 내편 「대종사」)

이 글은 '도를 전수 받음(聞道)'에 대한 노력을 자세히 설명한 내용인데 우선 여기서는 생소한 개념들이 많이 등장한다. 물론 등장한 인물들을 묘사한 말에 생소한 개념을 이해할 수 있는 가능성이 얼마든지 있다. 먼저 부묵副墨은 '묵墨'에 '버금가는 것(副)'으로 여기서 묵이란 검은색의 먹을 의미하고, 검은 먹이란 결국 문자와 관련이 있기에 부묵이란 곧 문자를 뜻한다. 그래서 사람들이 도에 대해 가장 먼저 들을 수 있는 것은 문자를 통해서다. 그렇지만 문자로 상징되는 부묵 이전에 들은 존재가 있었는데 그 존재가 낙송洛誦의 손자에 해당한다. 낙송은 '말함(誦)'이 '잇닿고 있다(洛)'는 의미를 지니기에 말하기를 상징한다. 그러니까 문자 이전에 말하기로서 상징되는 존재에 의해 들었다는 의미다. 그러나 그 이전의 또 다른 존재가 있었는데 첨명瞻明이다. 첨명이란 '굽어보는(瞻) 밝음(明)'이기에 세상을 통찰력 있게 보는 현자쯤에 해당한다. 현자의 경우도 문자와 말을 통해 도에 대해 언급하지만 그의 방식은 일반인의 언어 사용, 문자 사용과는 분명 차원을 달리한다. 여기까지는 우리가 인간 세상에서 흔히 접할 수 있는 진리 체득 방법이다.

그런데 장자에게 진리 체득 방법은 여기에서 멈추지 않는다. 장자에 따르면 현자보다도 진리를 더욱 진실하게 전할 수 있는 존재가 있는데 그것을 섭허聶許라고 본다. 섭허란 '소근거림(聶)'을 '허락하는(許)' 사람을 의미한다. 즉 큰 소리로 자신 있게 말하는 사람이 아니라 작은 소리로 "도란 이런 게 아닌가요" 하고 조심스럽게 귀엣말로 말하는 사람이다. 장자는 이런 사람이 진리에 보다 가까이 있는 사람이라고 규정한다. 그렇지만 섭허의 존재도 진리로부터는 여전히 떨어져 있다. 섭허보다는 수역需役이 보다 진리에 가까이 있다고 본다. 수역이란 '역할(役)을 구하는(需)' 존재를 의미한다. 즉 '도가 무언지 제발 가르쳐 주세요', 아니면 '비나이다, 비나이다' 하고 애타게 읊조리면서 아무런 뜻도 없는 소리를 내며 막연히 바라는 사람이다. 장자는 이런 수역이 섭허보다 도에 더 가까이 있다고 본다. 여기까지가 소리든 언어든 간에 진리를 찾기 위해서 의사소통 수단이 매개된 상태를 의미한다. 그런데 장자는 이런 의사소통 수단으로부터 과감히 벗어나야만 비로소 도와 더 가깝게 통할 수 있다고 본다.

이런 의사소통 수단을 버리고서 만나는 첫 번째 존재가 현명玄冥이다. 현명이란 '그윽하고(玄) 또 그윽한 어둠(冥)'을 의미한다. 현명이란 도와 통하고 있는지 아닌지 알 수 없을 정도로 전혀 드러나지 않는 큰 허무의 고요한 상태를 뜻한다. 의사소통 수단을 매개로 해서 아무리 도와 잘 통한다하더라도 현명의 상태보다는 훨씬 못하다. 물론 현명의 상태도 도의 참 뜻을 꿰뚫기에는 여전히 부족하다. 그래서 참료參寥가 등장하는데 참료란 '뒤섞여(參) 공허한(寥)' 상태를 뜻한다. 말하자면 참료는 높고 넓은 먼 경계로 말미암아 모든 것이 뒤섞여 있는 공허한 상태다. 따라서 현명이란 알 듯 모를 듯한 상태를 말한다면, 참료는 모든 것이 뒤섞여서 알고 있는 것조차 느끼지 못하는 상태를 의미한다. 그렇지만 이런 상태 역시 도와 하나 되기에는 여전히 부족하다. 우리가 '어째서 그럴까'라는 의문을 시작할 때, 즉 미망하고 혼돈한 상태에 이를 때 비로소 도와 하나가 될 수 있다. 이 단계가 바로 의시疑始이다. 의시란 '의문(疑)을 시작함(始)'인데 장자는 이 상태를 도와 통하는 가장 마지막 단계로 설정하고 있다. 그래서 장자에게 있어서 의시만이 진정으로 도를 이해하는 유일한 존재다.

결국 '글을 깨우친 사람(副墨)'보다는 '글줄을 꿰는 사람(洛誦)'이, 그보다는 '현명한 사람(瞻明)'이, 그보다는 '조심스럽게 말하는 사람(聶許)'이, 그보다는 '막연히 깨우쳐 달라고 비는 사람(需役)'이, 그보다는 '아무런 뜻도 의미도 없이 읊조리는 사람(於謳)'이, 그보다는 '안다고 드러내지 않는 사람(玄冥)'이, 그보다는 '모든 것이 텅 비어 있는 사람(參寥)'이, 그보다는 '도가 무엇일까 하고서 의문을 시작한 사람(疑始)'이 진정으로 도와 통하고 있는 셈이다. 이는 의사소통 수단인 감관과, 그 감관을 통해 받아들인 것에 대해 의미 작용이 이루어지는 심관을 넘어서고 있을 때, 우리가 어째서라는 이유조차 없는 무하유의 세계에 비로소 도달할 수 있음을 뜻한다. 이런 무하유의 세계가 우리의 마음을 심재 상태에 이르게 하고, 또 우리의 감관을 제물 상태로 놔두도록 만드는데, 이런 것들은 결국 우리가 '도의 관점(以道觀之)'에 이를 때나 가능한 일이다.

V

심재心齋 —
인뢰人籟에서 지뢰地籟로, 다시 천뢰天籟로

흔들리는 갈대는 때 아닌 바람에도 쉽게 꺾이고, 미묘한 음색은 조그마한 부주의에도 금방 달라진다. 그런데 우리의 마음은 흔들리는 갈대보다 더 연약하고, 또 무수한 현을 타는 거문고의 음색보다 더 미묘하다. 그래서 인생을 살아가면서 우리는 온갖 희로애락의 감정을 쏟아낸다. 태어나서는 기뻐하다가 죽게 되면 슬퍼하고, 사랑하면 즐거워하다가 헤어지면 괴로워한다. 또 우정을 굳게 약속했던 친구 관계가 깨지면 낙담하고, 신뢰로서 결속되었던 동지 관계가 틀어지면 미워한다. 개중에는 굳이 드러낼 필요가 없는 사소한 것들도 많은데 우리의 마음이 워낙 변덕스럽다보니까 더 많은 감정들을 불필요하게 쏟아낸다. 장자는 이런 변덕스러운 마음을 가리켜 '사람의 퉁소 소리(人籟)'에 비유한다. 사람들이 불어대는 퉁소에서 온갖 종류의 소리들이 들려오는데 이 소리들이 곧 우리의 온갖 감정들에 해당하기 때문이다. 물론 '하늘의 퉁소 소리(天籟)'와 '대지의 퉁소 소리(地籟)'도 있지만 이 소리들은 사람이 부는 퉁소 소리와는 그 성격이 분명 다르다.

> 너는 사람이 부는 퉁소 소리는 들었어도
> 대지의 퉁소 소리를 들어본 적이 없지?

또 대지의 퉁소 소리를 들었다고 해도
하늘의 퉁소 소리는 들어보지 못했을 것이다.

汝聞人籟 而未聞地籟
汝聞地籟 而未聞天籟夫 (『장자』 내편 「제물론」)

그런데 우리는 사람의 퉁소 소리가 대지의 퉁소 소리에서 비롯되고, 또 대지의 퉁소 소리가 하늘의 퉁소 소리에 뿌리를 둔다는 사실을 까맣게 모르고 있다. 즉 사람의 퉁소 소리가 어디에 기반하고 있어야 하는지를 깨닫지 못하고 오로지 자신이 부는 퉁소 소리에만 도취되어 있다. 그 결과 스스로를 온갖 편견과 오만 등으로 포위하고 있다. 결국 진실한 세계가 우리의 마음에서 점점 사라지고, 그 대신 사라진 자리에는 가상이 들어선다. 예를 들어 궁宮・상商・각角・치徵・우羽라는 음조로 들려오는 인간의 퉁소 소리인 인뢰人籟는 일종의 가상의 소리일 뿐인데 우리는 이 소리들에 예민하게 반응함으로써 갖가지 희로애락의 감정을 쏟아낸다. 예를 들어 '궁' 소리에 대해선 슬프게, '우' 소리에 대해선 기쁘게 반응하는 것이 그것이다. 이는 땅에서 부는 바람이 나무 구멍들에 부딪혀 성내는 소리, 잔잔한 소리 등 온갖 소리를 만들어내는 것과 마찬가지 이치다. 그렇지만 대지의 퉁소 소리, 즉 지뢰地籟는 항상 생겨나는 것이 아니다. 바람만 멈추면 언제 그런 소리들을 냈느냐고 시치미를 뚝 떼면서 나뭇가지만 살랑살랑 흔들어 보인다. 이것이 한순간도 빠뜨리지 않고 평생 끊임없이 불어대는 사람의 퉁소 소리와 다른 점이다.

대지가 한 숨을 쉬며 기氣를 뿜는데 그것을 바람이라고 부른다.
바람이 일어나지 않으면 그만이지만
일단 일어나면 온갖 구멍들이 성내 부르짖는다.
너 혼자만 공허한 바람 소리를 듣지 못했단 말인가?

산림 속 백 아름이나 되는 큰 나무에 뚫린 크고 작은 구멍은
코 같고, 입 같고, 귀 같고, 옥로 같고, 그릇 같고, 절구 같고,
웅덩이 같고, 시궁창 같다.
거기서 세차게 흐르는 소리, 크게 부르는 소리, 꾸짖는 소리,
숨 쉬는 소리, 부르짖는 소리, 울부짖는 소리, 울려 나오는 소리,
새가 지저귀는 소리 등을 낸다.
앞 선 바람이 우 하고 소리치면 뒤따르는 바람이 와 하고 화답한다.
산들바람에는 조금 반응하고, 거센 바람에는 크게 반응한다.
사나운 바람이 멎으면 모든 구멍이 잠잠해진다.
너는 나무가 흔들흔들하고 살랑살랑하는 것이 보이지 않느냐?

夫大塊噫氣 其名爲風
是唯無作 作則萬竅怒呺
而獨不聞之翏翏乎
山林之畏佳 大木百圍之竅穴
似鼻 似口 似耳 似枅 似圈 似臼 似洼者 似污者
激者 謞者 叱者 吸者 叫者 譹者 宎者 咬者
前者唱喁 而隨者唱喁
冷風則小和 飄風則大和
厲風濟 則衆竅爲虛
而獨不見之調調之刁刁乎 (『장자』 내편 「제물론」)

옛날의 연주자들은 온갖 곳으로부터 불어오는 바람소리를 귀를 통해 구별했고, 일반인조차 바람이 불면 제각기 다른 것들과 부딪히면서 생겨나는 소리들이 서로 다르다는 것 정도는 알고 있었다. 그래서 어쩌다 산속에 들어가면 산림 속의 큰 나무들에 난 구멍들이 마치 코 같고, 입 같고, 귀 같고, 고리 같고, 절구 같고, 깊은 못 같고, 얕은 구덩이 같다는

생각을 하곤 한다. 이때 대지가 숨을 내쉬면 산림 속 모든 나무들의 구멍들은 온통 악기로 변하면서 서로 다른 소리를 경쟁적으로 낸다. 어떤 나무구멍에서는 우우 하는 소리를, 또 어떤 나무구멍에서는 어어 하는 소리를 낸다. 이 소리들은 마치 모든 나무 구멍들이 모여서 합창하는 것처럼 들리는데 이것이 바로 대지의 퉁소가 만들어내는 웅장한 소리다. 그렇지만 바람만 멎으면 나무 구멍들이 만든 소리들은 이내 잠잠해지면서 언제 그런 일이 있었냐는 듯이 산들바람에 의해 나뭇가지만 살랑살랑 흔들어 보인다.

> 안성자유가 말했다.
> 땅의 퉁소 소리는 여러 구멍들의 소리이고,
> 사람의 퉁소 소리는 대나무로 만든 악기에서 나오는 소리에
> 비유할 수 있군요.
> 그럼 묻건대 하늘의 퉁소 소리에 대해 말씀해 주십시오.
> 남곽자기가 대답했다.
> 수많은 소리들은 다 같지 않지만 그 소리들은 스스로가 내는 거야.
> 이처럼 제각각 소리를 내고 있지만
> 과연 성내 부르짖는 소리는 누가 만드는 것일까?
>
> 子游曰 地籟則衆竅是已
> 人籟則比竹是已
> 敢問天籟
> 曰 夫吹萬不同 而使其自已也
> 咸其自取 怒者其誰邪 (『장자』 내편 「제물론」)

사람의 퉁소 소리, 대지의 퉁소 소리, 하늘의 퉁소 소리를 만들어내는 구멍들은 제각각 다르다. 사람의 퉁소 소리에서는 대나무로 만든 악

기의 구멍들이고, 대지의 퉁소 소리에서는 땅 위에 널려 있는 나무들의 수많은 구멍들이다. 물론 악기의 구멍들이 서로 다른 소리를 내는 것처럼 나무 구멍들도 저마다 서로 다른 소리를 낸다. 그런데 대지의 퉁소 소리에 있어서 서로 다른 소리를 만들어내는 연주자가 과연 있을까? 물론 어떤 연주자도 나무 구멍들에 대해 다른 소리를 내도록 요구하지는 않는다. 대지의 퉁소 소리란 그저 바람이 부는 대로 자연스럽게 생겨난 소리이기에 만약 연주자가 있더라도 그것은 단지 무심한 소리일 뿐이다. 그래서 장자는 대지의 퉁소 소리를 무심한 퉁소 소리라고 규정하고 이를 무심한 퉁소 소리의 원조인 하늘의 퉁소 소리, 즉 천뢰天籟에 비유한다. 하늘의 퉁소 소리야말로 누군가의 연주에 의해, 또 누군가의 지휘에 의해 생겨나는 소리가 아니다. 이처럼 연주하거나 지휘하는 존재가 없기에 하늘의 퉁소 소리에선 '나 자신'이란 개념조차 발견되지 않는다. '나 자신'이 없다는 것은 마음이 없다는 무심한 상태를 뜻한다. 사람의 퉁소 소리도 이런 무심한 마음에서 나올 수만 있다면 그게 바로 하늘의 퉁소 소리다. 그렇지만 사람들은 이런 이치를 모르고서 희로애락이라는 유심한 마음을 세상 속에 그대로 드러내 보인다.

> 기쁨 노여움 슬픔 즐거움, 걱정 한탄 변덕 고집, 아첨 방자 개방 꾸밈.
> 텅 빈 퉁소의 통 속에서 소리가 나오듯이,
> 습한 증기에서 버섯이 돋아나듯이
> 이런 감정들이 밤낮 없이 우리 앞에 나타나지만
> 그게 어디에서 생겨나는지 모른다.
>
> 喜怒哀樂 慮嘆變慹 姚佚啓態
> 樂出虛 蒸成菌
> 日夜相代乎前 而莫知其所萌 (『장자』 내편 「제물론」)

대나무로 만든 통소는 원래부터 유심有心한 소리를 내는 악기가 아니다. 어쩌면 우리가 무심한 통소 소리에다 온갖 주관적인 해석을 가함으로써 유심한 소리로 바뀌었다는 것이 보다 정확한 표현일 것이다. 마찬가지로 우리가 살면서 겪는 온갖 경험들에도 이런 희로애락의 감정이 애초부터 스며들어 있었던 것은 아니다. 통소 소리를 주관적으로 해석하여 온갖 희로애락의 감정을 만들어내는 것과 마찬가지로, 갖가지 경험들을 자의적으로 해석하여 그 경험들로부터 서로 다른 소리를 만들고 있는 것이다. 이것이 바로 자신을 희로애락의 대상으로 가두어서 인생의 비극을 연출하는 사람의 통소 소리다. 게다가 바람이 그치면 자연스럽게 멈추는 땅의 통소 소리와 달리 인간의 통소 소리는 끊이지 않고 우리에게 다가온다. 희로애락의 감정 중 기쁨과 즐거움만을 골라 취하려는 유혹에서 벗어나지 못한 탓이다. 그렇지만 있는 그대로의 통소 소리를 들으면 갖가지 감정들이 마음에서 눈 녹듯이 사라지는 것처럼, 갖가지 삶의 경험들을 그 자체로만 수용하면 우리의 마음에 어떤 파장도 만들어내지 않는다. 즉 하늘의 통소 소리라는 입장에서 파악하면 희로애락의 감정들도 결국 무심한 것들이 되고 만다.

여기까지가 장자서의 가장 핵심적 내용을 담는 「제물론」 편의 문제 제기쯤에 해당한다. 장자서에서 「제물론」이 차지하는 비중이 매우 높다는 사실은 앞에서도 언급한 바 있다. 「제물론」의 비중이 이렇게까지 높은 것은 장자서의 이론적 틀쯤에 해당하기 때문이다. 그래서 「제물론」 편을 제외한 장자서의 나머지 부분들은 「제물론」에서 제기된 원리들을 부연 설명하거나, 또는 그것들을 실제에 적용하는 내용들로 채워져 있다고 말할 수 있다. 예를 들어 장자에 의해 직접 쓰인 것으로 알려진 내편內篇은 모두 일곱 편으로 구성되어 있는데 첫 장인 「소요유」를 제외한 나머지 다섯 편, 즉 「양생주養生主」, 「인간세人間世」, 「덕충부德充符」, 「대종사大宗師」, 「응제왕應帝王」 편들은 「제물론」 편에 대한 해설 내지는 주석쯤에 해당한다. 이렇게 중요한 내용을 담고 있는 「제물론」은 '불 꺼진 재'에다 자신의 마음을 비유한 남곽자기南郭子綦 이야기로부터 시작하는데 바로 '불 꺼진 재'와 같은 마음, 즉 심재心齋가 「제물론」의 주제어에 해당한다.

남곽자기가 책상에 위엄 있게 앉아 하늘을 우러러 보며
후 하고 숨을 내쉬는데 몸을 축 늘어뜨려
마치 자신의 몸을 잃어버린 것과 같았다.
(제자인) 안성자유가 앞에서 그를 모시고 있다가 의아해서 말했다.
어찌된 일입니까?
몸은 정말로 마른 나무와 같고, 마음은 정말로 불 꺼진 재와 같군요?
지금 책상에 위엄 있게 앉으신 분은
아까 책상에 위엄 있게 앉으신 분과 같지 않습니다.
그러자 남곽자기는 말했다. 안성자유야, 너의 질문이 참으로 훌륭하구나.
지금 나는 나 자신을 잃었는데 너는 그것을 알아차렸구나.

南郭子綦隱几而坐 仰天而嘘
荅焉似喪其耦
顔成子游立待乎前曰
何居乎 形固可使如槁木 而心固可使如死灰乎
今之隱几者 非昔之隱几者也
子綦曰 偃 不亦善乎而問之也
今者吾喪我 女知之乎 (『장자』 내편 「제물론」)

이 글에서 가장 중요한 대목은 '마음이 마치 불 꺼진 재와 같다(死灰之心)'는 표현이다. 이 표현은 말 그대로 마음이 모든 활동을 상실했다는 의미다. 즉 우리의 의사소통에서 양대 축에 해당하는 감관 작용과 심관 작용 중에서 심관 작용이 멈추어진 상태를 뜻한다. 심관 작용이 멈춘다는 것은 감관을 통해 들어온 외부 대상들에 대해 의미 작용이 이루어지지 않는다는 사실을 뜻하는데, 우리가 이런 상태에 이르면 외부 대상의 성질이나 성격 등이 마음에 어떤 영향을 주지 못한다. 예를 들어 소리가 크든 작든 간에 내 귀에는 똑같은 소리로 들리고, 크기가 길든 짧든 간에 내 눈에는 똑같은 모양으로 보인다. 공자는 이를 이순耳順이라는 개념으로 표현했는데 이 표현은 몸은 존재하지만 마음이 존재하지 않는 상태에 이르게 된다는 사실을 의미한다. 그래서 장자는 이 상태를 '몸을 축 늘어뜨린 모습이 자신의 몸(짝)을 잃어버린 것(荅焉似喪其耦)' 같다고 비유한다.

그런데 '나 자신을 잃은 상태(無己)'에 이르려면 무엇보다 우리의 마음을 거울처럼 맑게 만들어야 한다. 모든 만물은 자신의 모습을 있는 그대로 거울에다 드러내 보이는데, 만약 거울에 어떤 흔적이라도 있으면 만물의 모습은 실제와 다르게 일그러져 나타나기 때문이다. 마찬가지로 우리의 마음에 어떤 흔적, 예를 들어 특정 관점이나 고정관념 등이 개입하면 외부 대상의 의미를 있는 그대로 받아들이지 못하고 자신의 입맛에 따라 자의적으로 해석할 수 있다. 이런 흔적들이 우리의 마음속에 점점 펴져나가면 그 마음은 고착된 마음, 즉 성심成心으로 바뀐다. 성심이란 맑은 거울과는 달리 무언가로 가득 찬 마음이다. 우리의 마음이 이런 식으로 무언가로 가득 차면 좋음/싫음, 옳음/그름 등의 기준들이 자연스럽게 그 안에서 고착화된다. 그리고는 이후에 접하는 대상들의 의미를 이런 엄격한 기준 아래 꼼꼼히 재단하려고 든다. 이런 평가에 따라 싫은 것과 그른 것으로 분류되는 것은 마음의 거울에서 여지없이 밀려나고, 좋은 것과 옳은 것으로 평가되는 것은 마음의 거울에 축적됨으로써 결국 편견으로 가득 찬 성심이 구축되고 만다.

이런 고착된 마음에서는 '나 자신'이라는 의식이 곧바로 나타난다. 그리고 그에 상응해서 '너'와 '그'의 의식까지 등장한다. '나 자신'이란 일종의 자기에 대한 의식인데 이 의식은 자아에 집착하는 마음, 즉 '자기(己)'를 갖는 마음에서부터 시작된다. 그래서 '나 자신을 잃었다는 것'은 결국 '자기가 없다'는 '무기無己'의 상태를 뜻한다. 무기의 상태는 우리가 무심無心의 경지에 오를 때나 가능한 일이다. 그래서 장자는 인간으로서 최고의 경지에 오른 지인至人에게는 '나 자신을 내세우려는 마음이 없고(無己)', 신인神人에게는 남들에게 무언가를 보여주려는 '의식적 행동이 없고(無功)', 성인聖人에게는 '상대적 잣대로서 만물을 판단하려는 생각이 없다(無名)'고 말한다. 무기無己, 무공無功, 무명無名은 완성된 인간의 모습을 말해주는 것으로서 단지 표현을 달리 했을 뿐이다. 이들 개념 사이에 차이가 있다면 완성된 인간을 표현하는데 추상적으로 묘사했느냐, 구체적으로 묘사했느냐의 차이일 뿐이다. 즉 무기無己가 완성된 인간의 가장 추상적 모습이라면 무공無功은 그 다음으로 추상적이고, 무명無名은 완성된 인간의 가장 구체적인 모습이다. 이는 공자가 완성된 인간을 말할 때 40대에서는 불혹不惑, 50대에서는 지천명知天命, 60대에서는 이순耳順 등으로 표현한 것과 같다. 즉 공자는 나이가 들수록 욕심을 내지 말라는 주문을 우리들에게 구체적으로 적시한다. 그런데 무명은 상대적 기준으로 만물을 판단하지 않는 제물齊物의 상태에 이를 때 비로소 구현될 수 있다. 따라서 제물의 상태에 오르도록 스스로를 만들어내는 일은 우리의 삶에서 가장 어려운 프로젝트다.

> 지인에겐 자기(에고)가 없고,
> 신인에겐 의식적 행동이 없으며,
> 성인에겐 상대적 범주와 판단이 작용하지 않는다.
>
> 至人無己
> 神人無功

무심을 말 그대로 해석하면 '마음(心)'이 '없다(無)'는 의미다. 그렇지만 무심을 이런 식으로 해석하는 사람은 드물 것이고, 대부분의 사람들은 '마음을 비웠다'는 식으로 해석한다. 마치 무위無爲가 아무것도 하지 않는 것이 아니라 누군가를 의식하거나, 또는 어떤 목적을 위해 행동하지 않는 것과 마찬가지인 것처럼 말이다. 따라서 무심은 허심虛心이라는 의미에 보다 가깝다. 우리의 마음이 허심으로 바뀌면 어떤 경우에라도 마음이 고답적이거나 한정적이지 않아 무언가에 얽매이지 않고서 자유로운 자기로 존재할 수 있다. 즉 무심한 상태에 이르면 사람들은 전혀 작위作爲적인 행위를 보이지 않는다. 만약 작위적인 행위를 보이면 거기에는 이미 사사로운 이해관계가 개입되며, 사사로운 이해관계가 개입되면 그것은 무심이 아니라 유심의 상태다. 그렇지만 무심으로 행동하면 하지 못하는 것이 없으므로 결국은 모든 것을 할 수 있다는 논리가 역으로 성립한다. 이른바 '하지 않은 것이 없는(無不爲)' '무심한 행위(無爲)'가 가능할 수 있다는 말이다.

그런데 우리는 매사를 처리할 때 처음부터 분명한 목표와 의지를 정해놓고 시작해야만 안심하곤 한다. 그리고는 추구하는 목표에서 조금만 벗어나면 불안해하면서 초조한 마음을 금방 드러낸다. 또 목표 달성의 의지가 약화되면 안 된다는 강박관념으로 스스로를 채찍질하면서 학대하는 경우조차 있다. 게다가 사사로운 일인데도 갖가지 명분을 갖다 붙이고서는 엄청나게 의미 있는 일인 양 꾸미려고 든다. 이런 자세는 우리가 여전히 유심한 상태에서 벗어나지 못한다는 좋은 증거들이다. 이처럼 있는 그대로의 모습을 보지 못하고 무언가를 하겠다고 마구 덤벼들면 우리는 종종 교만해지고, 비굴해지며, 흉포해지고, 나약해지며, 심지어 타인을 해치기까지 한다. 그렇지만 자신의 마음을 텅 비운 무심한 사람은 교만해지지도, 비굴해지지도, 흉포해지지도, 나약해지지도, 타인을 해치지 않으므로 편안한 삶을 누릴 수가 있다. 이에 장자는 색다른 비유를 동원해서 무심한 사람의 한 단면을 보여주는데, 술 취한 사람에게서 나타나는 행동이 그것이다.

> 무릇 술에 취한 사람이 수레에서 떨어지면
> 다치기는 해도 죽지는 않는다.
> 뼈마디와 관절이 다치는 것은 다른 사람과 같지만
> 상처의 정도가 다른 사람과 다른 것은
> 그 정신이 (무심해서) 온전했기 때문이다.
> 그는 수레를 탄 것도, 떨어진 것도 모른다.
> 죽고 사는 것, 놀라움과 두려움 따위가 생겨나지 않으니
> 외물과 부딪히더라도 두려움이 없다.
> 그는 술기운으로 이런 온전함을 유지했는데
> 하물며 하늘에서 온전함을 얻는 경우는 어떠하겠는가?
>
> 夫醉者之墜車 雖疾不死
> 骨節與人同 而犯害人異 其神全也
> 乘亦不知也 墜亦不知也
> 死生驚懼不入乎其胸中
> 是故遻物而不慴
> 彼得全於酒而猶若是
> 而況得全於天乎 (『장자』 외편 「달생」)

말이 안 되는 듯하면서도 말이 되는 재미난 우화다. 술에 취한 사람을 무심한 사람으로 설정한 것 자체가 파격적이어서 장자가 이를 어떻게 수습할까 걱정이 되었는데 글을 다 읽고는 "과연 장자로구나!" 하는 탄복

이 절로 일어난다. 술에 취한 사람은 자신이 수레에 탄 것도, 또 수레에서 떨어진 것조차도 알지를 못한다. 이렇게 정신을 놓고 있었기에 사고가 나도 다치기는 해도 죽지는 않는다. 왜냐하면 어떤 것에 부딪히더라도 전혀 두려움을 느끼지 않기 때문이다. 그래서 살려는 생각조차 하지 않는 소위 무심한 상태가 오히려 그를 살려낸 것이다. 술에 취한 사람조차 이런 식으로 무심한 경지에서 노닐기에 외물에 응해도 얽매이지 않는 자유로운 마음 상태를 유지할 수 있는데, 하물며 우리는 어떠한가 하고서 장자는 묻는다. 즉 "술기운으로도 이런 온전함을 유지했는데 하늘에서 온전함을 얻는 경우는 어떠하겠는가?"라는 질문을 던짐으로써 장자는 우리에게 도의 원리에 따른 온전한 삶을 강조하고 있다.

> 눈에 비치는 대로 보고, 귀에 들리는 대로 들으며,
> 마음이 움직이는 대로 마음을 정한다.
> 이런 자는 그 마음이 무심하여 밧줄처럼 평탄하고,
> 그 변화는 모두 자연을 따른다.
>
> 以目視目 以耳聽耳 以心復心
> 若然者 其平也繩 其變也循 (『장자』 잡편 「서무귀」)

이 내용은 「서무귀徐無鬼」에서 인용한 글인데 앞서 언급한 장자의 문제 제기에 대한 적절한 답변이라고 본다. 술에 취한 사람은 눈에 보이는 대로 보고, 귀에 들리는 대로 듣고, 마음이 움직이는 대로 마음을 정한다. 왜냐하면 눈에 보이는 것에 대해, 귀에 들리는 것에 대해 어떤 의미도 거기에 집어넣지 않기 때문이다. 그래서 마음이 움직이는 대로 자신의 마음을 정할 수 있다. 이는 감관 작용은 하더라도 심관 작용은 하지 않는다는 사실을 의미한다. 즉 우리가 오관을 열어놓더라도 오관을 통해 들어온 것에 대해 어떤 의미 작용을 만들어내지 않는다는 뜻이다. 그렇지만

우리가 눈을 일부러 감지 않는 한, 또 귀를 일부러 막지 않는 한 감관 작용을 멈추게 할 수는 없다. 따라서 무심한 상태에 이르려면 우리의 마음에 심관 작용이 일어나지 않도록 해야 하는데, 술 취한 사람은 이런 상태로의 이동이 쉽게 가능하다. 물론 술에서 깨어나 다시 심관 작용이 작동하기 시작하면 원래 상태로 되돌아간다. 그래서 장자는 완성된 인간의 모습으로 심관 작용이 영원히 멈추고 있는 상태를 제시하는데 이것이 바로 심재心齋다.

심재를 글자 그대로 해석하면 '마음(心)'을 '엄숙히 해서 삼간다(齋)'는 뜻이다. 그렇다면 마음을 어떻게 해서 엄숙히 삼갈 수가 있을까? 그것은 우리의 마음의 불을 꺼야만 가능한 일이다. 왜냐하면 마음의 불이 온갖 희로애락의 감정을 만들어내기 때문이다. 즉 감관을 통해서 들어온 외부의 모든 대상들에 대해 마음의 불로 일일이 비추어봄으로써 우리의 감정을 자유자재로 변화시키기 때문이다. 그래서 마음의 불이 꺼진 상태가 되어야만 감관을 통해 들어온 것들에 대해 무심하게 반응할 수 있다. 설령 감관이 열려 있더라도 심관을 막아버리면 심관에 의해 이루어지는 의미 작용을 멈출 수 있다. 공자가 완성된 인간의 전형으로 언급한 이순耳順이 바로 그런 상태다. 이순은 '귀(耳)가 순해지다(順)'는 의미인데 귀가 순해지려면 우리의 마음에서 온갖 감정들이 사라질 때, 즉 우리의 마음이 완전히 꺼져 재만 남을 때에 가능하다. 이렇게 보면 심재心齋란 '재만 남은 마음'이라는 심재心災의 의미까지 포함하고 있는 셈이다.

> 안회가 물었다. 부디 심재에 대해 가르쳐주십시오.
> 공자가 대답했다.
> 뜻을 한결같이 하여 귀로만 듣지 말고 마음으로 들어라.
> 마음으로만 듣지 말고 기로 들어라.
> 귀로 듣는 것은 귀에 머물고 마음으로 듣는 것은 상서로움에 머문다.

기란 마음을 비워서 사물에 응함이다.

오직 기는 빈 곳에 모이는데 이 텅 빈 것이 심재다.

回曰 敢問心齋

仲尼曰 若一志 無聽之以耳 而聽之以心

無聽之以心 而聽之以氣

聽止於耳 心止於符

氣也者 虛而待物者也

唯道集虛 虛者心齋也 (『장자』 내편 「인간세」)

심재가 의미하는 바는 우리의 마음이 허정虛靜한 상태인데, 이는 마음속에 어떤 감정을 남기지 않는다는 사실을 뜻한다. 그렇지만 장자는 귀, 마음, 그리고 기氣 등을 언급하면서 좀더 깊이 있는 설명을 덧붙인다. 여기서 귀는 감관을 말하고, 마음은 심관을 상징하고, 기는 감관과 심관을 넘어서서 존재하는 의미 작용의 주체를 뜻한다. 그래서 귀로 듣지 말고, 마음으로 듣지 말라고 하면서 기로 들으라고 하는 것은 감관 작용과 심관 작용을 하지 말고 오로지 기의 작용을 통해 대상의 의미를 해석하라는 뜻이다. 이것은 곧 마음을 태워서 들으라는 의미인데 이 단계에 들어서면 우리는 대상의 의미를 빈 채로 해석하는 기의 존재를 만난다. 거기에는 어떤 욕망이나 고집, 편견 등이란 있을 수 없다. 그래서 이 세상 모든 것을 따를 수 있으며, 이 세상 모든 것과도 충돌하지 않을 수 있다.

귀나 눈을 안으로 통하게 하고 마음의 작용을 밖으로 향하게 하면

귀신도 찾아와 머문다. 하물며 사람이 찾아옴은 더 말할 나위가 있겠는가.

夫徇耳目內通而外於心知

鬼神將來舍 而況人乎 (『장자』 내편 「인간세」)

사실 기란 세상의 만물들을 하나로 만드는 기반에 해당한다. 반면 우리의 감관과 심관은 결코 그런 기반이 될 수 없다. 사람들은 감관 작용을 통해 몇몇 소리만을 듣기 좋아하고, 심관 작용을 통해 일부 사물만을 마음에 간직하고는 다른 소리, 다른 사물에 대해서는 차가운 시선을 보내기 때문이다. 이런 태도는 감관과 심관이 작용하면서 우리의 마음에 분별이 생겨나고, 집착이 이루어지고, 충돌이 일어나기에 생겨난다. 이런 사실이 감관 작용과 심관 작용을 극복해야 하는 중요한 이유다. 만약 귀로만 듣고 마음으로 듣지 않으면 우리의 마음에 오로지 외물만 남아서 외물에 대한 쓸데없는 지식만이 쌓인다. 반면 귀로 듣지 않고 마음으로만 들으면 우리의 마음은 기와 똑같이 텅 빈 채로 담담한 상태에 이른다. 이것이 심재心齋의 상태다. 우리가 심재의 상태에 이르면 온갖 것들이 부침하는 세상 한가운데 있더라도 온갖 변화들에 대해 무심하게 상대할 수 있다. 그렇지만 우리는 오랫동안 사물의 외면만을 좇는 데 익숙해져 있어서 삶이 그리 편안하지 않다. 설령 몸이 안정된다 하더라도 정신은 계속 바쁘고 초조하다. 장자는 이를 '몸은 앉아 있어도 마음은 달린다(坐馳)'는 것에 비유한다.

> 저 텅 빈 것(空虛)을 잘 보아라.
> (아무것도 없는) 텅 빈 마음에 (눈부신 햇살이 비쳐) 환하지 않으냐.
> 행복과 상서로움도 (이 호젓하고) 텅 빈 마음에 머문다.
> 그런데도 머물러야 할 곳에 머물지 않으면 이를 좌치라고 한다.
>
> 瞻彼闋者 虛室生白 吉祥止止
> 夫且不止 是之謂坐馳 (『장자』 내편 「인간세」)

이처럼 상대적인 것에 얽매이지 않고 마음을 공허하게 만들 수 있다면 모든 사물의 진상을 제대로 볼 수 있는 힘이 절로 생겨난다. 즉 마음으로 사물을 같이 대할 수 있는 힘이 만들어진다. 여기서 '똑같은 사물'이라는 의미의 제물齊物이라는 개념도 성립하는데, 물론 제물의 상태에 이를 수 있느냐의 여부는 사물에 있는 것이 아니라 우리의 마음에 있다. 즉 사물의 모습은 같을 수 없지만 무심하게 반응한다면 우리는 모습이 같지 않은 사물이라도 똑같이 대할 수 있다. 그래서 심재心齋는 제물의 필요충분조건에 해당한다. 그런데 장자와 동시대에 살았던 순자荀子, 혜시惠施 등 당대의 사상가들은 제물에 대해 장자와는 분명 다른 처방을 내린다. 이는 제물의 문제가 고대 중국사상에서도 중요한 비중을 차지했음을 말해주는 것인데, 순자는 "똑같지 않은 것을 똑같다(不齊之齊)"고 말하며, 혜시는 "널리 만물을 사랑하고, 천지는 한 몸이다(氾愛萬物 天地一體也)"고 말한다. 또 팽몽 · 전병 · 신도 등은 장자서에서 소개된 것처럼 만물의 상대성을 지적함으로써 제물의 상태에 이르려고 시도한다. 이런 개념들은 마음에다 제물의 조건을 두는 장자와는 분명 다른 처방이다.

그런데 장자는 우리가 흔히 알고 있는 앎의 방식이 오히려 제물의 단계에 오르는 것을 어렵게 만든다고 말한다. 물론 장자가 모든 앎의 방식을 부정하는 것은 아니다. 그렇지만 '지각을 갖고 아는 앎'과 '지각이 없이 아는 앎'을 구분함으로써, 감관이 작용하면서 얻어지는, 즉 '지각을 갖고 아는 앎'에 대해 회의적인 태도를 보인다. 우리가 일반적으로 지식을 통해서 얻는 앎이란 '지각을 갖고 아는 앎'에 해당한다. 반면 지식을 잊은 뒤에 얻을 수 있는 앎이란 '지각이 없이 아는 앎'에 해당한다. 그런데 '지각이 없이 아는 앎'은 우리를 더 완성된 삶의 단계로 오르게 하지만, '지각을 갖고 아는 앎'은 지각 그 자체가 유한한 것이기에 우리를 여전히 그 자리에 맴돌게 한다. 그래서 감관 작용을 통해 이루어지는 앎에는 어떤 한계가 있을 수밖에 없다. 그렇지만 감관 작용을 넘어서서 기氣의 작용을 통해서 체득하는 앎에는 어떤 한계가 있을 수 없다. 이처럼 감관 작용을 넘어서서 눈에 보이지 않는 기의 세계를 통한 장자적 앎의 방식은 유가사상, 특히 주자학朱子學과는 분명 다른 길을 걷고 있다.

주자학은 '사물의 격을 따져서 도달하는 지식', 즉 격물치지格物致知를 앎의 방식의 근간으로 삼고 있는 것으로 유명하다. 사물의 격이란 드러난 사물의 성격에 따라 결정되는 것이기에 격물치지에 입각한 앎의 방식은 감관을 통해 아는 것으로 제한된다고 말할 수 있다. 그래서 세상 만물 중에서 인간을 가장 높은 격으로 올려놓는다. 물론 인간들끼리도 서로의 격이 다를 수 있기에 예를 들어 사농공상 등의 순으로 격의 위치를 서열화하기도 한다. 이런 사실은 맹자에게서도 드러나는데 맹자는 "사물이 모두 같지 않은데 이것이 사물의 참 모습이다(夫物之不齊 物之情也, 『맹자』「승문공상」)"고 하면서 세상 만물 사이에 서로 다른 격이 있음을 인정한다. 서양철학도 이 점에 있어선 주자학과 크게 다를 바 없다. 서양철학은 감관을 통해 보는 감각계에다 분석의 대상을 제한하며, 감각계를 '지식이 도달할 수 있는 세계(可知界)'라고 규정한다. 그 결과 서양은 감관이 그려내는 가지계可知界의 원리를 밝히는 데 집중해 왔고, 특히 근대에 들어와 뉴턴의 만유인력 법칙을 시작으로 해서 엄청난 가시적 결과물을 얻은 것도 사실이다. 이로 말미암아 과학기술의 발전도 크게 이룰 수 있었다.

물론 서양 형이상학의 출발을 알리는 이데아론에서처럼 플라톤은 '감관으로 도달할 수 없는 세상'을 설정하긴 했지만 그것은 장자가 말하는 도의 세계와는 근본적으로 다르다. 장자의 도는 텅 비어 있지만 이데아는 선의 개념으로 꽉 채워져 있기 때문이다. 그래서 이데아의 세계를 이해하려면 우리는 반드시 지식으로 무장해야만 한다. 지식의 도움 없이는 이데아의 세계는 물론이고, 그 근처에조차 쉽게 접근할 수 없기 때문이다. 마치 날개가 있어야 제대로 하늘을 날 수 있는 것처럼 말이다. 그렇지만 도의 원리는 지식으로 규명될 수 있는 그런 성질의 것이 아니다. 그것은 오로지 자연과의 교감을 통해 얻어질 뿐이다. 만약 이런 교감을 체험할 수 없다면 마음을 비워 우리를 하늘 높이 날려 보낼 때 도의 원리를 체득할 수 있다. 도의 세계란 텅 비어 있어서 우리의 마음도 텅 비어야만 만날 수 있기 때문이다. 물론 날개를 단 비상이 아니라 날개가 없는 비상이어야만 하는데 그렇다고 하늘을 난다고 아무나 체득할 수 있는 그런 원리는 아니다.

> 날개가 있어서 난다는 말은 들었지만
> 날개 없이 난다는 말은 들은 적이 없다.
> 지식이 있어서 사물의 이치를 안다는 말은 들었으나
> 지식이 없이 안다는 말은 들은 적이 없다.
>
> 聞以有翼飛者矣 未聞以无翼飛者也
> 聞以有知知者矣 未聞以无知知者也 (『장자』 내편 「인간세」)

이처럼 도의 세계는 텅 비어서 모든 것이 하나로 통일될 수 있다. 그래서 도의 세계에선 시是와 비非의 갈등도 없고, 미美와 추醜의 구분도 없고, 대大와 소小의 차이도 없다. 게다가 꿈과 현실 사이에도 어떤 간격이 없어서 꿈이 곧 현실이고, 현실이 곧 꿈인 세상이 전개된다. 장자서의 「제물론」 마지막을 맛깔나게 장식한 저 유명한 '호랑나비의 꿈' 이야기도 이런 이유에서 등장한다. 도의 세계에선 모두가 하나이기에 어떤 구분과 차별을 만들 수 없다. 그럼에도 심지心知에 따라 시비를 가르고, 미추를 구분하고, 대소를 구분하는 데 우리는 매우 익숙해 있다. 게다가 모든 현상들을 원인과 결과로 나누고 현재를 과거에다, 미래를 현재에다, 또 현상을 본체에다, 인간을 신에다 가다져 놓는 데 익숙해 있다. 본래 하나인 실재의 진상을 여러 종류의 잣대로 마구 휘저으면서 슬픈 미혹과 망집을 우리의 마음에 스스로 불러들이고 있는 셈이다.

그런데 장자가 말하는 도의 세계란 서양철학의 형이상학적 개념이 규정하는 것처럼 저 멀리 피안에 있는 세계가 아니다. 서양철학은 도와 비슷한 개념을 세상 바깥에 존재하는 것으로 규정해 왔기에 플라톤은 이데아 개념을 만들었고, 중세 신학은 신의 개념을 도입했고, 근대 철학은 이성으로 세상을 밝혀볼 수 있었다. 이와는 달리 장자는 우리가 심재心齋 상태에 이르고자 한다면 언제든지 도달할 수 있는 그런 세상으로 도를 파악한다. 그래서 마음먹기에 따라 도의 세계에 도달할 수도 있고, 또 도달하지 못할 수도 있다. 즉 우리가 제대로 마음을 부린다면 도의 차원에 쉽게 이를 수가 있지만 제대로 마음을 부리지 못하면 현상 차원에서 영원히 헤어날 수가 없다. 이는 감관을 통해 나타나는 색色의 세계와, 심재에서 만나는 공空의 세계가 결코 다르지 않지만 우리가 심재 상태에 이르지 못하면 색과 공의 세계가 같을 수 없다는 사실을 말해준다. 그래서 "색과 공이 다르지 아니하고, 공과 색이 다르지 아니하다(色卽是空 空卽是色)"는 불가의 대표적 언설도 가능할 수 있다.

이에 장자는 심지분별心知分別을 하나로 하여, 지금 우리가 존재하는 현재를 어떤 구분과 차별이 없는 세상으로 바꾸어가는 작업에 들어간다. 이 작업은 우리가 모든 구분과 차별로부터 해방된 혼돈混沌으로 진입할 때 비로소 가능한 일이다. 혼돈의 세계에서는 만물이 저절로 생겨나고, 저절로 변화하기에 만물은 그 어디에다 스스로를 의존하지 않는다. 게다가 그 어느 것과도 인과관계를 만들지 않는다. 그래서 자신을 실재와 하나 되게 할 수 있어서 무심망아無心忘我의 경지에도 이를 수 있다. 여기서 장자의 절대적 자아가 마주하는 해탈의 개념이 성립할 수 있는데, 해탈의 상황에 이르면 우리는 모든 미혹과 망집, 모든 슬픔과 두려움에서부터 훨훨 벗어나서 초월에로의 비상이 가능하다. 그래서 주어진 현재가 삶이라면 그 삶을 꿋꿋하게 살아가고, 주어진 현재가 죽음이라면 그 죽음을 달게 받으며, 주어진 현재가 꿈이라면 그 꿈을 즐기고, 주어진 현재가 새라면 새처럼 날개를 퍼덕여서 하늘 높이 날아본다.

이처럼 해탈의 상태에 이르면 생멸변화하는 만상의 자연 속에서 자신을 허虛하게 만들고, 또 자신에게 주어진 현재를 전부로 긍정할 뿐이다. 즉 일체를 도의 원리에다 놓고서 이를 기꺼이 긍정하는 데서 큰 자유를 만끽한다. 그래서 해탈의 상태에 이르려면 먼저 이 세상을 잊어야만 한다. 그래야만 도의 세계를 향해 뚜벅뚜벅 걸어 나아갈 수 있다. 여기서 잊는다는 사실은 감관을 통해 들어온 외물의 성격을 우리의 기억 속에서 지운다는 것을 뜻하지 않는다. 그 보다는 심관을 기氣의 작용 아래 놓고서 우리의 마음을 심재心齋의 상태에 이르도록 한다는 뜻을 지닌다. 이런 식으로 만물을 잊은 뒤에야 우리는 마음에서 모든 것을 태워버릴 수 있다. 이제 비로소 우리 마음의 방은 타다 남은 재 말고는 어떤 것도 남기지 않은 텅 빈 상태가 되는데 여기에서 무한한 빛이 생겨난다. 그 빛을 통해서 만물을 꿰뚫어 보아야만 우리는 만물의 처음 상태에 이를 수 있다. 이 상태가 모든 것이 혼재되어서 차별과 구분이 사라진 혼돈의 상태이자 바로 도의 세계인 것이다.

> 도는 텅 비어 있지만 그 작용이 끝이 없다.
> 도는 연못과 같아서 만물의 근원과도 같다.
> 그래서 예리한 것을 꺾고, 어지럽게 뒤엉킨 것을 풀어준다.
> 또 빛과도 화합하고, 티끌과도 동거한다.
>
> 道沖而用之或不盈
> 淵兮似萬物之宗
> 挫其銳解其紛 和其光同其塵 (『노자』 4장)

노자는 도를 깊은 연못에다 비유하는데, 연못에는 모든 것이 모여 있기에 만물의 근원에 해당하기 때문이다. 또 도는 텅 비어 있지만 그 작용에 있어서 어떤 제한도 없다. 그래서 그것의 작용이란 예리한 것을 꺾고, 어지럽게 뒤엉킨 것을 풀어주고, 빛과도 화합하고, 먼지와도 동거한다.

여기서 '예리하다'는 것은 칼로 두부를 베듯이 대상의 의미를 언어로 반듯하게 잘라 '기의=기표'의 엄격한 관계를 이룬다는 뜻이다. 또 '어지럽게 뒤엉켜 있다'는 것은 '기의=기표'의 엄격한 관계를 이루지 못해 자신이 생각하는 의미가 언어로 제대로 기호화되지 못하는 상태를 의미한다. 따라서 "예리한 것을 꺾고(挫其銳), 어지럽게 뒤엉킨 것을 풀어준다(解其紛)"는 것은, 우리가 의사소통을 하는 데 있어서 말이 지나치게 논리적이거나 체계적이면 그것을 부드럽게 하고, 또 의미가 통하지 않을 정도로 개념의 정확성이 떨어지면 그 정확도를 높여준다는 뜻이다. 또 "빛과도 화합하고(和其光), '먼지와도 동거한다(同其塵)"는 것은, 빛처럼 높고 강한 존재에 대해선 자신의 생각이나 의견을 강하게 내세우지 않음으로써 화합할 수 있고, 티끌처럼 보잘것없는 존재에 대해서는 스스로를 낮춤으로써 함께할 수 있다는 의미다.

그래서 도의 원리를 터득한 사람은 세상 만물이 모두 하나임을 안다. 외물을 대상으로 바라보지 않으면서 자신 속에서 외물을 보고, 또 외물 속에서 자신을 보려고 한다. 또 외물을 자신의 목적에 동원하려는 도구적 관점에서 언어로 괄호를 묶으려는 짓도 하지 않는다. 이런 식으로 우리의 흔적을 최소화하면서 모든 것을 오로지 도의 영원한 변화에다 맡긴다. 그래서 만물들의 끊임없는 변화가 가져다주는 이행, 즉 불가에서 말하는 연기緣起도 도의 무한한 작용에 의해 성립할 수 있다. 만물에 변화가 있다는 것은 이르는 곳마다 도의 작용이 널리 미친다는 것을 뜻하며, 그 작용이 널리 미쳐야만 만물이 지금과 같은 모습으로 나타날 수 있다. 이런 식으로 이르는 곳마다 사물들을 성립시킴으로써 도의 완전한 실현을 이룰 수가 있다. 이런 도의 작용은 눈으로 볼 수도 없고, 입을 통해서 가르쳐줄 수도 없다. 감관 작용의 범위를 훨씬 넘어서고 있기 때문이다. 게다가 도의 작용이 언어로 매개되어 우리에게 설명되는 상황이란 더더욱 상상할 수 없다.

그런데 사람들은 도의 원리를 터득하여 자연과 하나가 되려는 작업이 너무나 어려워 쉽게 포기하려고 든다. 그런 탓인지 고대 중국에서도 백이와 숙제가 했던 것처럼 현실에서 도피해 아무도 살지 않는 곳에 홀로 은둔하여 사는 태도를 마음속으로 선호한다. 혹시 유가에서는 이런 식의 삶을 긍정적으로 평가할는지 모르지만 장자에게 중요한 것은 몸이 아니라 정신에 있기에 현실에서의 도피는 결코 바람직한 삶의 태도가 아니다. 장자에 따르면 몸의 도피란 상대적이고 제한적이지만, 정신의 도피는 진정한 의미에서의 도피이기 때문이다. 그래서 정신의 도피는 세상 앞에서 부동심不動心을 발휘할 때, 즉 심재心齋의 상태가 될 때 비로소 가능하다. 게다가 정신의 도피는 몸의 도피와 달리 위장된 마음에서는 도저히 나올 수 없다. 그리고 이것의 기초가 바로 무심이기에 장자는 이를 '자연의 이치에 따르는 것(天使)'으로 파악한다. 자연의 이치에 따르는 것, 즉 천사天使는 유심의 작위作爲, 즉 사람들이 하고자 하는 바인 인욕人欲에 끌려가는 '인사人使'와 분명 반대의 입장에 있다.

> 사람에게 부림을 당할 때는(유심의 작위에 따를 때는),
> 그를 속이기는 쉬우나
> 하늘에게 부림을 당할 때는(자연의 이치에 따를 때는),
> 하늘을 속이기란 어렵다.
>
> 爲人使易以僞
> 爲天使難以僞 (『장자』 내편 「인간세」)

사실 현실에서부터의 도피란 심관 작용을 그대로 둔 채 감관 작용만 못하도록 하는 소아병적 삶에 해당한다. 눈에 보이는 현실이 마땅치 않다고 아예 눈을 감아버리거나, 아니면 심관 작용을 막아 자신을 잊게 하는 삶의 방식이기 때문이다. 그렇다고 눈을 감는다고 해서 문제가 전부 해결되는 것은 아니다. 눈을 감아도 심관 작용이 멈추지 않는다면 마음은 여전히 온갖 미망과 허상으로 가득 찬다. 또 심관 작용이 문제가 있다고 그것을 아예 막아버리면 이는 곧 생명 작용의 종식을 의미한다. 인간의 모든 작용 중에서 인간을 가장 인간답게 하는 것이 바로 심관 작용이기 때문이다. 그래서 세상에서 도피하는 일이란 쉽지만, 결국 땅 위에 발을 딛고 살아야 한다는 현실적 명제 앞에서 우리는 항상 고민한다. 그런데 땅을 밟지 않는 것이 어렵다고 그 흔적마저 없애려고 든다면 이는 심재의 상태에 도달할 수 있는 조그만 가능성마저 짓밟는 일이다.

> 걷지 않기란 쉽지만
> 걸을 때 땅을 밟지 않기란 어렵다.
>
> 絶迹易 無行地難 (『장자』 내편 「인간세」)

심재란 도달하기 어려운 목표임에 분명하다. 그렇지만 그 목표를 쉽게 포기해서는 안 된다. 심관 작용이 우리의 상상을 훨씬 뛰어넘어 완전히 다른 세상을 그리는 경우가 많기 때문이다. 황금을 보고도 돌처럼 하라는 말이 있듯이 재물을 하잘것없이 생각하는 사람, 명예에 집착하지 않고 자신의 길을 꿋꿋이 나아가는 사람, 속상한 일을 당해도 그것이 자신의 탓이라고 체념하는 사람, 생각대로 일이 해결되지 않더라도 언젠가는 되겠지 하고 느긋한 자세를 보이는 사람들은 오로지 심관에 재만 남겼기에 이런 삶의 태도가 가능하다. 반면 조금만 이상하게 생긴 돌을 보아도 보석이라고 애지중지하는 사람, 자신의 관점을 다른 사람들의 관점으로 마음대로 옮겨가면서 명예에 집착하는 사람, 속상한 일을 당하면 그것은 내 탓이 아니라 남 탓이라고 투덜대는 사람, 생각한 대로 일이 잘 이루어지지 않으면 마음이 더욱 조급해지는 사람들은 청각기관이 소리에만 머물고, 마음은 부호에만 머무르기 때문이다. 이런 사람들은 비어 있어야 할 심관이 태워야 할 것으로 가득 차 있는 사람이다.

그래서 장자는 눈은 색깔을 분별하고, 귀는 소리를 분별하듯이 감관, 즉 우리의 몸에 난 구멍들이 이 세계를 분별하고 있다는 점을 강조하면서, 이 구멍들의 작용으로부터 자유로워져야 한다는 것을 우리에게 주문한다. 이는 우리가 감관의 말초적 작용으로부터 궁극적으로 벗어나는 길이기도 한데, 이것은 마음이 감관을 주재할 때 비로소 가능하다. 그래서 장자는 귀와 눈과 같은 감관들이 대상을 분별하더라도 우리의 마음은 오히려 대상과 소통하기 위해서 노력해야 한다고 말한다. 그러면서 노자는 사물의 실상을 제대로 파악하지 못하고서 주관적 기준에 의해 사물의 한 면만을 보는 사람을 가리켜 '눈이 먼 자(目盲)', 또는 '귀가 먼 자(耳聾)' 등에 비유한다. 이런 사람들은 문장의 아름다움에 참여할 수도 없지만 종소리와 북소리를 구분하는 것조차 힘들 수밖에 없다. 이와 관련한 좋은 예가 박지원의 『열하일기熱河日記』에서 소개된다.

> 혹자는 말하리라. 여기는 옛날 전쟁터이므로
> 강물이 이렇게 으르렁거리며 소리를 낸다고.
> 그러나 이는 그런 까닭이 아니다.
> 무릇 강물 소리란 듣는 사람이 어떻게 듣느냐에 달려 있을 뿐이다.
> 내가 사는 연암협 산중에는 집 앞에 큰 개울이 있다.
> 해마다 여름철이 되어 소낙비가 한 차례 지나가면
> 개울물이 갑자기 불어서 언제나 수레 소리, 말 달리는 소리, 대포 소리,
> 북소리를 들어 마침내는 귀에 탈이 생길 지경이었다.
> 언젠가 문을 닫고 누워 소리 종류를 다른 사물에 비유하며 들어보았다.
> 우거진 소나무 숲에서 퉁소 소리가 나는 것 같은 물소리,
> 이는 청아한 마음으로 들은 것이요.
> 산이 짜개지고, 절벽이 무너지는 것 같은 물소리,

이는 분노하는 마음으로 들은 것이다.
개구리 떼가 다투어 우는 것 같은 물소리,
이는 뽐내고 건방진 마음으로 들은 것이요.
번개가 번쩍 하고 천둥이 치는 것 같은 물소리,
이는 놀란 마음으로 들은 것이다.
찻물이 화력의 약하고 강함에 따라서 각기 보글보글 부글부글
끓는 것 같은 물소리, 이는 아취 있는 마음으로 들은 것이요.
거문고가 가락에 맞게 소리가 나는 것처럼 똥땅거리는 물소리,
이는 애잔한 마음으로 들은 것이요.
종이 창문에 문풍지가 떠는 듯 파르르 하는 물소리,
이는 의심하는 마음으로 들은 때문이다.
모두 그 바른 소리를 듣지 못하는 까닭은 다만 자신의 마음속에
어떤 소리라고 이미 설정해 놓고 귀가 소리를 그렇게 듣기 때문이다.[1]
(『熱河日記』「山莊雜記」一夜九渡河記)

장자에게 구원이란 몇 눈금의 시각의 이동, 선가의 표현을 빌면 발뒤꿈치를 약간만 돌리면 얻어진다. 관건은 자기중심적 관심을 떠나서 세상의 모습을 있는 그대로 바라보는 것이다. 그때 세상은 미망과 환상의 거죽을 벗고 시린 가을의 물처럼 투명하게 드러난다. 물론 안타깝게도 그 세상이 어떤 것인지 그려낼 수 없다. 세상의 실상이 궁극적으로 언어를 넘어서고 있기 때문이다. 그래서 노자는 도를 도라고 하면 진정한 도가 아니고, 이름(名)을 이름이라고 하면 진정한 이름이 아니라고 말한다. 어째서 이런 불가해한 주문이 노자의 핵심 교설이 되었을까. 그 과정이나

---

1 김혈조가 옮긴 『열하일기 2』(돌베개, 2009, 483쪽)의 번역을 인용함.

주변은 반드시 설명해 주어야 할 것 같은데, 이것 하나만은 우리가 깊이 새겨둘 필요가 있다. 투명한 눈으로 볼 때 세상이란 분리된 존재가 아니다. 본래 아무런 차별이 없었던 평등했던 세상이 인간의 유용성이라는 도구적 관심의 희생이 되어서 점차 구획되기 시작한 것이다. 그런데 우리는 오랜 각고의 노력 끝에 자신들의 눈을 투명하게 함으로써 세상에 대한 인위人爲의 구획을 간신히 멈출 수 있었다. 그렇지만 언어와 문자와 같은 의사소통 매체의 등장은 이런 노력을 한순간에 물거품으로 만들어버렸다. 언어와 문자가 세상을 구획하는 데 아주 중요하고 결정적인 역할을 하고 있기 때문이다. 양의 동서를 불문하고 언어 및 문자는 신만이 가질 수 있는 도구라고 여겨져 왔는데 인간이 그것을 소유함으로써 우리의 불행도 이미 시작되었던 것이다.

II
의사소통 수단과 의미 작용

소통 수단으로서의 감관, 의미 작용으로서의 심관

우리는 언어와 문자라는 매체를 통해 의사소통을 한다. 물론 언어와 문자가 등장하기 이전에는 동물과 마찬가지로 감관을 통해서만 의사소통을 했다. 즉 시각을 통해서는 보고, 청각을 통해서는 듣고, 미각을 통해서는 맛을 보면서 대상을 파악했다. 감관을 통해서 대상을 인식하는 방법은 대상과 직접 마주하는 것이기에 언어와 문자로 대상을 간접적으로 파악하는 방법에 비해 훨씬 더 객관적이다. 그런데 노장은 이런 감관 작용에 대해서도 회의적인 태도를 지닌다. 감관으로는 대상의 외면만을 볼 뿐이지 대상의 실상을 제대로 파악할 수 없기 때문이다. 이런 회의적인 태도는 오색五色은 사람의 눈을 멀게 하고, 오음五音은 사람의 귀를 멀게 하고, 오미五味는 사람의 입을 마비시킨다는 노자의 말에서도 잘 드러난다. 장자도 노자와 마찬가지로 오색 · 오음 · 오미가 인간의 심성을 해친다고 말하면서 감관 작용에 대해 부정적인 태도를 지닌다. 동양화가 서양화와 달리 유채색을 피하고 무채색 계열로 주로 채워지고, 거기에 많은 여백까지 두는 것은 오색의 미망으로부터 벗어나려는 시도 때문이 아닌가 생각해 본다.

그런데 노자와 장자는 감관 작용보다 심관 작용의 부작용에 대해 더 큰 우려를 표명한다. 심관이란 우리의 마음속 감관쯤에 해당한다. 감관을 통해 인식된 외부 대상에 대해 의미를 부여하는, 즉 의미 작용(signification)이 이루어지는 기관이다. 황금을 보고도 돌처럼 여기는 것이나 평범한 돌을 보고도 보석처럼 소중하게 생각하는 것이나 모두 의미 작용에 따른 결과들인데 심관이 이런 역할을 수행한다. 불가에서도 외부 대상과의 소통 과정을 색色 · 수受 · 상想 · 행行 · 식識의 다섯 단계로 구분하여 외부 대상을 색色, 감관의 인식 작용을 수受, 의미 작용이 이루어지는 심관 작용을 상想·행行·식識으로 구체화한다. 따라서 심관 작용이 어떻게 이루어지느냐에 따라 외부 대상의 의미는 우리의 마음에서 얼마든지 다르게 나타날 수 있다. 즉 황금을 보고 돌로 인식할 수도 있고, 돌을 보고 보석으로 인식할 수도 있다. 노장이 심관 작용에 대해서 경계하는 것도 이런 이유에서다. 즉 불필요한 심관 작용으로 말미암아 대상 간에 과장된 차이가 생겨나고, 이런 차이들이 우리의 마음을 어지럽히기 때문이다. 장자는 이를 두고 분별지分別智가 만들어내는 허상이라고 규정한다.

그래서 노자는 '감관의 구멍을 닫고', '심관의 문을 막으라'고까지 우리에게 주문한다. 이는 감관 작용과 심관 작용을 그대로 멈추라는 소리인데 불가에서의 선禪도 이런 상태를 염두에 두고서 한 말이 아닐까. 우리가 대상을 인식하는 데 감관 작용과 심관 작용을 최대한 줄인다면 대상의 의미를 부분적으로 파악하지 않고 전체적으로 조망할 수 있다. 노자에 따르면 우리의 불행은 대상의 의미를 가능한 한 많이 조각내어 이를 분석적으로 규명하려는 데서 비롯된다. 즉 객관적으로 접근해야 한다는 명분 아래 감관은 대상의 의미를 잘게 구분하고, 심관은 이에 부합해서 날카로움과 예리함으로 무장한다. 게다가 편리하다는 이유만으로 선/악, 미/추, 삶/죽음 등의 이항대립 틀로써 대상의 의미를 구분하려고 든다. 이 경우 초승달과 그믐달의 경우에서처럼 우리는 대상의 일그러진 다른 한 면만을 볼 뿐이다. 초승달이 마음에 그려지면 생겨남을, 그믐달이 드리워지면 사라짐을 연상하는 것처럼 말이다. 이처럼 서로 다른 감관 작용에 의해 원래 하나인 달이 초승달과 그믐달로 서로 다르게 나타난다면 그것들이 본래의 보름달인 줄 알 수 있는 길이란 영원히 생겨나지 않는다.

감관 작용과 심관 작용을 멈추라는 노장의 고고한 외침은 이들의 핵심 사상인 무위無爲와 직접적으로 연결된다. 무위란 인간의 의지가 작용하는 인위人爲를 배제하자는 것이다. 그래서 인위란 우주 만물의 존재 근거인 자연스런 흐름에 개입하지 않음으로써 자연의 질서를 깨뜨리지 않는 우리의 마음가짐쯤에 해당한다. 노자에 따르면 세상은 만물이 모두 평등한 상태에서 출발했다. 노자의 도 역시 모든 것을 동일한 수준에 놓는다. 그래서 도의 상태에선 선/악, 미/추, 삶/죽음 등의 구분이 있을 수 없다. 그렇지만 만물이 인간의 도구적 관심의 희생물이 되면서 그 의미가 서서히 구획되어 왔으며, 결국 오늘날에 이르러선 만물들 간의 차이를 크게 드러내고 있다. 이로 말미암아 과학기술의 발전을 크게 이루어 우리의 세상에 대한 이해를 넓히고, 물질적 삶마저 풍요롭게 될 수 있었던 것도 사실이다. 반면 만물의 의미가 구분될수록, 또 그 차이를 드러낼수록 우리의 마음 한 구석에는 세상에 대한 편견이 짙게 쌓여만 간다. 이렇게 쌓인 편견은 인위의 수준을 훨씬 넘어서서 작위作爲 내지 능위能爲의 수준에 이미 도달해 있다. 그래서 장자는 작위와 능위의 위험에 대해 혼돈混沌의 죽음을 통해 경고하고 있다.

남해의 황제 숙儵과 북해의 황제 홀忽이 중앙의 황제 혼돈과 만났는데 혼돈의 극진한 접대에 감사한 나머지 황제 숙과 홀은 자신들에게만 있는 구멍을 혼돈에게 뚫어주기로 했다. 그래서 혼돈에게 하루에 하나씩 구멍을 뚫어주었는데 7일째 되는 날 마지막 구멍을 뚫어주자 혼돈이 이내 죽어버렸다. 첫째와 둘째 날은 두 눈, 셋째와 넷째 날은 두 귀, 다섯째 날은 코, 여섯째 날은 입을 차례로 뚫어주고 마지막 날에는 마음 구멍인 심관을 뚫었는데 혼돈이 죽고 만 것이다. 왜 이런 어처구니없는 사태가 벌어진 것일까? 혼돈은 감관 작용과 심관 작용으로부터 벗어날 때 그 생명의 빛을 다할 수 있다. 그래서 혼돈은 이들로부터 자유로운 정중앙에 위치한다. 이런 혼돈에게 감관과 심관의 구멍을 뚫는다는 것은 황제 숙과 홀의 선의이지만, '혼돈의 카오스

(chaos)'를 '질서의 코스모스(cosmos)'로 바꾸는 작업이다. 한마디로 혼돈의 존재 가치를 부정하는 일이다. 이에 혼돈은 '생명이 없는 질서'보다는 '생명이 있는 무질서'를 선택했고, 결국 이를 죽음으로써 지켜냈다. 어쩌면 감관의 구멍을 닫고, 심관의 문을 막는 일이야말로 우리의 생명을 지키고, 나아가 상대와 진정한 차원에서의 소통을 가능케 하는 가장 중요한 요건일 것이다.

이와 비슷한 예는 장자에게서도 발견된다. 죽은 줄도 모르고 죽어 해체된 소의 예를 통해 장자는 진정한 의미에서의 소통이 무엇인지를 우리에게 여실히 보여준다. 소를 어떻게 해서 그리 훌륭하게 죽일 수 있었느냐는 왕의 물음에 대해 백정에 불과한 포정은 도의 단계, 즉 도해道解로써 소를 해체했기 때문이라고 말한다. 손으로 잡는 수해手解, 눈으로 잡는 목해目解의 단계를 차례로 거쳐야만 도달하는 단계가 바로 도해다. 그래서 손으로 잡는 단계는 감관 작용으로, 또 눈으로 잡는 단계는 심관 작용으로 이루어진다면, 도해의 단계는 감관 작용과 심관 작용이 멈추어지면서 그 대신 정신 작용으로 이루어지는 단계다. 이 단계에 이르면 자연의 결에 따라 생겨난 틈의 빈 공간이 무한히 커 보이는데 여기에 칼을 들이대면 뼈나 근육에 칼이 부딪히는 법이 없다. 그래서 소는 아픈 줄도 모르고 죽어 가는데, 이는 소와 인간 사이에 완벽한 의사소통이 이루어졌기에 가능한 일이다. 마찬가지로 우리의 인간세人間世에도 손의 단계와 눈의 단계를 지나서 정신의 단계에 이를 때에 비로소 진정한 의미에서의 소통이 가능하지 않을까?

vi

오색이 우리의 눈을 멀게 한다

우리가 의사소통을 하는 경우 그것이 저절로 이루어지는 것은 아니다. 언어와 문자와 같은 소통 수단이 있어야만 가능하다. 그렇다면 언어와 문자가 등장하기 이전에는 우리의 의사소통이 과연 불가능했을까? 물론 그렇지는 않다. 언어와 문자 이전에는 우리가 감각기관을 통해서 얼마든지 상대방과 의사소통을 이룰 수 있었다. 마치 동물들이 지금 서로들에게 하고 있는 것처럼 말이다. 그렇지만 언어와 문자가 가져다 준 편리함 내지 효용성으로 말미암아 우리는 가장 원초적인 의사소통 수단인 감각기관의 존재를 까맣게 잊고 있을 뿐이다. 사실 언어와 문자는 인류가 발명한 최고의 발명품이라고 할 정도로 그 어떤 발명품보다 그 기능이 탁월해서 아주 편리한 문명의 이기利器쯤에 해당한다. 또 언어와 문자는 삶을 대부분 지배한다고 해도 과언이 아닐 정도로 우리의 일상과 매우 긴밀하게 연결되어 있다. 이런 사실들이 우리로 하여금 가장 원초적 의사소통 수단으로서 감각기관의 존재를 가끔씩 잊게 만든다.

우리는 감각기관을 줄여 감관, 또는 눈(眼), 귀(耳), 코(鼻), 입(舌), 몸(身) 등 다섯 기관으로 구성되어서 오관이라고들 부른다. 그리고 눈으로는 모양(色)을, 귀로는 소리(聲)를, 코로는 향기(香)를, 입으로는 맛(味)을, 몸으로는 느낌(觸)을 얻을 수 있기에 색色 · 성聲 · 향香 · 미味 · 촉觸

을 통칭해서 오감五感이라고 말한다. 동물들도 우리와 마찬가지로 오관을 통해 소통을 하고, 또 오감을 통해 대상의 의미를 깨닫는다. 단지 우리의 의사소통 방식과 차이가 있다면 동물들은 냄새를 잘 맡는 개의 경우에서 볼 수 있는 것처럼 오관 중 1~2개가 특별히 발달해서 오관 사이의 균형이 깨져 있다. 반면 인간은 동물처럼 특별히 발달한 감관이 없기에 오관 사이의 균형이 상대적으로 잘 유지되어 있는 편이다. 그래서 특별히 발달한 감관을 통해서 대상을 부분적으로, 또 그 부분에 대해 정확히 파악하는 동물들과는 달리 인간은 오관을 모두 다시 동원해서 대상을 전체적으로 조감할 수 있는 능력을 지닌다.

그런데 노장은 우리의 감관이 행하는 기능, 즉 오감에 대해 매우 회의적인 태도를 보인다. 그렇다고 해서 우리의 의사소통 행위 그 자체에 대해서까지 회의적인 것은 아니다. 의사소통 행위의 필요성에 대해선 어느 누구보다도 공감하지만 오관이라는 의사소통 수단이 제대로 된 의사소통 행위를 이룰 수 있는지에 대해 의문을 가질 뿐이다. 의사소통 수단인 오관이 대상의 의미를 잘못 왜곡할 가능성이 있기 때문이다. 이를 서양 기호학의 관점에서 설명하면 기표(記表, signifier, sr)가 기의(記意, signified, sd)에 우선하여, 대상의 의미 자체를 우리의 감관이 전복시킬 수 있다는 말이다.[1] 그래서 노자는 오색(청青 · 백白 · 적赤 · 흑黑 · 황黃)이 우리의 눈을 멀게 하고, 오음(궁宮 · 상商 · 각角 · 치徵 · 우羽)이 우리의 귀를 멀게 하고, 오미(신맛酸 · 짠맛鹹 · 매운맛辛 · 단맛甘 · 쓴맛苦)가 우리의 입을 마비시킨다고 말한다. 여기서 오색 · 오음 · 오미란 모든

---

1 이것이 초래하는 심각한 문제들은 J. 보드리야르를 필두로 해서 서양의 저명한 사상가들에 의해서 많이 지적되고 있다. 이에 대한 자세한 설명은 졸저 『禮 & 藝: 한국인의 의사소통 사상을 찾아서』의 '제5장 나는 표현한다, 고로 존재한다'와, '제6장 과잉현실과 가상현실의 도래'를 참고하기 바란다.

종류의 색 · 소리 · 맛을 의미하는데 이는 온갖 종류의 소통 수단(기표, sr)을 동원해서 이루어진 표현 양식에 해당한다.[2]

> 오색을 밝히는 사람은 눈이 멀고,
> 오음을 밝히는 사람은 귀가 멀고,
> 오미를 밝히는 사람은 입이 마비된다.
>
> 五色令人目盲
> 五音令人耳聾
> 五味令人口爽 (『노자』 12장)

장자도 노자와 마찬가지로 같은 내용의 주장을 하는데 장자는 노자가 언급한 시각, 청각, 미각 작용에다 노린내(羶臭) · 비린내(腥臭) · 향내(香臭) · 타는내(燃臭) · 썩는내(腐臭)라는 오취五臭의 후각 작용을 더한다. 그리고 이것들이 우리의 생명 작용을 해친다고 말한다. 즉 오색은 우리의 눈을 어지럽혀서 밝지 못하게 만들고, 오성은 귀를 어지럽혀서 듣지 못하게 만들고, 오취는 코를 길들여서 맛을 못 느끼게 만들고, 오미는 입을 탁하게 해서 맛을 상하게 한다는 것이다. 이를 우리의 의사소통과 관련지어 보면 지나친 화려함(五色), 지나친 기교(五聲), 지나친 섬세함(五味), 지나친 길들임(五臭)이 오히려 색깔, 소리, 맛, 냄새 등에 대해 제대로 반응하지 못하게 하는 결과를 낳는다는 의미다. 즉 우리가 의사소통을 위해 오감에다 전적으로 의존하지만 이에 지나치게 의존하는

---

2 동양은 오행설에 입각해서 모양(色) 소리(音) 맛(味) 등을 다섯 가지로 구분한다. 춘하추동春夏秋冬과 중앙中央, 나아가 유가의 인의예지신仁義禮智信도 마찬가지다. 조선시대 한양의 4대문은 흥인지문興仁之門(동대문), 돈의문敦義門(서대문), 숭례문崇禮門(남대문), 숙정문肅靖門(북대문)으로 각 문은 인의예지仁義禮智를 상징했는데 오행설에 따라 중앙에 신信을 상징하는 보신각普信閣을 세웠다.

경우 자연의 자연스런 모습, 맛, 소리 등을 잃어버려 대상의 참된 모습을 파괴할 수 있다는 의미다.

> 대체로 본성을 잃는 데는 다섯 가지가 있는데
> 첫째, 오색이 눈을 어지럽혀 밝지 못하게 하는 것이요.
> 둘째, 오성이 귀를 어지럽혀 듣지 못하게 하는 것이요.
> 셋째, 오취가 코를 길들여 제대로 맡지 못하게 하는 것이요.
> 넷째, 오미가 입을 탁하게 해 맛을 상하게 하는 것이요.
> 다섯째, 취사선택이 마음을 어지럽혀 본성을 일탈하게 한다.
> 이 다섯 가지는 모두 생명을 해치는 것이다.
>
> 且夫失性有五
> 一曰五色亂目 使目不明
> 二曰五聲亂耳 使耳不聰
> 三曰五臭薰鼻 困惾中顙
> 四曰五味濁口 使口厲爽
> 五曰趣舍滑心 使性飛揚
> 此五者皆生之害也 (『장자』 외편 「천지」)

그런데 오감에 대한 우리의 지나친 의존은 의사소통을 어지럽히는 데 그치지 않는다. 오감이 마비되는 사태로까지 발전하면서 우리의 생명 작용에도 부정적인 영향을 미칠 수 있다. 예를 들어 젊었을 때 지나치게 색깔을 추구했던 사람은 나이가 들면서 오히려 색깔에 대해 흥미를 잃을 수 있고, 음악에 심취해서 수신기를 귀에 항상 꼽고 다녔던 사람은 나이가 들면서 청각이 마비될 수 있고, 맛있는 음식만 골라서 편식했던 사람은 나이가 들면서 건강이 빨리 무너질 수 있다. 실제로 우리는 이런 사람들을 주위에서 어렵지 않게 발견할 수 있다. 이런 점을 감안하면 색깔,

소리, 맛 등에 대한 지나친 탐닉과 집착은 우리의 감각을 마비시켜 결국에는 우리의 생명 작용에 영향을 미칠 수 있는 불행한 사태로 이어진다.

그래서 장자는 다섯 가지 색의 눈 어지럽힘(五色亂目), 다섯 가지 소리의 귀 어지럽힘(五聲亂耳), 다섯 가지 냄새의 코 어지럽힘(五臭薰鼻), 다섯 가지 맛의 입 어지럽힘(五味濁口)이라는 네 개의 감관 작용과, 취사선택의 마음 어지럽힘(趣舍滑心)이라는 심관 작용이 우리를 본성으로부터 멀리 벗어나게 만듦으로써 결국에는 생명 작용까지 해친다고 말한다. 노자도 성인은 배를 채우는 것만을 위할 뿐 눈요기 같은 것 따위에는 관심을 쏟지 않는다고 말하면서 장자와 마찬가지 견해를 밝힌다. 그래서 노자는 성인은 "이것을 버리고 저것을 취한다(去彼取此)"고 말하는데 여기서 이것(彼)은 감관 작용이고, 저것(此)은 생명 작용에 해당한다. 왜냐하면 음식으로 배를 채우는 것이 생명 작용이라면 눈요기, 소리 밝히기, 맛있는 음식 선호 등은 대표적인 감각 작용이기 때문이다.

> 이로써 성인은 배를 채우는 것만을 위할 뿐
> 눈요기 하는 것에 관심을 쏟지 않는다.
> 그러므로 성인은 저것(감관 작용)을 버리고, 이것(생명작용)을 취한다.
>
> 是以聖人爲復不爲目
> 故去彼取此 (『노자』 12장)

노자와 장자의 오관에 대한 이런 태도는 예술에서 동서양의 차이를 드러내는 중요한 요인으로 작용한다. 예를 들어 동양화는 흰색과 검정색, 회색이라는 무채색 계통으로 주로 표현되는 반면 서양화는 무채색보다는 여러 가지 유채색을 동원해서 대상을 표현한다. 또 동양의 음악은 궁·상·각·치·우의 다섯 음으로만 구성되는 반면 서양의 음악은 도·레·미·파·솔·라·시라는 일곱 음으로 구성되며, 그것도 모자라 더 높은 옥타브로, 더 낮은 옥타브로 일곱 음을 자유자재로 이동시켜 여러 종류의 소리를 모두 내려고 한다. 그런데 많은 색을 동원한 그림은 대상을 있는 그대로 객관적으로 재현할는지 모르지만, 또 여러 음을 사용한 소리는 우리의 감정을 크게 휘저을는지 모르지만 이런 그림과 소리는 결코 자연스럽지 못하다. 오히려 마음의 고요함과 정결함을 깨뜨려서 우리의 정신을 크게 어지럽힐 수 있다.

이런 식으로 다양한 색깔과 갖가지 음을 사용하려는 경향은 비단 예술 분야에만 국한되지 않는다. 우리의 삶 속에 이미 익숙해질 정도로 널리 만연된 표현 방식이다. 의사소통에서는 '과잉 기표(hyper-oriented signifier)'의 사용으로 주로 나타나는데 이런 과잉 기표의 사용은 오늘날 우리의 의사소통 방식을 상당 부분 지배한다. 특히 할리우드식 블록버스트 영화를 보면 과잉 기표가 아닌 것이 없을 정도로 대부분의 장면들이 과잉 기표로 처리되고 있다. 이런 현상들이 어디 할리우드 영화에만 한정되는 것일까? 우리의 삶 깊숙이 이미 과잉 기표의 사용이 널리 보편화되고 있다. 텔레비전 화면이, 컴퓨터 그래픽이, 심지어 일상에서조차 화려한 수사 등이 이런 과잉 기표를 만들어내는 주역으로 등장하고 있다. 마치 음식물에 인공 조미료가 잔뜩 뿌려진 것과 같은 과장된 언어들에 의해 우리의 의사소통이 지배되고 있는 실정이다. 그래서 우리의 눈과 귀는, 과잉 기표라는 인공 조미료에 의해 가리어져 참 실재를 보지 못하고 마냥 부풀려진 '과잉 현실(hyper-reality)'만을 목도하고 있다.

이런 맥락에서 장자는 이주離朱와 사광師曠이라는 당시의 대 화가와 대 연주자를 동원해서 과잉 기표의 사용에 따른 문제점을 지적하고 있다. 이주는 눈이 아주 밝아서 갖가지 색을 동원해 대상을 그림으로 표현하는데, 그 그림이 마치 임금이 입고 있는 청황색 옷의 화려한 자수에 비교될 정도로 눈이 부시다. 또 사광은 귀가 매우 밝아서 온갖 음을 사용하여 섬세한 가락을 만드는데, 그 가락이 모든 악기에서 나오는 소리에 비교될 정도로 우리의 귀에 예민하게 반응한다. 그래서 장자는 이주와 사광이 "색깔과 소리에 푹 빠져 본심을 잃었다(玩物喪心)"고 비판한다. 이주의 그림과 사광의 연주는 사물에 푹 빠져 있기에 막판에 이르면 단지 기술의 정수일 뿐 도와는 거리가 먼 것으로 드러난다고 보기 때문이다. 오늘날의 관점에서 보면 이주와 사광은 훌륭한 예술가로 평가받을지 모르지만 장자의 눈에는 완성된 인간상과는 거리가 있다.

> 고로 지나치게 눈이 밝은 사람은
> 오색을 어지럽히고, 정도에 어긋나게 꾸민다.
> 이는 임금이 입던 청황색 옷의 화려한 자수에 비유할 만하지 않은가?
> 이주가 바로 그런 사람이다.
> 지나치게 귀가 밝은 사람은
> 오성을 어지럽히고 갖가지 가락에 사로잡힌다.
> (타악기인) 종과 경, (현악기인) 현, (관악기인) 죽과
> (양성陽聲 소리를 내는) 황종과 (음성陰聲 소리를 내는) 대려의 소리에 비유할 만하지 않은가?
> 사광이 바로 그런 사람이다.
>
> 是故駢於明者 亂五色淫文章
> 靑黃黼黻之煌煌非乎 而離朱是已
> 多於聰者 亂五聲淫六律
> 金石絲竹黃鐘大呂之聲非乎 而師曠是已 (『장자』 외편 「변무」)

그래서 장자는 정말로 귀가 밝고, 눈이 밝은 사람들을 그의 책에서 차례로 소개하는데 그 사람들은 우리의 상식과는 좀 다른 부류의 사람들이다. 귀가 밝은 사람은 다른 사람이 만든 소리를 잘 들을 수 있는 사람이 아니라 오히려 자기 자신을 잘 들을 수 있는 사람이고, 정말로 눈이 밝은

사람은 다른 사람이 만든 색깔을 잘 볼 수 있는 사람이 아니라 자기 자신을 잘 볼 수 있는 사람이다. 그런데 스스로를 잘 볼 수 있고, 스스로의 소리를 잘 들을 수 있고, 스스로의 마음을 잘 헤아릴 수 있는 사람들이 우리의 주위에는 얼마나 많을까? 도의 실천 강령에 해당하는 덕德을 어느 정도의 수준으로까지 실행에 옮기지 못하면 스스로를 잘 듣고, 잘 볼 수 있는 위치에 올려놓기란 여간 힘들지 않다. 그럼에도 우리는 다른 사람들이 내린 만족에만 흡족해할 뿐 스스로의 만족을 얻으려고 하지 않고, 또 다른 사람이 평가하는 즐거움에만 즐거워할 뿐 스스로의 즐거움을 얻으려고 하지 않는다. 그럼에도 자신들은 '귀와 눈이 밝다(聰明)'고 자화자찬하면서 다닌다.

> 내가 귀가 밝다고 말하는 것은 다른 사람이 만든 소리를 듣는 게 아니라
> 자기 자신을 듣는 것일 뿐이다.
> 내가 눈이 밝다고 말하는 것은 다른 사람이 만든 빛깔을 보는 게 아니라
> 자기 자신을 보는 것일 따름이다.
> 무릇 스스로 자연스럽게 보지 못하고서 다른 사람에게 얽매여서 보고,
> 스스로 만족하지 못하고서 다른 사람에게 사로잡혀 만족하는 자는
> 다른 사람의 마음에 듦으로써 마음에 들 뿐이지
> 스스로의 참된 만족을 얻지 못한 자이며,
> 다른 사람의 마음에 듦으로서 마음에 들 뿐이지
> 스스로의 참된 마음에 듦을 얻지 못하는 자다.
>
> 吾所謂聰者 非謂其聞彼也 自聞而已矣
> 吾所謂明者 非謂其見彼也 自見而已矣
> 夫不自見而見彼 不自得而得彼者
> 是得人之得 而不自得其得者也
> 適人之適 而不自適其適者也 (『장자』 외편 「변무」)

그런데 정말로 총명한 사람은 세상의 상식이나 다른 사람의 판단, 또 기존 사상의 노예가 되는 법이 없다. 항상 자신의 귀로 듣고, 자신의 눈으로 보며, 자신의 마음으로 판단하기 때문이다. 즉 다른 사람의 만족을 자신의 만족으로 삼지 않으며, 다른 사람의 즐거움을 자신의 즐거움으로 여기지 않으며, 궁극적으로는 다른 사람의 삶을 자기의 삶으로 삼지 않아서다. 그럼에도 지금 우리는 다른 사람들이 만족하고 즐거워하는 데만 온갖 노력을 기울이고 있다. 그래서 자신의 생각, 표현, 말 등에 대해 상대방이 만족하면 흐뭇해하고, 상대방이 불만스러워하면 실망하는 일들을 자주 반복한다. 그러면서 정작 스스로의 만족과 즐거움을 추구하는 데는 너무나 소홀하다. 오늘날 우리 사회의 주류 문화가 주객이 전도된 놀이 행위 등을 통해 이런 식의 즐거움을 더욱 증폭하고 있는 것은 아닐까? 대중매체 등에 의해 확산을 거듭하는 오늘날의 대중문화를 접하면서 이런 생각에 더욱 빠져 든다. 왜냐하면 대중매체가 추구하는 것은 태생적으로 나의 관점이 아니라 상대방의 관점이기 때문이다.

노자와 장자는 감관의 부작용을 언급하는 데서 그치지 않고, 심관의 부작용에 대해서도 함께 언급한다. 우리의 의사소통 과정을 자세히 들여다보면 심관 작용은 감관 작용 이후에 저절로 따라온다. 오관을 통해 받아들인 내용을 심관이 해석해야만 대상의 의미가 비로소 해석되기 때문이다. 서양의 커뮤니케이션학에서는 이를 해독(decoding)이라고 부르는데 서양에서 말하는 해독이란 기계적인 의미가 강하다. 마치 모스 부호에서 '·'는 '아'로, '· ·'는 '어'로 해석하는 것처럼 말이다. 그렇지만 의사소통의 생명력은 다양한 해석의 가능성, 심지어 예측 불가능한 해석이 나올 수 있는 가능성이다. 이것이 우리가 문학과 예술을 필요로 하는 진정한 이유이자, 정치에 대해서도 우리가 환호할 수 있는 이유다. 흔히 정치를 '움직이는 생물'에다 비유하는데 이는 정치에서 사용되는 수사의 상징성 때문이다. 수사의 상징성으로 말미암아 담론의 의미까지 풍부해지면서 정치는 우리의 섬세한 욕망까지 모두 담아낼 수 있다. 따라서 해독이라는 제한된 의미만으로는 의사소통의 동적인 측면을 전혀 포함시킬 수 없다.

그런데 심관 작용의 동적인 측면은 불가의 『반야심경般若心經』에서 잘 설명되고 있다. 『반야심경』의 핵심부에 해당하는 "색이 곧 공이고, 공이 곧 색인데 수 · 상 · 행 · 식도 이와 마찬가지다(色卽是空 空卽是色 受想行識 亦不如是)"는 언설이 그 대목이다. 여기서 "수 · 상 · 행 · 식도 이와 마찬가지다"는 것은 "수가 곧 공이고, 공이 곧 수이니라(受卽是空 空卽是受), 상이 곧 공이고, 공이 곧 상이니라(想卽是空 空卽是想), 행이 곧 공이고, 공이 곧 행이니라(行卽是空 空卽是行), 식이 곧 공이고, 공이 곧 식이니라(識卽是空 空卽是識)"를 줄인 표현이다. 그래서 색 · 수 · 상 · 행 · 식은 나란히 연결된 개념이고, 이것들이 우리의 의사소통을 구성하는 핵심적 요소다. 즉 '색色'이라고 하는 대상을 '수受'라는 감관 작용을 통해 받아들이고, 받아들인 대상을 '상념(想) → 의지(行) → 인식(識)'이라는 일련의 심관 작용을 거치면서 의미를 새롭게 구성한다.

> (값이 나가지 않는) 기왓장을 놓고 내기를 하면
> 활이 목표에 용하게 맞고
> (조금 값이 나가는) 허리띠를 놓고 내기를 하면
> 마음에 걸려 활이 목표에 덜 맞고
> (아주 값이 나가는) 황금을 놓고 내기를 하면
> 마음이 어지러워져 활이 맞지 않는다.
>
> 以瓦注者巧
> 以鉤注者憚
> 以黃金注者殙 (『장자』 외편 「달생」)

이 글은 '상념(想) → 의지(行) → 인식(識)'으로 이어지는 심관 작용의 동적인 측면을 재미있게 설명한 예다. 외물에 대한 지나친 집착이 마음의 혼란을 가져와 자신이 갖고 있는 능력을 제대로 발휘하지 못할 수도 있지만 외물에 동요되지 않고서 자기 주체성을 확립하여 그대로의 자기 본성을 남김없이 실현할 수도 있다. 이렇게 보면 감관 작용보다 더 중요한 것이 심관 작용이다. 실제로 감관 작용은 '수受'라는 하나의 단계에만 머물지만 심관 작용은 상념(想) → 의지(行) → 인식(識)이라는 세 단계를 거침으로써 각 단계를 지날 때마다 감관에서 받아들인 내용들의 의미들이 점점 심화되어 마음에서 그 의미들이 고착화되기 때문이다. 사실 우리의 의사소통 행위는 어떤 대상(色)을 감관을 통해 받아들인 것(受)에 대해 상념을 만들고(想), 그 상념에 따라 의지를 보이고(行), 그 의지에 따라 인식이 형성되는(識) 단계들을 차례로 거치면서 그것의 진가가 발휘된다. 만약 상념(想) · 의지(行) · 인식(識)이라는 심관 작용을 통해 의미 작용이 이루어지지 않는다면 우리의 의사소통 행위는 정말로 무미건조해진다. 마치 에너지만이 교환되는 기계들끼리의 커뮤니케이션과 별반 차이가 없을 것이다. 물론 이런 식의 커뮤니케이션에서는 문학적 상상력이나 예술적 창의력이란 기대조차 할 수 없다.

그렇지만 심관 작용이 항상 긍정적인 것만은 아니다. 누군가를 보고(受), 분노의 감정이 생기면(想), 미워하려고 들고(行), 이것이 쌓이면 그를 거짓되고 악하고 추하다는 소위 위僞 · 악惡 · 추醜의 존재로 인식하곤(識) 한다. 마찬가지로 돌을 보고(受), 소중하다는 느낌이 들면(想), 가지려고 들고(行), 결국에는 황금이라는 재물로 인식해서(識) 우리의 마음에 쓸데없는 탐심을 만들어낸다. 불가에선 이를 우리의 마음에 경계심이 생겨났다고 보고, 이런 경계심으로부터 벗어나야 하는 것을 수양의 가장 중요한 덕목으로 삼고 있다. "색이 곧 공이요, 공이 곧 색이다"는 말에서 알 수 있듯이 모든 것을 '공하다'고 보면 일체의 경계심이 생겨나지 않는다. 공空이란 노장의 혼돈混沌(chaos)과 같은 개념이기에 거기에서는 모든 것이 차별이 없는 혼재된 상태로 있다. 따라서 이런 심관 작용 하에서는 어떤 의미 구분이나 경계가 생겨나지 않는다. 의미의 구분이나 경계가 생겨난다는 것은 혼돈의 상태가 무너지면서 그 안에 이미 질서(cosmos)가 형성된다는 사실을 뜻한다. 그런데 질서란 '수受'라는 감관 작용과 '상想 · 행行 · 식識'이라는 심관 작용에 의거해서 우리가 대상의 의미를 특정한 방향으로 해석한 결과로 보인다.

오근[五根] 오경[五境]

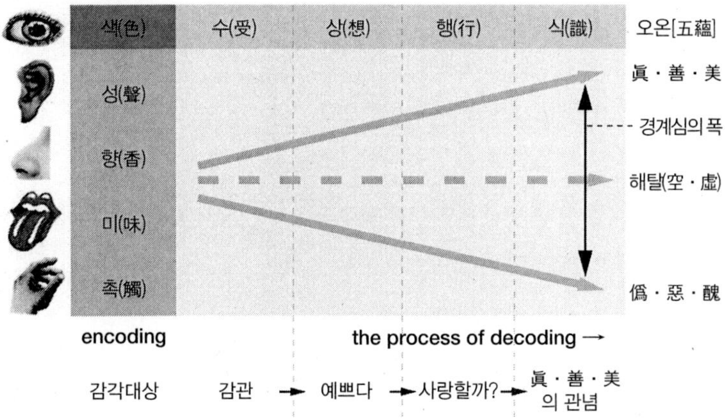

장자는 심관 작용의 이런 양면성을 왕비가 된 여희麗姬의 경우를 통해 재미있게 설명한다. 여희는 애艾라는 곳의 관문지기 딸로 절세의 미인에다 총명했는데, 진晉나라 헌공에게 시집갈 때 하도 울어서 옷깃을 적실 정도였다고 한다. 그런데 막상 시집을 와서 왕과 동침하고, 진수성찬의 식사를 하고 나서는 울었던 것을 후회했다고 한다. 자신이 애초 생각한 것보다 진나라 왕실이 훨씬 화려해 보였기 때문이다. 소문으로 듣던 진나라 왕실과 눈으로 확인한 진나라 왕실 사이에 차이가 컸던 것인데 이런 차이는 서로 다른 심관 작용에서 비롯된다. 즉 소문을 들었을 때는 나쁜 것으로 해석하고, 눈으로 보았을 때는 좋은 것으로 해석한 결과다. 그렇다면 삶과 죽음도 별다른 차이가 없을 터인데 심관 작용의 결과로 다르게 보일 뿐이 아니겠냐고 장자는 반문한다. 사람들은 삶은 기쁜 것으로, 죽음은 싫은 것으로 해석해서 항상 삶을 받아들이고, 죽음을 피하려고 든다. 그래서 장자는 삶에 대한 기쁨이 미혹일 수도 있고, 죽음에 대한 기피가 길을 잃고 돌아갈 줄 모르는 어린아이와 같을 수 있다고 말한다.

> 삶을 기뻐하는 것이 미혹이 아닌 줄을 내 어찌 알겠는가?
> 죽음을 싫어하는 것이 마치 길을 잃고 돌아갈 줄 모르는
> 어린아이와 다른 줄을 내 어찌 알겠는가?
> 여희는 애라는 곳의 관문지기 딸인데
> 진나라로 시집갈 때 하도 울어서 옷깃을 적시었다.
> 왕궁에 와서 왕과 동침하고 소고기 · 돼지고기를 먹고 난 후에는
> 그때 운 것을 후회했다.
>
> 予惡乎知說生之非惑邪
> 予惡乎知惡死之非弱喪而不知歸者邪
> 麗之姬艾封人之子也 晉國之始得之也 涕泣沾襟
> 及其至於王所 與王同筐牀 食芻豢 而後悔其泣也
>
> (『장자』 내편 「제물론」)

노자도 장자와 마찬가지로 심관 작용의 중요성을 유난히 강조한다. 어느 정도로 강조하는가 하면 발광發狂이라는 자극적인 말을 사용하면서 잘못된 심관 작용의 문제점에 대해 언급한다. 노자는 "말 타면서 사냥하는 일에 빠진 사람은 마음이 미친다(馳騁畋獵令人心發狂)"고 언급하는데, '말 타고 사냥하는 일'은 오늘날의 기준에서 보면 스포츠카를 몰며 속도감을 만끽하거나, 컴퓨터 오락에 심취해서 긴장과 흥분감 속에 빠져

드는 것쯤에 해당한다. 이런 식으로 즐거움을 추구하는 것은 매우 작위적이며, 자연과 거스르는 방식으로 즐거움을 추구하는 것이기에 노자의 입장에서는 매우 못마땅한 스포츠이자 오락에 해당한다. 그래서 노자는 자연과 함께하면서 무위無爲에 입각한 즐거움을 추구하고자 하는데 그것은 말 타는 것 대신에 직접 달리는 일, 사냥하는 것 대신에 손으로 유희하는 것쯤이 아닐까? 물론 보통 사람들에게는 달리는 일보다 말 타는 일, 유희하는 것보다 사냥하는 것이 더 재미있을 수 있다. 그렇지만 장자에게는 이런 재미의 차이조차도 심관 작용에 따른 결과다. 만약 심관 작용이 반대 방향에서 이루어지면 말 타는 일보다 달리는 일이, 또 사냥하는 것보다 손으로 유희하는 것이 훨씬 더 재미있을 수 있기 때문이다.

"귀한 재화를 추구하는 사람은 행실을 그르친다(難得之貨令人行妨)"는 내용도 마찬가지로 해석될 수 있다. 무엇이 '귀한 재화'인가? 장자는 사람들이 귀하다고 생각하니까 귀할 뿐이라고 말한다. 다이아몬드가 귀한 것은 사람들이 귀하다고 생각하니까 더 귀한 존재로 대접받을 뿐이다. 그런데 귀하다는 생각은 어떻게 해서 생겨나는 것일까? 오로지 심관 작용에 따른 결과다. 만약 반대의 측면에서 심관 작용이 이루어진다면 귀한 재화는 더 이상 귀한 존재로 대접받지 못한다. 황금을 보고도 돌처럼 생각한다면 더 이상 귀한 재화가 될 수 없지 않은가. 이처럼 귀한 재화로 대접받을 수 있는지의 여부는 심관 작용을 어떻게 하느냐에 달려 있는데 이것은 어쩌면 종이 한 장 차이일 수 있다. 옛날 중국에선 조개껍질(貝)이 중요한 재산 가치를 지니고 있어서 '재財' 자와 '화貨' 자 모두에는 '패貝' 자가 들어 있다. 그런데 오늘날 누구도 조개껍질을 재화로 인식하지 않는다. 조개껍질에 대한 사람들의 심관 작용이 과거와 다르게 이루어지기 때문이다. 그럼에도 조개껍질을 여전히 귀한 것으로 생각하고 그것에 탐닉한다면 행실의 그르침으로 나타날 수밖에 없지 않은가.

말 타고 사냥하는 사람은 마음이 미치고,

구하기 힘든 재화를 얻고자 하는 사람은 행실을 그르친다.

馳騁畋獵令人心發狂

難得之貨令人行妨 (『노자』 12장)

노자는 '말 타면서 사냥에 빠진 사람(馳騁畋獵令人)'과 '구하기 힘든 재화를 얻고자 하는 사람(難得之貨令人)'은 오색 · 오음 · 오미의 현란함과 섬세함, 또 정교함을 추구하는 사람과 마찬가지로 생명 작용을 귀하게 여기지 않는 사람으로 규정한다. 그런데 '말 타면서 사냥에 빠진 사람'과 '구하기 힘든 재화를 얻고자 하는 사람' 사이에는 추구하는 것과 관련하여 큰 차이가 있다. 말 타면서 사냥에 빠진 사람은 우리의 감관 중 촉감을 만족시키는 사람에 해당한다. 따라서 오색 · 오음 · 오미를 추구하는 사람들과 같은 맥락에 있다. 그렇지만 구하기 힘든 재화를 얻고자 하는 사람은 심관을 통해 만족을 얻으려는 사람이다. 그래서 구하기 힘든 재화를 얻고자 하는 사람은 말 타면서 사냥에 빠진 사람보다 더욱 문제가 심각한 사람이다. 감관에서 비롯되는 미망과 유혹은 눈을 감거나 귀를 막아 감관 작용 자체가 아예 이루어지지 않도록 하면 사라지게 만들 수 있지만 심관 작용은 도저히 그쳐지는 게 아니어서 우리의 마음에서 영원히 멈추지 않는다. 그래서 심관 작용을 통해 미망과 허상이 만들어지면 우리는 여기에서부터 쉽게 벗어날 수 없다.

이에 노자는 멈추지 않는 심관 작용이지만 그것의 부작용을 최소화하는 방법으로 덕德에 입각한 삶을 우리에게 제시한다. 노자서는 크게 도편과 덕편으로 구성되는데, 도편에서는 우주 · 자연 · 인간세 원리로서의 도道를 설명하고, 덕편에서는 우주 · 자연 · 인간세 원리를 삶 속에서 구현하는 방법론으로 덕德을 말하고 있다. 노자서를 흔히 『도덕경道德經』이라고 부르는데, 이는 책의 이런 구성에서 비롯된다. 덕에 대한 강조에 있어서도 장자는 노자와 크게 다를 바 없다. 장자 자신이 직접 쓴 것으로 보여 장자서의 핵심이라고 불리는 내편內篇 7편 가운데 한 편을 덕에 대해 할애하고 있어서인데, 「덕충부德充符」가 그것이다. 덕충부란 마음속에 덕이 충만하면 그 조짐이 겉으로 드러나게 된다는 의미다. 그래서 덕이 충만하면 외형 따위가 불구라는 것이 아무런 문제가 되지 않는다는 것이 장자의 기본 입장이다. 겉으로 드러난 덕의 조짐이 불구의 외형조차도 따뜻하게 감싸줄 수 있기 때문이다. 실제로 우리가 덕이 높은 사람을 우연히 만날 경우 그가 불구라 할지라도 불구라는 사실조차 느끼지 못할 때가 많다.

이 같은 관점은 공맹을 주축으로 하는 유가사상과 크게 대비된다. 유가에서는 훌륭한 외모, 또렷한 눈매, 어색하지 않은 자세 등 일련의 담론을 매우 중요시한다. 유가가 이런 식으로 몸 담론을 중요시하는 것은 바람직한 몸 담론은 덕의 구현을 통해 드러난다고 보기 때문이다. 반면 장자에게선 훌륭한 외모라도 그것은 덕의 구현과 아무런 관련이 없다. 오히려 외모로 사람을 잘못 평가하는 경우를 종종 마주함으로써 여기에서부터 생겨날 수 있는 오해의 가능성을 걱정한다. 그래서 장자는 외형은 보잘것없지만 마음에 덕이 충만한 여러 부류의 사람들을 덕충부에서 차례로 소개한다. 예를 들어 왕태王駘, 신도가申徒嘉, 숙산무지叔山無趾는 형벌로 인해 발 하나가 잘린 사람들이고, 애태타哀駘它는 추한 용모로 인해 기이하게 생긴 사나이이고, 인기지리무신闉跂支離無脤은 꼽추에 절름발이에 언청이로서 형편없는 외모를 지닌 사람이다. 장자가 보기에 겉은 멀쩡한데 속이 불구인 사람들이 주위에 너무 많아 이런 사실을 강조하기 위해 일부러 외형이 보잘것없는 사람들을 덕충부에 등장시킨다. 먼저 발 하나가 잘린 왕태의 경우를 예로 들어보자.

무릇 이(왕태)와 같은 자는

귀와 눈이 마땅히 머무는 곳을 알지 못하고,
마음은 덕과 조화된 경지에서 노닐며,
만물에 대해 그 하나인 바를 응시할 뿐
죽어 있는 외형 따위를 보지 않는다.

夫若然者
且不知耳目之所宜
而遊心乎德之和
物視其所一 而不見其所喪 (『장자』 내편 「덕충부」)

이 글에서 장자는 불구인 왕태에 대해 두 가지 점에서 그를 긍정적으로 평가하고 있다. 첫째, 귀와 눈이 마땅히 머무는 곳을 알지 못하고 덕과 조화된 경지에서 마음이 노닌다는 점, 둘째, 만물에 대해 그 하나인 바를 응시할 뿐 죽어 있는 외형 따위를 보지 않는다는 점이다. 여기서 장자는 뒤의 의미를 강조하기 위해 그와 반대되는 의미를 지닌 내용을 앞에 배치하는 문장 형식을 취하는데, 먼저 '덕과 조화된 마음'과 '귀와 눈이 마땅히 머무는 곳'의 표현이 그러하다. 여기서 '귀와 눈이 마땅히 머무는 곳'은 귀와 눈이 선호하는 곳을 의미하는데 이는 감관에 의해 쾌락과 탐미가 지배하는 곳이라는 사실을 말하고자 함이다. 즉 오색과 오음이 넘쳐나는 곳을 뜻한다. 그렇다면 이곳은 당연히 덕과 조화를 이룬 마음과는 반대되는 장소다. 그래서 장자는 덕이 충만하여 귀와 눈이 머무는 곳에서 노닐지 않는 왕태를 높게 평가하고 있다.

또 '만물의 하나인 바'와 '죽어 있는 외형'도 대비에 입각한 표현 방식이다. 외형이란 우리의 감관을 통해서 볼 수 있는 모습인데 이 모습은 항상 변화하기에 장자는 이를 죽은 외형이라고 규정한다. 그렇다면 장자에게 있어서 산 것은 무엇일까? 장자는 이것의 단서를 모든 만물이 하나로 귀결되는 혼돈에서부터 찾는다. 혼돈은 일반적으로 하나(一)의 형태를 취하는데 하나로 된 형태는 모든 사물들의 흔적들이 혼재되어 있는 상태를 뜻한다. 그래서 혼돈의 상태에서는 모든 사물들의 가능성을 찾을 수 있다. 게다가 장자에게 혼돈이란 살아 있는 존재다. 죽어 있는 외형에 따라 판단하지 않고, 외형 뒤에 공통되게 숨어서 살아 있는 혼돈의 모습을 응시할 수 있는 사람이 바로 덕을 지닌 사람이다. 그런 사람으로 장자는 왕태를 들고 있다. 왕태가 비록 불구이지만 겉만 번드르르한 사람보다 훨씬 낫다고 보아서다. 추한 용모로 기이하게 생긴 애태타의 경우도 왕태와 마찬가지 경우다.

노나라 애공이 공자에게 말했다.
위나라에 한 추남이 있는데 이름이 애태타입니다.
그와 함께 지낸 사나이들은 사모하여 떠날 줄 모르고,
그를 본 젊은 여자들은 부모에게 떼를 쓰면서
남의 처가 되느니 그의 첩이 되겠다고 하는데
수십 명 여자들이 줄을 잇습니다.
그가 자기 의견을 주장하는 걸 아무도 들은 적이 없고,
늘 남과 화합할 뿐입니다.
군주의 자리에 있으면서 남을 죽음에서 구해주는 것도 아니고,
쌓아둔 재산이 있어서 사람들의 배를 채워주는 것도 아니고,
게다가 흉한 꼴이란 온 세상을 깜짝 놀라게 할 정도입니다.
남과 화합하면서 주장을 앞장서서 펴지 않고, 지식도 드러나지 않는데
남자건 여자건 간에 그 앞에 모여듭니다.

魯哀公問於仲尼曰 衛有惡人焉 曰哀駘它
丈夫與之處者 思而不能去也
婦人見之請於父母曰
與爲人妻寧爲夫子妾者 十數而未止也

未嘗有聞其唱者也 常和人而矣
無君人之位以濟乎人之死
無聚祿以望人之腹
又以惡駭天下
和而不唱 知不出乎四域
且而雌雄合乎前 (『장자』 내편 「덕충부」)

장자는 애태타의 용모가 너무 추해서 온 세상을 깜짝 놀라게 할 정도로 흉하다고 말한다. 그런 애태타가 어찌 된 일인지 그와 함께 지낸 사나이들은 사모하여 떠날 줄을 모르고, 그를 본 처녀들은 부모에게 떼를 쓰면서 남의 처가 되느니 차라리 그의 첩이 되겠다고 한다. 그런데 그 숫자가 수십 명에 이른다고 하니 대체 애태타가 어떤 사람이기에 이렇게 많은 사람들로부터 흠모의 대상이 되는 것일까? 혹시 그가 지닌 큰 권력 때문에 흠모의 대상이 되는 것은 아닐까? 이에 대해 장자는 그가 남을 죽음에서 구해줄 만한 높은 자리에 있지 않다고 하면서 권력적 요인을 단호히 부인한다. 그렇다면 돈이 많아서일까? 장자는 그가 사람들의 배를 채워줄 만한 재력가가 아니라고 하면서 마찬가지로 부정한다. 그렇다면 무엇이 그를 이렇게 매력적인 존재로 만드는 것일까? 매우 간단한 데에 있다. 남과의 화합을 중요시해서 자기주장을 앞 세워 말하지 않고, 또 알더라도 아는 것도 드러내지 않기 때문이다. 즉 의사소통 관계를 주체와 객체로, 또는 자신과 타자로 구분하지 않고 자신을 상대와 융합시키려고 하기 때문이다. 덕이 충만하지 않은 사람은 이런 식의 의사소통 관계를 만들어낼 수 없음은 물론이다.

왕태와 애태타는 비록 아무 말도 하지 않지만 자신의 덕으로 다른 사람의 정신을 채워주는 존재다. 그렇기에 사람들은 그들의 추한 용모에도 불구하고 남녀를 불문하고 그를 사랑한다. 게다가 덕이 겉으로 드러나지 않는데, 이것이 사람들을 떠날 수 없게 만드는, 왕태와 애태타에 의해 체현된 덕의 매력이다. 이런 덕의 매력이 사람들로 하여금 못생기고 온전치 못한 왕태와 애태타의 불구를 쉽게 잊도록 해준다. 즉 내적으로 덕이 충만하기에 불구인 육체조차 다시 완전하게 변화하기에 이른 것이다. 그럼에도 우리는 마음을 완전하게 하기보다 화장과 성형 수술 등으로 몸을 아름답게 꾸미는 데 혈안이다. 아마도 노자가 살았던 시절에도 이와 비슷한 문제들이 있었는가 보다. 그래서 노자는 이런 아름다움을 '미지위미美之爲美', 즉 꾸민 아름다움, 또는 객관화된 아름다움이라고 규정하면서 사람들이 이것을 참된 아름다움으로 착각하며 산다고 토로한다.

> 천하의 모든 사람들이 아름답다 하는 것을 아름다운 것으로 아는데
> 그것은 추한 것이다.
> 또 모든 사람들이 착하다고 하는 것을 착한 것으로 아는데
> 그것은 착하지 않다.
>
> 天下皆知美之爲美 斯惡已
> 皆知善之爲善 斯不善已 (『노자』 2장)

여기서 '미지위미美之爲美'와 '선지위선善之爲善'에 대한 해석이 중요하다. 적지 않은 수의 『노자』 해설서들이 이 부분 해석에서 두루뭉술하게 지나간다. 즉 '미지위미'가 왜 '아름답다 하는 것을 아름다운 것으로 안다'로 해석되어야 하는지, 또 '선지위선'이 왜 '착하다고 하는 것을 착하다는 것으로 안다'로 해석되어야 하는지에 대해 구체적인 설명하지 않은 채 그냥 지나친다. 그런데 이 부분을 정확하게 이해하지 않으면 노자서 2장에 대한 전체적인 의미가 도무지 통하지 않는다. 더욱이 노자서 1장이 우주 및 자연의 원리를 밝히는 천도天道, 2장이 인간의 도리를 말하는 인도人道, 3장이 인간세의 원리를 밝히는 왕도王道를 각각 말하고

있다는 사실을 감안하면 더욱 그러하다. 실제로 노자서 1장·2장·3장은 노자가 『도덕경』을 통해 말하고자 하는 바를 개론적으로 담고 있는 매우 중요한 장이다. 이처럼 1장·2장·3장은 노자서의 뿌리에 해당하기에 이 부분에 대한 정확한 해석은 그 어느 부분의 해석보다도 중요하다.

먼저 '미지위미美之爲美'에서 위미爲美란 사람들이 아름답다고 하는 아름다움을 의미한다. 그런데 사람들이 아름답다고 하는 아름다움이란 무엇을 뜻할까? 무엇보다 이런 식의 개념이 가능할 수 있는 것은 어떤 객관적 기준이 아름다움에 적용되고 있기 때문이다. 미인대회에서 용모, 몸매, 태도 등 어떤 객관적인 기준에 따라 미인을 선발하는 것과 마찬가지다. 그런데 노자는 이런 객관적인 아름다움에 대해 추하다(惡)는 생각을 갖는다. 그렇지만 아무리 보잘것없는 객관적 아름다움이라도 그 아름다움은 아름다움의 언저리쯤에는 분명 속하고 있을 텐데, 노자는 그 아름다움을 왜 추하다고 규정하는 것일까? 그렇다면 노자의 기준에서는 미인대회에서 선발된 미인조차도 추한 용모를 지닌 사람이라고 규정되고 마는 것일까? 아무리 생각해도 쉽게 납득이 가지 않는 노자의 견해인데 아마도 '위미爲美'에 대한 의미를 보다 확장해서 해석할 때 이 문제가 쉽게 풀릴 듯싶다.

앞서 위미爲美에 대해 객관적인 아름다움이라고 규정했다. 그런데 사람들은 주관적인 아름다움보다는 객관적인 아름다움에 더 익숙해 있다. 그래서 객관적 기준에 따라 자신을 아름답게 꾸미려고 든다. 그래서 좋은 화장품으로 화장을 하고, 비싼 옷으로 치장을 하고, 심지어 자신의 얼굴을 인기 연예인처럼 만들기 위해 뜯어고치기까지 한다. 이런 모든 것들은 객관화된 아름다움이라는 기준에 따라 꾸며지는 행위들이다. 그런데 문제는 우리의 몸을 객관화된 아름다움의 대상에 놓이게 할수록 마음의 아름다음을 가꾸어 나가는 데는 소홀해진다. 오늘날 우리의 주위에서 이런 객관화된 아름다움의 노예가 된 사람들을 얼마나 많이 발견할 수 있는가? 특히 지금 이 시간 한국이라는 공간은 이런 식의 아름다움에 의해 지배된다고 해도 과언이 아니다. 바로 이것이 노자가 '객관화된 아름다움(爲美)'을 추한 것이라고 규정하는 이유다.

위선爲善도 마찬가지 방법으로 설명할 수 있다. 예를 들어 누군가가 물질적인 것으로 사회에 기여하려고 할 때 사람들은 그 사람이 지닌 기부 의지보다는 기부 액수에 따라 선의 정도를 추정하는 경우가 많다. 이 때문에 기부자들은 더 많은 금전을 경쟁적으로 내놓으려고 하고, 또 그것으로서 자신들의 선의지를 확인하려고 한다. 게다가 이를 접수하는 곳조차 많은 액수를 기부한 사람일수록 이를 크게 알림으로써 객관화된 선의 가치를 확장하는 데 일조한다. 노자가 보기에 이런 행위들은 모두 위선僞善에 해당한다. 거짓된 선에 해당하는 위僞라는 글자가 人(사람)+爲(위함)로 구성되었다는 사실만 보아도 그러하지 않은가. 그래서 노자는 누군가를 위한다는 인간들의 행위는 결국 거짓과 기만으로 드러날 수밖에 없다는 사실을 이런 식으로 증명해 보인 게 아닐까? 노자는 객관적 기준에 의해 규정되는 선 행위가 사회에 만연하고 있다고 보았기에 '선지위선善之爲善', 즉 객관화된 착함을 불선不善(착함이 아니다)으로 규정한 것이다.

그런데 노자가 아름다움(善)의 반대 개념을 미움(惡)이 아니라 추함(惡)으로, 착함(善)의 반대 개념을 악함(惡)이 아니라 착하지 않음(不善)으로 규정한 것에 대해 주목할 필요가 있다. 서로가 반대되는 개념이라도 시공을 초월한 절대적 차원에서의 반대 개념이 있을 수 없기 때문이다. 즉 아름다움과 착함의 개념일지라도 그 개념들은 시간과 공간의 지배를 받을 수밖에 없기에 이에 대한 반대 개념도 객관화할 수 없다는 것이 노자의 입장이다. 노자는 이런 식으로 반대 개념을 규정하는 데 있어서도 객관화에서 비롯될 수 있는 과오를 최대한 억제하고자 한다. 어쩌면 절대선과 절대미라는 개념이 의미하는 바가 세상 어디에도 존재하지 않는데도 우리는 언어가 규정한 바에 따라 실제로 있는 것인 양 착각하고 있지 않은가. 그래서 노자는 말한다. 유무有無는 서로 낳고, 난이難易는 서로 만들며, 장단長短은 서로 형성하고, 고하高下는 서로 기울고, 음성音聲[3]은 서로 조화하고, 전후前後는 서로 수반하는 것이지 서로를 양 극단으로 해서 대칭적이거나 대립적인 관계를 만드는 것은 아니라고 말이다.

> 있고 없음은 서로 낳고,
> 어려움과 쉬움은 서로 만들어지며,
> 길고 짧음은 서로 형성하고,
> 높고 낮음은 서로 기울고,
> 자연의 소리와 인공적인 소리는 서로 조화하고,
> 앞과 뒤는 서로 수반한다.
>
> 故有無相生 難易相成
> 長短相形 高下相傾
> 音聲相和 前後相隨 (『노자』 2장)

우리는 흔히 세상 만물을 긴 것과 짧은 것, 높은 것과 낮은 것, 아름다움과 추함, 어려움과 쉬움, 앞과 뒤 등으로 구분함으로써 스스로를 괴롭히는 경우가 다반사다. 세상사의 모든 개념과 그것의 가치는 우리가 모두 정한 것이며, 가치판단 또한 비교함으로써 생겨나는데도 말이다. 게다가 상대적인 관계는 항상 변하고, 가치판단도 쉴 새 없이 변하는데도 말이다. 그래서 우리는 세상만사를 분별지分別智에 따라 구분하지

---

3 음音은 인공적인 소리로서 악기 소리 등이 이에 해당하고, 성聲은 자연적인 소리로서 우리의 목에서 나오는 소리를 의미한다. 따라서 음성이 서로 조화한다는 것은 음악音樂과 성악聲樂의 자연스런 결합이 이루어진다는 것을 뜻한다.

말고, 오히려 담담한 마음으로 처리해야 한다. 왜냐하면 분별지란 참된 지가 아니어서 이를 절대화해서는 안 되기 때문이다. 이런 관점에서 노자는 유무有無, 난이難易, 장단長短, 고하高下, 음성音聲, 전후前後 등이 지니고 있는 상대적 가치에 대한 문제점을 개진한다. 왜냐하면 상대적 가치에 따른 차이란 절대적인 것이 아니기에 서로를 구분하는 것 자체가 인위적인 개입이며, 불필요한 '차이의 생산'이기 때문이다. 그래서 차이의 생산은 곧 자연의 분열이자 훼손으로서, 있는 그대로의 상태, 즉 자연의 본성을 거스르는 일에 해당한다.

따라서 노자의 사상 체계에 대립적인 것이란 존재하지 않고, 모든 것이 상대적이며, 상호 전화하는 존재일 뿐이다. 세상 만물은 도 속에서 모두 통해 하나가 되기 때문이다. 즉 도의 관점에서 보면 세상 만물 사이에선 별다른 차이를 발견할 수 없기 때문이다. 그럼에도 우리는 만물의 전체적인 상을 보려 하지 않고 오로지 눈으로 색깔을 분별하고, 귀로 소리를 분별함으로써 이것들이 만물의 모든 것인 양 착각하면서 만물을 서로 다르게 인식한다. 그래서 우리는 말초적 감각기관인 구멍들에 우리의 마음이 빠지지 않도록 해야 하는데 이것은 도가 우리의 감각기관을 주재할 때 가능한 일이다. 이렇게 된다면 문둥이와 서시라고 하는 당대 최고의 미인 사이에서 어떤 차이도 발견할 수 없고, 심지어 허풍쟁이나 사기꾼, 궤변가나 괴이한 것을 말하는 사람들도 모두 같은 사람으로 보일 뿐이다.

> 문둥이와 서시라는 미인,
> 허풍쟁이나 궤변가, 사기꾼이나 괴이한 것을 말하는 사람들.
> 도 안에서 모두 통해 하나가 된다.
> 한쪽에서의 나눔은 다른 쪽에서의 이룸이며,
> 한쪽에서의 완성은 다른 쪽에서의 훼손이다.
>
> 厲與西施 恢恑懦怪

道通爲一

其分也 成也 其成也 毁也　　(『장자』 내편 「제물론」)

이처럼 아름다움의 극치와 추함의 극치, 그리고 상식과 전혀 다른 괴이하고 비정상적인 것이더라도 도라는 진실재의 세계에서는 본디 하나가 된다. 아름다움과 추함으로 나누고, 또 아름다움을 가치 있는 것으로, 추함을 가치 없는 것으로 차별하거나 대립시키는 것은 사랑 · 증오 · 좋아함 · 싫어함 등의 주관적 판단에 빠진 우리의 독단 내지 고정관념에 따른 결과들이다. 어쩌면 세상 만물 그 자체는 인간의 주관적인 판단을 초월한 것으로서 결코 아름답지도 추하지도 않다. 원숭이가 인간을 보고서 과연 아름답다고 할 것인가? 또 코끼리가 사자를 보고서 과연 추하다고 할 것인가? 이런 식의 차별심이 생겨난다면 그것은 그릇된 심관 작용의 결과다. 그래서 우리는 예쁘다는 것을 소중하게 생각하고, 미운 것을 더럽다고 생각한다. 그렇지만 세상 만물을 아름답다고 여기면 우리 마음에 아름답지 않은 것이 없으며, 또 추하다고 여기면 우리 마음에 추하지 않은 것이 없다. 모두가 우리의 마음가짐에 달려 있는 것이다. 그래서 우리의 마음에선 더러운 것이 변해서 소중한 것이 되고, 또 소중한 것이 변해서 더러운 것이 되는 일이 얼마든지 가능할 수 있다.

사람들은 만물이 아름다우면 신기하다고 하고,
추하면 썩어서 냄새가 난다고 한다.
그렇지만 썩어 냄새나는 것이 변해서 신기한 것이 되고,
신기한 것이 변해서 썩어 냄새가 난다.

是其所美者爲神奇
其所惡者爲臭腐
臭腐復化爲神奇

神奇復化爲臭腐 (『장자』 외편 「지북유」)

이런 관점에서 보면 노자가 그리는 완성된 인간의 모습이 서서히 드러나기 시작한다. 노자는 완성된 인간을 성인聖人으로 규정하고, 성인이 되기 위한 조건으로 '무위의 자세로서 일을 처리함(處無爲之事)'과 '말없는 가르침으로 행함(行不言之教)'이라는 두 가지 행동 지침을 제시한다. 이는 모든 것을 자연스런 상태로 놔두는 것이 최선일 뿐 이를 인위적으로 구분하거나, 심지어 언어로써 재단하는 것은 결코 바람직스럽지 않다는 입장이다. 그래서 성인은 자신이 가꾼 만물이 잘 자라더라도 이를 자신이 했다는 식으로 공을 드러내지 않고, 거기서 무언가의 과실이 만들어지더라도 이를 소유하려 들지 않고, 또 좋은 결과들이 이루어지더라도 거기에 기대려고 하지 않는다. 이런 식으로 성인은 공을 세우더라도 거기에 머물지 않는데, 오히려 머물지 않음으로써 영원히 머물 수 있는 길이 성인에게는 저절로 생겨난다.

이로써 성인은 무위로써 일을 처리하며,
말없는 행동으로써 가르침을 행한다.
만물이 잘 자라나도 그 공을 드러내지 않고,
무언가 만들어도 소유하지 않고,
자기가 했더라도 기대지 않으며,
공을 세워도 거기에 머무르지 않는다.
무릇 공에 머물지 않음으로써 그 공은 사라지지 않는다.

是以聖人處無爲之事 行不言之教
萬物作焉而不辭 生而不有
爲而不恃 功成而弗居
夫唯弗居 是以不去 (『노자』 2장)

그런데 장자는 노자와 달리 훨씬 파격적인 존재를 완성된 인간상으로 우리에게 제시한다. 그 존재는 정신적 괴물에 해당하는 광인狂人[4]인데, 장자는 이 광인을 통해 성한 사람보다 훨씬 매력이 있고, 덕이 높으며, 참되게 인생을 살아갈 수 있다는 논리를 편다. 장자에 따르면 광인은 일종의 인격화된 자연스러움에 해당한다. 왜냐하면 광인은 자신이 원하는 대로 다 말하고도 도덕적으로 단죄되지 않는, 즉 정신적으로 책임이 없는 사람이기 때문이다. 이 점에서 광인은 신체적 불구자보다 훨씬 자유로울 수 있다. 따라서 그는 가장 진솔하게 대답할 수 있고, 또 그것을 행동으로 실천해 보일 수 있다. 이는 심관 작용이 그 어느 누구보다도 자연스럽게 이루어지기 때문이다. 즉 본 대로 보고, 듣는 대로 들을 뿐 감관을 통해 들어온 것들에 대해 어떤 의미를 더하거나 덜하지 않는 심관 작용을 하지 않기 때문이다. 그래서 광인은 어떤 미망과 허상에 의해 생겨나는 정신적 고통으로부터 자유롭게, 그리고 쉽게 벗어날 수 있다.

공자가 초나라를 방문했을 때 초나라의 광인 접여가
공자가 머문 집 문 앞을 서성이며 외쳤다.
봉황새야, 봉황새야. 어찌 너의 덕이 쇠하였느냐.
미래는 네가 기다릴 수 없고, 과거는 네가 쫓을 수 없다…
행복은 깃털만큼 가벼운 것이지만 아무도 그것을 가질 줄 모른다.
재앙은 땅만큼 무거운 것이지만 아무도 거기서 떠날 줄 모른다.
그만두어라. 그만두어라. 사람들에게 덕을 가르치는 것을.
위험하다. 위험해. 땅에 금 긋고 허둥대는 따위 짓은…
사람들은 모두 '쓸모 있는 것의 쓸모(有用之用)'는 알아도

---

4 여기서 광인은 미친 사람을 뜻하는 보통명사가 아니라 광인이라는 이름을 가진 고유명사다.

'쓸모없는 것의 쓸모(無用之用)'는 모른다네.

孔子適楚 楚狂接輿遊其門曰

鳳兮鳳兮 何如德之衰也 來世不可待 往世不可追也…

福輕乎羽 莫之知載 禍重乎地 莫之知避

已乎已乎 臨人以德

殆乎殆乎 畫地而趨

人皆知有用之用 而莫知無用之用也 (『장자』 내편 「인간세」)

행복은 깃털만큼 가벼운 것이지만 아무도 그것을 가질 줄 모른다. 재앙은 땅만큼 무거운 것이지만 아무도 거기에서 떠날 줄 모른다. 이 말로써 광인은 자신이 철학적 지혜로 가득 찬 사람임을 입증해 보인다. 그의 통렬한 발언은 너무나도 충격적이어서 그의 정신 상태를 있는 그대로 드러낼 뿐이다. 그렇다면 정말로 훌륭하거나 위대한 지혜들은 어쩌면 광기와 친밀하게 결합되어 있는 것은 아닐까? 단지 그것이 그렇게 보이지 않는 것은 얇은 칸막이들에 의한 경계들 때문이라고 본다. 그리고 그 얇은 칸막이들은 감관 작용의 결과물에 해당하고, 그것에 의해 생겨나는 경계들은 심관 작용의 결과물에 해당한다. 그래서 장자는 감관 작용을 통해 들어오는 모든 세상 만물을 심관 작용을 통해 자의적으로 재단하거나 판단해서는 안 된다는 점을 누차 강조한다. 그리고 이런 사실을 광인을 통해 증명해 보인 것이다.

vii

감관感官을 닫고 심관心官을 막아라

우리는 부질없이 분주할 때를 종종 경험하곤 한다. 하루 종일 바쁘게 돌아다니다가 집에 돌아와 무슨 일을 했는지 가만 생각해 보면 별로 한 일이 없는 것을 알고는 가끔씩 허탈해한다. 그런데 우리의 생활뿐 아니라 우리의 인생도 혹시 마찬가지가 아닐까. 젊었을 때는 무언가 해보겠다고 이 사람도 만나고, 저 사람도 만나고, 또 그러면서 헤어지는 것을 수없이 반복하다가는, 결국 그다지 이룬 일도 없이 왜 그렇게 분주했는지를 후회만 하다가 인생을 마감하는 경우가 대부분이다. 이런 사실을 잘 알면서도 우리는 죽을 때까지 이 부질없는 분주함에서 끝내 헤어나지 못한다. 왜 그런 것일까? 노자는 욕망의 원천인 우리의 구멍(兌)과 문門이 항상 열려 있어서라고 말한다. 그래서 노자는 이런 부질없는 분주함에서 벗어나려면 무엇보다 욕망의 구멍과 문을 막아야 한다고 역설한다.

> 이 세상에 시작이 있는데 그것이 세상의 어머니와 같은 역할을 한다.
> 그런데 이미 어머니를 얻었기에 거기서부터 나오는 자식,
> 즉 세상 만물을 알 수 있다.
> 이제 그 자식을 알았기에 어머니를 지키는 데로 다시 돌아가면
> 죽을 때까지 위태롭지 않다.

세상과 통하는 구멍을 막고, 문을 닫으면 죽을 때까지 힘들지 않고,
세상과 통하는 구멍을 열고 만사를 헤아리면 평생 동안 이루지 못한다.

天下有始以爲天下母
既得其母 以知其子
既知其子 復守其母 沒身不殆
塞其兌 閉其門 終身不勤
開其兌 濟其事 終身不救 (『노자』 52장)

여기서 세상의 시작(始)으로서의 어머니(母)는 세상의 원래 모습에 해당하는데 그 모습은 우리의 감각으로는 도저히 포착되지 않는다. 그래서 우리는 그것이 어떤 모습을 하고 있는지 도무지 알 수 없다. 그 어머니로부터 자식이 나왔기에 그 자식을 통해서 세상 만물이 어떤 모습을 하고 있는지 어렴풋하게나마 알 수 있을 뿐이다. 모든 만물들의 흔적이 혼재된 혼돈이 세상의 어머니에 해당한다면 자식은 그 혼돈으로부터 생겨난 구체적 형상이기 때문이다. 그런데 노자가 안타까워하는 사실은 사람들이 구체적으로 나타난 자식의 모습에만 머물고, 자식 뒤에 숨겨져 있는 참 모습, 즉 어머니의 모습을 알려고 하지 않는다는 사실이다. 물론 어머니의 모습은 우리의 감관을 통해서 드러나지 않지만 그 모습을 알려고 하고, 또 알 수만 있다면 죽을 때까지 위태로운 상황에 빠지는 일은 결코 없을 것이라고 노자는 강조한다.

그러면서 노자는 "구멍을 막고(塞其兌), 문을 닫아야만(閉其門)" 죽을 때까지 삶이 힘들지 않지만, 만약 "구멍을 열고(開其兌) 만사를 헤아리려고(濟其事)" 한다면, 하고자 하는 것을 이루려고 해도 평생 이룰 수 없다고 말한다. 이게 무슨 말인지 아리송하기만 할 뿐인데 '구멍(兌)'과 '문門'의 의미를 제대로 해석해야만 전체적인 의미가 제대로 통할 수 있다고 본다. 그런데 대부분의 노자 해설서들은 구멍과 문에 대한 해석

을 놓고 두루뭉술하게 넘어간다. 심지어 몸에 있는 구멍 그 자체로 해석하여 눈, 코, 귀, 입에다 항문까지 포함시키는 경우도 있다. 이렇게 되면 전체적인 의미와는 더욱 멀어진다. 만약 구멍을 눈 · 코 · 귀 · 입 · 몸 등의 오관 내지 감관으로, 또 문을 오관을 통해 들어 온 대상들에 대해 다양한 의미를 만들어내는 마음속 감관에 해당하는 내관內官 내지 심관으로 해석하면 의미가 분명히 와 닿는다. 우리의 의사소통이 감관과 심관의 결합으로 이루어진다는 점을 감안하면 노자도 감관을 구멍으로, 심관을 문으로 구분하려고 한 것이 아닌가 하는 생각이 든다.[1]

이런 식으로 구멍을 감관으로, 문을 심관으로 해석하면 우리가 왜 부질없이 바쁜지 그 이유가 대충 드러난다. 우리가 감관을 활짝 열어놓는다는 것, 또 심관을 쓸데없이 바삐 굴린다는 것은 세상만사에 대해 모두 알려고 하거나, 아니면 모든 것에 대해 일일이 간섭하는 것과 별반 차이가 없음을 의미한다. 많은 사람들이 자신들의 감관을 크게 열어 놓고선 여기저기에 관여하거나, 아니면 다른 사람이 하는 일에 일일이 참견하면서 무언가의 일을 도모하고자 한다. 그렇지만 노자가 볼 때 이런 식 삶의 방식으론 추구하고자 하는 바를 제대로 이룰 수 없다. 오히려 몸은 쓸데없이 바쁘고 마음은 부질없이 분주하기만 할 뿐이다. 거꾸로 감관을 막고 심관을 닫아 세상만사에 대해 관조하는 자세로 일관한다면 우주 · 자연 · 인간세의 이치를 확실히 깨달아 그 깨달음으로부터 추구하는 바를 손쉽게 이룰 수 있다.

장자도 노자와 마찬가지로 몸에 있는 구멍들에 대해 지나치게 의존

---

1 장자는 우주를 공간적인 '우宇'와 시간적인 '주宙'의 결합으로 이해한다. 칸트의 말을 빌리면 변화란 외감의 형식인 공간과 내감의 형식인 시간의 결합이므로, 그 변화의 인식은 외감外感 기관인 감관感官뿐 아니라 내감內感 기관인 심관心官의 역할이 동시에 요구된다. 시간은 감각적 존재가 아니므로 외감으로는 인식할 수 없고, 내적 의식, 즉 마음으로만 인식할 수 있기 때문이다.

하지 말아야 한다고 강조한다. 그 구멍들은 외부 대상에 대해 말초적으로 반응할 뿐이어서 이 구멍들이 우리의 마음을 주재하면 부질없는 미망과 허상을 쫓기 마련이어서이다. 실제로 귀라든가 눈이라든가 하는 감관들은 대상을 객관적으로, 또는 분석적으로 파악해야 한다는 명분 아래 만물을 총체적으로 파악하기보다는 그것을 나누어서 분별하려고 든다. 그 결과 만물이 지닌 의미들이 지나치게 작게 쪼개져 큰 의미를 놓치는 경우가 많은데 이런 분별 작용은 세상 만물들과의 소통을 방해하는 중요한 요인으로 작용한다. 그래서 우리는 심관을 빈 상태로 놔두어야 하는데 그래야만 세상 만물들이 우리의 마음에 자유로이 찾아와 인간의 의지에 의해 각색되거나 재단되지 않은 채로 편하게 머물 수가 있다. 이에 장자는 감관을 사용하지 않고 마음으로 듣는 것이, 그리고 마음으로 듣지만 그 마음을 허한 상태로 놔두면서 기氣로 듣는 것이 세상 만물과 제대로 소통하는 일이라고 말한다.

> 귀로 듣지 말고, 마음으로 들어라
> 마음으로 듣지 말고, 기로 들어라
>
> 無聽之以耳 而聽之以心
> 無聽之以心 而聽之以氣 (『장자』 내편 「인간세」)

> 귀나 눈을 안으로 통하게 하고
> 마음과 지각을 배제하라
>
> 徇耳目內通 而外於心知 (『장자』 내편 「인간세」)

이런 식의 의사소통관은 비단 노장사상에 국한되는 것이 아니다. 공자도 완성된 인간의 조건으로 감관 작용과 심관 작용으로부터의 해방을 들고 있다. 이것은 이순耳順이라는 개념으로 나타나는데, 공자는 『논어』

「위정편爲政篇」에서 "15살에 뜻을 세우고, 30살에 스스로 일어나서, 40살에 유혹에 빠지지 않고, 50살에 하늘의 뜻을 알며, 60살에 귀가 순하게 되면, 결국 70살에는 무슨 일을 하더라도 법도에 어긋남이 없다(十五志學 三十而立 四十不惑 五十知天命 六十耳順 七十從心所欲不踰矩)"라고 말한다. 여기서 법도에 어긋남이 없다는 것이 공자가 그리는 인생의 궁극적 목표에 해당하는데, 그 목표를 이루기 위해서는 '유혹에 빠지지 않는 일(不惑)', '하늘의 뜻을 알아서 억지로 자신의 뜻대로 살지 않는 일(知天命)', '귀를 순하게 하는 일(耳順)' 등이 전제되어야 한다. 이것들은 모두 욕심을 내지 말라는 주문들인데 우리의 마음에서 욕심이 사라지는 법이 없기에 공자는 나이가 들수록 그 주문을 보다 구체화한다. 그래서 40살에는 유혹에 빠지지 말라는 다소 추상적인 주문을, 50살에는 자신의 의지대로 되는 일이 없다는 것을 알라는 다소 구체적인 주문을 제시한다면 60살에는 감관과 심관 작용으로부터 자유로워져야 한다는 아주 구체적인 주문을 제시한다.

그런데 '귀를 순하게 한다'는 것이 의미하는 바는 무엇일까? 대부분의 관련 학자들은 싫은 소리나 좋은 소리나 모두 똑같이 들려서 귀에 거슬리지 않는다는 것쯤으로 해석하지만 이 정도의 범위를 훨씬 넘어서는 것이 아닐까? 즉 큰 소리나 작은 소리, 좋은 소리나 나쁜 소리, 밝은 소리나 어두운 소리, 웃는 소리나 우는 소리 등 모든 소리들이 우리의 귀에서는 구분되지 않는다는 것을 의미하는 것이 아닐까? 그렇다면 이것은 우리의 귀를 안으로 통하게 하고, 마음과 지각을 배제할 때 가능할 수 있다. 즉 감관 작용과 심관 작용을 멈출 때 비로소 가능할 수 있다. 물론 공자는 청각뿐 아니라 다른 감각에 대해서도 마찬가지 태도를 지녔을 것이다. 그래서 '모양과 색깔의 순함(안순眼順)', '냄새의 순함(후순鼻順)', '맛의 순함(설순舌順)', '느낌의 순함(신순身順)'이란 개념도 가능할 수 있다. 조선의 문체창신文體昌新을 이룩한 연암燕巖 박지원의 명목론冥目論[2]

및 명심론冥心論[3]도 공자의 이순 개념과 매우 흡사하다. 명목冥目은 '눈을 아득하게 함'이라는 의미를, 명심冥心은 '마음을 아득하게 함'이라는 의미를 지니는데 명목은 감각 작용을 멈추었을 때, 명심은 심관 작용을 중지했을 때 가능할 수 있는 개념이기 때문이다.

이처럼 노자와 공자, 그리고 연암 등에 의해 나타난 표현들은 서로 다를지라도 그 표현들 뒤에 숨어 있는 주제는 '마음의 비움(虛心)'으로, 이는 한마디로 세속적인 욕심을 내지 말라는 것이다. 무릇 우리의 모든 욕심은 감관과 심관의 의미 작용에서부터 비롯된다. 더 좋은 집, 더 멋있는 차, 더 아름다운 사람들에 대한 욕심도 따져보면 모두 감관 및 심관 작용의 미망과 허상에서부터 시작된다. 그래서 우리가 어떤 대상을 마주하더라도 어떤 미망과 허상에 빠지지 않으면 욕심을 낼 만한 하등의 이유를 발견할 수 없다. 이에 공자와 연암은 감관과 심관은 열어놓되 그 작용이 이루어지지 않게끔 둔감하게 놔두라고 주문하는 반면, 노자는 감관과 심관이 욕심을 일으키는 근원이기에 이를 아예 닫으라는 주문을 하는데, 이것들이 바로 현玄에 입각한 소통 방식이다.

> 아는 사람은 말이 없고, 말하는 사람은 알지 못한다.
> 감관을 막고, 심관을 닫아라.
> (명료함에서 생겨난 논리의) 정교함을 꺾고 그 혼란스러움을 풀어라.
> 빛과 조화를 이루면서 (보잘 것 없는) 티끌과도 함께하라.
> 이를 일러 현동이라고 말한다.
>
> 知者不言 言者不知

---

2 『연암집燕巖集』 권 5 「답창애答蒼厓」와 『연암집燕巖集』 권 14 「환희기후지幻戲記後識」.

3 『연암집燕巖集』 권 3 「소완정기素玩亭記」와 『열하일기熱河日記』 「산장잡기山莊雜記」의 「일야구도하기一夜九渡河記」.

塞其兌 閉其門

挫其銳 解其粉

和其光 同其塵

是謂玄同 (『노자』 56장)

노자는 현에 입각한 삶의 조건으로 우리에게 세 가지를 주문한다. 첫째, "외부로 향하는 통로(感官)를 막고 그 문(心官)을 닫으며(塞其兌 閉其門)", 둘째, "명료함에서 생겨난 논리의 정교함(예리함)을 꺾고 그 혼란스러움을 풀고(挫其銳 解其粉)", 셋째, "강렬한 빛과 조화를 이루면서 보잘것없는 티끌과도 동거하라(和其光 同其塵)"는 주문이 그것이다. 이 세 가지 주문들은 개별적인 것처럼 보이지만 의사소통과 관련해서 모두가 서로 긴밀하게 연결되어 있다. 첫 번째 주문은 의사소통 수단으로서의 감관과 의미 작용으로서의 심관에 관한 것이고, 두 번째 주문은 의사소통 수단으로서 언어와 문자와 같은 매체에 관한 것이고, 세 번째 주문은 감관과 그것의 연장인 언어와 문자를 통해 이루어지는 의사소통 방식에 대한 것이다. 만약 우리가 이런 주문들을 모두 수용하면 정말로 아는 사람들은 자연 말이 없어지는데 바로 이것이 '현玄'에 입각한 삶의 상태다. 그런데 노자는 현에 입각한 삶이란 너무나 큰 차원에서 이루어지는 삶이기에 감히 현이라는 표현을 직접적으로 사용하지 못하고 현동玄同, 즉 '현과 같다'는 것쯤으로 해 그 의미를 약화하여 표현한다.

그런데 현에 입각한 의사소통 방식이 노자에게서조차 왜 이렇게 대단한 의미를 지니는 것일까? 그것은 '알면서도 말이 없는(知者不言)', 즉 드러남을 최대한 억제하는 의사소통 방식이기 때문이다. 이는 표현을 잘하는 사람을 이상적인 언자言者로 믿어온 서양과는 매우 대조적인 방식이다. 서양에서는 대상이나 상황을 설명하는 데 있어서 논리적(logical)이어야 함을 바람직한 수사에서 가장 으뜸가는 조건으로 삼아왔다. 이런 논리적 사고에 대한 강조는 자연 분석적 방법을 지배적인 앎의 방식으로 정착시켜 왔으며, 이것이 서양 근대에 들어서서 과학과 기술을 크게 발전시키는 데 매우 중요한 역할을 했다. 이처럼 서양의 의사소통관은 구분을 통해 드러남을 강조하는 앎의 방식과 밀접하게 연관되어 있다.[4] 그런데 드러남과 감춤의 차이는 『천자문千字文』 시작부에 해당하는 "하늘은 가물가물하고, 땅은 누렇다(天地玄黃)"에서도 잘 나타난다. 하늘(天)이란 동서남북 어디를 가더라도 차이가 드러나지 않아 '가물다(玄)'고 하지만, 땅(地)은 평야와 강과 바다 등으로 명확하게 구분되기에 '드러난다(黃)'고 한다. 이런 관점에서 볼 때 황黃의 사유 방식은 대상을 객관적으로 구획하는 것이 바람직한 의사소통의 조건이라고 주장하는 서양의 분석적 사유와 같은 맥락에 있다.

그렇다면 "논리의 정교함에서 빚어진 날카로움을 꺾고, 잘게 조각나서 나누어진 의미를 극복하라(挫其銳 解其粉)"는 말은 황黃에 입각한 의사소통을 지양하고, 현玄에 입각한 의사소통을 하라는 주문이다. 왜 그런 것인가? '날카로움을 꺾어라'는 것은 대상을 지나치게 분석적으로 파악하지 말라는 주문이기 때문이다. 우리가 대상을 분석적으로 파악하는 것은 오로지 대상을 객관화함으로써 명료하게 보려고 하는 이유에서다. 이것이 서양 과학을 보다 분석적 방향으로 나아가게끔 한 중요한 원동력에

---

4 천자문千字文은 '하늘 천 따 지 가물 현 누를 황…(천지현황天地玄黃…)'으로 시작하는데 천자문 텍스트는 한자 1000자를 가르치기 위한 단순한 텍스트가 아니다. 여기에는 우주 · 자연 · 인간세에 대한 원리가 함께 담겨 있는데 '천지현황'에서는 하늘(天)은 가물고(玄), 땅은 누르다(黃)는 우주 · 자연의 원리를 말하고 있다. 여기서 노장사상은 현玄의 입각한 사유를 전개한다면 공맹사상은 황黃에 입각한 사유를 전개한다. 그래서 유가에서는 사람을 사농공상士農工商 등 신분으로 구분하고, 사士의 경우도 복장한 따라 그 위계를 구분한다. 그렇지만 유가적 사유는 서양 사유 방식의 드러남(黃)한 비해 훨씬 현의 방식에 가깝다. 그래서 동양은 서양에 비해 현玄의 사유에, 서양은 동양에 비해 황黃의 사유에 기초해 있다고 말할 수 있다.

해당한다. 게다가 과학科學에서 사용된 '과科'란 개념도 세상 만물이 지닌 포괄적 의미를 '나눈다'는 의미이기에 과학이란 말 자체도 '조각난 구분'이라는 뜻을 담고 있다. 그렇지만 세상 만물이 지닌 의미를 포괄적으로, 또는 총체적으로 접근하면, 시공에 따라 그리고 사람에 따라 얼마든지 다르게 해석될 수 있다. 이런 주관성의 위험에서부터 벗어나려면 대상이 지닌 의미를 가능한 잘게 조각내어 의미의 중복을 피해야 한다. 처음에는 선과 악으로 구분하다가 최선最善/차선次善/차악次惡/최악最惡으로 점점 분화하는 식이다. 이런 식으로 의미 구분이 명확하게 이루어져야만 의미가 중복되지 않고 모든 것을 객관적으로 지시할 수 있다.

이런 작업들은 우리의 감관을 닫아서는 안 되고, 오히려 크게 열어서 대상의 의미를 치밀하게 구분해야만 가능하다. 예를 들어 음악을 하는 사람들이 소리를 잘 듣고, 그림을 그리는 사람들이 색과 모양을 잘 구분하려면 감관을 크게 열어놓아야만 가능한 일이다. 게다가 우리는 대상이 지닌 의미의 구분을 최대한으로 이루기 위해서 언어와 문자까지 만들어냈다. 언어와 문자를 통한 이런 식의 의미 구분은 오늘날 인류 문명을 이루는 데 가장 중요한 역할을 담당해 왔다. 이런 사실은 문명文明이란 한자어를 풀이해도 잘 드러난다. 문명이란 결국 세상 만물이 '밝아진 것(明)'인데 '언어 · 문자(文)'가 세상 만물의 의미들을 잘 구획해서 객관화를 이루었기 때문이다. 결국 '문文'은 밝음의 원인에, '명明'은 매체를 통해 이루어진 결과에 각각 해당한다. 여기서 동양이 강조하는 도학道學과 서양이 강조하는 기학器學 내지 과학 간의 차이가 분명히 드러난다. 도학은 대상이 지닌 의미를 포괄적으로 접근하기에 설명력은 높지만 그것이 명료하지 않은 반면 과학은 의미를 '분류하기에(科)' 설명이 명료한 반면 그 범위는 제한적이기 때문이다.

또 "빛과 조화를 이루면서 보잘것없는 티끌과도 동거하라(和其光同其塵)"는 주문은 어떤 의미를 지니는 것일까? 이는 무엇보다 사람의 도리, 즉 인도人道와 직접적으로 연관되어 있다. 그런데 앞에서 언급한 '날카로움을 꺾으면서 잘게 조각난 구분을 극복하라(挫其銳 解其紛)'는 주문이 우리가 대상을 바라보는 방법과 연관된다는 점에서 서로 비교가 된다. 즉 화광동진和光同塵이 선善의지에 따라 인간이 어떻게 살 것인가를 주제로 삼고 있는 도덕철학의 관점이라면, 좌예해분挫銳解紛은 대상의 의미를 파악하는 일종의 방법론으로서 서양철학에서 말하는 인식론의 관점, 심지어 존재론의 관점까지 긴밀하게 연관되어 있다. 이처럼 서양철학을 구성하는 세 가지 핵심적 담론, 즉 존재론, 인식론, 도덕철학이 화광동진과 좌예해분이라는 짧은 문장에 모두 포함된다는 사실은 노장사상이 지니는 담론의 풍부함을 그대로 보여주는 예가 아닐까? 이런 사실들은 우리에게뿐 아니라 서양 사람에게도 노장사상이 보다 매력적으로 다가갈 수 있는 요인이라고 본다.

서양의 도덕철학은 플라톤의 이데아론으로부터 시작한다. 플라톤에 따르면 인간이 선을 추구할 때 그 존재 가치가 가장 밝은 빛을 발할 수 있는데, 선 중의 선 즉 최고의 선이 바로 이데아다. 이런 이데아에 입각해서 자신을 거듭나도록 하게 만드는 것이 플라톤이 말하는 인도人道, 즉 사람이 가야 하는 길에 해당한다. 그래서 플라톤의 인도에서는 어둠이란 있을 수 없다. 오로지 밝은 빛으로 가득 차 있기에 선에 이르는 길이 가장 확실해 보인다. 게다가 선에 이르는 길은 악에 이르는 길과의 비교를 통해 더욱 분명하게 드러난다. 그래서 최고의 선으로 구성된 이데아의 세계에선 모든 것이 완전무결한 것처럼 보인다. 그래서 무소불위의 막강하고 엄청난 존재라고 여겨져 사람들은 이를 곧잘 태양에 비유하는데, 이런 거대한 존재 앞에 인간은 그저 무기력하고 나약한 모습만을 드러낼 뿐이다. 이처럼 서양의 형이상학은 태양과 같은 존재에다 중요한 이론적 근거를 두는데, 이 때문에 서양의 형이상학을 가리켜 '태양 중심주의'에 입각해 있다고 말한다. 같은 연장선에서 유태교, 기독교, 이슬람

교 같은 서양의 종교들이 모두 유일신에 기반을 두고 있다는 사실은 결코 우연이 아니다.

그런데 빛은 하늘에 떠 있는 태양에서 나오기에 높은 것을 의미하고, 또 태양의 빛은 어떤 빛보다도 밝기에 강력하고 엄청난 존재를 의미한다. 그런 강력하고 엄청난 존재와 동거하거나 화합하는 것은 쉽지 않은 일이다. 흔히 상대가 강하면 강할수록 복종하거나, 아니면 항거하려는 두 가지 마음이 동시에 생겨난다. 복종은 강한 상대에 기대어 무언가 도움을 얻고자 하는 데서, 항거는 강한 상대와의 대립 관계를 통해 자신의 존재를 부각시키려는 데서 각각 비롯된다. 그런데 노자는 이 두 가지 방법을 모두 거부하면서 강한 상대와 오히려 조화를 이루라는 어려운 주문을 한다. 즉 절개의 상징인 소나무처럼 버티다가 결국에는 부러지지 말고, 대나무처럼 휘는 한이 있더라도 상황에 맞게 스스로를 유연하게 대처해야 한다고 주문한다. 예를 들어 강력한 조직의 리더가 자신의 철학을 무리하게 밀고 나가더라도 그것이 못마땅하다고 함부로 맞서서 다치지 말고 그와 조화를 이루어서 자신을 보존하는 편이 차라리 낫다는 것이다. 장자도 무모하게 맞서는 행동을 '당랑거철螳螂拒轍(사마귀가 두 다리를 세우고서 움직이는 수레를 막겠다고 덤비는 것)'에 비유하면서 노자와 같은 생각을 드러낸다.

노자는 태양처럼 강하고 높은 존재뿐 아니라 보잘것없는 낮은 존재를 상대하는 방법에 대해서도 언급한다. "세속과 함께하라(同其塵)"는 주문이 그것인데, 여기서 세속을 의미하는 '진토(塵)'는 정말로 보잘것없는 흙을 의미한다. 즉 진토란 모든 게 산산이 부수어지고 으깨져서 그것이 어디에서 생겨났는지조차 알 수 없는 흙을 말한다. 그래서 진토에서는 그것의 과거가 무엇이었는지 찾을 수 있는 단서조차 없다. 말하자면 모든 흔적들이 사라졌기에 진토의 과거가 고려청자와 같은 도자기를 만들었던 흙이었는지, 오래전 지구에 살았던 공룡 뼈의 흔적이었는지, 지구가 태어날 때부터 있었던 태초의 흙의 형태였는지 알 수 있는 길은 도무지 없다. 만약 진토의 과거가 고려청자였다면 소중한 대접을 받을 것이고, 공룡의 뼈였다면 그만한 대접을 받지 못할 것이다. 이런 차별심이 우리의 마음에서 생겨나는 것은 너무나 당연한 일이다. 그렇지만 흙의 과거를 알 수 있는 단서가 진토 어디에서도 드러나지 않기에 그 앞에서는 누구든지 동일한 마음을 지닌다. 이런 마음이 바로 노자가 말하는 겸손한 상태의 마음이다.

그래서 '세속과 함께하라'는 노자의 주문은 유가에서 말하는 겸손함의 방법과는 약간 차이가 있다. 예를 들어 양반이 백성을 꺼려서 멀리하고자 한다면, 그것은 겸손하지 않은 양반의 마음 때문이 아니라 백성에 대한 양반의 뿌리 깊은 편견이 작용한 탓이다. 양반이 볼 때 백성은 더럽고, 무식하고, 예의가 바르지 않다는 식의 고정관념을 갖게 되는데 이런 식의 고정관념은 분명 잘못된 심관 작용의 결과다. 즉 양반의 눈에 비친 백성의 모습이란 심관 작용을 통해 그렇게 인식되기 때문이다. 또 백성의 눈에도 양반이란 빛과 같은 강한 존재이기에 이들에게 복종하거나, 항거하려는 두 가지 마음이 동시에 생겨날 수 있는데 이것 역시 심관 작용의 결과다. 그래서 백성과 양반 모두가 서로에 대한 잘못된 심관 작용을 멈출 수 있다면 백성은 강한 존재인 양반과 절로 화합하고, 강한 존재인 양반은 약한 존재인 백성과 자연스럽게 동거할 수 있다. 이처럼 노자가 그리는 겸손은 심관 작용을 통해 보다 근본적인 차원에서 이루어지는 겸손이라면, 유가가 생각하는 겸손이란 단지 표면적인 태도의 변화만으로 상대방에게 보일 수 있는 겸손이다.

결론적으로 "빛과 조화를 이루면서 세속과 함께하라"는 의미는 강력하고 엄청난 존재에 대해서는 유연함을, 보잘것없는 존재에 대해서는 겸손함을 유지하라는 주문이다. 이렇게 볼 때 노자의 두 번째 주문, '날카로움을 꺾으면서 조각난 구분을 극복하라(挫其銳 解其紛)'는 것은 감관 작용을 멈추라는 것이고, 세 번째 주문, '빛과 조화를 이루면서 세속과 함께하라(和其光 同其塵)'는 것은 심관 작용을 멈추라는 것이다. 그래서 첫 번째의 '구멍을 막고, 문을 닫아라(塞其兌 閉其門)'라는 주문은 두 번째와 세 번째 주문에 의해 보다 구체적으로 설명된다. 즉 '구멍을 막는다는 것(塞其兌)'은 세상 만물을 대하는 데 있어서 감관 작용을 멈추라는 두 번째 주문에 의해, 또 '문을 닫아라(閉其門)'라는 것은 인생을 가꾸는 데 있어서 심관 작용을 멈추라는 세 번째 주문에 의해 각각 구체화된다. 그렇다면 감관 작용이 '사물을 보는 관점'과 연관되어 있다면 심관 작용은 '인생의 의미를 찾는 관점'과 관련이 있는 것이 아닌가 하는 생각이 든다. 지금까지의 이야기를 정리하면 다음과 같은 표로 그려질 수 있다.

그런데 노자는 왜 감관을 막고 심관을 닫아야 한다고 주장하는 것일까? 오히려 서양은 감관을 열고 심관을 활용하는 것을 바람직한 삶의 방식으로 제시하며, 이런 삶의 방식이 합리적 존재, 즉 계몽적 언자言者가 되기 위한 중요한 조건으로 설정하고 있는데 말이다.

사물관 | 인생관

(감관 작용은) 날카로움을 꺾으면서
잘게 조각난 구분을 극복하라
(挫其銳 解其粉)

(심관 작용은) 빛과 조화를 이루면서
세속과 함께하라
(和其光 同其塵)

↘ ↙

감관을 막고, 심관을 닫아라 (塞其兌 閉其門)

↓

아는 사람은 말이 없고, 말하는 사람은 알지 못한다 (知者不言 言者不知)

‖

현玄에 입각한 삶
(동양인의 삶의 방식)
↕
황黃에 입각한 삶
(서양인의 삶의 방식)

‖

분석적이고 계몽적인 언자言者

↑

감관을 열고, 심관을 활용하라 (開其兌 用其門)

↗ ↖

논리적 정교함을 드러내고
대상이 지닌 의미를 가능한 분화해라
(表其銳 分其意)

빛의 밝음에 기반해서
세속을 밝게 하라
(盤其光 明其塵)

사물관 | 인생관

사실 서양 근대는 이성에 의해 지배되었고, 그럼으로써 과거와는 다른 소위 합리적 사회로 서양 근대를 새롭게 만들어낼 수 있었다. 또 과거에 신비에 쌓여 있던 세상은 과학적 분석을 통해 차곡차곡 규명되고, 그럼으로써 만물은 서서히 그 모습을 드러낼 수 있었다. 그 결과 한쪽에서는 아메리카 신대륙을 발견하고, 또 다른 쪽에서는 산업혁명이 일어나는 등 인간 외연의 확장이 크게 이루어진 것이 사실이다. 이런 것들은 감관을 열고 심관을 활용해야만 가능한 일이다. 이에 반해 노자는 외연의 확장보다는 내면의 충실에다 더 큰 비중을 두면서 인간의 도리, 즉 인도人道를 실천하는 데 중점을 둔다. 그래서 작은 것을 보아야 하고, 부드러운 것을 지켜야 하는데, 이래야만 '참된 밝음(明)'과 '참된 강함(强)'이 무엇인지를 알 수 있다는 것이다. 그런데 이것들은 모두 감관을 막고 심관을 닫아야만 가능한 일이다.

> 작은 것을 볼 수 있는 것을 밝음이라고 하고,
> 부드러움을 지킬 수 있는 것을 강하다고 한다.
> 그 빛을 활용해서 밝음으로 다시 돌아오면 몸에 재앙을 남기는 일이 없다.
> 이를 일러 영원히 도를 이어받는 것, 즉 습상이라고 한다.
>
> 見小曰明 守柔曰强
> 用其光復歸其明 無遺身殃
> 是爲習常 (『노자』 52장)

우리는 흔히 크다(大)와 작다(小) 중에서 밝음(明)은 큰 것에, 어둠(暗)은 작은 것에 보다 가깝다고 생각한다. 나아가 견고함(堅)과 부드러움(柔) 중에서 강함(强)은 견고함에, 약함(弱)은 부드러움에 가깝다고 생각한다. 이에 반해 노자는 작은 것을 볼 수 있음을 밝음으로, 부드러움을 지킬 수 있는 것을 강함으로 규정하면서 우리의 상식과는 반대로 생각한다. 왜냐하면 도의 원리에서 보면 세상의 이치란 작은 것이 오히려 밝으며, 부드러움이 오히려 강하기 때문이다. 물론 감관 작용으로는 이런 이치를 도저히 이해할 수 없다. 감관을 통해선 있는 그대로를 받아들이기에 큰 것은 밝은 것으로, 단단한 것은 강한 것으로 인식하기 마련이다. 그래서 세상의 참된 이치를 깨닫기 위해선 감관을 통해 들어오는 대상의 표면적 의미들을 극복해야 하는데 이것이 바로 빛을 잘 활용하는 방법이다. 노자는 이 빛을 잘 활용해서 밝음(明)으로 돌아갈 수 있다면 우리는 어떤 재앙과 마주하지 않는다고 말한다. 이 말이 무슨 뜻인지를 제대로 이해하려면 빛과 밝음과의 관계를 우선적으로 파악해야 한다.

서양인과 달리 동양인의 의식에선 '해의 빛(日光)'뿐 아니라 '달의 빛(月光)'이 함께 존재한다. 해의 빛인 일광日光은 너무나 환하기에 모든 것을 그대로 드러내 보이는 반면 달의 빛인 월광月光은 일광에 비해서 상대적으로 어둡기에 세상 만물의 모습을 은은하게 드러낼 뿐이다. 그래서 서양 근대가 선택한 과학적 분석력이 해의 빛에다 토대를 둔다면 서양 근대가 버린 인문적 상상력은 달의 빛에 기초하는 것이 아닐까 생각해 본다. 실제로 음악에 있어서 월광곡月光曲이란 개념은 상상할 수 있어도 일광곡日光曲이란 개념은 상상할 수 없는 것도 이런 이유에서인 듯싶다. 인류의 문명도 결국 과학적 분석력과 인문적 상상력의 결합으로 나타나야 한다고 본다. 그래서 문명에서 사용되는 '명明' 자도 '日(해)'과 '月(달)'의 합성어로 구성되어 있지 않은가. 이는 밝음(明)이란 해의 밝음과 달의 밝음을 동시에 지닌다는 의미를 반영한다는 좋은 예다. 그래서 해의 환한 밝음을 통해서는 대상의 작은 면까지 세밀히 들여다볼 수 있어야 하고, 달의 은은한 밝음을 통해서는 대상의 부드러움을 지킬 수 있어야 한다.

예를 들어 "달아 달아 밝은 달아 이태백이 놀던 달아"라고 할 때 여기서 달의 밝음은 은은한 밝음에 해당한다. 이런 밝음은 우리의 감성을 움직이기에 어머니에게서 느끼는 부드러움을 간직해야만 한다. 그럼으로써 정말로 강해질 수가 있다. 반면 "오 나의 태양(O sole mio)"이라는 이탈리아 가곡에서 해란 사랑하는 사람을 의미하지만 사랑하는 사람과의 관계는 수평적이 아니라 수직적인 관계로, 또 그 수직적인 관계는 은은한 관계가 아니라 보다 분명한 관계로 나타난다. 그래서 낮은 위치에 있는 남성이 높은 곳에 있는 여성을 우러러보면서 사랑을 호소하는 듯한 그림이 우리의 머릿속에 쉽게 그려진다. 이렇게 뚜렷이 드러나는 상하적 관계에선 속삭이는 사랑이 아니라 외치는 사랑이 다반사일 것이다. 그런데 사랑을 크게 외친다고만 해서 그 진실함이 통할 것인가? 노자가 볼 때 사랑이란 속삭일 때, 그리고 그 속삭인 사랑을 상대방이 살짝 눈치 챌 수 있을 때, 즉 작은 속삭임이라도 볼 수 있을 때 완성될 수 있다. 그래서 해의 밝음도 이런 낮은 태도를 지닐 때 그 밝음이 정말 밝아진다는 말이 성립한다.

그런데 이런 일들이 어떻게 가능할 수 있을까? 노자는 세상 만물과 만사가 모두 상대적으로 이루어져 있기에 가능하다고 자신 있게 말한다. 예를 들어 어떤 사람이 일을 크게 이루면 모자란 듯 보이지만 그 쓰임에 있어서 끝이 없기에 정말로 크게 이룬 셈이 되며, 누군가가 큰 인품을 이루면 덜 떨어진 사람처럼 보이지만 그 쓰임이 다하지 않아서 정말로 높은 단계의 인품을 이룬 셈이 된다. 마찬가지로 정말로 반듯한 것은 굽은 것처럼 보이고, 정말로 재주가 있는 사람은 서투른 것처럼 보이고, 정말로 말을 잘하는 것은 어눌한 것처럼 보인다. 그래서 고요함은 조급함을 제압할 수 있고, 차가움은 더움을 제압할 수 있다. 마치 환한 해의 밝음으로써 큰 것이 아니라 작은 것을 볼 수 있을 때 정말로 밝다고 할 수 있고, 은은한 달의 밝음으로써 여림을 지킬 수 있을 때 정말로 강하다고 할 수 있는 것처럼 말이다. 우리가 도의 이치를 깨달으면 이런 상태에 저절로 옮아갈 수 있는데 모두가 감관 작용 및 심관 작용의 여하에 따라 결정될 뿐이다.

크게 이룬 것은 이지러진(모자란) 것 같지만 그 쓰임에 있어서 끝이 없고,
크게 채워진 것은 빈 것 같지만 그 쓰임이 다하지 않으며,
가장 반듯한 것은 굽은 것 같고,
크게 영특하고 교묘한 것은 서투른 것 같고,
크게 말을 잘하는 것은 어눌한 것 같고,
고요함은 조급함을 제압하고, 차가움은 더움을 제압한다.
청정무위를 이루면 천하의 모범이 될 수 있다.

大成若缺 其用不弊
大盈若冲 其用不窮
大直若屈 大巧若拙 大辯若訥
靜勝躁 寒勝熱
淸靜爲天下正 (『노자』 45장)

이것은 상대론에 대한 노자의 구체적인 서술인데 노장의 무위無爲 사상과 직접적으로 연결되는 내용이다. 무위란 인위人爲를 배제하는 것으로, 자연스런 흐름에 개입하거나 자연적인 질서를 깨뜨리지 않는 일종의 무행위無行爲의 행위 철학이다. 노자에 따르면 세상은 무위의 상태로 출발했기에 그 시작에 있어서는 만물들 간에 어떤 구분이 이루어지지 않았다. 모든 것을 동일한 수준에다 놓는 도가 바로 그런 상태인데, 인간의 유용성이라는 도구적 관심의 희생물이 되면서 세상 만물은 우리의 마음에서 서서히 구획되어 왔다. 그리고 구획된 것에 선/악, 미/추 등 온갖 것으로 채색을 함으로써 사람들마다 마음에는 편견이 짙게 쌓여왔으며, 나아가 세상을 자기중심적으로 보는 데까지 이르렀다. 그 결과 서양 근대에 이르러서는 이성의 기획이라는 미명 하에 모든 것을 할 수 있다는 만용에까지 빠졌다. 이는 인위 차원 정도가 아니라 작위作爲 내지 능위能爲 차원에까지 이른 상태라고 말할 수 있다. 세상 만물을 오로지 무위

로써 대해야만 자연의 섭리를 제대로 느낄 수 있는데, 인간의 도구적 목적으로 말미암아 우리는 자연에 대한 오만함을 그대로 노출하고 있다.

그런데 감관이 닫히고 심관이 막힌 존재에게서 감관과 심관이 열리면 과연 어떤 상태로 변할 것인가? 지금 우리의 현재 모습이 바로 그런 상태가 아닐까? 장자는 이를 혼돈의 죽음으로 표현한다. 장자에게 온전한 인간의 생명은 무질서한 상태의 혼돈에 비유할 수 있다. 그래서 생명의 혼돈에게는 구멍이란 게 없다. 우리의 몸에는 두 개의 눈, 두 개의 귀, 하나의 코와 입이라는 감관의 여섯 개 구멍과, 심관이라는 마음 구멍(心竅) 하나를 합쳐 모두 일곱 개의 구멍이 있다. 그런데 혼돈에게는 이런 구멍들이 없기에 아무것도 알지 못하는 무식한 존재이자 선함과 악함, 아름다움과 추함 등을 구분할 능력조차 없는 무감각의 존재다. 이를 답답하게 생각한 황제 숙儵과 홀忽은 있는 힘을 다해서 혼돈에게 일곱 개의 구멍을 뚫어주었다. '뚫다(鑿)'는 말에서 혼돈이 겪었을 고통을 상상하면 소름이 끼치지만 남해와 북해라는 자신들의 질서에 혼돈을 포섭하기 위해서 중앙의 무질서에 '뚫음'을 진행했다. 그렇지만 숙과 홀의 선의에도 불구하고 혼돈은 그만 죽고 말았다. 이런 식으로 혼돈은 왜 죽고 말았을까?

> 남해의 황제 숙과 북해의 황제 홀이 중앙의 황제 혼돈과 어느 날 만났다.
> 혼돈은 이들을 극진히 대접했다.
> 숙과 홀은 혼돈이 베푼 은혜에 보답하고자 상의한 끝에
> 모든 사람에게는 일곱 개의 구멍이 있어 보고 듣고 먹고 숨 쉬는데
> 혼돈은 유독 구멍이 없으니 그에게 구멍을 뚫어주기로 작정했다.
> 하루에 하나씩 구멍을 뚫어나갔는데 7일째 마지막 구멍을 뚫자
> 혼돈은 그만 죽었다.
>
> 南海之帝爲儵 北海之帝爲忽 中央之帝爲混沌
> 時相與遇於混沌之地

混沌待之甚善
儵與忽謀報混沌之德
曰人皆有七竅 以視聽食息
此獨無有 嘗試鑿之
日鑿一竅 七日而混沌死 (『장자』 내편 「응제왕」)

중앙의 혼돈에게 구멍을 뚫는다는 것은 한마디로 여여자연한 상태를 거스르는 행위다. 중앙의 혼돈은 자연이자 곧 도를 상징하는데, 이 중앙에는 무위無爲에 입각한 자연스런 소통을 가능케 하는 뚫림이 이미 있었다. 그러니 의사소통 수단에 해당하는 감관과 심관의 구멍들을 일부러 뚫을 필요가 없었던 것이다. 그것도 모르고 숙과 홀이 혼돈에게 억지로 구멍을 뚫어주었으니 이는 도리어 소통을 막은 셈이 된다. 즉 자연이 저절로 소통하는 것을 의미한다면 인위적인 뚫음은 반자연적인 것으로서 억지로 소통하고자 하는 것을 뜻한다. 결국 억지를 부린 소통이 자연스러운 소통을 죽여 버리고 만 셈인데 혼돈의 죽음이 이를 상징적으로 말해준다. 우리의 감관과 심관 작용도 마찬가지다. 이것들이 활짝 열려 있으면 헛된 욕심과 미망에 물들어 우리의 본성을 가리게 되지만 반대로 꽉 닫혀 있으면 생명의 욕구와 인식이 억눌려서 질식하게 되고 만다. 이것들은 우리의 본성이 소통되는 것을 의미하지 않는다. 그래서 우리의 구멍이 자연스럽게 열리고 닫혀야만 거기서부터 참된 소통의 가능성이 생겨난다.

그런데 혼돈은 왜 7일째에 죽은 것일까? 아마도 첫째 날은 귀, 둘째 날은 눈, 셋째 날은 입, 넷째 날은 코… 이런 식으로 감관을 뚫어가다가 마지막 날에는 심관心官(마음구멍)을 뚫었기 때문이라고 본다. 이는 마음 구멍이 우리 몸의 다른 어떤 구멍보다도 중요하기 때문이 아닐까? 은殷나라의 폭군 주왕紂王이 "사람의 가슴에도 마음 구멍이 있다는데 한

번 시험해 보자"며 충신 비간比干의 가슴을 도려낸 끔찍한 사건은 오늘날까지도 회자될 정도다. 이는 주왕이 다른 어떤 구멍보다도 마음 구멍이 본성을 어지럽히는 데 결정적인 역할을 했다고 판단한 결과로 사람에게 있어서 마음 구멍이 있을 거라고 보이는 가슴을 도려낸 것이다. 혼돈도 감관의 구멍을 뚫을 때까지는 그래도 잘 버티다가 결국 마음 구멍이 뚫리자 이내 죽음을 맞이한 것이 아닐까?

> 황제가 적수의 북쪽을 노닐며 곤륜산에 올라
> 남쪽을 관망하고 돌아오다가 현주를 잃어버렸다.
> 아는 것이 많은 자를 시켜 찾아보게 했으나 찾지 못했다.
> 눈이 밝은 이주를 시켜 찾아보게 했으나 찾지 못했다.
> 말솜씨 좋은 끽후를 시켜 찾아보게 했으나 찾지 못했다.
> 멍청한 상망에게 시켰더니 상망은 현주를 찾았다.
>
> 黃帝游乎赤水之北 登乎崑崙之丘
> 而南望還歸 遺其玄珠
> 使知索之而不得
> 使離珠索之而不得
> 使喫詬索之而不得
> 乃使象罔 象罔得之 (『장자』 외편 「천지」)

장자의 도는 한마디로 무위자연의 상태다. 무위자연의 상태는 중앙의 혼돈混沌으로 상징화되었기에 혼돈이 곧 도를 의미한다고 말할 수 있다. 따라서 자연에 대한 현상적인 구별은 인위에서 비롯되며, 현상이 아닌 자연의 본체는 무위한 혼돈에 해당한다. 그래서 혼돈을 현상에 내재한 '위대한 형상'인 커다란 상, 즉 대상大象이라고 말할 수 있다. 그런데 커다란 상은 '보아도 보이지 않고(無色)', '들어도 들리지 않고(無聲)', '잡아도 잡히지 않는다(無形)'. 즉 감각으로도 알 수 없고, 관념으로도 알 수 없다. 장자는 감각의 구멍과 관념의 구멍을 막아야만 도를 체득할 수 있다고 말한다. 이런 관점에서 볼 때 눈이 아무리 밝아도, 말을 아무리 잘해도, 아는 것이 아무리 많아도 도와는 통할 수 없다. 여기서 눈이 밝고, 말을 잘하는 것은 감관 작용에, 아는 것이 많음은 심관 작용과 각각 연결된다. 장자는 감관 작용과 심관 작용을 아무리 잘해도 도와 통할 수 없음을 강조하면서 상망象罔이란 존재를 등장시킨다. 상망은 글자 그대도 상象을 잃어버린 사람인데 바로 감관 작용과 심관 작용이 멈춘 사람에 해당한다. 바로 그가 도를 의미하는 현주玄珠를 찾을 수 있었는데 이는 감관과 심관 작용이 멈춘 사람만이 도를 체득할 수 있다는 내용이다.

viii

수해手解와 목해目解에서 도해道解로

장자에게서 절대적 인간이란 외물外物에 집착하지 않은 인간을 뜻한다. 외물에 의해 전혀 영향을 받지 않는다는 것은 곧 우리의 본성을 지키는 길이다. 그렇지만 이 길은 보통 사람들이 삶의 목표로 추구하기에는 너무나 힘든 길이다. 설령 가능타 하더라도 외물에 대해 무덤덤한 자세로 일관한다면 그 사람은 마치 마른 고목이나 불씨가 꺼진 싸늘한 재와도 같다. 그런데도 장자는 외물에 집착하지 않음으로써 궁극적으로 도의 경지에까지 이른 대표적 인물로 세상에서 가장 끔직한 일을 수행하는 백정을 들고 있다. 소를 죽이는 작업을 흔히 도살이라고 말하는데 장자는 도살이라는 끔찍한 표현 대신에 소를 해체한다는 의미를 지닌 '해우解牛'라는 말을 사용한다. 여기서 해解는 '각角', '도刀', '우牛'가 각각 합쳐져서 구성된 말인데 '각'은 덩어리로 나눈다는 의미가, 그리고 '도'는 칼을, '우'는 소를 각각 의미한다. 이처럼 '해解'라는 개념 자체가 소를 해체한다는 말에서부터 나왔다. 아마도 장자가 살았던 당시 소 잡는 일이 가장 고난도의 기술을 요했기에 소의 해체를 통해 '해解'의 의미를 정한 것이 아닌가 싶다. 그래서 외물에 집착하지 않는 한 인간의 예로 장자는 소의 해체를 담당하는 백정을 든 것이다.

포정이라는 백정이 문혜군을 위해 소를 잡는데
손이 닿을 때, 어깨로 기댈 때, 다리로 밟을 때, 무릎으로 누를 때마다
빠걱빠걱 소리가 나고, 칼을 놀릴 때마다 서걱서걱 소리가 났는데
음률에 맞지 않는 바가 없었다.
마치 상림의 무악과도 일치하였고, 경수의 박자에도 들어맞았다.

庖丁爲文惠君解牛
牛之所觸 肩之所倚 足之所履 膝之所踦 砉刀騞然
奏刀騞然 莫不中音
合於桑林之舞 乃中經首之會 (『장자』 내편 「양생주」)

여기서 재미있는 표현은 포정庖丁이 소를 잡으려고 고정시킬 때 나는 빠걱빠걱 소리와 칼질을 할 때 나는 서걱서걱 소리가 상림桑林의 무악과도 일치하고, 경수經首의 박자에도 들어맞았다는 사실이다. 이는 포정이 소를 아주 잘 다루고, 또 칼질하는 것이 너무나 자연스럽게 이루어진다는 것을 상징적으로 표현하는 말이다. 그렇다면 우리의 상상일 텐데 아마도 소는 자신이 죽은 줄조차 모르게 분해되지 않았나 싶다. 그만큼 소가 아픔을 느끼지 못할 정도로 포정의 칼질이 훌륭했던 것으로 보이는데 어떻게 소를 잡았기에 이런 일이 가능할 수 있을까?

문혜군은 기뻐 감탄하며 소 잡는 기술이
어찌 이런 경지에 이를 수 있단 말인가?
포정이 칼을 내려놓고 말했다.
제가 반기는 것은 도이며, 기술보다는 한 단계 진보한 것입니다.
제가 처음 소를 잡았을 때는 보이는 것마다 소 아닌 것이 없었습니다.
3년이 지나자 소의 온 모습은 이미 눈에 띄지 않게 되었습니다.
지금 저는 정신으로 소를 대할 뿐 눈으로 보지 않습니다.

눈의 작용이 멎으니 정신의 자연스런 작용이 시작됩니다.
(물론) 자연의 결에 따라 나 있는 큰 틈새를 치고, 큰 공간을 당겨
본디부터 나 있는 길을 따릅니다.
그 기술의 미묘함은 아직 한 번도 살이나 뼈에 걸린 적이 없습니다.
하물며 큰 뼈야 더 말할 나위가 있겠습니까?

文惠君曰譆善哉 技蓋至此乎
庖丁釋刀對曰 臣之所好者道也 進乎技矣
始臣之解牛之時 所見無非牛者
三年之後 未嘗見全牛也
方今之時 臣以神遇而不以目時
官知止而神欲行
依乎天理批大郤 導大窾因其固然
技經肯綮之未嘗 而況大軱乎 (『장자』 내편 「양생주」)

포정은 평생 동안 소를 잡으면서 느꼈던 경험을 세 단계로 나누어서 설명하고 있다. 첫 번째는 소를 잡기 시작했을 때 느꼈던 경험으로 이는 손으로 잡는 수해手解의 단계다. 수해 단계에서는 포정의 눈에 모든 것이 소로만 보였기에 소 아닌 것이 없었다. 두 번째는 3년쯤 지나서 경험했던 눈으로 잡는 목해目解의 단계다. 이때 보이는 것이란 힘줄과 뼈라는 소의 구조뿐이었기에 소의 온 모습은 눈에 띄지 않았다. 세 번째는 지금 포정이 마음으로 잡는 신해神解의 단계, 즉 도의 원리에 입각해 있는 도해道解의 단계다. 이 단계에서는 정신으로 소를 상대하기에, 즉 마음과 뜻을 응용하여 더 이상 눈을 쓰지 않기에 소의 살이나 뼈를 하나도 다치지 않고서도 소를 잡을 수 있다. 그래서 포정이 소를 다 잡은 뒤에 소가 자신이 이미 죽은 줄도 모르는 말도 안 되는 사태가 벌어진 것이다. 왜냐하면 감관과 심관 작용을 한시적으로 멈추면서 그때부터 정신 작용이

시작되기에 자연의 결에 따라 생겨난 큰 틈새와 빈 곳에 나 있는 길을 따라 칼을 들이대었기 때문이다.

어떻게 하면 이런 식의 정신 작용이 포정에게 가능할 수 있을까? 그것은 포정이 소와 상대하는 과정에서 감관 작용과 심관 작용을 하지 않았기 때문으로 보인다. 그래서 포정은 소의 외물에 의존하지 않고 소와 구분하려는 일체의 마음을 깨끗이 없앨 수 있었던 것이다. 만약 소를 외물로 인식했더라면 포정과 소의 관계는 무대無對의 관계에서 유대有對의 관계로 이내 변하고 만다. 또 그 유대의 관계조차도 소를 잡는 포정이라는 주체와 포정의 손에 죽고 마는 객체로서의 소의 관계로 변질되고 만다. 이런 상황에서 포정과 소 사이에 진정한 소통을 기대하기란 매우 어렵다. 그래서 포정은 소와 혼연일체가 되기 위해 노력했고, 그 결과 가장 더럽고 추한 일인 소 잡는 일을 단순한 외재적 활동이 아니라 그것을 훨씬 넘어 예술적 작업으로까지 승화할 수 있었다. 그래서 신기에 가까운 솜씨를 하나의 '기技' 아니라 '도道'라고 하는 포정의 말이 우리의 가슴에 팍 와 닫는 것이다. 이제 포정은 어떻게 자신이 소를 잡으면서 도의 경지에 오를 수 있었는지 문혜군 앞에서 실증해 보인다.

> 솜씨 좋은 백정도 일 년마다 칼을 바꾸는 것은
> 칼이 힘줄에 닿기 때문입니다.
> 보통의 백정도 한 달마다 칼을 바꾸는 것은 칼이 뼈에 닿기 때문입니다.
> 제 칼이 19년이 되었고, 잡은 소만도 수천 마리이지만
> 칼날은 방금 숫돌에 간 것 같습니다.
> 소의 마디에는 틈이 있지만 제 칼날에는 두께가 없기 때문입니다.
> 두께가 없는 칼을 틈새로 넣으면 텅 빈 듯이 넓습니다.
> 거기에는 칼을 움직이는 데 여유가 있습니다.
> 그러므로 19년이 지났지만 칼날은 방금 숫돌에 갈아 온 듯합니다.

하지만 근육과 뼈가 엉긴 곳에 이르면
그 일의 어려움을 알고선 바싹 긴장하여
시선을 고정시키고 천천히 손을 움직여서
칼의 움직임을 매우 미묘하게 합니다.
살이 뼈에서 떨어져 나가는 철퍽 소리와 함께 순식간에 해체되어
고기가 쌓입니다.
칼을 든 채 일어나서 사방을 둘러보고 한 일을 잊은 듯 잠시 있다가
칼을 닦아 보관합니다.
문혜군이 말했다. 훌륭하다.
나는 포정의 이야기를 듣고 양생의 방법을 얻었다.

良庖歲更刀割也 族庖月更刀折也
今臣之刀十九年矣 所解數千牛矣 而刀刃若新發於硎
彼節者有閒 而刀刃者無厚
以無厚入有間恢恢乎 其於有刃必有餘地矣
是以十九年而刀刃若新發於硎
雖然每至於族 吾見其難爲怵然爲戒
視爲止行爲遲動刀甚微
謋然已解如土委地
提刀而立爲之四顧爲之躊躇
文惠君曰善哉 吾聞庖丁之言 得養生焉 (『장자』 내편 「양생주」)

여기까지가 장자의 양생주 편을 구성하는 내용의 전부다. 장자의 다른 편들에 비해 상대적으로 짧은 글로 이루어져 있지만 이 양생주 편이 오랫동안 많은 사람들의 주목을 받는 것은 이 우화가 지니는 높은 상징성 때문이다. 이 글의 마지막을 포정의 소 잡는 일을 칭찬하는 것으로 끝내지 않고, 포정의 말을 듣고 양생養生의 방법을 터득했다고 탄복하는

문혜군의 말로 마지막을 장식한 것도 이런 상징성을 반영한다. 즉 문혜군의 입장에서는 나라를 어떻게 경영하느냐 하는 양생의 도가 자신의 관심이지 소를 어떻게 잡느냐는 해우解牛의 도가 관심은 아니다. 단지 해우의 도를 통해 양생의 도를 깨달았기에 이 글의 제목도 백성을 어떻게 다스리느냐는 의미를 지닌 양생주養生主[1]로 설정되었다. 그래서 장자가 말하는 양생은 개인 차원의 양생이 아니다. 개인 차원의 양생이라면 복잡하게 뒤엉킨 가시밭 투성이의 환경 속에서 스스로 몸을 어떻게 보존할 수 있느냐는 데만 관심을 보이겠지만, 장자의 양생은 나와 다른 사람, 나와 사회의 관계에서 어떻게 양생을 이룰 것이냐 하는 데 초점을 맞춘 것이다.

그런데 몸을 보존할 수 있는 땅이란 실제로 존재하는 물리적 공간이 아니다. 예를 들어 산속이나 외딴 섬, 또는 힘에 의해 보호받을 수 있는 권력 기관 같은 곳들이 아니다. 차라리 삶에 대한 태도라고 이해하는 것이 바람직하다. 따라서 양생의 뼈대는 결코 양형養形이 아니라 양심養心, 즉 일종의 삶의 태도를 배양하는 것으로서, 보통 사람들이 생각하는 것처럼 몸을 기르는 것이 아니라 마음을 다스리는 작업이다. 따라서 이 마음을 보살피는 데는 감관 작용과 심관 작용의 역할이 무엇보다 중요하다. 즉 불가에서 말하는 색色 → 수受 → 상想 → 행行 → 식識으로 구성되는 일련의 감관 및 심관 작용 과정에서 마음의 평정심을 찾는 일이 중요하다. 그 결과 포정이 소(色)를 감관으로 받아들이고(受), 그것을 상想·행行·식識이라는 심관 작용을 통해서 얻은 것은, 힘줄과 뼈와 살로 구성된 막힌 공간이 아니라 그 사이에 활짝 열려 있는 큰 공간인 것이다. 이것

1 양생주養生主에 대한 해석이 다를 수 있다. 만약 양養+생주生主라고 보면 생명의 중심이 되는 것을 기른다는 의미로 팽조와 같이 오래 살기를 바라는 자들이 추구하는 바다. 그렇지만 장자는 양생養生+주主라고 보아서 양생이 위주가 된다는 것으로 제목을 삼았다.

이 보통 사람들이 수행하는 상想 → 행行 → 식識의 심관 작용과 다른 점이다. 보통 사람들의 심관 작용을 통해 드러난 공간이란 뼈와 살과 힘줄이 빈틈없이 들어차서 그 안이 꽉 막혀 있는 공간이기 때문이다.

물론 포정이 처음 소를 잡을 때는 색色 → 수受 → 상想 → 행行 → 식識을 통해 보통 사람들에게 나타나는 것처럼 외물外物(소)에만 머물렀다. 그렇지만 시간이 흐를수록 외물에만 고착된 감관 및 심관 작용을 밀어내고 소의 맥을 따라가면서 그 안에 숨어 있는 공간을 찾을 수 있었다. 즉 소의 외물이 지시하는 부호 뒤에 숨어 있는 여백을 발견했던 것이다. 물론 이 공간은 소 안에 원래 있었던 물리적 공간은 아니다. 오로지 포정의 노력, 즉 심해心解 내지 신해神解의 경지에까지 감관 및 심관을 작용시켜서 얻은 마음의 공간이다. 그래서 그 공간은 칼을 마구 휘둘러도 칼이 살과 뼈와 부딪치지 않는 절대 자유의 공간이라고 말할 수 있다. 이렇게 죽은 소 안에서조차 자유의 공간을 발견할 수 있었는데 하물며 살아 있는 생명에서 자유의 공간을 발견하지 못한다면 그것은 우리의 삶이 너무나 즉물적인 데만 빠진 결과가 아니겠는가. 그럼에도 대부분의 사람들은 산 생명 속에서 자유의 공간을 미처 발견하지 못한 채 삶을 즐겁지 않은 것으로 만들어버리고 만다.

우리가 왜 이렇게 되고 마는 것일까? 이 세상은 마치 소의 신체 구조처럼 복잡하게 얽혀 있는데 사람들은 세상을 피상적으로만 바라볼 뿐이지 외물 뒤에 숨어 있는 맥[2]을 찾으려는 노력을 하지 않은 탓이다. 소의 크

---

2 혈관과 신경은 중요한 신체 조직이지만 그것만으로 우리들 건강을 모두 설명할 수는 없다. 눈에 드러나지 않지만 건강에 중요한 영향을 미치는 것이 있는데, 동양의학에서는 이를 기氣라고 표현한다. 우리들 몸에 작용하는 기를 파악해야만 사회를 움직이는 맥도 제대로 잡을 수 있다. 서양의 대표적 사회학자 뒤르켐(E. Durkheim)은 응집력(solidarity)을 통해 근대 사회로의 이동을 설명하면서, 기계적(mechanical) 응집력에서 유기적(organic) 응집력으로 변화한다고 말하고, 유기적 응집력의 근원으로 혈관, 신경과 같은 기능에 해당하

기는 다른 가축들에 비해 비교할 수 없을 정도로 클 뿐 아니라 그 속에 골격과 관절을 비롯한 여러 가지 것들이 복잡하게 얽혀 있다. 이런 점에서 세상은 더 말할 나위 없이 크고, 또 복잡하다. 이런 상황에서 우리가 소의 구조나 결을 마음속으로 확연하게 이해하지 못하면 칼은 이런 골절들과 만나 한바탕 싸움을 벌이면서 칼날에 손상을 입히는 일이 불가피하게 생겨난다. 세상을 다스리는 방법도 마찬가지 이치로 작동된다. 세상의 움직이는 이치를 제대로 모르는 사람들은 그 속에서 좌충우돌하면서 공연히 자신의 정신과 힘만 소비할 뿐이다. 나아가 세상마저도 제대로 치유하지 못하고는 결국 긴 고통의 나락에 빠지고 말 것이다.

그래서 장자가 문혜군의 입을 통해 양생養生의 도를 깨우쳤다고 말하면서 사회 경영 내지 국가 경영과 관련해서 강조하려고 했던 바를 정책이 아니라 정책이 구현되어야 하는 세상이라고 밝힌 것이다. 이런 점을 특별히 강조하기 위해 장자는 소를 세상에, 칼을 정책에, 포정을 지도자에 각각 대입시킬 수 있는 가능성을 열어놓았다. 그래서 포정이 칼로써 소를 훌륭하게 잡는 것을 보고서는 문혜군(포정)이 정책(칼)으로써 세상(소)을 어떻게 다스려야 하는지 깨달았다는 논리로 비약할 수 있었다. 여기서 문혜군이 깨달았던 바는 정책 그 자체가 아니라 정책이 집행되는 세상에 대한 이해다. 즉 세상을 구성하는 결과 맥을 제대로 짚어야만 정책이 비로소 구현될 수 있는데 이를 위해선 자기 스스로가 바뀌지 않으면 안 된다는 사실이다. 그래서 드러나는 사회 현상에 대해 즉각적으로 반응하기보다는 그 사회 현상 뒤에 숨어 있는 중요한 의미들을 읽어내서 그 읽어낸 의미들에 부합하는 정책을 제시해야 하는데 이는 감관

는 커뮤니케이션을 들었다. 그렇지만 장자라면 그런 형식적 커뮤니케이션 장치만으로는 부족하게 보았을 것이다. 신체의 기氣와 같이 보이지 않게 작동하는 커뮤니케이션까지 가정했을 것이다.

작용 및 심관 작용이 포정의 수준에까지 올라가야만 가능한 일이다.

그래서 포정을 우리의 병을 치유하는 의사에다 비유할 수 있다. 먼저 수해手解의 단계에 머문 의사는 환자의 증상에 따라 치료하는 의사들이다. 이런 의사에게는 모든 환자의 증상이 병으로만 보여 병에 걸리지 않은 환자가 없다고 생각하는 단계다. 이런 의사들은 콧물이 나오면 콧물을 막는 약을 투여하는 방식으로, 즉 드러나는 모든 증상에 일일이 대응하는 대증적 치료법에 익숙한 의사들이다. 그다음은 목해目解의 단계에 머문 의사인데 이런 의사들은 환자에게서 증상의 원인을 찾아낸 뒤 그 원인을 치료하는 의사들이다. 환자에게서 콧물이 나오면 감기에 걸린 증상이라고 파악하고 감기약을 주는 방식으로 치료하는 의사들이다. 마지막은 신해神解의 단계에 이른 의사인데 이런 의사들은 환자 몸 상태의 전체적인 균형 속에서 환자를 치료하는 의사들이다. 이런 의사들에게 있어서 감기란 기氣가 바깥으로 드러나서 환자들이 감感한 것이라고 파악한다. 이 때문에 기의 흐름을 우리 몸 안으로 다시 들어가게끔 하는 치료 방식을 채택한다. 이것은 더 이상 눈을 쓰지 않고 마음과 뜻을 응용해서 정신으로 환자를 대하는 치료법인데 이때 환자는 자신이 치료받은 줄조차 모르게 감기에서부터 벗어날 수 있다.

사회문제를 해결하겠다고 자임하고 나선 정치 지도자도 의사가 우리 몸을 치료하는 것과 마찬가지 방식으로 임무를 수행한다. 수해의 단계에 머문 위정자는 사회문제가 발생할 때마다 이를 해결하려고 든다. 예를 들어 빈부 격차가 심각한 사회문제로 치달으면 이를 해결하기 위해 재산이 많은 사람에게서 세금을 더 걷어서 재산이 적은 사람에게 나누어주는 방식을 택할 것이다. 목해의 단계에 머문 위정자는 빈부 격차의 원인을 찾아서 그 원인을 해결하고자 할 것이다. 예를 들어 소득이 적게 된 원인이 교육 기회의 불평등에서 비롯된 것으로 파악되면 가난한 사람들에게 교육의 기회를 더 많이 주는 정책을 택할 것이다. 그런데 도해의 단계에 이른 위정자는 정책적 차원만 갖고서 문제를 해결하려고 들지 않는다. 그보다는 마음가짐을 통해 문제를 근본적으로 해결하려고 한다. 예를 들어 부자로 하여금 가난한 사람에게 안타까운 마음을 갖게 하고, 가난한 사람은 열심히 일한 부자에 대해 존경심을 갖게 만들면, 부자와 빈자 사이에 생겨나는 갈등이 상당 부분 치유될 것이다. 그리고 이런 분위기에서 정책도 힘을 받을 수가 있다. 문혜공이 포정의 소 잡는 일에 대해 느낀 바가 이런 식의 치도治道인 것이다.

노자도 치도에 대해 언급하면서 장자와 마찬가지로 감관 작용 및 심관 작용의 중요성에 대해 말하고 있다. 그렇지만 장자와 달리 감관 작용과 심관 작용이 나라를 다스리는 데 있어서 왜 중요한지를 인과관계로 구체적으로 설명하고 있지 않아 노자 텍스트만 갖고서는 좀처럼 쉽게 이해되지 않는다. 총 81장으로 구성된 노자 『도덕경』의 핵심부는, 천도天道 · 인도人道 · 치도治道에 대해 처음으로 언급한 1장 · 2장 · 3장이라고 앞서 말한 바가 있다. 나머지 78장에 이르는 장들은 천도 · 인도 · 치도에 대해 부연해서 설명하는 내용들이라고 말할 수 있다. 따라서 노자의 나라 다스리는 법, 즉 치도治道에 대해서 제대로 파악하려면 노자가 3장에서 말하는 바를 정확히 이해할 필요가 있다. 물론 1장과 2장에서 그러했던 것처럼 지도자의 도리를 말하는 3장에 대해서도 정확한 해석을 이끌어내기란 쉽지 않다.

현명함(賢)을 숭상하지 않음으로써
백성들로 하여금 다투지 않게 해야 하고,
구하기 어려운 물건(難得之貨)을 귀히 여기지 않음으로써
백성들이 도둑질하지 않게 해야 하고,
하고자 하는 바(可欲)를 나타내 보이지 않음으로써
백성들의 마음을 어지럽히지 않게 해야 한다.

그러므로 성인의 정치는 그 마음을 비우게 하고,

그 대신 배를 채우게 하며,

그 의지를 약하게 하며, 그 대신 뼈를 튼튼하게 해야 한다.

언제나 백성들로 하여금 무지무욕하게 하고,

스스로 지혜롭다고 하는 자들로 하여금

감히 무엇을 벌이지 못하게 해야 한다.

무위의 방식으로 정치를 하면 (정치를 하지 않는 데서 생겨나는)

혼란이란 있을 수 없다.

不尙賢 使民不爭

不貴難得之貨 使民不爲盜

不見可欲 使民心不亂

是以聖人之治 虛基心 實基腹 弱基志 强基骨

常使民無知無慾 使夫智者不敢爲也

爲無爲 則無不治 (『노자』 3장)

이 글에서는 앞부분이 지도자가 해서는 안 되는 일을, 뒷부분이 지도자가 해야 할 일을 각각 구분하고 있다. 먼저 해서는 안 되는 일을 지식(賢), 재물(貨), 명예(可欲)의 세 차원으로 나누어 말하고 있다. 첫째, 지식을 숭상하면 사람들이 쓸데없는 논쟁에 빠지는 경우가 많으니까 현명함을 높이 평가하지 않아야 한다고 말한다. 실제로 똑똑한 사람들이 주로 언쟁을 벌이는데 조선시대 양반끼리 벌였던 당쟁만 해도 그러하지 않은가. 또 재판정에서 검사와 변호사가 벌이는 법리 공방도 검사와 변호사 중 누구 하나가 논리에서 밀리면 그 논쟁의 승패가 쉽게 결정 나기에 서로의 현명함을 경쟁적으로 내세우지 않는가. 이에 대해 노자는 현명함을 긍정적으로 평가하는 것은 좋을 수 있지만 무조건 숭상하면 오히려 부정적인 사태가 발생할 수 있다는 사실을 심히 우려한다.

둘째, 재물을 소중하다고 생각하면 사람들이 이를 넘보며 결국에는 훔칠 마음까지 생겨나기에 이를 귀한 것으로 여기지 말아야 한다고 말한다. 너무나 당연한 말이기에 더 이상의 설명이 필요 없을 것이다. 그런데 여기서 노자가 '재財'라고 말하지 않고, '화貨'라고 표현한 것에 대해 주목할 필요가 있다. 우리는 재화財貨라고 해서 동시에 두 개념을 사용하는 경우가 많은데 재와 화 사이에는 분명한 차이가 있다. 재는 실질 가치가 있는 것으로서 노자가 살았던 당시 기준에서는 농산품으로 제한되지만 지금의 기준으로는 공산품까지도 포함된다. 농산품과 공산품은 우리가 열심히 일하는 등의 노력만 하면 얻을 수 있기에 노자서에선 좋은 의미든 나쁜 의미든 간에 일체의 언급이 없다. 반면 화貨에 대해서는 몇 차례에 걸쳐 매우 부정적으로 언급한다. 화는 실질이 없는 상징 가치만 있는 것으로서 금은 등의 보석은 물론이고, 소위 명품名品과 금융 상품까지도 여기에 해당된다. 노자는 이런 화貨의 거짓된 가치에 주목하면서 이것을 얻기 위해 우리가 애써 노력할 필요가 있느냐고 반문한다. 그럼에도 대부분의 사람들은 화를 갖고 싶어 하기에 도둑질할 마음까지도 생겨난다고 말한다.

셋째, 명예를 가치 있는 것으로 평가하면 사람들에게 자신의 능력을 나타내고자 하는 마음의 분란이 생겨나기에 명예욕을 쉽게 드러내서는 안 된다고 말한다. 여기서 가욕可欲을 명예욕으로 확대 해석한 것은 가욕이란 글자 그대로 '하고자 함(欲)'과 '가능함(可)'이라는 두 개의 뜻이 합쳐진 단어이기에 '할 수 있는 마음'으로 해석할 수 있으며, 또 '할 수 있는 마음'은 공명심, 즉 일종의 명예욕에서 비롯된다고 보았기 때문이다. 이런 식의 해석이 결코 틀리지 않는다는 사실은 이 글 후반부를 구성하는 지도자가 해야 할 덕목을 언급하는 데서 쉽게 증명될 수 있다. 이 글 후반부에서 주목해야 할 단어는 심心·복腹·지志·골骨이다. 여기서 노자는 마음(心)과 뜻(志)은 약하게 하지만 배(腹)와 뼈(骨)는 강건히 하라고 주문한다. 이게 도대체 무슨 소리일까? 우리는 배가 고프더라도 뜻만은 꺾지 말아야 한다는 식으로 오랫동안 배워오지 않았는가? 그럼에도 우리의 상식과는 반대되는 이야기를 왜 꺼낸 것일까? 이를 이해하기 위해선 감관 작용 및 심관 작용의 개념을 또다시 동원할 필요가 있다. 강한 마음과 깊은 뜻은 감관 및 심관 작용을 통해 이루어지는 반면 든든하게 채워진 배와 튼튼하게 굳은 뼈는 음식물을 섭취해서 생겨나는 생명 작용의 결과이기 때문이다. 한마디로 노자는 감관 작용 및 심관 작용보다 생명 작용을 보다 중요시한 것이다. 앞서 소개한 노자 『도덕경』 12장에도 똑같은 내용이 있다.

> 이로써 성인은 배를 채우는 것만을 위할 뿐
> 눈요기하는 것에 관심을 쏟지 않는다.
> 그러므로 성인은 저것(감관 작용)을 버리고, 이것(생명 작용)을 취한다.
>
> 是以聖人爲復不爲目
> 故去彼取此 (『노자』 12장)

이렇게 보면 지식(賢), 재물(貨), 명예(可欲)조차도 감관 작용 및 심관 작용으로 인해 사람들이 더욱 집착하는 것이 아닐까? 그렇다면 나라를 어떻게 다스려야 하는 것일까? 이에 대해 노자는 무위로 다스려야 한다고 강조한다. 노자에 따르면 나라 일이 엄격해지면, 즉 유위로 진행되면 백성들은 번거롭게만 될 뿐이고, 반면에 나라 일이 느슨해지면, 즉 무위로 진행되면 백성들은 오히려 순박하게 된다. 그럼에도 사람들은 유위로 재단된 각종 이데올로기의 노예로 전락하여 무언가에 미혹됨이 참으로 오래되었다고 노자는 탄식한다. 반면 무위자연에 따른 삶을 사는 성인들은 생각의 관점을 만들되 구분하지 않고, 마음이 곧되 상처를 입히지 않고, 몸가짐을 바르게 하되 방자하지 않고, 몸은 밝지만 요한하게 번쩍하지 않는데 이는 무위에 입각해 있기에 가능한 일이다. 그래서 재앙은 복이 의지하는 것이고, 또 복에는 재앙이 숨어 있다. 진실로 무위만이 바른데 바름은 다시 거짓이 되고 선은 다시 악이 되고 만다.

> 정사가 느슨하면 백성은 순박하고 정사가 엄격하면 백성은 번거롭다.
> 재앙이란 복이 의지하는 바요 복이란 재앙이 숨어 있는 것이다.
> 누가 이 지극함을 알겠는가? 진실로 무위만이 바르다.
> 바름은 다시 거짓이 되고 선은 다시 악이 된다.
> 사람들이 이념의 노예가 되어서 미혹됨이 참으로 오래구나!
> 그러므로 무위자연의 성인은 방향을 만들되 구분하지 않고,
> 곧되 상처를 입히지 않고, 바르되 방자하지 않고,
> 밝지만 번쩍하지 않는다.
>
> 其政悶悶 其民淳淳 其政察察 其民缺缺
> 禍兮 福之所倚 福兮 禍之所伏
> 孰之其極 其無正 正復爲奇 善復爲妖
> 人之迷 其日固久
> 是爲聖人 方而不割 廉而不劌 直而不肆 光而不燿 (『노자』 58장)

이제 장자의 양생養生으로 되돌아가자. 양생의 비유가 우리의 의사소통에도 적용될 수 있기 때문이다. 장자 「양생주」 편에서 소 잡는 과정에 등장한 소품은 소와 칼, 그리고 포정이라는 백정이다. 이 세 가지 소품을 의사소통 과정에 대입하면 포정은 의사소통의 주체인 나에, 소는 의사소통의 객체인 상대방에, 칼은 그 사이를 잇는 소통 매체에다 각각 비유할 수 있다. 그런데 소통 매체에 해당하는 칼의 존재를 통해서 소 잡는 일을 의사소통 행위로까지 비약해서 설명할 수 있다. 똑같은 칼이라도 백정의 손에 쥐어지면 서로 다른 방식으로 소를 잡게 됨으로써 칼들

의 운명이 서로 다른 결말에 이르기 때문이다. 예를 들어 솜씨 있는 백정은 1년에 한 번 정도 칼을 바꾸지만 초보인 백정은 한 달에 한 번 정도 자주 칼을 바꿀 것이다. 그렇다면 「양생주」 편의 주인공인 포정은 과연 어떠할까? 그의 칼은 사용한 지 19년이 지났지만 칼의 날은 마치 숫돌에서 막 간 것처럼 예리했다. 이를 통해 우리는 칼의 운명조차도 칼의 속성 그 자체에 있는 게 아니라 칼을 사용하는 사람에게 달려 있다는 중요한 사실을 깨달을 수 있다.

마찬가지로 의사소통 수단인 매체의 운명도 매체 속성보다는 매체를 사용하는 우리의 마음에 달려 있다고 말할 수 있다. 이 같은 생각은 서양 매체학 패러다임에서 획기적인 전기를 마련한 매클루언(M. McLuhan)의 매체관과는 반대가 된다. 매클루언은 "매체는 메시지다(Medium is Message)"라는 수사로 유명한데 이 수사는 「양생주」 편에서 사용한 우화에 비유하면 '칼이 곧 포정의 소 해체 작업'으로 대치될 수 있다. 칼이 매체이고, 포정의 해우解牛가 메시지에 해당하기 때문이다. 물론 포정이 어떤 칼을 선택했느냐에 따라 소 잡는 일의 내용도 달라질 수 있다. 날이 퍼렇게 선 칼을 사용했다면 소의 해체가 빨리 이루어질 것이고, 날이 무딘 칼을 사용했다면 소의 해체 작업이 늦어질 것이다. 이런 사실 때문에 사람들은 원활한 의사소통을 위해 더 좋은 매체를 사용하려고만 든다. 그 결과 인류는 오늘날 '0'과 '1'의 조합으로 구성된 디지털 문자라는 아주 예리한 칼까지 만들어냈다. 이는 마치 소를 해체하는 일에 정교한 전기톱이 등장한 것과 같은 의미다.

그런데 디지털 문자라는 게 무엇인가? 한마디로 우리의 의사소통에 있어서 기능만을 강조한 매체일 뿐이다. 그것도 매우 제한된 기능만을 담당하는 매체다. 즉 모든 대상을 객관적으로 구분할 수가 있어서 대상 간에 있는 중복된 의미만을 피할 수 있는 기능이다. 이런 기능에 가장 충실한 문자가 오늘날 모든 상품에 부착된 바코드가 아닐까? 바코드는 상품들끼리의 구분을 명확히 이루어서 물건을 구입할 때 잘못된 계산이 나오지 않는 데만 충실할 뿐, 상품이 지닌 어떤 의미를 담아내지 못한다. 그렇지만 매체가 수행하는 이런 식의 기능은 정도의 차이일 뿐, 인간이 만든 온갖 의사소통 매체들, 즉 문자, 활자, 전자 등은 오로지 기능의 확장에만 치중해 온 것이 사실이며, 이런 경향은 오늘날에 가까이 올수록 등장한 새로운 매체에서 더욱 짙게 나타나고 있다. 이처럼 우리가 의사소통 과정에서 기능 지향적 매체에 의존할수록 '보다 빨리', '보다 멀리', '보다 많이'와 같은 내용의 전달에 있어서 분명 효과를 발휘할 것이다. 그렇지만 이런 경향이 짙어질수록 참된 의미에서의 의사소통은 정말로 달성하기 힘든 상태로 남을 것이다.

이는 포정이 소를 잡을 때 느꼈던 그런 즐거움과 희열을 우리의 의사소통 과정에서 더 이상 찾을 수 없다는 것과 같은 맥락이다. 포정은 소를 잡는 수단, 즉 매체에 해당하는 칼의 존재를 잊고서 오로지 소와 직접 소통했기에 그런 기쁨을 얻을 수 있었다. 그리고 칼의 존재보다 더 중요하게 생각했던 것은 상想 → 행行 → 식識으로 이어지는 자신의 심관 작용이었다. 그는 자신이 오랜 세월 동안 쌓아올린 심관 작용을 통해 보통 사람들이 볼 수 없는 큰 공간을 소 안에서 보았고, 여기에 칼을 들이대었기에 소는 자신이 죽은 줄도 모르고 죽어간 것이다. 우리가 의사소통상에서 느낄 수 있는 진정한 기쁨이란 어쩌면 매체가 매개되지 않는 몸끼리의 순수한 접촉이 아닐까. 그래서 오관 중 촉각을 모든 감각에 우선한다고 많은 사람들이 오랫동안 말해왔던 게 아닌가. 오히려 허상을 잘 만들어내는 시각, 청각, 미각 등의 감관과 그것의 연장인 언어와 문자와 같은 매체가 우리의 심관 작용을 그르치고 있는 셈이다.

감관의 연장으로서의 언어

인간은 자연의 다른 식구들과는 달리 언어를 사용해서 상대방과 커뮤니케이션을 한다. 동물은 조물주가 부여한 감관만으로 커뮤니케이션을 하지만, 인간은 감관에 더해서 언어까지 동원해서 이를 커뮤니케이션 수단으로 활용해 온 것이다. 인간이 언어와 문자와 같은 커뮤니케이션 매체를 만든 것은 대상이나 그 대상의 의미를 보다 객관화하고 명료화함으로써 자신들의 커뮤니케이션을 보다 편리하게 하기 위해서다. 그래서 인간은 우주 자연의 원리를 규명하고, 또 세상의 이치를 설명하는 데 탁월한 업적을 이루어낸 것이 사실이다. 나아가 대상이나 대상의 의미를 정확히 관찰하려면 좋은 눈과 귀를 가져야 하는 것처럼, 언어와 문자에 대해서도 마찬가지의 기대를 함으로써 새로운 언어를 계속해 만들어오거나, 또는 기존의 언어를 끊임없이 수정 보완하는 작업을 게을리 하지 않았다. 그 결과 오늘날 언어로 대상의 의미가 파악되지 않는 것이 없을 정도로 언어는 우리의 의식을 확실히 지배하고 있다.

그런데 언어를 통해 설명할 수 있는 범위가 어디까지 확장될 수 있을까? 전 우주로 펼쳐질 수 있는 것일까? 아니면 그것에 훨씬 못 미치는 범위에서 그치고 마는 것일까? 사실 우리의 앞에는 더할 나위 없이 큰, 그래서 아무리 크다고 해도 언어로써 형언할 수 없는 엄청나게 큰 세계가 놓여 있다. 그 큰 세계는 높이 솟아 있는 산, 길게 뻗은 강은 물론이고, 이 세상의 어떤 큰 것조차도 있는 듯 없는 듯한 조그마한 점으로 만들어버린다. 또 백수의 연륜과 천년의 역사는 물론이고, 인류의 모든 역사적 시간까지도 한순간으로 바꾸어버린다. 그뿐만 아니라 인간의 모든 노동을 허무로 돌리고, 모든 지식을 끝없는 심연으로 빠뜨려버린다. 인간은 이처럼 무한히 큰 세계 속에 스스로 생겨나고 스스로 변화하는 만물 중의 하나로서 한정된 삶을 영위할 뿐이다. 물론 그 이유도 알지 못하고, 또 그 이유를 알 수도 없이 이 세상에 내던져진 존재이기에 인간은 살고 있다는 이유 하나만으로 자신의 삶을 묵묵히 받아들여야 한다. 그래서 언어에 대한 과도한 기대는 자칫 작은 구멍의 대롱을 통해서 큰 세상을 보고자 하는 어리석음과 크게 다를 바가 없다.

그럼에도 인간은 언어에 대해 맹신에 가까운 신뢰를 보낸다. 이 세상에는 언어로 표현하지 못할 것이 없다고 확신하면서 조금만 아름다워도 호들갑떠는 말을 마구 남발하고, 사소한 시비에도 선악으로 무장된 예리한 칼을 동원해서 옳고 그름으로 단죄하려고 든다. 즉 인공 조미료가 듬뿍 뿌려진 언어로 세상만사를 자의적으로 재단하려고 한다. 그 결과 사람들은 아름다움이 아니라 아름다움의 기호를, 또 비참함이 아니라 비참함의 기호를 소비하는 데 점점 익숙해져 가고 있다. 그래서 노자는 "미더운 말은 아름답지 못하고, 아름다운 말은 미덥지 못하다(信言不美 美言不信)"고 말한다. 게다가 아름답고 추하다는 것의 기준, 또 착하고 선하다는 것의 기준이 모호한데도 반편의 지식인은 배운 바에 고착되어서 자신의 기준에 따라 이를 자의적으로 정의하려고 든다. 우물 안 개구리에게 바다를 말해도 알지 못하는 것은 장소에 구애되어 있기 때문이고, 매미에게 얼음을 말해도 알지 못하는 것은 시간에 구애되어 있기 때문인 것처럼, 반편의 지식인에게 도를 말해도 알지 못하는 것은 가르침에 묶여 있기 때문이다. 그래서 노자는 물고기를 잡으면 통발을 잊듯이 의미가 서로 통하면 언어를 잊어야 한다고 역설한다.

그런데 장자는 동시대를 살았던 지식인들의 외침, 예를 들어 공자의 인의예지仁義禮智, 묵자의 박애반전博愛反戰, 손자의 부국강병富國强兵, 순자의 법치만능法治萬能 등의 외침을 들으면서 매우 우울해졌다. 이들의 주장이 잘못되어서가 아니라 자신의 주장만이 절대 유일의 불변적 진리라고 맹신하면서 외쳐대는 그 편협함 때문이다. 그래서 이들은 다른 사람의 입장을 이해하거나 아니면 다른 사람의 입장에서 자신과의 공통점을 찾으려는 노력을 포기하고, 그 대신 서로 간의 생각들에 놓여 있는 차이점만을 부각시킨다. 그 결과 자신의 우월성만을 과시하면서 자신은 옳고, 상대방은 그르다는 식의 구분에 몰두한다. 이는 자신도 반편의 지식인에 불과한데 상대방을 반편의 지식인으로 규정하고선 이들과 다르다는 식의 구별에만 집착하는 행동이다. 이런 행동을 두고 장자는 '고착된 마음(成心)'에서 비롯된 행동이라고 말한다. 그래서 성심으로 가득 찬 사람은 조금 아는 지식을 갖고서 전부를 아는 것인 양 착각하는 사람들과 별반 다를 바 없다.

이처럼 사람들 간에 벌어지는 시비와 분별은 결국 고착된 마음으로 상대방을 대하기 때문에 생겨난다. 만약 서로에게 미리 정해진 마음이 없다면 시비와 분별 작용이란 게 생겨날 수 없다. 그래서 장자는 성심이 만들어내는 잘못된 결과를 '없는 일을 있다고 하는 것'과 '오늘 월나라로 가서 어제 도착했다'는 것처럼 터무니없는 논리에 비유한다. 그만큼 모든 시비와 분별을 일으키는 결정적 원인은 미리 정해진 고착된 마음, 즉 성심이다. 사실 우리의 인간관계에서 수많은 충돌과 갈등이 일어나지만 왜 이런 충돌과 갈등이 생겨나는지를 곰곰 따져 들어가면 결국 상대방에 대한 잘못된 이해라는 데서 멈추고 만다. 따라서 모든 생각으로부터 자유로워져서 고착된 마음을 만들지 않으면 우리는 모든 시비 분별로부터 쉽게 벗어날 수 있다. 물론 이해가 다르고 득실이 상충되는 곳에서 일치된 합의를 기대하기란 여간 힘들지 않지만 도의 관점에서는 이런 것들이 그저 우스꽝스러운 다툼으로만 보일 뿐이다.

장자는 이것이 왜 우스꽝스러운 다툼인지를 보여주기 위해 조삼모사朝三暮四라는 유명한 우화를 소개한다. 조사모사 이야기는 장자서 「제물론」에서 소개되는데 「제물론」은 장자서의 근간을 형성하는 핵심적인 장으로서 논문으로 비유하면 이론적 틀에 해당한다. 게다가 「제물론」의 가장 중요한 내용이 바로 조삼모사 우화이므로 이 우화가 장자서 전체에서 차지하는 비중이 얼마나 큰지를 쉽게 상상할 수 있다. 실제로 장자가 제물론에서 강조하는 중요한 개념들, 예를 들어 '있는 그대로를 따를 뿐(因是)', '하늘의 조화(天鈞)', '양쪽이 모두 순조롭게 나아감(兩行)' 등이 모두 조삼모사 우화에서 처음으로 언급된다. 그런데 의사소통 수단으로서의 언어의 성격은 인시因是, 천균天鈞, 양행兩行의 개념과는 반대편에 서 있다. 언어란 '이것이라고 여기는 바(爲是)'에 따라 생겨난 것이기에 '있는 그대로를 따르는 것(因是)'이 아니다. 또 '이것이라고 여기는 바'는 인간의 의지가 작용하고 있기에 자연의 결과와 부합하지 못해 '하늘의 조화(天鈞)'와도 함께 할 수 없다. 그래서 언어를 통해서는 '양쪽이 모두 순조롭게 나아감(兩行)'의 경우가 만들어질 수 없다. 오로지 모든 것이 옳고 그름으로 재단됨으로써 '한쪽만이 부자연스럽게 나아감(單行)'의 상태가 전개될 뿐이다.

이에 장자는 언어라는 기표와 그것이 지시하는 기의 간에는 어떤 자의적 관계만이 존재할 뿐 어떤 고정적 관계란 있을 수 없다는 사실을 특별히 강조한다. 여기서 노장이 자신들 사상의 핵심어를 왜 '길(路)'의 의미를 지니는 도道로 표현했는지에 대한 의문이 서서히 풀린다. 장자에 따르면 사물을 우연히 그렇게 부르니까 그것이 타성으로 굳어져서 사물의 이름이 된다. 마찬가지로 이것/저것으로 우연히 분별하다 보니까 이것/저것의 구분이 타성으로 굳어진다. 마치 사람들이 우연히 거기를 즐겨 다니기에 길이 생겨나는 것처럼 말이다. 그래서 길이란 그곳을 다니다 보니까 저절로 생겨난 것이고, 마찬가지로 이름을 그렇게 붙이다 보니까 그것이 대상을 지칭하게 된 것이다. 이런 사실을 충분히 감안해서 장자는 언어를 조심스럽게 사용해야만 언어가 지닌 한계를 제대로 극복할 수 있으며, 나아가 상대방과 소통을 이루는 길에 쉽사리 진입할 수 있다고 역설한다.

ix
물고기를 잡으면 통발을 잊어라

말은 단순한 소리가 아니다. 반드시 말하고자 하는 어떤 의미를 지니고 있다. 즉 무언가 의도를 갖고서 만들어진 것이기에 아무렇게 나오는 소리라고 말할 수 없다. 그래서 우리는 그 소리를 단순한 소리와 구분해서 언어라고 부른다. 우리는 이 언어를 통해서 자신들의 생각을 마음대로 표현하고, 또 대상의 의미를 시시콜콜하게 설명하기까지 한다. 그렇다면 우리의 생각과 대상의 의미를 엄밀하게 반영하는 정확한 언어가 과연 있을 수 있을까? 아니면 언어에 있어서 객관성과 명료성의 가치는 영원히 도달할 수 없는 일종의 환상뿐일까? 만약 불가능한 환상이라면 우리의 언어가 새의 짹짹거리는 소리와 분명 다르다고 자신 있게 말할 수가 있을까? 과연 새의 짹짹거리는 소리와 우리의 언어 사이에는 정말로 구분이 있는 것일까, 없는 것일까? 이런 식의 문제 제기는 지극히 당연한 것인데도 우리에게 여전히 낯설게 느껴지는 것은 이미 언어에 의해 함몰되어서 거기로부터 헤어나지 못하기 때문이 아닐까? 그래서 장자는 언어에 대한 문제를 보다 근본적인 차원에서 제기한다.

> 말은 단순한 바람이 아니다. 말에는 말해지는 무언가가 있다.
> 만약 말해지는 것이 무언가로 특별히 정해진 의미가 없다면

과연 말은 무엇을 말하는 것일까?
아니면 아무것도 말하지 않는 것일까?
사람들은 말이 어린 새의 짹짹거리는 소리와 다르다고 생각한다.
그렇다면 짹짹거리는 소리와 구별이 있는 것일까, 없는 것일까?

夫言非吹也 言者有言
其所言者特未定也
果有言邪 其未嘗有言邪
其以爲異於鷇音 亦有辨乎 其無辨乎 (『장자』 내편 「제물론」)

그런데 우리는 커뮤니케이션을 위해 동원하는 관습화된 형식적 기호인 언어와 그것을 통해 전달하고자 하는 의미 내용이 항상 통일되어 있다고 생각한다. 즉 언어라는 기표(signifier, sr)와 그것이 지시하는 의미, 즉 기의(signified, sd) 사이에는 불가분의 일체가 형성되어 있다고 생각한다. 이를 기호학적 관점에서는 '기의=기표'의 관계로 표시할 수 있다. '기의=기표'의 관계는 '기의≒기표'의 관계와 분명 비교가 된다. 전자는 기의와 기표가 불가분의 일체를 이루어서 항상 고정된 관계를 구성한다면, 후자는 기의와 기표가 상황에 따라 변할 수 있는 유동적 관계임을 보여준다. 즉 '기의≒기표'의 관계에서는 같은 기표라 할지라도 시간과 장소에 따라 그 기표가 지시하는 의미가 얼마든지 달라질 수 있는 상황을 가정한다. 그래서 장자는 기의와 기표 사이에 불가분의 일체가 실제로 가능한지에 대해 심각한 의문을 제기한다. 더욱이 말이란 사람들이 그런 식으로 사용해서 그 의미가 생겨난 것이기에 말의 의미란 고정적인 것이 아니라 항상 변할 수 있는 가변성을 띠고 있다.

그래서 장자는 길이란 사람들이 그곳을 다니다 보니까 생겨난 것처럼 사물에다 이름을 붙이다 보니까 그렇게 불리는 것이라고 주장한다. 게다가 오늘날과 같은 도로는 산을 깎고, 터널을 뚫고, 다리를 놓는 등의 인위人爲가 작용해서 반듯하게 만들어졌지만, 옛날 길은 사람들이 그곳을 끊임없이 다니다 보니까 거기서 길의 방향이 정해져 구불구불하게 생겨난 것이다. 이처럼 누군가의 의지가 전혀 작용하지 않은 채로 생겨난 길이기에 이 길을 무위無爲의 길이라고 부른다. 숲 속에 나 있는 오솔길의 경우를 들어보자. 오솔길은 나무들 사이를 지나가야 하기에 그 모양이 구불구불할 수밖에 없다. 물론 숲 속을 지날 때도 사람들은 가능한 한 똑바로 가려고 할 것이다. 그렇지만 나무가 앞을 가로막고 있으면 나무들 사이로 난 빈 공간으로 우회해서 지나가야 한다. 물론 어느 쪽으로 우회하느냐에 따라 여러 갈래로 길이 나뉠 수 있지만 결국은 하나의 오솔길이 만들어지는 것은 그 길이 목적지까지 가장 편하게 빨리 갈 수 있는 이상적인 길이기 때문이다. 이처럼 길이 생겨나는 것과 마찬가지로 사물의 이름도 사람들이 그런 식으로 부르다 보니까 자연스럽게 사물의 이름이 된 것이다.

> 길이란 그곳을 다니니까 생기고,
> 사물은 이름을 붙이니까 그렇게 불린다.
>
> 道行之而成 物謂之而然 (『장자』 내편 「제물론」)

그렇다. 우리가 소를 소라고 발음하니까 그것이 소를 지칭하는 말이 된 것이다. 마찬가지로 말을 말이라고 하니까 그것이 말을 의미하게 된 것이다. 마치 사람들이 우연히 그곳으로 다니다 보니까 길이 생겨나듯이 사물도 우연히 이름을 붙이다 보니까 그런 식으로 불리게 된 것이다. 만약 인간을 개라고 이름 짓는다면 개라는 표현 기호가 인간을 지칭하게 될 것이다. 또 원숭이를 사람이라고 부르면 우리는 원숭이를 사람이라고 부를 것이다. 이처럼 기표와 기의의 관계는 일종의 약속으로 이루어질 따름이지 결코 고정된 관계가 될 수 없다. 그래서 대상의 의미는 표현하는 기호가 무엇이 되었든지 간에 의미 자체가 바뀌는 경우란 있을 수 없다. 예를 들어 개를 개라고 부르지 않고 멍멍이라고 부를 때가 바로 그런 경우인데 이때 멍멍이라고 부르더라도 개의 원래적 의미는 바뀌지 않는다. 이런 식으로 어떤 대상의 의미를 표현하는 기호는 언제든지 다른 기호로 대체될 수 있다. 그래서 우리는 혼동해서는 안 된다. 언어란 우리의 약속으로 이루어진 기호일 뿐이기에 언어가 실재하는 것이 아니라 그것이 가리키는 대상만이 실재한다는 사실을! 그럼에도 우리는 표현기호가 자아내는 가상으로부터 자유롭지 못한 채 살아가면서 스스로를 구속한다.

> 나를 소라고 불렀다면 나는 소라고 했을 것이고,
> 나를 말이라고 불렀다면 나는 말이라고 했을 것이다.
>
> 呼我牛也而謂之牛
> 呼我馬也而謂之馬 (『장자』 외편 「천도」)

장자는 기의와 기표 간의 유연하고 유동적인 관계를 보다 실감나게 전하기 위해 매우 알쏭달쏭한 이야기를 우리에게 제시한다. 손가락으로 실제 손가락이 진짜 손가락이 아니라고 설명하는 것은, 손가락에 구애됨이 없이 실제 손가락이 진짜 손가락이 아니라고 설명하는 일만 못하다고. 또 말(馬)을 갖고 실제 말이 참 말이 아니라고 설명하는 것은, 말에 구애됨이 없이 실제 말이 참 말이 아니라고 설명하는 것만 못하다고. 이게 대체 무슨 소리일까 곰곰 따져보자.

> 손가락을 통해 실제 손가락이 참 손가락이 아니라고 설명하는 일은
> 손가락에 구애됨이 없이 실제 손가락이 참 손가락이 아니라고
> 설명하는 일만 못하다.

말을 갖고서 실제 말이 참 말이 아니라고 설명하는 일은
말에 구애됨이 없이 실제 말이 참 말이 아니라고 설명하는 일만 못하다.

以指喩指之非指
不若以非指喩指之非指也
以馬喩馬之非馬
不若以非馬喩馬之非馬也
天地一指也 萬物一馬也 (『장자』 내편 「제물론」)

여기서 손가락을 언어와 같은 소통매체에, 실제 손가락을 소통매체를 통해 그것의 의미를 밝혀내려는 기의에 각각 대입해 보자. 그러면 "손가락을 통해 실제 손가락이 참 손가락이 아니라고 설명하는 일은, 손가락에 구애됨이 없이 실제 손가락이 참 손가락이 아니라고 설명하는 일만 못하다"는 첫 문장은 "언어에 해당하는 손가락으로 설명하려는 실제 손가락이 진짜 손가락이 아니라고 설명하는 일은, 언어인 손가락에 구애받지 않고, 즉 도에 입각해서 설명하려는 손가락이 참 손가락이 아니라고 설명하는 일만 못하다"로 바뀔 수 있다. 이는 실제 손가락을 언어를 통해 말함으로써 진짜인지 여부를 증명하는 방법보다 도의 차원에서 접근하는 방법이 더 낫다는 의미이다. 즉 언어로서 드러나는 차이보다는 도의 차원에서 사물의 본질을 파악하는 것이 더 바람직한 태도라는 것이다.

두 번째 문장도 마찬가지 방법으로써 설명될 수 있다. 단지 여기에선 의사소통 수단으로서의 언어를 대신하여 실제 대상인 말(馬)을 등장시키고 있는데 이는 언어라는 기표를 통하지 않고 기의로서 직접 설명하려는 시도이다. 따라서 "말을 갖고서 실제 말이 참 말이 아니라고 설명하는 일은, 말에 구애됨이 없이 실제 말이 참 말이 아니라고 설명하는 일만 못하다"는 말은 "대상에 해당하는 말(馬)로써 설명하려는 실제 말이 진짜 말이 아니라고 보여주는 일은, 대상인 말(馬)에 구애받지 않고, 즉 도

에 입각해서 비교하려는 말이 참 말이 아니라고 설명하는 일만 못하다"로 바뀔 수 있다. 이는 중국 전국시대 명가학파名家學派에 속했던 공손룡자公孫龍子가 『지물론指物論』에서 주장하는 내용과도 같은데 지물론은 현상을 기준으로 현상을 설명하는 한계, 즉 상대적인 판단의 한계를 지적하면서 사물의 본질인 도道에 입각해서 현상을 볼 것을 주장하는 입장이다.

그런데 손가락을 은유로 사용한 이야기는 중국 선종禪宗을 대표하는 텍스트인 『육조단경』[1]에서도 소개된다. 여기서는 실제 달과 달을 지시하는 손가락의 관계로 설명한다. 우리가 손가락으로 실제 달을 가리킬 때 달은 기의에, 손가락은 달을 표시하는 기표에 각각 해당한다고 본다. 그런데 사람들은 실제 달을 보려고 하지 않고 달을 가리키는 손가락으로 달을 연상하려고 든다. 여기서 손가락이란 일종의 언어와 문자 같은 매체에 해당한다. 그렇다면 언어에 구애받지 않고서 그 달이 실제의 달인지 아닌지의 여부를 어떻게 증명해 보일 수 있을까? 그것은 참 달을 실제로 제시함으로써, 설명하려는 달과 차이가 있는지의 여부를 직접 확인토록 하는 것이다. 즉 언어를 통해 간접적으로 지시하는 방법보다 실물을 직접 보여줌으로써 우리의 감관을 통해 확인하는 방법이 훨씬 낫다는 의미다. 그럼에도 우리는 언어와 문자와 같은 매체에 대한 의존을 끊임없이 늘려가면서 감관을 통해 직접적으로 확인하는 방식을 점점 더 멀리하고 있다.

그래서 지금 있는 매체만으로도 의사소통하는 데 별다른 어려움이

---

1 중국 남종선南宗禪의 근본이 되는 선서禪書다. 달마達磨에 의해 시작된 중국 선禪의 흐름이 6대째가 되는 혜능慧能에 와서 완성을 보게 되는데, 이 책은 혜능을 등장인물로 해서 불성의 근본에 집착하지 않은 좌선을 통해 견성見性할 것을 내용으로 하는 책이다. 이 책은 불교 경전이 아니라 중국의 선사禪師들이 여러 세대에 걸쳐 가필, 보충한 형태로 편찬된 것이다.

없는데도 의사소통의 편리함만을 위해서 새로운 매체를 끊임없이 만들어가고 있다. 그뿐만 아니라 매체를 사용하는 데 있어서 적당한 표현으로 만족하지 못하고 보다 화려하고, 자극적이고, 극단적인 언어인 과잉기호들을 경쟁적으로 쏟아내고 있다. 그 결과 영혼이 없는 얼굴처럼 의미 없는 기호만이 우리 주위를 맴돌고 있다는 우려의 목소리가 점점 힘을 얻어가고 있다. 그런데 지금 우리도 실제 달이 아니라 달을 지시하는 언어에만 의존하는 방식으로 의사소통을 하는 것이 아닐까? 이런 경향은 기의와 기표 간에 어떤 아날로그적 연결이 부족하지만 오로지 사용하기에 편리한 표음문자의 경우에서 자주 나타난다. 이에 비해 상형문자는 지시 대상인 기의에 의해 지시 수단인 기표의 모양이 어느 정도 정해짐으로써 그나마 기표를 통해 기의를 연상하는 방식으로 의사소통이 이루어질 수 있다. 대표적 상형문자인 한자의 경우에서도 산山, 천川, 월月 등이 실제 모습을 기표에서 모두 반영하고 있지 않은가.

그런데 상형문자는 한자문명권의 정신세계에선 매우 중요한 구심점이다. 그림에서 출발한 상형문자는 지시 대상과의 아날로그적 단절이 없기에 나와 자연, 나와 세상이 자연스럽게 연결된다. 그래서 한자문명권에서 자연이란 탐구하고 분석할 대상이 아니라 그것과의 조응을 통해 나와 자연 간의 관계에서 조화를 이루며 스스로를 안정시키는 역할을 담당한다. 반면 표기 대상과 표기 내용 간의 아날로그적 연관성이 없는 표음문자를 사용하는 경우 사람들은 나와 자연, 나와 세상을 곧잘 분리해서 내 주위의 세계를 보다 객관화하고, 더욱 추상화한다. 게다가 세계에 대한 보다 정확한 재현을 위해서 더 정교한 표현과 논리를 동원한다. 그래서 대표적 표음문자인 알파벳을 사용하는 서양문화권에서는 인위적인 체계에다 세상을 맞추는 것이다. 그 결과 서양문화권에선 보다 가학적이며 억압적인 심리기제가 자주 발견된다. 무력을 앞세운 서구식 근대화가 폭력의 세계화란 폐해를 낳는 것도 이와 무관치 않다.

그래서 노자는 신실한 말은 아름답지 못하고, 아름다운 말은 신실하지 못하다고 말한다. 마찬가지로 선한 사람은 말을 잘하지 못하고, 말을 잘하는 사람은 선하지 않다고 말한다. 이는 진실한 말은 듣기 거북하지만 듣기 좋은 말은 진실하지 않다는 뜻이다. 또 선량한 사람은 교묘하게 말을 꾸미지 않지만 교묘한 말을 좋아하는 사람은 선하지 않다는 의미다. 여기서 아름다운 말이란 일종의 과잉 기표로서, 의미를 가공하는 조미료쯤에 해당한다. 우리가 음식에 맛을 내기 위해서는 고추장, 된장, 참기름과 같은 조미료를 사용한다. 이런 천연 조미료는 건강을 해치지 않으면서 원래의 음식 맛을 더욱 맛깔나게 하기에 조금씩 가미하면 매우 긍정적인 효과를 낼 수 있다. 문학성이 높은 은유 등이 이에 해당한다. 그렇지만 인공 감미료는 천연 조미료와 비교할 수 없을 정도로 음식 맛을 작위적으로 가공하기에 원래의 음식 맛을 크게 상하게 할 수 있다. 자극적인 언어, 그럴듯하게 꾸민 말 등이 이에 속한다. 그래서 노자가 말한 아름다운 말이란 인공 감미료쯤에 해당한다.

> 미더운 말은 아름답지 않고, 아름다운 말은 미덥지 않다.
> 선한 자는 말을 잘 못하고, 말을 잘하는 사람은 선하지 않다.
>
> 信言不美 美言不信
> 善者不辨 辨者不善 (『노자』 81장)

그런데 남을 속이려는 사람들은 이런 인공 감미료를 듬뿍 사용해서 상대방을 현혹시킨다. 담담한 맛의 말보다는 온갖 양념이 잔뜩 들어간 유혹적인 말을 자신들의 언어로 선택하고, 또 이심전심以心傳心의 방법보다는 치밀하다 못해 교묘한 논리를 설득과 이해의 도구로 동원하여 그럴듯하게 자신의 말을 포장하려고 든다. 그렇지만 인공 감미료가 듬뿍 들어간 말을 쓰면 쓸수록 그 말이 결코 아름답지 못하고, 오히려 의사소통에서 편파적이고 위험한 도구로 전락할 수 있다. 장자는 이런 언어를 풍파風波에 비유한다. 그럼에도 사람들은 이런 식의 언어를 즐겨 사용하기에 결국은 언어가 자신들끼리 화를 내고 다투는 수단으로 귀결되는 경우가 많다.

> 말은 풍파와 같고, 행위는 득실을 따른다.
> 풍파는 쉽게 변화하고, 득실은 위험에 빠지기 쉽다.
> 고로 화내는 것은 다른 이유가 아니라
> 교활한 말과 편파적인 논리 때문이다.
>
> 言者風波也 行者實喪也
> 風波易以動 實喪易以危
> 故忿設無由 巧言偏辭 (『장자』 내편 「인간세」)

장자가 말을 풍파에다 비유한 것은 말이 담고 있는 의미가 안정적이지 못해서다. 즉 상황이 변함에 따라 말의 의미가 언제든지 바뀔 수 있기 때문이다. 그래서 사람들은 오늘은 이런 의미로 말해놓고, 조금 불리하다 싶으면 내일은 다른 의미로 해석하곤 한다. 이렇게 득실을 보아가며 사람들이 말의 의미를 바꾸기에, 말은 풍파와 같은 존재에서 벗어나기 힘들다. 그래서 상대방의 말을 액면 그대로 믿고 행동했다가 큰 손해를 보는 경우가 왕왕 있는데 이런 상황에서 큰 손해를 본 사람들은 화를 내지 않을 수 없다. 말하자면 아름다움으로 포장된 교활한 말, 그럴듯한 논리로 장식된 편파적인 논리가 화냄의 원인으로 작용하고 있는 셈이다. 그럼에도 사람들은 아름다운 수사와 그럴듯한 논리를 억제하지 못하고 오히려 거기에 더 많은 유혹을 느낀다. 결국 풍파의 파고는 점점 높아지고, 동시에 득실의 위험도 점점 커질 수밖에 없는 것이 오늘의 현실이다.

변론이 지나치게 뛰어난 사람은 (불필요하게) 기와를 쌓고,
줄에 매듭을 만들 듯 문장을 이리저리 고쳐보고,
견백堅白이니 동이同異니 하는 궤변에 마음이 노닐면서
일시적 명예를 위해 쓸데없는 말을 늘어놓다 지쳐버리는데
그것은 좋지 않다.
양주楊朱나 묵적墨翟이 그런 사람이다.
고로 이런 모든 일은 불필요한 군더더기를 늘어놓거나
쓸데없는 곁가지를 달아두는 도라 할 수 있는데
결코 천하의 올바른 길이라고 할 수 없다.

駢於辯者 纍瓦結繩竄句
遊心於堅白同異之閒
而敝跬譽無用之言 非乎
而楊墨是已
故此皆多駢旁枝之道
非天下之至正也 (『장자』 외편 「변무」)

이 글은 변론이 뛰어난 자, 즉 아름다운 말과 교묘한 논리를 동원하는 사람에 대한 장자의 통렬한 비판이다. 기왓장을 쌓아 올리고 밧줄에 매듭을 맨다는 것은 일종의 자기 과시로, 의사소통 차원에서는 화려한 수사 등을 동원하는 언어적 사치쯤에 해당한다. 만약 기왓장 대신 초가의 지붕을 만드는 볏짚이라면 그 볏짚은 담담한 언어에 비유할 수 있다. 지붕이란 내리는 눈비와 부는 바람을 막아 우리를 편안케 할 수 있으면 그 역할을 다한다. 그래서 장자는 기왓장이 아니라 볏짚이면 충분하다고 본다. 언어 사용에서도 마찬가지 원리가 작용한다. 언어란 의미만 통하면 되는 것이지 꾸밈을 위해 아름다운 말들을 동원하는 것은 일종의 군더더기다. 양주와 묵적과 같은 변자辯者들이 이런 식으로 허세 부리는 것을

좋아하는데, 장자의 눈에는 이들이 건질 만한 내용도 없이 쓸데없는 말만 늘어놓는 사람으로 보일 뿐이다.

장자는 아름다운 말을 극구 피해야 하는 또 다른 이유를 들고 있다. 양주와 묵자의 경우는 사실을 아름답게 포장해서 실제보다 의미를 과장하는 정도의 잘못에 그치지만, 이런 잘못이 인간관계에서 생겨나는 경우 자신들의 목숨까지 위태로운 상황이 전개될 수 있다. 나라들 간의 관계를 무력이 아니라 언어로써 정립하는 외교관의 경우를 예로 들어보자. 외교관과 같은 중재자는 반드시 담담한 말을 사용해야만 양쪽으로부터 오해를 사지 않는다. 만약 지나치게 칭찬하는 말이나 지나치게 헐뜯는 말에 의존하는 경우 중재의 목표도 달성하기 힘들지만 자신의 목숨마저 위태로울 수 있다. 예를 들어 상대방이 듣기 좋으라고 사실을 좀 과장해서 전달했는데, 선린 관계였던 두 나라가 적대 관계로 바뀌면, 과장된 말은 반드시 그에게 화가 되어 돌아온다. 그래서 장자는 있는 그대로를 전하고, 부풀려 말을 전달하지 말라고 충고한다. 미사여구美辭麗句를 동원한 수사보다는 담담한 언어로 절제의 미를 보여주는 것이 보다 현명한 처신이라는 의미다.

> 무릇 교린이란 가까우면 반드시 신의로써 맺어진다.
> 교린이란 멀면 필히 말로써 진심을 보여주어야 하는데
> 말은 이를 전하는 사람이 필요하다.
> 무릇 양쪽 모두를 기쁘게 하거나 화나게 하는 말을 전하는 것은
> 세상에서 가장 어려운 일이다.
> 양쪽 다 기쁠 때는 반드시 상대방을 지나치게 칭찬하는 말이 많고,
> 양쪽 다 화가 날 때는 반드시 상대방을 헐뜯는 말이 많다.
> 무릇 지나친 말은 망령된 말이고, 망령된 말은 신용이 없고,
> 신용이 없어지면 말을 전한 자가 재앙을 받는다.

고로 격언은 "있는 그대로를 전하고 부풀려 말을 전달하지 않아야 우선은 안전하다"고 말한다.

凡交近則必相靡以信
交遠則必忠之以言 言必或傳之
夫傳兩喜兩怒之言 天下之難者也
夫兩喜必多溢美之言 兩怒必多溢惡之言
凡溢之類妄 妄則其言之也莫 莫則傳言者殃
故法言曰 傳其常情 無傳其溢言 則幾乎全 (『장자』 내편 「인간세」)

그런데 왜 사람들은 담담한 말보다 화려한 수사와 같은 아름다운 말을 사용하기를 더 좋아하는 것일까? 그것은 의미를 전달하는 말과 그 말에 내재하는 의미 사이에 고정된 불변의 상수가 있다고 믿기 때문이다. 즉 자신의 깊은 생각, 강한 느낌, 격한 감정 등이 담담한 말로는 도저히 표현될 수 없고, 반드시 화려한 수사를 동원할 때 그 의미가 상대방에게 제대로 전달될 수 있다고 믿기 때문이다. 그렇지만 말과 의미 사이에 놓여 있는 공간이 있는데 그 공간은 무한히 열려 있다. 그래서 우리가 이 공간을 잘 활용하면 말이 담을 수 없는 의미까지도 상대방에게 전달할 수 있다. 그럼에도 대부분의 사람들은 이 열린 공간을 화려한 수사 등으로 메우면서 말과 의미 사이를 폐쇄적인 고정된 관계로 만들어가고 있다. 그 결과 전체와의 연관성을 고려하지 않은 채 어떤 부분만을 집중적으로 조명함으로써 쓸데없는 허상만을 그려낸다. 결국 이 허상이 사람들의 자화상自畵像이 되고, 그것은 다시 모든 것을 판단하는 기준점으로 변한다. 그리고 이 기준점에 가까이 있으면 좋은 것으로, 멀리 있으면 나쁜 것으로 판단한다. 사람들의 호오好惡, 시비是非 등은 이런 식으로 허상을 실재로 오인함으로써 생겨난 것이다.

그런데 왜 사람들은 폐쇄적인 언어관을 신봉하는 것일까? 그것은 아마도 언어가 가져다주는 편리함에만 익숙해진 결과가 아닐까? 언어는 다른 사람과의 의사소통을 편리하도록 하기 위해 고안된 매개체媒介體, 즉 매체다. 이런 매체 기능에 충실하려면 언어에 내재된 의미가 중간에 변질되어서는 안 된다. 만약 의미가 중간에 변질되면 말하는 사람의 생각이 상대방에게 부정확하게 전달되는 불행한 사태가 발생한다. 이런 사태를 막으려면 무엇보다 의미가 변질되지 않도록 해야 하는데 이를 위한 가장 좋은 방법은 의미를 얼려서 보관하는 일이다. 지난 세기 의미론 연구에 있어서 선구자였던 코르집스키(A. Korzybski)는 의미를 언어로써 가두는 작업을 '냉동冷凍 과정(freezing process)'[2]에 비유한 적이 있다. 이처럼 냉동 과정이란 의미를 변질시키지 않는 방법에 해당하는데 언어가 이런 역할 수행에 있어서 가장 선두에 서 있다. 그렇지만 의미를 얼리는 순간부터 언어와 의미 사이에 무한히 열려 있는 공간은 이내 사라지고 만다.

이를 생선의 냉동 과정에 비유하면 더욱 이해가 쉬워진다. 바다에서 막 잡아 올린 생선을 먼 곳까지 보내려면 반드시 생선을 얼려야 한다. 그래야 중간에 부패되지 않은 채 사람들의 식탁에 오를 수 있다. 그렇지만 냉동된 생선을 요리하기 위해 해동解凍을 하면 이전의 제 맛은 사라지고 만다. 산 채로 운반하거나, 소금을 뿌려 보관하려면 비용도 많이 들고, 불편하기에 어쩔 수 없이 맛이 상하더라도 생선을 얼릴 수밖에 없다. 이는 생선의 맛이라는 '가치'보다는 보관이라는 '기능'이 우선한 판단에 따른 것이다. 물론 생선 맛의 유지를 위해서 불편함을 기꺼이 감수하는 경우도 있다. 우리의 의사소통도 마찬가지다. 의사소통의 편리함을 위해서라면 말과 의미 사이에 놓여 있는 열린 공간을 죽이면 되지만, 즉 의

---

2 Korzybski, A. (1958). *Science and Sanity: An Introduction to Non-Aristotelian Systems and General Semantics,* 4th ed. Lakeville, Conn.: The International Non-Aristotelian Library Publishing Co.

미를 꽁꽁 얼리면 되지만, 이 경우 의사소통에서 생겨날 수 있는 담론의 풍부함은 여지없이 사라지고 만다. 그럼에도 오늘날 사람들은 담론의 풍부함보다는 의미의 단순한 전달을 선호하면서 의미를 얼리는 데 혈안이 되고 있다. '0'과 '1'의 조합으로 구성된 디지털 언어가 단적인 예다. 디지털 언어의 등장이란 의미의 주관성이 추구하는 '가치'보다 의미의 객관성이 목표로 하는 '기능'만을 선택한 결과다.

그런데 의미의 객관성은 '의미 분화(division of meaning)'를 통해서 이루어져왔다. 디지털 언어를 구성하는 논리가 이를 잘 말해준다. 디지털 언어는 대상의 의미를 '네'와 '아니오'의 논리로 구분하면서 한쪽을 '0'으로, 다른 한쪽을 '1'로 표시한다. 예를 들어 방향을 동/서로 구분하면 정동正東은 '0', 정서正西는 '1'로 표시된다. 또 동쪽이지만 남쪽으로 기울어진 방향에 있어서 동남은 '01'로, 동남동은 '010'으로, 동동남동은 '0100'으로 표현된다. 이는 방향(의미)이 보다 구체적으로 구분(분화)될수록 '0'과 '1'의 조합을 늘려가는 방식이다. 이런 식으로 '0'과 '1'의 조합을 끊임없이 늘리면 디지털 언어로 표시되지 못하는 방향이란 있을 수 없다. 예를 들어 '0'과 '1'의 조합을 6번만 늘리면 '2의 6승乘(2×2×2×2×2×2=64)'이 되므로 어지간한 방향은 디지털 언어에 의해 모두 표시될 수 있다.[3] 따라서 디지털 언어 속에서는 언어라는 기표(sr)와 특정 방향이라는 기의(sd) 간의 일치가 거의 완벽하게 이루어진다.

그런데 이런 식의 의미 분화 방식이 모든 대상들의 의미를 객관적으로 분류해 낼 수 있을까? 설령 의미들의 분류가 객관적으로 이루어진다 하더라도 그것이 우리의 의사소통에서 어떤 의미를 지니는지 여전히 궁금하다. 예를 들어 선/악의 경우 선악, 선선악, 선선선악… 등으로 대

3 2의 100승乘이 되면 그것의 의미 분화를 통해서 100억 가량의 분류가 생겨나기에 전 인류를 겹치지 않게 모두 객관적으로 표시할 수 있다.

상의 의미와 일치하기 위해서 선의 의미를 끊임없이 분류하겠지만, 이런 식의 과정을 거쳐 나온 아주 구체화된 언어가 일상에서 사용되는 경우란 거의 없다. 혹시 그런 언어의 사용이 이루어진다 하더라도 의사소통에 어떤 기여를 할 수 있는지에 대해선 여전히 회의적이다. 그럼에도 오늘날 이런 언어관이 우리의 일상을 점점 더 많이 지배하고 있다. 일종의 언어에 해당하는 법의 경우를 살펴보아도 그러하다. 법도 언어와 마찬가지로 의미 분화를 수없이 거듭해서 오늘날 엄청나게 많은 법을 만들어내고 있다. 그래서 수많은 법에 의해 지금 우리는 꼼짝없이 포위된 실정이다. 많은 사람들이 법으로부터 소외되고 있는가 하면 법을 집행하고 판단하는 사람조차 해석의 재량권을 상당 부분 잃어서 기계적인 법 해석을 강요받고 있기 때문이다. 마치 언어에서 개념의 추상성이 사라짐으로써 담론의 풍부함이 없어지는 것처럼 말이다.

이처럼 의미 분화가 많이 이루어진 언어일수록 그 개념의 추상성은 더욱 떨어진다. 그 대신 언어가 지시하는 의미는 보다 객관화되고, 명료해진다. 물론 의사소통의 으뜸가는 목적은 의미의 객관화를 이루어서 서로의 생각을 상대방에게 정확하게 전달하는 일이다. 그렇지만 여기에 너무 집착하면 의미를 지나치게 세분화하여 자신도 모르는 사이에 과잉적 언어를 자주 동원한다. 예를 들어 '좋다(good)'고 해도 괜찮을 표현을 '너무너무 좋다(very very good)'는 식으로 과장되게 말할 수 있다. 이런 과장된 표현을 접하면 상대방이 자신의 느낌을 정확하게 표현하기 위해 애쓴다는 긍정적 평가보다는 그의 호들갑스러움을 확인케 해주는 부정적 평가로 바뀔 수 있다. 그럼에도 우리는 의미의 객관화와 명료화를 위해 거의 노예가 되다시피 한다. 과거와 비교할 수 없을 정도로 빠른 속도로 발전하는 매체 테크놀로지[4]가 이를 웅변적으로 증명하고 있다.

그렇다면 사람들은 왜 이렇게까지 의미의 객관화와 명료화에 집착하는 것일까? 여기에는 근대적 사유 방식과 관련하여 보다 거시적으로 접근해야 할 근원적인 이유들이 있다. 서양 근대에선 분석적 사고가 근대의 사유 방식을 지배해 왔고, 이것이 과학기술의 획기적 발전으로 이어져온 것이 사실이다. 즉 과학으로 세상의 원리가 증명되었고, 기술로 말미암아 세상이 인간의 이용 대상으로 바뀌면서 물질적으로 윤택하게 생활할 수 있는 터전이 만들어졌다. 이는 서양 근대를 상징하는 '계몽(enlightenment)'이라는 말에서도 나타나듯이 세상의 모습이 '밝게 드러난(enlighten)' 결과들이다. 그리고 그 밝음을 가능케 한 중요한 이유로 의미의 객관화와 명료화를 향한 인간의 의지를 들 수 있다. 따라서 의미의 객관화와 명료화 과정에서 다소간의 문제가 있다 하더라도 지금과 같은 삶의 방식을 포기하려 들지 않는다면 우리는 어쩔 수 없이 의미의 객관화와 명료화를 수용할 수밖에 없는 처지다.

물론 이런 우리의 의지는 시간상으로 근대에만 제한된 것이 아니다. 인류의 전 역사를 살펴보아도 이런 식의 의지는 상당 부분 드러난다. 불확실성(uncertainty)으로 점철된 인류 초기의 혼돈混沌 상태를 확실성(certainty)에 의해 지배되는 오늘날의 질서秩序 상태로 이끌어낸 것도 세상에 대한 객관화와 명료화의 의지가 작용한 결과다. 인간은 이를 가능케 하기 위해 언어와 문자 같은 매체들을 끊임없이 만들어왔고, 이런 매체의 등장이 세상에 대한 불확실성을 떨어뜨리는 데 결정적 기여를 한 것이 사실이다. 따라서 세상을 밝히려는 인간의 집념은 오늘날에만 국한된 것이 아니라 인류의 전 역사를 관통하는 가장 보편적인 인간 의지의 발

---

4 테크놀로지라는 외래어를 사용한 것은 기술이라는 말이 테크놀로지의 의미를 담아내지 못하기 때문이다. 기술을 영어로 환원하면 technic 정도에 해당한다. 그렇지만 테크놀로지에는 'logy(론)'라는 말이 들어 있다. 이는 일정 부분 논리가 작용하고 있다는 의미다. 기술로 변역하면 이런 의미를 표현하지 못한다. 그렇다고 sociology를 사회학으로, psychology를 심리학으로 번역하듯이 technology를 공학工學으로 번역하면 그것은 너무 학문적 용어가 되기에 여기서는 그냥 테크놀로지로 사용하려고 한다.

로라고 말할 수 있다. 그리고 그 의지의 실현은 객관화와 명료화라는 언어 작용을 통해 더욱 구체화되었다. 단지 서양 근대에서 이런 경향이 더욱 두드러지게 나타났다는 사실이 전통의 동양과 다른 특이한 점이다.

그러나 근대적 가치, 또는 근대적 삶의 방식이 우리의 의사소통에 적지 않은 문제를 일으키고 있다. 근대적 가치란 결국 '엔트로피'를 떨어뜨리고 그 대신 '리던던시'를 증가시키는 일과 밀접하게 관련이 있다. 물리학 열역학 제2법칙에 따르면 엔트로피가 떨어지면 그것이 리던던시로 바뀌면서 에너지가 생겨난다. 마찬가지 논리를 우리의 삶에 적용하면 엔트로피가 떨어진 삶은 한마디로 큰 담론이 없어진 삶이 된다는 것을 의미한다. 그래서 '우리는 왜 살아야 할까', '어떤 삶이 의미 있는 삶일까', '누군가를 정말 사랑하는 것은 어떤 사랑일까' 하는 거대 담론 대신에 물질적 행복만이 우선적으로 작용하는 소시민적 담론을 선호한다. 그 결과 우리는 활력과 호기심으로 가득 찬 생명력 있는 삶을 포기해야만 하고, 나아가 모든 것이 기계적으로 작용하는 소위 죽은 삶을 살아가는 운명에 처하게 된다. 이에 장자는 큰 지혜, 큰 담론으로 우리를 새삼 일깨우고자 한다.

> 큰 지혜는 여유롭고, 작은 지혜는 촘촘하다.
> 큰 말은 담담하고, 작은 말은 소소하다.
>
> 大知閑閑 小知閒閒
> 大言炎炎 小言詹詹 (『장자』 내편 「제물론」)

크게 지혜로운 사람은 생각이 여유롭기에 일도 대충대충 처리한다. 어쩌면 정말로 지혜로운 사람은 모든 것을 관통하고 있기에 소소한 말로써 굳이 설명할 필요를 느끼지 않는다. 그래서 이런 사람들은 미려美麗한 언사를 사용하길 꺼린다. 미려한 언사란 일종의 과잉 기호이고, 과잉 기호란 의미 분화가 많이 이루어져 생겨난 언어이기 때문이다. 그래서 그것은 소소할 뿐 담담한 언어가 될 수 없다. 담담한 언어란 풍부한 의미를 함축하고 있어서 객관적이거나 명료한 표현 방법이 되지 못한다. 그렇지만 의미를 구체적으로 지시하지 않고 있어서 상대방으로 하여금 의미를 나름대로 재구성할 수 있는 길을 크게 열어준다. 그에게 상상의 나래를 마음껏 펼 수 있는 기회를 제공하는데, 이런 기회는 일을 처리하는 데는 자율성을, 의사소통하는 데는 의사소통 당사자의 위치 변화를, 즉 수동적 객체에서 능동적 주체로의 위치 변화를 가능케 한다.

반면 조금 지혜로운 사람은 아름다운 수사를 많이 동원한다. 아름다운 수사를 동원할수록 다른 사람과 자신을 구분하려는 경향이 강해진다. 또 이것저것 참견하려고 들면서 자신의 입맛에 따라 세상을 구분하려고 든다. 이런 식의 구분은 그의 마음속에 시비是非와 미추美醜와 같은 이항대립적 사고를 뿌리 내리게 한다. 그 결과 끊임없는 다툼과 따지기와 충돌, 그에 따른 초조함 속에서 마음에는 여유가 점점 없어지고, 결국에는 한시도 긴장을 멈추지 못한다. 그 결과 말이 많아질 수밖에 없는데 말이 많아지면 표현은 소소해지고, 의미는 구체성을 띠게 된다. 이렇게 되면 상대방은 그가 지시하는 의미에서 한 발짝도 벗어나지 못하는데, 조금 지혜롭다고 하는 사람들은 오히려 이런 상황을 즐긴다. 이를 의사소통 과정에 적용하면 자신은 항상 주체의 입장을 고수하는 반면 상대방은 객체의 입장에서 벗어나지 못하도록 하는 작업이다.

노자와 장자는 이런 작태를 가리켜 한심한 일이라고 비판한다. 이들에 따르면 성인이란 '말로써 하지 않는 가르침(不言之敎)'을 행하는 사람이다. 그래서 정말로 아는 사람은 알면서도 침묵하는 반면 조금 아는 사람들은 오히려 아는 것인 양 마구 떠들어댄다. 결국 말하는 사람은 알지 못하고, 아는 사람은 말하지 않는 법이다.

무릇 아는 자는 말하지 않고, 말하는 자는 알지 못한다.
고로 성인은 말로 표현하지 않는 가르침을 실천하는 것이요.

未知者不言 言者不知
故聖人行不言之敎 (『장자』 외편 「지북유」)

아는 사람은 말하지 않고,
말하는 사람은 알지 못한다.

知者不言 言者不知 (『노자』 56장)

말하는 사람은 제대로 알지 못하고, 제대로 아는 사람은 말하지 않는다. 고로 세상의 원리를 제대로 이해하는 성인은 우주 · 자연 · 인간세의 대도大道가 바로 자신의 마음속에 있기 때문에 굳이 지식을 쌓아둘 필요가 없다. 학식에 연연하지 않아도 된다는 것을 스스로가 잘 알고 있기 때문이다. 그래서 성인은 아무것도 남기지를 않는다. 남을 위함으로써 내가 더욱 있고, 남에게 정성을 다해 도움으로써 자신의 내면이 더욱 충족되고, 남에게 베풀기에 자신이 더 많은 것을 얻기 때문이다. 즉 남에게 모든 것을 주고도 자신은 오히려 더욱 넉넉해지는 것이다.

아는 자는 많이 알지 않고, 많이 아는 자는 알지 못한다.
성인은 쌓아두지 않고, 다른 사람들에게 베푸는데
자기가 오히려 더 있게 되고,
다른 사람에게 모두 다 줘버리는데 자기 것은 오히려 더 많아진다.
자연의 도는 이로울 뿐 해치지 않으며,
인간의 도는 위할 뿐 다투지 않는다.

知者不博 博者不知
聖人不積 旣以爲人 己愈有

既以與人 己愈多
天之道 利而不害
人之道 爲而不爭 (『노자』 81장)

반면 조금 지혜롭다고 생각하는 사람들은 가능한 한 지식을 쌓으려고 든다. 그럼으로써 자신의 권위를 내세울 수 있으며, 그 권위로써 상대방을 압도할 수 있기 때문이다. 그래서 세상 사람들은 책을 소중히 여긴다. 그렇지만 지식을, 또 그것의 집합체인 책을 아무리 소중히 여긴다 하라도 장자의 눈에는 전혀 소중하게 여길 만한 것이 되지 못한다. 세상 사람들이 소중하다고 생각하는 것은 정말로 소중하지 않기 때문이다. 눈에 보이는 것은 사물의 형체와 색깔뿐이고, 귀에 들리는 것은 사물의 이름과 음성뿐이다. 세상 사람들이 그 형체와 색깔, 이름과 음성으로 세상의 참 모습을 터득할 수 있다고 생각하는 것은 거의 무모함에 가까운 일이다. 그럼에도 이런 것들에 기초해서 사람들이 지식 쌓기를 좋아하고, 또 그 결과물을 책으로까지 만들어내니 참으로 안타까운 일이다. 그래서 정말로 아는 사람은 말하지 않으며, 나아가 지식을 쌓으려는 것은 아예 생각조차 하지 않는다.

환공桓公이 당상에서 독서를 하는데
수레바퀴 기술자인 윤편輪扁은 당하에서 바퀴를 만들고 있었다.
윤편은 망치와 끌을 내려놓고 올라가 환공에게 물었다.
감히 묻습니다만 공께서 읽고 계신 책은 무엇입니까?
환공이 성인의 말씀이라고 대답했다.
윤편은 성인이 살아 계신가 하고 묻자
환공은 이미 돌아가신 분이라고 대답했다.
이에 윤편은 공께서 읽고 계신 것은 '옛사람의 찌꺼기군요'라고 말했다.

환공은 내가 책을 읽는데 감히 공인 따위가 어찌 시비를 건단 말인가.
합당한 설명을 하지 않으면 괜찮지만
그렇지 않으면 죽일 것이라고 말했다.
윤편은 말했다. 제가 하는 일의 경험에 비추어서 말씀드리는 바인데
바퀴를 너무 깎으면 헐거워서 견고하지 못하고,
덜 깎으면 빡빡해서 들어가지 않습니다.
느슨하지도, 빡빡하지도 않게 정확히 깎는 것은
손짐작으로 터득하고 마음으로 느낄 뿐 입으로 말할 수 없습니다.
거기에 비결이 있습니다만 제가 자식에게 그것을 말로 깨우쳐줄 수 없고,
제 자식 역시 제게서부터 그것을 전수받을 수 없습니다.
그래서 칠십 년을 일하고 늙었으나 아직도 수레를 손수 깎고 있습니다.
마찬가지로 옛 사람도 가장 핵심적인 것은 전하지 못하고
세상을 떠났을 것입니다.
그렇기에 공께서 읽고 계신 것은
옛사람들의 찌꺼기일 뿐이라고 하는 것입니다.

桓公讀書於堂上 輪扁斲輪於堂下
釋推鑿而上 問桓公曰 敢問公之所讀者何言邪
公曰聖人之言也
曰聖人在乎 公曰已死矣
曰然則君之所讀者 古人之糟魄已夫
桓公曰 寡人讀書 輪人安得議乎
有說則可無說則死
輪扁曰 臣也以臣之事觀之
斲輪徐則甘而不固 疾則苦而不入
不徐不疾 得之於手而應於心 口不能言
有數存焉於其間 臣不能以喩臣之子

君之子亦不能受之於臣
是以行年七十而老斲輪
古之人與其不可傳也死矣
然則君之所讀者 古人之糟魄已夫 (『장자』 외편 「천도」)

언어와, 그 언어에 의해 만들어진 지식, 그리고 그 지식의 집합체인 책에 대해 부정적 태도로만 일관한다면 노자와 장자가 우리에게 정말로 제시하려는 바는 과연 무엇일까? 단순히 언어와 지식, 그리고 책을 부정하라고 가르치는 것일까? 그렇다면 노자와 장자는 우리에게 새로운 생명의 바람을 불어넣는 것이 아니라 오히려 우리 몸 안에 있는 생명의 바람조차 끄려고 하는 것이 아닐까? 분명 이런 의미에서 말하려는 것은 아닐 것이다. 아마도 우리가 언어가 지닌 한계를 분명히 깨닫고, 그 언어에 대해 우리가 평소 보이는 지나친 의존에서부터 벗어나서 참된 도의 의미를 추구하고, 나아가 진정한 행복을 누리는 길이 무언인지를 보여주려는 의도일 것이다. 지식과 책에 대해서 갖는 회의적인 입장도 마찬가지로 설명될 수 있다. 그렇다면 우리가 언어를 어떻게 사용해야 하는지가 이 문제를 해결하기 위한 가장 중요한 관건이라고 보인다. 여기서 장자의 유명한 언설, '물고기를 잡으면 통발을 잊어라(得魚忘筌)'라는 말이 등장한다.

통발은 물고기를 잡는 수단이다. 물고기를 잡으면 통발을 잊는다.
올가미는 토끼를 잡는 수단이다. 토끼를 잡으면 올가미를 잊는다.
말은 뜻을 전하기 위한 수단이다. 뜻을 전하면 언어는 잊어버린다.
나는 어찌하면 이처럼 말을 잊어버린 사람을 만나
그와 말을 나눌 수 있을까?

筌者所以在魚 得魚而忘筌

蹄者所以在兎 得兎而忘蹄

言者所以在意 得意而忘言

吾安得夫忘言之人 而與之言哉 (『장자』 잡편 「외물」)

한마디로 '물고기를 얻으면 통발을 잊고, 뜻을 얻었거든 말을 잊어라'라는 소리다. 즉 물고기를 잡고 나면 물고기를 잡는 통발이 더 이상 필요 없듯이 의미를 파악하면 그것의 통발에 해당하는 언어는 잊어야 한다는 말이다. 여기서 통발은 말에, 물고기는 의미에 각각 해당하는데, 이는 통발과 물고기의 관계를 기표라는 표현 수단과 기의라는 표현 대상의 관계로 설명한 것이다. 따라서 표현 수단을 통해 표현 대상의 의미를 얻으면 표현 수단은 아낌없이 버려야 한다. 사실 언어는 어디까지나 의미 전달에 필요한 최소한의 도구다. 의미가 통했는데도 언어가 우리의 인식 주관의 한편에 계속 생경하게 남아 있다면 이는 본말이 전도된 현상이다. 마치 안 맞는 신발이 발을 조이고, 결국 우리가 발의 통증을 느끼게 함으로써 발이란 존재를 의식하는 것과 마찬가지인 것이다. 이렇게 되면 언어와 의미가 서로를 제약하는 존재가 된다. 그래서 노자는 차라리 "말이 드문 것이 자연스럽다(希言自然, 『노자』 23장)"고까지 말한다.

X

반편의 지식인은 배운 바에 고착되어 있다

우리는 무한히 큰 세계 속에서 저절로 생겨나고, 또 스스로 변화하는 만물 중의 하나이지만 언젠가는 사라져야 하는 운명을 지닌 한정된 삶을 사는 존재이기도 하다. 우리가 왜 이렇게 미미한 존재가 되었는지 그 이유를 알지도 못하고, 또 그 이유도 알 수 없이 이 세상에 그냥 내던져졌을 뿐인데, 지금 살고 있다는 이유 하나만으로 스스로의 삶을 그저 묵묵히 받아들여야 하는 처량한 신세가 되었다. 그래서 살아가는 것만이 우리가 할 수 있는 유일한 선택이다. 이런 식으로 스스로를 숙명적인 존재로 자리매김한 탓인지 우리는 지금 살고 있는 이 세상이 얼마나 큰지 상상조차 할 수 없을 뿐더러 상상할 생각조차 하려고 들지 않는다. 그래서 우리의 인식 범위 안에 놓여 있는 것만이 세상의 전부라고 생각하고, 더 이상 생각을 확대하려고 하지 않는다. 장자는 이런 삶의 방식에 대해 매우 안타까워하며 유한한 몸을 무궁한 천지에 맡기고 있는 우리의 삶이란 준마가 창틈을 휙 하고 지나가는 것과 다르지 않다고 말한다.

> 준마가 창틈을 휙 하고 지나가는 것과 다르지 않다.
>
> 忽然 無異騏驥之馳 過隙也. (『장자』 잡편 「도척」)

그래서 장자는 인간이 세상의 주인이 아닐뿐더러, 또 될 수도 없다고 말한다. 수많은 동물과 식물, 바람과 물이 뒤섞여 운화運化하는 이 너른 세상에서 인간은 하나의 존재일 뿐이다. 그래서 장자는 한 줌도 되지 못하는 인간의 좁은 소견으로 이 세상을 재단하는 식의 어리석음을 범해서는 안 된다고 강조한다. 이런 전제하에서 장자는 자연이라는 절대의 지평 위에서 사유하라고 우리에게 주문하는데, 이는 인간의 눈으로 자연을 조망하지 말고 자연의 눈으로 인간을 응시하라는 주문이다. 바로 이 눈이 장자가 지닌 눈인데 장자의 눈은 스스로를 타자처럼 바라보는 반성적 명상의 눈으로서 우리의 에고를 훨씬 넘어선다. 이에 반해 우리의 눈은 자신의 에고를 넘어서지 못한 채 세상을 자의적으로 구획하는 데 앞장서고 있는 눈이다. 이 눈은 세상 만물을 구획하는 데 자신의 눈만이 유일한 척도라고 하는 그야말로 오만한 발상을 지닌 눈이다. 그런데 우리의 눈이 저지르는 오만함은 언어와 문자가 저지르는 오만함과 비교할 때 한없이 작다. 그만큼 감관의 연장인 언어와 문자가 자행하는 오만함이란 말로 이루 형언할 수 없을 정도로 크다.

하나의 예를 들어보자. 우리는 세상 만물에 대해 어떤 이름을 붙이는 데 어떤 거리낌조차 느끼지 않는다. 그렇지만 세상을 구성하는 각각의 만물에 고유한 이름이 붙여지는 순간 그것들은 인간의 인식 하에 그대로 놓인다. 세상 만물이 인간의 인식하에 놓인다는 것은 세상 만물이 곧 인간의 지배 아래 들어간다는 사실을 의미한다. 왜냐하면 인간이 자의적으로 규정한 개념으로 세상 만물의 의미가 새롭게 구성되기 때문이다. 예를 들어 어떤 여인에 대해 장미꽃처럼 아름답다고 하면 장미꽃이라는 개념으로 그 여인이 지닌 아름다움의 의미를 찾으려고 한다. 그래서 우리는 그 여인이 아름답기는 하지만 가시 때문에 쉽게 접근할 수 없는 여인쯤으로 인식하곤 하는데, 이런 식의 인식은 그 여인이 지닌 아름다움의 속성과는 별다른 관계가 없다. 만약 그 여인이 여유 있는 마음의 소유자였다면 장미꽃에 자신을 비유한 여인 입장에서는 매우 억울한 일이 될 것이다. 그럼에도 우리는 세상 만물 하나하나에 대해 이런 식의 개념 규정을 하는 데 어떤 망설임이나 주저함이 없다. 그래서 들에 핀 저 이름 없는 소박한 꽃, 즉 인간의 흔적이 닫지 않은 꽃만이 우리의 인식에서 확실히 벗어나 있기에 가장 자유로울 것이라는 말까지 성립할 수 있다.[1]

이런 인간의 오만함은 오늘날 인류 문명을 가능케 한 '의미 분화(division of meaning)' 개념 속에서도 찾을 수 있다. 문명이란 문文과 명明이 합쳐진 단어인데 '글월(文)'을 통해 '밝아진다(明)'는 의미를 지닌다. 즉 '문'이 원인이고, '명'은 결과에 해당한다. 서양인들은 문명을 '시민화(civilization)'의 개념쯤으로 이해하는데, 이는 과거를 야만 상태로 전제하고, 야만 상태에서 인류가 지금 어떻게 벗어났는가 하는, 소위 진보와 발전의 역사관에 따른 것이다. 이런 식의 역사관은 과거를 부정적으로, 현재를 긍정적으로 평가한다는 점에서 결코 가치중립적이지 못하다. 이에 반해 문명이라는 개념은 '시민화'에 비해 훨씬 가치중립적 개념이다. 인류 탄생에서부터 지금까지의 역사, 그리고 앞으로 전개될 미래의 역사도 이런 개념에서 충분히 설명되기 때문이다. 즉 원래 흐릿했던 우리의 의식은 언어와 문자 등을 통해 밝아졌고, 밝아진 의식을 통해 세상마저 밝아진 것이 인류 전 역사의 흐름에서 근저를 이루고 있기 때문이다. 그 결과 우주 · 자연 · 인간세의 원리를 규명하는 과학과 기술, 또 종교까지 발달하게 되었으며, 이런 것들의 발달로 인해 우리는 지금 문명화된 삶을 영위할 수 있게 된 것이 사실이다.

그렇다면 흐릿했던 우리의 의식은 구체적으로 어떤 방식에 의해 밝

---

1 어쩌면 인간도 가장 자유로울 수 있는 조건은 푸코가 말한 감시와 처벌과 같은 거대 구조로부터의 해방이 아니라 언어로부터의 해방일 수 있다. 오늘날 우리는 언어에 의해 자신들의 의미가 고정화되면서 자신들의 실존이 위협받는 경우가 많이 생겨나고 있다.

아진 것일까? 한마디로 의미 분화를 통해 밝아졌다고 말할 수 있다. 그렇다면 의미 분화라는 것은 무엇일까? 이를 설명하기 위해선 서양 근대를 형성하는 데 가장 중요한 역할을 수행했던 '노동 분화(division of labor)'에 대해 먼저 알아둘 필요가 있다. 서양 사회에서 근대와 근대 이전을 구분 짓는 가장 중요한 경계는 사회적 차원에서 노동 분화가 이루어졌는지 여부다. 근대 이전에는 노동이 지금처럼 사회적으로 분화되지 않아 식량의 자급자족에서부터 일상에서 필요한 물건까지 직접 만들어 모든 것을 부락 단위에서 자체적으로 조달해야만 했다. 물론 구하기 곤란한 물건들은 이웃 부락과의 거래를 통해 조달했지만 이는 오늘날 시장경제와 비교할 때 턱없이 제한된 거래다. 이런 봉건적 생산방식은 효율성이라는 근대의 지배적 가치에 의해 여지없이 무너졌고, 그 자리에 노동이 분화된 생산방식이 들어섰다. 그 결과 이전 봉건사회에서 볼 수 없었던 다양한 직업군이 등장했으며, 이런 현상은 생산성 혁명으로 곧바로 이어졌다. 이처럼 사회적 차원에서 이루어진 노동 분화는 이런 식으로 근대 사회를 상징하는 하나의 핵심어로 자리 잡게 된 것이다.

물론 인류 역사에서 노동 분화만 생겨난 것이 아니다. 다른 차원에서 생겨난 분화도 얼마든지 있을 수 있다. 또 노동 분화조차도 근대 이전에 없었던 현상만은 아니다. 사농공상士農工商으로 나뉘는 신분 구분도 노동 분화의 한 형태라고 말할 수 있다. 그렇지만 인류 전 역사를 통해 일관되게 이루어진 분화는 단연 의미 분화다. 인간은 의미 분화를 통해 자신들의 머릿속에 있는 추상화되고 주관적인 의미들을 보다 객관화하고 명료화할 수 있었다. 사실 인간이 이 지구상에 처음 살았을 때 그의 머릿속은 추상화되고 주관적인 의미로 가득 차 있었다. 그래서 동물들과 마찬가지로 해와 달, 산과 바다, 살과 뼈, 야수들과 들꽃들 속에 파묻혀 살면서 손짓과 몸짓, 오감 등을 통해 원초적 상태의 소통만을 했다. 그러다 어느 날 남자와 여자, 땅과 바다, 해와 달, 삶과 죽음, 낮과 밤 같은 '이항대립

(binary opposite)'으로 구성된 짝들을 우연히 발견하면서 '예'와 '아니오' 라는 최초의 의미 분화를 시도했다. 그리고 '예'와 '아니오'를 명확히 구분할 필요를 느끼면서 언어를 생각했다. 물론 '아니오'의 개념을 분명히 인식하면서 세상의 자연스러운 질서가 깨져 나갔지만 이항대립으로 언어 구조를 형성하는 경우 대상의 의미를 가장 효과적으로 구분할 수 있다는 사실을 알았기에 이를 포기하려고 들지 않았다.

오늘날 우리의 주위에서 이항대립 쌍으로 구성된 짝들을 얼마든지 발견할 수 있다. 천지天地, 유무有無, 대소大小, 장단長短, 경중輕重, 상하上下, 좌우左右, 전후前後, 정반正反, 흑백黑白, 다소多少, 강약强弱, 강유剛柔, 화복禍福, 생사生死, 성패成敗, 영욕榮辱, 손익損益, 득실得失, 난이難易, 미추美醜, 선악善惡, 현우賢愚, 공수攻守, 진퇴進退, 허실虛實, 치란治亂, 고금古今, 청탁淸濁, 후박厚薄, 존망存亡, 명매明昧, 음양陰陽, 친소親疎, 이해利害, 피차彼此, 자웅雌雄, 시종始終, 귀천貴賤, 결해結解, 취사取捨, 보광葆光 등이 그것이다. 이런 식으로 한 차례 의미 분화에서 그치면 이항대립이 지닌 무한한 가능성을 그냥 잠재우는 일이다. 의미를 끊임없이 분화해야만 이항대립이 지닌 진정한 가치가 드러나는데 상품 바코드가 철저히 여기에 입각해 있다. 바코드가 '0100100000'이라면 이는 10차례의 이항대립에 따른 의미 분화를 통해 나온 상품명이다. 로그($\log_2$) 개념도 여기서 비롯되는데 10차례의 의미 분화가 이루어진 경우 $\log_2 1024=10$으로 표현된다. 그래서 $\log_2 1024=10$이란 분류 가능한 상품이 1024개까지 이를 수 있고, 이는 10차례의 의미 분화를 통해 이루어진다는 의미를 지닌다.

그런데 이항대립에 입각한 의미 분화는 자칫 우리를 무한 분할과 무한 소급의 함정에 빠뜨릴 수 있다. 물론 상품처럼 의미를 객관적으로 분류할 수 있는 대상을 상대하는 데는 무한 분할과 무한 소급이 그리 심각한 문제가 아닐 수 있다. 그렇지만 대소大小, 장단長短, 경중輕重, 다소多少, 강약强弱, 선악善惡 등의 경우처럼 주관적 의미를 지닌 대상을 구분하는 데는 이항대립에 입각한 의미 분화가 자칫 심각한 문제를 만들어낼 수 있다. 예를 들어 대소의 경우에서 어떤 기준으로 이를 크다 작다로 구분할 수 있을까? 만약 우리가 이 질문에 대해 자신 있게 대답할 수 없다면 그것은 무한 소급과 무한 분할의 다양한 층위 가운데 어디를 중심으로 삼아야 할지 그 기준을 제대로 찾을 수 없기 때문이다. 만약 구성원들 간의 합의를 통해 어떤 기준을 정하더라도 그것은 결코 객관적인 기준이 될 수 없다. 합의의 당사자가 언제든지 변할 수 있는데 이럴 경우 합의의 내용도 얼마든지 달라질 수 있지 않은가.

이것이 언어를 사용하는 경우에 있어서 생겨나는 딜레마다. 이 딜레마를 심각하게 여기고 본격적으로 논한 사람이 있는데 혜자惠子로 대표되는 고대 중국의 '논리학파'라고 불리는 변론가들이다. 이들의 논의 가운데는 "먼지보다 큰 것이 없고, 천지보다 작은 것이 없다"는 주장이 있다. 이런 식의 논리 전개가 가능한 것은 먼지도 그보다 작은 층위에서 보면 우주만큼 크게 보이고, 천지도 우주 전체의 층위에서 보면 먼지보다 작게 보이기 때문이다. 물론 이 같은 논리는 우리의 인식이 상대적 기준에서 이루어지고 있기에 그것의 객관성을 유지하기가 얼마나 어려운지를 말해주는 일종의 궤변에 따른 것이다. 그래서 장자는 이런 모순 앞에서 세상을 재는 객관적이며, 표준적인 준거는 없다고 그냥 손을 들어버리고 만다. 물론 어떤 사람들은 장자에 대해 어째 표준이 있을 수 없는가, 라고 코웃음을 칠는지 모른다. 하느님이 모든 세상을 창조했는데 하고서 말이다.

> 시작이 있으면 그 시작이 있기 이전의 시작이 있을 것이다.
> 또 시작이 있기 이전의 이전의 시작이 있을 것이다.
> 아직 시작되지 않음이 있고,

또 그 앞에 아직 시작되지 않음의 이전이 있다.
있다(有)가 있고, 없다(無)가 있으면
있다/없다가 있기 이전이 있을 것이다.
또 있다/없다가 있기 이전의 이전이 있을 것이다.
잠시 있다/없다로 구분하지만
무엇이 있는 것이고, 무엇이 없는 것인지 알 수 없다.
지금 내가 있다고 말하지만 내가 말한 것이
과연 있다를 말한 것인지 없다를 말한 것인지 알 수가 없다.

有始也者 有未始有始也者
有未始有夫未始 有始也者
有有也者 有無也者 有未始有無也者
有未始有夫未始有無也者
俄而有無矣 而未知有無之果孰有孰無也
今我則已有謂矣 而未知吾所謂之其果有謂乎
其果無謂乎 (『장자』 내편 「제물론」)

이 내용도 과연 궤변일까? 그런데 이 글의 내용을 찬찬히 들여다보면 궤변이라고 치부할 수 없는 이유들이 서서히 드러난다. 먼저 이 글에서 인용한 '시작(始)'의 개념부터 살펴보자. 우리는 곧잘 "이제부터 시작"이라고 말하는데 그렇다면 이런 시작을 말하기 이전의 시작이 분명 있었을 것이다. 이런 식으로 끊임없이 따져 가면 그 시작의 시작도 있고, 또 그 시작의 시작의 시작도 있을 것이다. '없음(無)'도 마찬가지 방법으로 설명된다. '없음(無)'에 대해 말하지만 그 없음마저 없었던 때가 과연 있을 수 있을까? 즉 지금 '없다'고 말했지만 그 없음조차 실제는 있는 것이 아니지 않은가? 그렇다면 없음마저 없다는 것이 없었던 때가 과연 있을 수 있을까? 이런 사실들은, 객관적인 사물이라도 그 자체에서도 같다(同)와 다르다(異)의 표준이 일정하지 않을 수 있음을 말해준다. 즉 사람에 따라, 상황에 따라 그 기준이 얼마든지 바뀔 수 있다는, 즉 가변적일 수 있다는 사실을 말해준 것이다.

서양에서도 이와 비슷한 시기에 비슷한 고민을 한 사람이 있었는데 고대 그리스 엘레아학파에 속했던 제논(Zenon)이다. 제논은 장자와 달리 공간보다 시간의 문제를 갖고 고민했는데 '날고 있는 화살은 정지해 있다'라는 궤변으로 유명하다. 만약 화살이 ㄱ 지점에서 ㄴ 지점으로 날아간다면 화살은 ㄱ 지점과 ㄴ 지점 사이의 모든 점을 통과해야만 한다. 그런데 각 점은 움직이는 것이 아니기에 화살이 각 점에 있는 순간 화살은 순간적으로 움직이지 않는다는 논리가 성립할 수 있다. 즉 화살이 어느 순간의 한 점에 위치해 있으면 정지해 있는 것이고, 화살이 어느 순간의 어느 한 점에 위치해 있으면 날지 않는다는 것인데, 이것이 제논이 말하는 역설이다. 제논의 이런 역설은 시간도 공간의 경우와 마찬가지로 무한히 분할될 수 있다는 것을 전제로 할 때 가능할 수 있는 논리다.

불가도 이런 모순에 대해 깊이 성찰하고서는 아무도 생각할 수 없는 기막힌 답을 내린다. 대승불교의 창시자라 할 수 있는 나가르주나(龍樹)는 그의 『중론中論』에서 일체 사물의 운동 작용은 과거, 현재, 미래라고 하는 삼시三時에 동시에 존재할 수 없지만 그렇다고 과거와 미래를 전제하지 않고서는 현재도 생각할 수 없다고 말한다. 즉 제논은 화살의 움직임을 과거, 미래, 현재에 동시에 놓고 생각했기에 그의 고민이 시작되었다. 그렇지만 나가르주나는 과거, 현재, 미래를 서로 구분함으로써 제논과 같은 모순에 빠지지 않았다. 그러면서 나가르주나는 과거에 지나간 것과 미래에 지나갈 것을 감안하지 않고서 지금 지나가는 것이 지나간다는 것을 생각할 수 없다고 말한다. 이렇게 말함으로써 과거, 현재, 미래를 구분하는 것이 사실상 불가능하다는 점을 역설한다. 즉 과거, 현재, 미래의 삼시를 구분 가능한 개념으로, 또 구분 가능하지 않은 개념으로 함께 설정함으로써 제논이 부딪쳤던 고민에서 벗어날 수 있었다.

이미 지나간 것이 간다는 것은 있을 수 없다.
아직 지나가지 않은 것이 간다는 것도 있을 수 없다.
(그렇다고) 이미 지나간 것과 아직 지나가지 않은 것을 떼어 놓고서
지금 지나가고 있다는 것이 간다는 것을 생각할 수 없다.

已去無有去 未去亦無去
離已去未去 去時亦無去 (『중론』 본품 「관거래품」)

나가르주나의 이런 입장은 장자에게서는 바로 도道에 입각한 관점에 해당한다. 흔히 사람들은 제논이 시도했던 것처럼 모든 것을 분별하려고 든다. 게다가 제논의 사유 방식은 분별이라는 관점에서 보면 거의 극단에 이른 경지다. 화살이 날아가는 이동 거리를 작은 점으로 구분해서 수없이 많은 공간으로 나누었기 때문이다. 그 결과 점과 점 사이에 있는 의미의 연결 고리들이 사라져버렸다. 반면 나가르주나의 경우에선 시간상의 구분이 과거, 현재, 미래의 삼시 정도에 그쳤기에 각 시간끼리의 연결 고리들이 여전히 살아 있다. 바로 이것이 제논이 경험했던 모순에서 근본적으로 벗어날 수 있었던 결정적 이유다. 물론 대부분의 사람들은 제논과 같이 모든 대상을 분석(分)하고 분별(辯)[2]하는 데 매우 익숙해 있다. 그리고 이를 과학적 사고라고, 또는 체계적 사고라고 믿는다. 이에 대해 장자는 도의 세계를 언급하면서 이 세계는 과학적 분석과 객관적 분별의 대상이 아니라고 말하며 제논의 역설에서 벗어나려고 한다.

---

2 분分은 나눈다는 의미이기에 분석으로, 변辯은 '辛+言+辛'으로 구성된 말이기에 분별로 해석했다. 즉 '辛+言+辛'은 양쪽에 '매운 사람(辛)'이 말(言)로써 시비를 다투고 있는 형상이기에 분별이라고 해석하는 것이 나을 듯하다.

고로 분석하는 데 있어서 분석하지 못하는 바가 있고,
분별하는 데 있어서 분별하지 못하는 바가 있다. 그게 무슨 말인가?
성인은 그것을 품지만 보통 사람들은 그것을 분별해서 보려고 한다.
고로 분별한다 함은 (도에 대해) 보지 못하는 바가 있다.

故分也者有不分也 辯也者有不辯也
曰何也 聖人懷之 衆人辨之而相示也
故曰辨也者 有不見也 (『장자』 내편 「제물론」)

그런데 우리는 도의 세계에 대해 분별과 분석의 잣대를 들이댈 수 없는 것일까? 물론 들이댈 수는 없다. 도의 세계에선 모든 것이 끊임없이 변화하고 있기 때문이다. 우리가 분석과 분별의 잣대를 들이대려면 그것이 변하지 않고 고정되어 있을 때만 가능하다. 그래서 변화하는 모든 것을 변화하지 않는 것으로 고정시키려는 시도만큼 어리석은 일은 없다. 또 변화하는 것을 변화하지 않는 것으로 오인하여 그것에 집착하고, 또 그것을 고집하는 사고만큼 위험한 짓도 없다. 이처럼 분별과 분석이란 항상 어리석음과 위태로움이 따르는 작업이다. 그럼에도 우리는 만물과 더불어 변화하면서도 실상은 조금도 변화하지 않으려는 그런 불변적인 인생을 살아보려고 매진하고 있는 것이다.

나날이 사물과 함께 변화되어 가지만 조금도 변화하지 않는다.
어째서 이런 입장을 택하지 않는가

日與物化者 一不化者也
闔嘗舍之 (『장자』 잡편 「즉양」)

사람들은 왜 이런 식의 삶을 끊임없이 고집하는 것일까? 한마디로 세상의 구성이 상대적이라는 사실을 미처 깨닫지 못해서다. 널리 알려진 새옹지마塞翁之馬의 주인공인 '시골의 한 늙은이(塞翁)'가 느꼈던 바도 모든 것이 상대적으로 구성되었다는 진리가 아닌가. 낙심落心이 낙심樂心으로 변하고, 또 낙심樂心은 낙심落心으로 끊임없이 변하면서 우리가 겪는 모든 길흉과 성쇠는 시간의 흐름에 따라 언제든지 그 위치를 변경할 수 있다는 진리의 말이다. 그래서 이 진리에다 자신을 턱 하고 편히 맡겨놓으면 슬퍼할 일도, 기뻐할 일도, 즐거워할 일도, 괴로워 할 일도 없는데, 사람들은 모든 길흉성쇠와 희로애락을 변화하지 않는 어떤 고정적인 것으로 오인하고 여기에다 자신의 마음을 단단히 고정시키고선 불행의 싹을 스스로 키운다. 그래서 장자는 "한쪽에서의 무너짐은(훼손)은 다른 쪽에서의 이룸(완성)이며, 한쪽에서의 이룸은 다른 쪽에서의 무너짐이다"고 말한다.

한쪽에서의 무너짐은 다른 쪽에서는 이룸이며,
한쪽에서의 이룸은 다른 쪽에서는 무너짐이다.
모든 사물은 이룸이건 무너짐이건 간에 다 같이 하나다.
오직 도에 이른 자만이 이 하나임을 깨달아서
자기의 판단을 내세우지 않고 사물을 평상시의 자연스런 상태에 머문다.

其分也成也 其成也毁也
凡物無成與毁 復通爲一
唯達者知通爲一 爲是不用而寓諸庸 (『장자』 내편 「제물론」)

그럼에도 인간은 자기와 타자 사이의 대립 속에서 최대한의 미혹을 가지려고 든다. 예를 들어 상대는 아름다운데 나는 왜 추할까, 상대는 부유한데 나는 왜 가난할까, 상대는 명예로운데 나는 왜 초라할까라는 식으로 말이다. 그러면서 세상에 제대로 수용되지 않는 자신을 탄식하고, 나아가 자신을 수용하지 못하는 사회마저 저주하려고 든다. 이는 부富/빈貧,

귀貴/천賤, 영榮/욕辱, 현賢/우愚, 대大/소小, 미美/추醜 등으로 이루어진 현실의 존재 방식과, 이에 대한 세상 사람들의 가치 부여가 그의 마음을 격렬하게 뒤흔들고, 빈궁, 고독, 오욕, 패망이 그의 마음을 통렬하게 억누른 결과라고 보인다. 그런 그가 새옹지마의 주인공이 겪었던 일을 똑같이 경험한다면 그 결과로 변화된 자신의 마음에 대해 무어라고 변명할는지 자못 궁금해진다. 아마도 세상만사에 있어서 어떤 절대적인 기준이 없다는 사실을 비로소 깨닫고선 오랫동안 스스로를 학대해 왔던 자신의 과거를 이내 후회하지 않을까 쉽게 상상해 본다.

장자는 스스로가 만든 고정관념에서 비롯된 잘못을 지적하면서 우리에게 다음과 같은 메시지를 던진다. "사람이 습한 데서 자면 허리가 아픈데 미꾸라지도 과연 그럴까?" "사람이 높은 데 오르면 겁이 나는데 원숭이도 과연 그럴까?" "뱀은 지네를, 사람은 고기를, 까마귀는 쥐를, 사슴은 풀을 즐겨 먹으면서 각자의 입맛이 서로 다른데 과연 어느 입맛이 표준일까?" "세상 사람들은 모장毛嬙과 여희麗姬를 미인이라고 하는데 그런 미녀를 보아도 물고기는 물속 깊이 숨고, 새들은 하늘 높이 날고, 순록은 힘껏 달아나는데 그것은 왜 그럴까?" 이 질문들은 세상에 어떤 객관적인 기준이란 있을 수 없는데도 인간의 잣대로 세상을 객관화하려는 우리의 어리석음을 꼬집는 뼈아픈 메시지를 담고 있다.

그럼 내가 어디 당신에게 물어보자.
사람이 습한 데서 자면 허리에 병이 나
한쪽을 못 쓰는 반신분수가 되는데 미꾸라지도 그럴까?
사람이 나무 위에 오르면 겁에 질리는데 원숭이도 그럴까?
사람, 원숭이, 미꾸라지 셋 중 누가 거주해야 하는 곳을
제대로 안다고 할 수 있는가?
사람은 가축을 먹고, 사슴은 풀을 뜯어 먹고, 뱀은 지네를 먹고,

까마귀는 쥐를 먹기를 좋아하지.

이 네 동물의 입맛이 제각각 다른데 어느 입맛이 표준이 되겠나?

원숭이는 편저를 짝으로 삼고, 순록은 사슴과 교배하며,

미꾸라지는 물고기와 함께 헤엄친다.

세상 사람들은 모장이나 여희를 미인이라고 하지만 그들을 보면

물고기는 물속에 숨고, 새들은 하늘 높이 날고, 순록은 힘껏 달아난다.

이 넷 중에서 누가 올바른 아름다움을 안다고 생각하는가?

且吾嘗試問乎汝

民濕寢則腰疾偏死 鰌然乎哉

木處則惴慄恂懼 猿猴然乎哉

三者孰知正處

民食芻豢 麋鹿食薦 蝍蛆甘帶 鴟鴉嗜鼠

四者孰知正味

猨猵狙以爲雌 麋與鹿交 鰌與魚游.

毛嬙麗姬人之所美也

魚見之深入 鳥見之高飛 麋鹿見之決驟

四者孰知天下之正色哉 (『장자』 내편 「제물론」)

우리가 자부하는 합리성과 공정성의 기준도 도의 관점에서는 함부로 자임할 수 없는 표준들이다. 게다가 인간이 정한 객관적 기준들도 세상만사를 구성하는 각 개체와 사실 등에 일일이 적용하면 동일한 기준에서 똑같이 평가할 수 없다. 왜냐하면 세상 만물은 제각각 다층적 지평과 전망을 갖고 있기 때문이다. 그래서 객관적 기준이라 할지라도 그것은 결코 객관적이 될 수 없다. 그래서 사물의 가치를 평가하는 데 나름대로의 용도와 재주와 성질이 각각 다르다. 장자는 이를 '각자의 용도(言殊器也)', '각자의 재주(言殊技也)', '각자의 성질(言殊性也)'로 개념화한다. 따라서 세상

만물에는 각자의 소임과 역할이 제각각 있는 것인데 어떤 객관적 기준을 적용해서 세상만사를 재단하려는 것은 매우 위험천만한 일이다.

> 대들보와 같은 큰 나무는 성벽을 칠 수 있어도 구멍은 막을 수 없다.
> 이는 각기 다른 용도가 있음을 말한다.
> 준마는 하루에 천리를 달릴 수 있어도
> 쥐를 잡는 데는 고양이나 족제비만 못하다.
> 이는 각기 다른 재주가 있음을 말한다.
> 부엉이는 밤엔 벼룩을 잡으며 털끝까지 헤아리지만
> 낮엔 눈을 부릅떠도 산이나 언덕을 못 본다.
> 이는 각기 다른 성질을 갖고 있음을 말한다.
>
> 梁麗可以衝城 而不可以窒穴
> 言殊器也
> 騏驥驊騮 一日而馳千里 捕鼠不如狸狌
> 言殊技也
> 鴟鵂夜撮蚤察豪末 晝出瞋目而不見丘山
> 言殊性也 (『장자』 외편 「추수」)

노자도 대상에 따라 평가 기준이 달라져야 한다는 점을 강조한다. 그러면서 대상을 개인, 가정, 고을, 나라, 세상 등으로 병렬시킴으로써 치도治道와 관련을 둔다. 노자에 따르면 개인은 개인 차원에서, 가정은 가정 차원에서, 고을은 고을 차원에서, 국가는 국가 차원에서, 천하는 천하 차원에서 그 기준을 달리해서 파악해야 한다. 즉 개인에게 적용되는 기준이 가정을 화목케 하는 데 적용될 수 없으며, 가정에 적용되는 기준이 고을을 다스리는 데 적용될 수 없으며, 고을에 적용되는 기준이 국가를 운영하는 데 적용될 수 없으며, 국가에 적용되는 기준이 천하의 평화를 가져오도록 하는 데 적용될 수 없다는 의미다.[3] 이는 수신修身과 제가齊家를 '천하를 평화롭게 하는(平天下)' 조건으로 단 유가와는 사뭇 다른 입장이다. 유가에서는 개인-가정-국가를 서로 유기적으로 연결된 관계로 파악하고 있다면, 노장사상에서는 이를 병렬적으로 나열된 관계로 파악하고 있기 때문이다.

> 따라서 자신으로써 자신을 보고, 가정으로써 가정을 보고,
> 고을로써 고을을 보고, 나라로써 나라를 보고, 천하로써 천하를 본다.
>
> 故以身觀身 以家觀家 以鄕觀鄕
> 以國觀國 以天下觀天下 (『노자』 54장)

그럼에도 모든 것을 판단하고 평가하는 데 자신만이 중심적인 척도라고 주장하는 존재가 있다. 그 존재가 바로 인간이다. 인간은 자신 이외에 어떤 다른 존재가 세상의 표준이 될 수 없다고 큰소리친다. 그래서 땅위의 것, 하늘의 것, 물속의 것 모두가 인간의 삶과 행복을 위해 봉사하는

---

3 도요토미 히데요시(豊信秀吉)는 임진왜란을 일으킨 장본인이기에 우리에게는 매우 부정적인 인물이지만 일본인들에게 높게 평가받는 이유 중 하나도 여기에 있다. 도요토미 히데요시는 당시 그와 더불어 3대 영웅이었던 오다 노부나가(織田信長)와 도쿠가와 이에야스(德川家康)와 달리 밑에서부터 최고 정상에까지 올라간 입지전적인 인물이다. 군대로 말하면 분대장에서 시작해서 참모총장에 이른 사람이다. 그런데 그는 분대장일 때는 분대장 역할에, 소대장일 때는 소대장 역할에, 그리고 군단장이 되어서는 군단장 역할에 각각 충실했다. 즉 변화하는 지위에 따라 역할 변화를 제대로 이룬 사람이다. 국가 경영에 있어서도 이런 논리가 적용된다. 『로마인 이야기』의 저자 시오노 나나미는 조그마한 부족국가에서 시작해서 세계 제국을 이룩한 로마제국이 1000년 이상 지속할 수 있었던 이유를 여기서 찾는다. 영토 확장에 따라 국제사회에서 변화하는 로마제국의 역할 변화를 잘 이루어낸 결과라고. 이런 사실은 동양에서 세계 제국을 이룩한 몽골제국과 비교가 된다. 몽골제국은 군사적으로는 성공을 거두어 영토를 크게 확장시켰지만 정치적으로는 실패해서 정복한 영토를 100년 남짓 만에 해당 나라의 역사로 되돌려줄 수밖에 없었다.

도구일 뿐이라고 떵떵거린다. 게다가 인간들 너머에 있는 것들은 아예 돌아볼 필요조차 없다고 잘라 말한다. 이런 관점에서 자연이 인간의 정복 대상이 된지 이미 오래다. 그래서 동물 보호도 배부른 소리고, 자연보호란 것도 솔직히 인간이 살아가는 환경을 쾌적하게 해보자는 속셈이 아니냐는 황당한 말까지 주저 않고 한다. 세상에 대한 그릇된 편견을 넘어서서 인간의 오만이 극에 달하고 있는 소리로 밖에 들리지 않는다. 이런 상황에서 장자는 사물에 어떤 기준이 있을 수 없다는 입장을 묵묵히 견지한다. 같은 맥락에서 인간의 사고방식조차 어떻게 객관적 기준이 될 수 있느냐고 반문하면서 편협한 인간에 대한 항변까지 표시한다.

설결이 왕예에게 묻는다.
선생님은 사물의 가치에 어떤 표준이 있느냐고?
이에 왕예는 내 어찌 알겠느냐고 말한다.
선생님은 자신이 모르는 바를 아느냐고?
이에 왕예는 내 어찌 알겠느냐고 말한다.
그렇다면 모든 사물에 대해 아무것도 모르냐고?
이에 왕예는 내 어찌 알겠느냐고 말한다.
하지만 (왕예는) 그 문제에 대해 일단 말은 해보자고 말한다.
내가 알고 있다고 했지만 실은 알지 못하는지도 모르고
내가 모른다고 했지만 실은 알고 있는지도 모른다.

齧缺問乎王倪曰
子知物之所同是乎 曰吾惡乎知之
子知子之所不知邪 曰吾惡乎知之
然則物無知邪 曰吾惡乎知之
雖然 嘗試言之
庸詎知吾所謂知之非不知邪

庸詎知吾所謂知之非知邪 (『장자』 내편 「제물론」)

그런데 인간은 세상 만물에 대해서만 우월적 지위를 뽐내는 것이 아니다. 인간들과의 관계에서도 자연에 대해 그러했던 것처럼 똑같이 뽐내려고 든다. 그래서 자신만이 모든 판단의 표준이요 근거라고 고집하는데, 편협한 지식인들이 바로 그런 존재다. 물론 편협한 지식인들의 주장에도 일면 타당성이 있을 수 있다. 그렇지만 한 걸음 더 나아가 논의의 차원을 넓히거나, 옮겨놓으면 이들 주장의 근거가 옹색해지고 구차해지는 경우가 너무나 많다. 그만큼 편협한 지식인들이 말하는 표준이나 근거가 적용될 수 있는 범위가 제한적이기 때문이다. 그럼에도 편협한 지식인들은 이를 제대로 깨닫지 못하고 자신들의 주장만이 옳다는 편견에서 좀처럼 헤어나지 못한다. 어쩌면 우리가 인식하는 현실이란 표피적 차원에서 벗어나지 못하는 일종의 비극일 수 있는데, 이 비극을 연출하는 주인공이 편협한 지식인이다. 장자는 이런 편협한 지식인을 가리켜 우물 안 개구리에 비유한다.

자네는 저 무너진 우물 안의 개구리 이야기를 못 들었나?
개구리가 동해에 사는 거북에게 말했네. 나는 즐겁다고.
밖으로 나오면 우물 난간 위에서 뛰놀고,
안에 들어가면 깨진 벽돌 끝에서 쉬며,
물 위에 엎드릴 때는 겨드랑이를 붙인 채 턱을 들며,
진흙을 찰 때는 발등까지 잠기지.
장구벌레, 게, 올챙이를 두루 보아도 나만큼 즐겁지가 못하네.
구덩이 물을 내 멋대로 하며,
무너진 우물 안 즐거움에 편히 머물러 있는 것은 최고일세.
자네도 이따금 와서 들어와 보는 게 어떻겠나?
거북은 (그 말을 듣고 들어갔는데) 왼발이 들어가기 전에 오른쪽 무릎이 우물에 이미 끼었다.
그래서 망설이다가 뒤로 물러나서는
개구리에게 바다 이야기를 해주었다는 거야.
대저 천리의 먼 거리도 바다의 크기를 드러내 보이기에는 부족하고,
천 길의 높이도 바다의 깊이를 다하기에는 충분치 못하네.
우 임금 때 십 년 동안 아홉 번이나 홍수가 났지만
바닷물은 불어나지 않았지.
탕 임금 때 팔 년 동안 일곱 번이나 가뭄이 들었지만
바닷물은 줄지 않았지.
시간이 짧고 길에 따라 변하는 일 없고,
비가 많고 적음에 따라 불거나 주는 일 없다는 것,
이것 또한 동해의 커다란 즐거움이라네.
우물 안 개구리는 이 말을 듣고 깜짝 놀라 그만 당황하여
얼이 빠져버렸다는 걸세.

子獨不聞夫埳井之鼃乎 謂東海之鱉曰 吾樂與
出跳梁乎井幹之上 入休乎缺甃之崖
赴水則接腋持頤,蹶泥則沒足滅跗
還視虷蟹與科斗 莫吾能若也
且夫擅一壑之水 而跨跱埳井之樂 此亦至矣
夫子奚不時來入觀乎
東海之鱉左足未入 而右膝已縶矣
於是逡巡而却 告之海曰
夫千里之遠 不足以擧其大 千仞之高 不足以極其深
禹之時十年九潦 而水弗爲加益
湯之時八年七旱 而崖不爲加損
夫不爲頃久推移 不以多少進退者

此亦東海之大樂也

於是埳井之鼃聞之 適適然驚 規規然自失也 (『장자』 외편 「추수」)

우물 안 개구리가 편협한 생각에서 벗어나지 못하는 것은 무슨 이유일까? 그것은 시간과 공간에 한정되어 있는 존재이기 때문이다. 즉 우물 안 개구리가 바다를 이야기할 수 없는 것은 좁은 공간에 매여 있어서이다. 마치 여름에만 사는 매미가 얼음을 이야기할 수 없는 것은 시간에 사로잡혀 있는 것처럼 말이다. 그렇다면 편벽된 논리에 치우친 반편의 지식인도 좁은 공간에 매여 있는 우물 안 개구리나, 또 여름이라는 시간에 구속된 매미와 별반 다를 바 없는 신세다. 이런 사실을 반편의 지식인만 모르고 있을 뿐이다. 반편의 지식인이란 자신이 알고 있는 게 모든 것이 양 오로지 그것에 의해 자신의 생각이 고착되어 있기 때문이다. 그래서 사람들은 자신이 처한 상황을 제대로 인식하고, 그 범위 안에서 자신의 주장을 펼쳐야 한다. 그럼에도 자신이 알고 있는 범위를 훌쩍 뛰어넘어 자신의 생각을 한없이 확장하고, 또 끝없이 적용하려고 한다. 그 결과 자신은 항상 옳고, 상대는 항상 그르다는 아집과 오만에 빠지고 만다.

우물 안 개구리에게 바다를 말해도 알지 못하는 것은
장소에 구애되어 있어서이다.
매미에게 얼음을 말해도 알지 못하는 것은
시간에 구애되어 있어서이다.
편벽된 선비에게 도를 말해도 알지 못하는 것은
가르침에 묶여 있어서이다.

井蛙不可以語於海者 拘於虛也
夏蟲不可以語於氷者 篤於時也
曲士不可以語於道者 束於敎也 (『장자』 외편 「추수」)

장자는 반편의 지식인이 자신감이 넘쳐 세상 만물을 자기 뜻대로 재단하고 평가하는 작업을 가리켜 가느다란 대롱 구멍을 통해 하늘을 보려는 것에 비유한다. 또 울퉁불퉁하게 생긴 땅을 끝이 뾰족한 송곳으로 찧어서 고르게 하는 것에 비유한다. 그런데 가느다란 대롱을 통해 하늘을 이곳저곳 아무리 둘러보아도 하늘 전체를 다 보지 못한다. 또 송곳으로 땅을 수만 번 찧더라도 집 마당의 작은 땅조차 고르게 할 수 없다. 장자의 해학이 잘 드러나는 대목인데 그래서인지 이 글을 접하는 순간 우리의 입가에는 절로 미소가 지어진다. 물론 반편의 지식인은 우리와 함께 미소 지을 수 없다. 본인들이 이런 어처구니없는 일을 저지르는 당사자이기 때문이다. 그럼에도 함께 미소 짓는다면 이는 자신들에게 문제가 있다는 사실조차 알지 못함을 그냥 보여주는 행동이다. 여기에 문제의 심각성이 있다. 그래서 우리 스스로에게 한 번쯤 자문해 보자. 반편의 지식인이 벌이는 이 한심스러운 짓거리를 장자처럼 재미나게 표현할 수 있는 상상력이 있는지를. 이 질문에 대해 자신 있게 대답할 수 없다면 우리도 이미 반편의 지식인 쪽에 기울어 있는 게 아닐까 하고 반성할 필요가 있다.

> (가느다란) 대롱 구멍을 통해서 하늘을 보는 것이고,
> 송곳으로 땅을 찧는 짓이다.
>
> 是直用管窺天
> 用錐指地也 (『장자』 외편 「추수」)

이제 장자는 같은 시대를 살았던 동료 지식인들이 마치 미친 사람처럼 외쳐대는 주장을 접하면서 매우 우울해졌다. 이른바 공자의 인의예지仁義禮智, 묵자의 박애반전博愛反戰, 손자의 부국강병富國强兵, 순자의 법치만능法治萬能 등의 주장이 그것이다. 물론 이들의 주장이 잘못되었다는 것은 아니다. 각자의 주장들이 나름대로의 근거를 갖고 있으며,

그 한계 내에서 일정 부분 진리라고 말할 수 있다. 그렇지만 장자가 문제 삼는 것은 자신들의 주장만이 절대유일의 불변적 진리라고 맹신하고는 자기의 생각만이 최고의 진리라고 외쳐대는 그 편협함 때문이다. 그래서 다른 사람의 입장들과 어떤 공통분모를 찾으려는 노력을 하지 않고, 오로지 차이점만을 부각시키면서 자신들의 우월성을 과시하려고 든다. 그 결과 자신들은 옳고, 상대방은 그르다는 식으로 서로를 재단하는 데 익숙해져 있다. 이런 차원에서 장자는 지식이란 다툼 가운데서 생겨나고, 덕이란 명성을 드러내는 데서 파괴된다고 말한다.

더구나 너는 또한 덕이 어떻게 무너지고,
지식이 왜 생겨나는지를 알고 있느냐?
덕은 명성을 드러내는 데서 무너지고, 지식은 다툼 가운데서 생겨난다.
명성이라는 것은 서로 충돌하는 것이고, 지식은 다툼의 도구다.
이 두 가지는 흉기로, 자신의 행실을 훌륭하게 해주는 것이 결코 아니다.
또 너는 덕이 두텁고 신의가 꿋꿋하지만
아직 남의 기분을 꿰뚫는 데까지 이르지 못했고,
명성을 다투지 않는다고 해도
다른 사람의 마음을 꿰뚫는 데까지 이르지 못했다.
그런데도 인의 등의 규범적인 말을 포악한 사람 앞에서
기를 쓰고 말할 테니 그것은 다른 사람의 추함을 드러내어
자기를 아름답게 보이려는 것과 같다.
이런 것은 남에게 해를 끼치는 행위라고 부른다.
남에게 해를 끼치면 반드시 남에게서 해를 돌려받게 되므로
너도 남에게서 해를 입기 십상이다.

且若亦知夫德之所蕩 而知之所爲出乎哉
德蕩乎名 知出乎爭

名也者相軋者 知也者爭之器也

二者凶器 非所以盡行也

且德厚信矼 未達人氣 名聞不爭 未達人心

而强以仁義繩墨之言術暴人之前者

是以人惡有其美也 命之曰

菑人菑人者 人必反菑之 若殆爲人菑夫 (『장자』 내편 「인간세」)

장자는 이 글에서 공자가 제자 안회顔回에게 전하는 말을 빌려 덕과 지식조차도 상대적일 뿐 결코 절대적 가치가 될 수 없음을 강조한다. 공자는 제자들 가운데 안회를 가장 사랑할 정도로 안회에 대한 마음 씀씀이가 깊었다. 그런 안회가 이웃 나라 군주의 폭정을 고쳐보겠다고 나서자 공자는 안타까운 마음으로 그에게 충고를 한다. 안회의 덕은 중후하고 신의도 꿋꿋하지만 아직 남의 기분을 꿰뚫는 데까지 이르지 못했고, 명성을 추구하지 않지만 상대방의 마음을 꿰뚫는 데까지 이르지 못했다. 그럼에도 자신의 순수한 마음으로 인의와 법도에 대해 군주 앞에서 기를 쓰고 말할 텐데, 이는 다른 사람의 추함을 드러내서 자신을 아름답게 보이려는 것과 같다며 아예 갈 생각을 하지 말라고 말린다. 이 내용은 언뜻 보아 상대방의 마음과 기분을 꿰뚫는 것이 덕과 신의보다 더 중요하다는 것으로 해석될 수 있다. 그렇지만 이 글에서 장자가 강조하는 바는 상대방의 마음과 기분을 꿰뚫는 것이 중요하다는 점이 아니라 덕과 신의가 지닌 한계를 깨닫도록 하는 점이다. 왜냐하면 지식이란 다툼의 도구이므로 다툼 속에서 생겨나고, 명성도 충돌하는 것이기에 명성을 드러내는 데서 덕이 파괴되기 때문이다.

실제로 자신의 지식과 덕으로 다른 사람을 감화시키려는 경우 자신은 옳음의 상징으로, 다른 사람은 그름의 화신으로 가정해야 하는 경우가 왕왕 있다. 걸桀 임금 시절의 관용봉關龍逢이나 주紂 임금 시절의 왕자 비간比干의 경우가 그러하다. 관용봉과 비간의 안타까운 죽음은 이들에게 영원한 충신이라는 이름을 부여했지만, 그에 상응해서 걸 임금과 주 임금의 본래 잔혹한 이미지는 더욱 짙어지고 말았다. 그 결과 걸 · 주 양 임금은 역대 최악의 임금이라는 평가를 듣게 되었다. 세 번 정도 간해서 듣지 않으면 스스로 떠나는 것이 바람직한데, 극단적인 방법을 선택해서 자신들의 생각은 관철했는지 모르지만 군주의 잔혹성을 세상에 널리 알리는 계기가 되었다. 이들이 진정한 충신이었다면 꼭 이런 방법을 선택해야 했을까? 이런 무모한 죽음을 두고 장자는 '수레바퀴 앞에 서 있는 사마귀(螳螂拒轍)' 고사의 출처가 되는 이야기를 꺼내면서 이들 행동에 있어서의 문제점을 지적한다.

> 당신은 사마귀 이야기를 모르는가?
> 팔을 치켜들고 수레를 막고 있는 사마귀는
> 이를 감당할 수 없음을 알지 못한다.
> 이는 자기의 재주가 뛰어나다고 믿어서인데 조심하고 신중해야 한다.
> 자신의 뛰어난 재주를 뽐내다가 상대방을 범하면
> (미움을 사기 십상이어서) 위태로울 것이다.
>
> 汝不知夫螳螂乎
> 怒其臂以當車轍 不知其不勝任也
> 是其才之美者也 戒之愼之
> 積伐而美者以犯之 幾矣 (『장자』 내편 「인간세」)

수레를 가로 막고 서 있는 사마귀의 행동은 조금 아는 지식으로 전부를 아는 양 뽐내는 사람들의 건방진 행동, 아니면 편견으로 무장된 반편의 지식인이 세상을 변화시키겠다고 나서는 무모한 행동과 별 다른 차이가 없어 보인다. 장자가 볼 때 인의예지仁義禮智를 지나치게 내세우는 부류들이 바로 여기에 속한다. 인의예지를 마치 신주단지처럼 받드는 사람들은 자연스런 인간의 덕을 뽑아버리고는 원래 그대로인 인간의 천성을 막아 그것으로 명성을 얻고자 하기 때문이다. 그래서 장자는 이들이 천하 사람들에게 피리를 불게 하거나 북을 치게 해서 도저히 실천 불가능한 법을 억지로 신봉케 하는 짓을 저지르고 있다고 말한다. 다소 과격하게 들리는 장자의 이런 주장은 평소 우리가 아무런 의심을 하지 않고 믿어왔던 도덕적 가치관이 결국 지배자들이 만들어낸 '고귀한 거짓말'일 수 있다는 충격적인 고발처럼 들린다.

> 인의를 과하게 내세우는 사람은 자연스런 덕을 뽑고 본래의 천성을 막아
> 그것으로 명성을 얻으려는 사람이다.
> 이는 천하에 피리를 불고 북을 치고 해서
> 덜 떨어진 법을 받들게 하는 것이 아닌가?
> 공자 제자들인 증삼과 사추가 바로 그런 사람이다.
>
> 枝於仁者 擢德塞性 以收名聲
> 使天下簧鼓以奉不及之法 非乎
> 而曾史是已 (『장자』 외편 「변무」)

장자가 인의예지를 모토로 삼는 유가에 대해 이렇게까지 비판적인 것은 무슨 이유 때문일까? 그것은 유가가 주장하는 가치관이 잘못되어서가 아니다. 자신의 주장만이 옳다는 편협한 생각에서 한 발짝도 벗어나지 못하는 유가의 옹졸한 자세 때문이다. 물론 묵자의 박애반전, 손자의 부국강병, 순자의 법치만능 등 춘추전국 시대 제자백가諸子百家의 주장들도 장자의 이런 비판에서 결코 자유로울 수 없다. 그렇지만 장자는 유가의 주장이 제자백가의 주장들에 비해 훨씬 독선적이라고 파악하기에 유가에 대해 더욱 날카로운 비판의 날을 세운다. 공자 사후 2500년이 지났음에도 조선

에서 양반들끼리 벌인 치열한 당쟁을 보면 장자의 주장이 그저 헛된 소리가 아니었음을 쉽게 알 수 있다. 유가를 신봉하는 사람들끼리도 상대방을 배제하려고 이리 치열하게 다투었는데 유가 이외의 주장들에 대해선 유가가 얼마나 엄격한 기준으로 상대했을까 하고 상상해 본다. 장자는 유가의 이런 독선이 무엇보다도 '고착된 마음(成心)'에서 비롯된다고 말한다.

> 고착된 마음에 따라 그것으로 자신의 스승을 삼는다면
> 어느 누가 스승이 없겠는가?
> 어찌 눈앞에 나타나는 마음을 판별하는 사람만이 스승을 갖겠는가?
> 어리석은 사람에게도 스승은 있다.
> 고착된 마음이 없는데 시비가 생겨나는 것은
> 오늘 월나라로 가서 어제 도착했다는 것과 같다.
> 이는 (시비의 기준이) 없다는 것을 있다고 하는 것이니
> 없는 것을 있다고 한다면
> 우 임금 같은 훌륭한 인물도 그것(시비의 기준)을 도저히 알 수가 없다.
> 하물며 우리 같은 사람이야 어찌 알겠는가?
>
> 夫隨其成心而師之 誰獨且無師乎
> 奚必知代而心自取者有之 愚者與有焉
> 未成乎心而有是非
> 是今日適越而昔至也 是以無有爲有
> 無有爲有 雖有神禹 且不能知 吾獨且奈何哉
>
> (『장자』 내편 「제물론」)

사람들 간에 벌어지는 시비와 다툼이란 '고착된 의견(成見)', 즉 '고착된 마음(成心)'으로 상대방을 대하기에 생겨난다. 미리 정해진 마음이 없다면 시비와 다툼이란 게 생겨날 수 없다. 이런 사실을 강조하기 위해

장자는 '오늘 월나라로 가서 어제 도착했다는 것'에 이를 비유한다. 즉 시비판단의 기준을 어디에 두느냐에 따라 이렇게 다르게 말할 수 있다. 장자가 이런 식으로 말도 안 되는 논리를 전개하는 것은 미리 정해진 마음이야말로 모든 시비와 다툼은 물론이고, 쓸데없는 분별까지 이루어내는 가장 중요한 원인이라고 믿기 때문이다. 우리의 인간관계에서 수없이 많은 갈등과 충돌이 생겨나지만, 왜 이런 갈등과 충돌이 생겨나는지의 원인을 계속해서 따져 들면 결국 상대방에 대한 고정관념 때문이라는 대목에서 그만 판단이 멈추고 만다. 그런데 우리의 고정관념이란 '고착된 의견', 내지 '고착된 마음'이 만들어낸다. 따라서 우리의 마음이 어떤 의견이나 생각으로부터 자유로워져서 고착된 마음을 만들어내지 않으면 시비 분별에 빠지는 위험을 근본적으로 제거할 수 있다.

그런데 고착된 마음, 즉 성심을 거꾸로 활용하는 사람들도 우리 주위에서 쉽사리 발견된다. 인간이 만물의 척도라고 주장하는 소피스트들도 그런 사람들 중의 하나다. 이들은 인간이 만물의 척도라는 사실을 증명하기 위해 만물을 정확히 재단하고자 하는데, 이때 정의란 강자의 이익이라는 조건을 단다. 이 조건이 바로 일종의 성심에 해당한다. 성심으로써 만물을 재단하면 자연에 대해 우월한 위치에다 당연하다는 듯이 인간을 놓으려고 든다. 그런데 자연에 대한 인간의 우월을 확인하는 순간 우리는 독점과 권력을 향한 혈투의 무대 속으로 빠져든다. 그 결과 인간사회는 자신이 세상의 중심임을 내세우는 수천수만 에고의 각축장이 되고 만다. 이렇게 이해가 다르고 득실이 상충되는 곳에서는 일치된 합의를 기대하기란 너무도 어렵지만, 도의 관점에서는 그저 우스꽝스러운 다툼으로만 비칠 뿐이다. 그래서 장자는 인간들의 이런 쓸데없는 각축을 보고 이를 달팽이 뿔 위의 촉觸씨와 만蠻씨의 땅 빼앗기 싸움에 비유한다.

달팽이의 왼쪽 뿔에 나라가 있는데 촉씨라 하고,
오른쪽 뿔에 있는 나라는 만씨라고 합니다.
때마침 이들이 서로 영토를 놓고 싸워서 주검이 몇 만이나 되게 즐비했고,
패군을 쫓아갔다가 15일이 지난 뒤에야 돌아왔습니다.

有國於蝸之左角者曰觸氏 有國於蝸之右角者曰蠻氏
時相與爭地而戰 伏尸數萬 逐北旬有五日而後反

(『장자』 잡편 「즉양」)

이 이야기를 그저 웃고서 넘어갈 수 있을까? 사실 인간들끼리의 다툼이란 원래 이런 게 아닐까? 조그마한 명분과 실리를 지키기 위해 우리는 엄청난 희생을 강요하고, 또 강요를 받고 있는 것이 아닐까? 그래서 인간끼리가 더 무섭다고 말하는 것이 아닐까? 우리는 일상에서 남을 설득하고자 할 때 내 논리가 아무리 당위적으로 옳고, 합리적으로 타당하다 하더라도 상대방의 이해와 편견 앞에서 어찌할 도리가 없을 때를 종종 경험한다. 또 설령 상대방이 내 말에 고개를 끄덕이더라도 좋은 상황에 편승하거나 집단 압력에 굴복한 결과이지 실제로 승복한 것이 아닌 경우들도 많다. 승복되지 않는 상대방의 응어리는 가슴 밑바닥에 남아서 언젠가는 폭발하기 마련이다. 그래서 인간의 마음은 산천보다 험하고, 그 깊이는 바다보다 측량하기 어렵다고 말한다. 결국 이런 것들은 모두 우리의 성심이 빚어낸 비극이다. 그렇다면 시비와 다툼이란 객관적 진리의 발견 때문에 생겨나는 것이 아니라 각자의 편견을 관철하기 위한 아집 때문에 생겨나는 것이 아닐까? 그래서 장자는 시비를 따지는 능력이란 객관적 진리를 발견할 수 있는 능력이 아니라 싸움의 무기인 말의 장난에 불과하다고 말하는 것이다.

xi

조삼모사朝三暮四 우화 – 인시因是와 양행兩行

조삼모사라는 말이 있다. 말 그대로 '아침에 셋(朝三), 저녁에 넷(暮四)'인데 주인이 원숭이에게 먹이를 '아침에 석 되, 저녁에 넉 되' 준다고 했더니 화를 내자 이내 마음을 바꿔 '아침에 넉 되, 저녁에 석 되'를 준다고 했더니 원숭이들이 당장 기뻐서 날뛰었다는 내용이다. 장자는 이 우화를 통해 온갖 시비가 왜 사라지지 않는지에 대한 구체적인 단서를 제공한다. 사실 '조삼모사朝三暮四'나 '조사모삼朝四暮三'은 먹이를 주는 방식의 차이일 뿐 하루에 주는 양은 모두 7되로서 실질에 있어서는 똑같다. 그럼에도 원숭이들이 화를 내거나, 또는 기뻐 날뛰거나 하는 행동은 결국 '조사모삼'이 '조삼모사'보다 낫다는 편견에서 비롯되는 것이다. 이런 편견은 일종의 기호가 만들어내는 가상의 차이일 뿐인데 원숭이는 이 가상의 차이를 놓고 이런 어처구니없는 희비의 쌍곡선을 그려낸다. 그런데 이런 어리석음이 비단 원숭이에게만 국한되는 것일까? 물론 아니다. 그래서 장자의 초점은 원숭이에게 있는 게 아니라 바로 인간에게 있다. 장자는 인간들이 벌이는 온갖 시비 이해도 결국 따지고 보면 '모든 것이 같다'는 만물제동萬物諸同의 원리를 모르고 빚어진다고 말한다.

애를 써서 한쪽을 편들더라도 결국은 모두가 하나로 밝혀진다.

이를 일컬어 '아침에 셋'이라고 한다. 무엇을 '아침에 셋'이라고 하는가?
주인이 원숭이에게 도토리를 아침에 석 되,
저녁에 넉 되 주겠다고 했더니 모두 화를 냈다.
그래서 아침에 넉 되, 저녁에 석 되를 주겠다고 했더니
원숭이가 모두 기뻐 날뛰었다.
명목(표현)이나 실질(내용)에 있어서 하나도 변한 게 하나도 없는데
기쁨과 노여움이 동시에 일어났다.
원숭이 주인은 '있는 그대로를 따랐을 뿐(因是)'이다.
고로 성인은 시비를 조화하면서 '하늘의 조화(天鈞)'에 머문다.
이를 일러 '양쪽이 모두 순조롭게 나아가는 것(兩行)'이라고 한다.

勞神明爲一 而不知其同也
謂之朝三 何謂朝三
曰 狙公賦芧曰 朝三而暮四 衆狙皆怒
曰 然則朝三而暮四 衆狙皆悅
名實未虧而喜怒爲用 亦因是也
是以聖人和之以是非 而休乎天鈞
是之謂兩行 (『장자』 내편 「제물론」)

그런데 장자가 이 글에서 강조하고자 하는 바는 원숭이의 어리석음이 아니라 원숭이 주인의 지혜로움, 즉 '하늘의 조화(天鈞)'에 따른 그의 현명한 태도다. 즉 원숭이가 어리석은 태도를 보이더라도 이를 옳다, 그르다는 식으로 그의 생각대로 판단하지 않고 원숭이가 원하는 바대로 자연스럽게 반응함으로써 자신과 원숭이 양쪽이 순조롭게 함께 나아갈 수 있는 '양행兩行'의 길을 제시한 원숭이 주인의 현명함이다. 원숭이 주인의 이런 현명함은 원숭이를 적당히 구슬려서 나온 게 아니다. 주인이 원숭이를 적당히 구슬려서 설득시키고자 했다면 체념한 듯이 마음을 바꾼

원숭이 주인의 자연스런 행동이 절대로 나올 수 없다. 사실 체념한 듯한 마음은 '있는 그대로를 따르는 바(因是)'에서 비롯된 것인데 이는 '이것이라고 여기는 바(爲是)'와 반대의 개념이다. 그런데 적당히 구슬려서 타협하는 행동이란 결국 '위시爲是'에서 비롯된다. 마치 원숭이 주인이 중립자의 신분이 된 것처럼 말다툼 속에 끼어들어 쌍방의 한가운데 서서 조절을 시도하는 방식인데 이는 공정하다고 말할 수 없는 처사다. 원숭이 주인도 원숭이와의 관계에서 직접적 당사자인데 자신은 제3자가 된 듯 원숭이와 상대하려고 하기 때문이다.

만약 나와 당신이 논쟁을 했다고 합시다.
당신이 나를 이기고 내가 당신을 이기지 못하면
당신은 과연 옳고 나는 과연 그른 것이오?
내가 당신을 이기고 당신이 나를 이기지 못하면
나는 과연 옳고 당신은 과연 그른 것이오?
(이처럼) 한 사람이 옳으면 반드시 한 사람은 그른 것이오?
(아니면) 둘 다 옳은 것이오? (또는) 둘 다 그르다고 해야 하오?
이런 일은 나도 당신도 알 수가 없소.
(그리고) 남들도 이런 무지를 당연히 받아들일 것이오.
(그렇다면) 우리는 누구를 시켜 이를 판단하게 하면 좋겠소?

既使我與若辯矣
若勝我 我不若勝 若果是也 我果非也邪
我勝若 若不我勝 我果是也 若果非也邪
其或是也 其或非也邪
其俱是也 其俱非也邪
我與若不能相知也 則人固受其黮闇
吾誰使正之 (『장자』 내편 「제물론」)

그런데 왜 원숭이는 자신의 생각은 맞고, 상대가 틀리다고 하는 헛된 수고에다 자신의 심혈을 쏟는 것일까? 그것은 언어기호가 자아내는 가상에 집착하면서 자신의 마음속에 편견과 허상을 만들어 낸 탓이다. 사람들은 자신을 기준으로 해서 시공간적으로 가깝다고 생각하면 좋다고 느끼고, 멀다고 생각하면 싫다고 느낀다. 이런 감정은 인지상정人之常情의 측면도 있어서 어쩔 수 없다고 말할 수 있지만 기호가 만들어내는 희노애락의 감정은 좀 다르다. 기호란 실재가 아니라 실재에 대한 가상일 뿐이어서 사람들이 이런 기호에 따라 감정을 대책 없이 드러내면 정말로 우스운 꼴이 된다. 그런데도 원숭이들은 기호가 만들어내는 가상을 마치 실재인 양 착각하여 '조삼모사(3+4)'에 대해서는 화를 내고, '조사모삼(4+3)'에 대해서는 기뻐 날뛰었다. 그래서 장자는 기호로 가득 찬 우리의 마음을 비우지 않으면 기호 너머에 있는 실재의 실상에 영원히 도달할 수 없다고 경고한다. 이처럼 우리의 내면에 들어와서 둥지를 틀고 있는 기호가 실상을 파악하는 데 근원적인 방해자로 작용하고 있는 것이다.

조삼모사의 이야기를 다시 한번 곰곰 생각해 보자. 원숭이 주인이 원숭이에게 주는 도토리의 양은 하루 7되로 제한되어 있어서 '3되+4되'나 '4되+3되'는 그저 시공간적 배열에 따른 형식상의 차이에 불과하다. 심지어 '2되+5되'나 '5되+2되'로 먹이 주는 방식을 바꾼다 하더라도 전체 7되의 양에는 아무런 변화가 없다. 그럼에도 원숭이가 이를 굳이 구분하면서 즐거움과 분노의 감정을 번갈아가며 나타내고 있으니 장자의 눈에는 헛된 수고를 하는 것으로밖에 보이지 않는다. 그런데 원숭이에게 이런 헛된 수고가 점점 깊어지면 언어가 시비 판단에 있어서 공격의 무기로 언제든지 바뀔 수 있다. 실제로 '조삼모사(3+4)'에 대해 원숭이들이 그렇게 화를 냈는데 만약 주인이 '조이모오朝二暮五(2+5)'나, '조일모육朝一暮六(1+6)'으로 바꾸려 했다면 원숭이들은 자신을 키운 주인에게 그대로 덤벼들었을는지 모른다. 만약 이런 일이 발생한다면 이는 언어가 만들어낸 허상이 끔직한 현실을 유도한 셈이다.

사실 언어란 인간의 약속에 따라 자의적으로 만들어진 것이다. 우리가 학교라고 하니까 학교가 된 것이고, 학생이라고 하니까 학생인 된 것이다. 이것들은 어떤 자연의 분계에 따라 설정된 것이 아니라 우리가 임의적으로 구분한 결과로 생겨난 것이다. 우리가 누군가와 의사소통을 할 때 주로 의존하는 논리도 마찬가지다. 논리 정연한 말이란 결국 인간이 임의적으로 만들어낸 경계(구분)가 제대로 작동할 때 생겨날 수 있다. 그렇기에 인위人爲의 성격을 강하게 지닌다. 만약 자연의 분계, 즉 천균天均에 입각해 있으면 인위에 입각한 논리라는 게 굳이 필요가 없다. 이심전심의 방법으로 상대방과 얼마든지 소통할 수 있기 때문이다. 예를 들어 부모가 자식을 사랑하고, 꾸짖는 일들은 자연의 분계에 따라 이루어지는 것인데 만약 이것이 인위에 입각해 있으면 온갖 시비와 오해, 그리고 불신이 생겨날 것이 뻔하다. 그럼에도 원숭이가 '조삼모사(3+4)'와 '조사모삼(4+3)'이 같다는 사실을 깨닫지 못하는 것은 자연의 분계를 알지 못하고 인위적 분계에만 의존한 탓이다.

그런데 이런 어처구니없는 일이 비단 원숭이에게 국한되는 것일까? 바로 우리가 이런 어처구니없는 일을 매일매일 만들어내는 그 주인공들이다. 그래서 장자는 조삼모사 우화를 「제물론齊物論」의 가장 중요한 내용으로 삼고 있다. 사실 「제물론」은 장자서의 뼈대를 구성하는 핵심적인 장으로 논문에 비유하면 이론적 틀에 해당한다. 그래서 「제물론」을 제대로 이해하지 않고서는 장자사상을 정확히 꿰뚫을 수 없다. 그런데 「제물론」에 대한 이해가 그리 만만치 않다. 장자사상을 이해하고 싶어도 대부분의 사람들이 「제물론」을 읽는 데서 그만 막혀버리기에 장자서를 슬그머니 내려놓고 만다. 장자는 책의 나머지 부분들을 「제물론」이 제시한 이론적 틀에 따라 이를 증명하거나 설명하는 본론으로 활용하고 있지만, 장자서를 처음 접하는 사람들에게 「제물론」은 여전히 넘기 어려운 내용들로 가득 차 있다. 이런 「제물론」에서조차 조삼모사의 우화는 그 중요성에 있어서 으뜸가는 위치를 차지한다. 그런 탓인지 현실에서 도道를 구현하기 위한 장자의 의미 있는 시도라고 할 수 있는 '인시因是', '천균天鈞', '양행兩行'이라는 중요한 개념들이 조삼모사 우화에서 모조리 등장한다.

먼저 인시因是에 대해서 알아보자. 인시를 말 그대로 해석하면 '그러니까(因) 그런 것이다(是)'는 의미를 지닌다. 이를 은유적으로 풀이하면 '있는 그대로를 따를 뿐이다'인데 이렇게 부드럽게 풀이해도 무슨 뜻인지 잘 와 닫지 않는다. 그래서 그것의 반대 개념에 해당하는 위시爲是를 통해 인시의 의미를 파악할 필요가 있다. 위시란 '조삼모사(3+4)'에 대해서는 화를 내고, '조사모삼(4+3)'에 대해서는 기뻐했다는 원숭이의 행동에서 그대로 설명이 된다. 원숭이에게 이런 행동 변화가 일어난 것은 서로 다른 제안에 대해서 한쪽은 옳고, 다른 한쪽은 그르다고 판단한 결과다. 이것이 위시에 따른 전형적 행동이다. 원숭이가 '이것이라고 여기는 바', 또는 '이것이 옳다고 생각하는 바'에 따라 먹이를 얻는 방식을 선택했기 때문이다. 어떤 원숭이들은 '조삼모사(3+4)' 방식을 더 선호할 수도 있다. 만약에 이들 원숭이들이 한 울타리 안에 있었더라면 '조삼모사(3+4)'와 '조사모삼(4+3)' 방식을 놓고 서로 다투었을 것이다. 이런 식으로 위시爲是는 서로 다른 관점에서 주관적으로 판단한 결과에서 비롯된다. 따라서 사람들이 위시에 따른 행동을 버리지 않는 한 우리가 살고 있는 이 세상에서 시비 분별은 영원히 사라지지 않는다.

마찬가지로 사람들도 곧잘 본디 하나인 만물을 '그러한 것'과 '그렇지 않은 것'으로 구분하곤 한다. 그러고 난 뒤에는 그러함을 그러함으로, 그렇지 않음을 그렇지 않음이라고 고집한다. 왜 이런 식의 고집을 꺾지 않고 자신의 주장을 여전히 관철하려고 드는 것일까? 세상의 상식과 습관을 좇아 사람들이 그러함이라고 하면 자기도 그러함으로, 그렇지 않음이라고 하면 자기도 그렇지 않음이라고 생각하기 때문이다. 또 사람들이 자기를 위해 옳다고 하고, 또 자기를 위해 그르다고 한다. 그런데 어째서 자신을 위해 옳다고 하는 것일까? 그것은 자신이 옳다고 생각하기에 옳은 것이다. 또 어째서 자신이 옳지 않다고 하는가? 자신이 옳지 않다고 생각하기에 옳지 않은 것이다. 이것들은 특정하고 한정된 입장, 즉 자신들이 만들어낸 편견에 따라 어떤 것은 그러함이나 옳음으로, 또 어떤 것은 그렇지 않음이나 그름으로 판단한 것이다. 그런데 원숭이가 자신의 주인에게 보인 태도가 바로 이런 것이 아닐까? 다른 사람도 아니고 원숭이 자신이 옳다고 생각하니까 옳은 것이고, 옳지 않다고 생각하니까 옳지 않은 것이다. 바로 이것이 위시爲是에 입각한 행동이다.

> 옳다고 하는 것을 좇아서 옳다고 하면 만물로서 옳지 않은 것이 없다.
> 그르다고 하는 것을 좇아서 그르다고 하면
> 만물로서 그르지 않은 것이 없다.
>
> 因其所然而然之 則萬物莫不然
> 因其所非而非之 則萬物莫不非 (『장자』 외편 「추수」)

'조삼모사(3+4)'의 먹이 주는 방식에 대해 원숭이가 화를 내더라도 주인이 이에 대해 어떠한 반응을 보이지 않고서 먹이 주는 방식을 원래대로 고집할 수 있다. 이것 역시 '이것이라고 여기는 바(爲是)'라는 위시에 따른 행동이라고 보인다. 또는 주인이 '조삼모사(3+4)'나 '조사모삼(4+3)'이나 실제에 있어선 별 다른 차이가 없는데 왜 이렇게까지 난리를 치는 거야 하고 원숭이를 질책한다면 이 역시 위시爲是에 따른 행동이라고 할 수 있다. 왜냐하면 원숭이 주인의 판단, 즉 먹이 주는 방법에 있어서 실질적인 차이가 없다는 판단 자체도 '이것이 옳다고 생각 한 바'에 따라 이루어진 것이기 때문이다. 심지어 두 가지 먹이 주는 방식에 있어서 별다른 차이가 없으니까 원숭이 너희들이 원하는 대로 주겠다고 반응하더라도 이 역시 위시爲是에 입각한 행동이다. 왜냐하면 주인의 입장에서 원숭이가 원하는 바를 판단하려고 한 것이기 때문이다. 아무런 생각도 없이 무덤덤하게 "너희들이 그렇게 생각하면 그렇게 하마"라는 거의 체념적인 반응만이 오로지 인시因是에 따른 행동에 속한다고 보인다.

실제로 원숭이 주인에게는 어떤 방식으로 원숭이에게 먹이를 주든 아무런 상관이 없다. 왜냐하면 주인은 '조삼모사(3+4)'는 가可하고, '조사모삼(4+3)'은 불가不可하다는 입장에 있지 않기 때문이다. 주인에게는 '조삼모사(3+4)'건 '조사모삼(4+3)'이건 간에 어느 것이든지 가하면 가한 것이고, 불가하면 불가한 것이다. 원래부터 가한 것이 있고, 원래부터 불가한 것으로 고정된 것이 아니었기 때문이다. 그래서 가함과 불가함의 구분이란 사람들이 그저 습관적으로 가하다고 하니까 가한 것으로, 습관적으로 불가하다고 하니까 불가해진 것으로 드러났을 뿐이다. 마찬가지 이치로 사물에도 원래 그런 측면이 있고, 또 가하다고 할 만한 측면이 있다. 또 원래 그렇지 않은 측면도 없고, 또 불가하다고 할 만한 측면도 없다. 따라서 가하다고 보면 가한 것이고, 불가하다고 보면 불가한 것인데 이런 자세가 바로 '있는 그대로를 따르는' 인시因是에 따른 태도다.

> 가함이 있으면 불가함이 있고, 불가함이 있으면 가함이 있다.
> 있는 그대로를 따르는 것(因是)이
> 있는 그대로를 따르지 않는 것(因非)이고,
> 있는 그대로를 따르지 않는 것(因非)이
> 있는 그대로를 따르는 것(因是)이다.
>
> 方可方不可 方不可方可
> 因是因非 因非因是 (『장자』 내편 「제물론」)

그런데 이런 논리가 어떻게 성립할 수 있을까? 장자는 이에 대해 한쪽에서의 가함은 다른 쪽에서의 불가함이고, 한쪽에서의 불가함은 다른 쪽에서의 가함이라는 다소 이해하기 어려운 이유를 들어 설명한다. 그런데 이 말은 이쪽에서 보면 모두가 저것이 되고, 또 저쪽에서 보면 모두가 이것이 된다는 의미를 지닌다. 즉 모든 사물이란 나를 기준으로 해서 보면 항상 저것이 되고, 또 사물이 저것이 되는 이유는 내가 우연히 이것이라는 기준에 있어서이다. 마찬가지로 이것, 또는 이것에 가깝게 배열된 것에는 '그렇다(是)'는 명칭이, 멀게 배열된 것에는 '아니다(非)'는 명칭이 주어질 따름이다. 이처럼 기준점의 이동에 따라 이것도 '그렇다' 내지 '아니다'로, 저것도 '그렇다' 내지 '아니다'로 얼마든지 바뀔 수 있다. 그래서 '이것 또한 저것이고(無物非彼), 저것 또한 이것이다(無物非是)'는 논리가 성립할 수 있다. 이런 식으로 세상 만물들이 실제로 '이것 아닌 것이 없고, 또 저것 아닌 것이 없다'고 하면 원숭이도 굳이 '이것(조사모삼)'과 '저것(조사모삼)'의 구분에 집착하지 않고서 인시에 따른 자연스런 행동을 보일 수 있었을 것이다.

> 사물에는 저것 아닌 것이 없고, 또 이것 아닌 것이 없다.
> 저쪽에서 보면 보이지 않던 것도 이쪽에서 보면 알 수가 있다.
> 고로 저것은 이것에서 생겨나고,
> 이것은 저것에서 말미암은 것이라고 말한다.
>
> 無物非彼 無物非是
> 自彼則不見 自是則知之
> 故曰 彼出於是 是亦因彼 (『장자』 내편 「제물론」)

'옳다(맞다)와 옳지(맞지) 않다', '좋다와 좋지 않다'와 같이 어떤 가치를 지니는 개념에서도 마찬가지 논리가 성립할 수 있다. 옳다는 관점에서 보면 어떤 것도 옳지 않은 것이 없으며, 옳지 않다는 관점에서 보면 어떤 것도 옳은 것이 없다. 그래서 이것에서 저것을 보면 이것은 좋고 저것은 좋지 않은 반면, 저것에서 이것을 보면 저것은 좋고 이것은 좋지 않다. 실제 사물의 세계에서는 모든 것이 이것이 될 수 있고, 또 저것이 될 수 있다. 예를 들어 사물이 옳음에 의거하면 그것은 사실상 옳지 않음에 기대는 것이고, 옳지 않음에 의거하면 그것은 사실상 옳음에 의지하는 셈이기 때문이다. 이런 식으로 옳음은 그름을 따르고, 그름은 옳음을 따른다. 그래서 우리가 옳음에 대한 인식이 있으면 그름에 대한 인식을 가져야 하고, 그름에 대한 인식이 있으면 옳음에 대한 인식도 지녀야 한다. 이처럼 옳음과 그름조차도 상호 변전하는 성격을 지닌다. 그럼에도 내가 좋다고 생각하는 것을 남이 좋지 않다고 하고, 또 남이 좋다고 생각하는 것을 나는 좋지 않다고 하는 생각에 빠져들면 우리는 영원히 결론을 내지 못하고, 끝없는 논쟁 속에 빠져들고 만다.

이처럼 사물은 그것을 보는 각도와 입장에 따라 '그러함'도 되고, '그렇지 않음'도 될 수 있다. 왜냐하면 사물 자체에 그러함과 그렇지 않음이라는 구분이 실제로는 없기 때문이다. 그럼에도 사람들은 그러함과 그렇지 않음으로 구분하는데, 이는 자신들의 척도나 입장에 구속되어 있기 때문이다. 그래서 '옳음'과 '옳지 않음'도 마찬가지 방식으로 설명될 수 있다. 사물 자체에 옳음과 옳지 않음이라는 구분이 실제적으로 있을 수 없는데 사람들이 옳음과 옳지 않음으로 구분하려는 것은 자신들의 척도나 입장에 그대로 구속되어 있는 탓이다. 이는 마치 '가로로 누운 재목(대들보)'과 '세로로 서 있는 재목(기둥)'의 용도가 다른데 이것의 크기를 애써 비교하는 것에 비유할 수 있다. 또 '애태타哀駘它와 같은 추한 사람(문둥이)'과 '서시西施와 같은 당대 최고의 미인'의 외모를 구분하는 것에 비유할 수 있다. 이는 비교할 수 없는 것을 억지로 비교하려는 시도다. 물론 도道의 관점에서는 이런 괴이하고 야릇한 대조조차도 분별이 이루어지지 않은 하나로 드러난다.

> 고로 억지로 비교하려는 것이 대들보와 기둥,
> 그리고 문둥이와 서시라는 미인, 허풍쟁이나 궤변가,
> 그리고 사기꾼이나 기이한 것을 말하는 사람들의 경우다.
> (이것들은) 도 안에서 모두 통해 하나가 된다.
>
> 故爲是擧 莛與楹厲與西施
> 恢恑憰怪 道通爲一 (『장자』 내편「제물론」)

여기서 혜시惠施가 말하는 '동시에 생겨난다'는 방생方生의 설로 자연스럽게 연결된다. 그런데 어떻게 동시에 생겨날 수 있을까? 그것은 '저것은 이것에서 나오고, 이것은 저것에서 기인한다(彼出於是 是亦因彼)'고 하기 때문이다. 원래 세상은 지금처럼 이것과 저것으로 잘 구분되지 않았다. 시간이 흐르면서 우리가 억지로 구분한 결과 자기는 이것이고, 타인은 저것으로 나뉜 것이다. 그렇지만 이런 식의 구분이란 표면적인 구분일 뿐이고, 그 표면을 까집고 들어가면 저것은 이것이고, 또 이것은 저것의 저것이고, 이것의 이것으로서 마구 뒤엉켜 존재한다. 그렇기에 이것과 저것의 구분이 사실상 불가능해진다. 이런 사실이 이것과 저것이 나란히 함께하는 양행이다. 양행을 풀이하면 '양쪽(兩)'이 '나아간다(行)'는 의미를 지니는데 이는 '양쪽이 서로 조화를 이루어가며 순조롭게 나아간다'는 뜻으로 해석할 수 있다.

이 양행 개념은 행글라이더가 나는 원리를 생각하면 우리에게 더욱 가깝게 다가올 수 있다. 행글라이더를 잘 조종하려면 먼저 바람이 부는 방향과 속도를 고려해야 하고, 좌우전후, 바람의 강약 등도 잘 감안해야 한다. 예를 들어 오른쪽에서 바람이 불면 왼쪽 날개를 낮추어야 하고, 왼쪽에서 바람이 불면 오른쪽 날개를 낮추어야 한다. 또 바람이 세게 불면

행글라이더의 머리를 들어 속도를 늦추어야 하고, 바람이 약하게 불면 꼬리 부분을 높여 속도가 더 나도록 해야 한다. 이런 식으로 부는 바람에 저항하지 않고 오로지 순응하면서 행글라이더를 조정할 때 쉽게 떨어지지 않고 하늘에서 오랜 비행이 가능할 수 있다. 이런 비행은 무궁한 변화, 즉 언제 어디서 불어올지 모르는 온갖 바람들의 변화에 잘 대처하는 방식에 따른 비행이라고 말할 수 있다. 그런데 이를 우리의 삶에 적용하면 '하늘의 조화(天鈞)'에다 자신을 전부 맡기는 삶이라고 말할 수 있다. 이처럼 우리가 '자연의 분계(天倪)'에 모든 것을 조화시키고, '갖가지 변화(曼衍)'에 전부를 맡겨둔다면 천수를 다하는 인생이란 비행도 가능하지가 않을까?

> 불안정하고 변하기 쉬운 소리의 조화인 언어를 상대하는 것은
> 차라리 상대하지 않는 것과 같이 무의미한 일에 해당한다.
> (그래서) 자연의 분수(天倪)로 조화시키고,
> 무궁한 변화(曼衍)에 맡겨 두는 것이 천수를 다하는 방법이다.
> (그런데) 자연의 분수로 조화시킨다는 것은 무엇을 뜻하는 것일까?
> 그러함이 있으면 그렇지 않다는 입장이 뒤따르고,
> 옳음이 있으면 옳지 않다는 의견이 생겨난다.
> 만약 옳다는 의견이 정말로 옳다면
> 옳지 않다는 의견과 다르다고 구태여 말할 필요가 없고,
> 그렇다는 입장이 실제로 그러하면
> 그렇지 않다는 입장과 다르다고 새삼 말할 필요가 없다.
> 세월을 잊고, 의리를 잊으면(옳고 옳지 않음에 구애되지 않으면)
> 경계가 없는 무한한 경지로 나아간다.
> 그래서 모든 것을 이 무한한 경지에 놓아두는 것이다.
>
> 化聲之相待 若其不相待

和之以天倪 因之以曼衍 所以窮年也
何謂和之以天倪
曰是不是 然不然
是若果是也 則是之異乎不是也 亦無辯
然若果然也 則然之異乎不然也 亦無辯
忘年忘意 振於無意
故愚者無意 (『장자』 내편 「제물론」)

원숭이 주인이 원숭이에게 보인 행동이 바로 천예天倪로써 모든 것을 조화시키고 만연曼衍에다 모든 것을 맡긴 행동이다. 원숭이 주인은 '조삼모사(3+4)'와 '조사모삼(4+3)'에서 생겨나는 시공간적 배열의 차이를 무시하고, 여기서 드러나지 않은 보다 중요한 사실, 즉 그것들의 합이 7이라는 사실에만 주목했다. 이것은 천예로써 모든 것을 조화시켰기에 가능한 태도다. 이런 태도를 지녔기에 원숭이 주인은 갖가지 변화, 즉 예상치 못한 원숭이의 화냄에 대해 별다른 반응을 보이지 않고, 무심한 상태로 자신의 행동을 쉽게 바꿀 수 있었다. 마치 거센 바람이 불어와도 이에 저항하지 않고, 약한 바람이 불어와도 이에 불만스러워하지 않는 행글라이더 조종사와 같은 태도를 보인 것이다. 우리는 인생을 살아가면서 이런 경우들을 숱하게 만난다. 그때마다 바람의 강약과 방향을 탓하면서 불만스러워할 때가 한두 번이 아니다. 그래서 장자가 조삼모사라는 우화를 통해 정말로 강조하고 싶었던 바는 원숭이의 어리석음이 아니라 모든 것을 '자연의 분계(天倪)'에 맡기고 양행兩行에 입각한 삶을 사는 원숭이 주인의 현명함이다.

우리는 흔히 어떤 사람은 현명하지만 어떤 사람은 어리석다고, 또 어떤 사람은 훌륭하지만 어떤 사람은 모자라다고 말한다. 그러나 정말로 현명하거나 훌륭한 사람은 현명함과 어리석음, 또는 훌륭함과 모자람을 양끝으로 하는 일직선상에서 벗어나서 그 자체로 존재하는 사람이다. 원숭이 주인이 바로 그런 사람에 해당한다. 원숭이 주인의 행동은 겉으로는 우둔한 것처럼 보이지만 결국 자연의 분계에 조화하는 현명함을 보이고, 원숭이는 똑똑한 것 같지만 자연의 분계를 깨뜨리는 어리석음을 보이고 만다. 그래서 우리가 누군가를 현명하다거나 어리석다고 구분할 때 그것은 특정하게 한정된 입장, 혹은 특정한 전제나 가설 위에서 구별한 것에 지나지 않는다. 그럼에도 마치 절대적 기준에서 구분된 것인 양 말하는 것은 스스로의 모순에 빠지는 행동이다. 물론 이런 이야기들이 우리의 마음에는 잘 와 닫지 않는다. 그래서 장자는 중국 역사상 최고의 거문고 연주자인 소씨昭氏조차 그의 연주에는 일정한 한계가 있을 수밖에 없다고 말하면서 자신 주장의 타당함을 증명해 보이고자 한다.

이룸(成)과 모자람(虧)이 있는 까닭은 옛날 소씨가 거문고를 뜯어서이고,
이룸과 모자람이 없는 까닭은 옛날 소씨가 거문고를 뜯지 않아서이다.
소씨가 거문고를 뜯는 일, 사광이 지팡이를 만드는 일,
혜자가 책상에 기대어 변설을 늘어놓는 일
이 세 사람의 재지는 거의 절묘한 경지에 이르러
후세에까지 이름이 기록되었다.
다만 이들이 지나치게 좋아해서 보통 사람들과 달리 사람들에게 드러내 보이려고 했다.
밝힐 수 없는 것을 밝히려 했기에
(혜자는) 견백론 같은 궤변의 어리석음으로 끝났고,
(소씨는) 그 아들이 아버지의 기술을 이어받는 데 그쳤을 뿐
평생 아무런 완성을 이루지 못했다.
이런 것을 두고 이루었다고 한다면 우리에게 이룬 것이 있는 셈이지만
이루었다고 할 수 없다면 우리와 우리들 이외의 어떤 것에도

이룸은 없는 셈이다.
고로 성인은 참된 도를 흐리게 하는 빛을 비루하게 여긴다.
분별을 하지 않고 자연스러움에 맡기는 것,
이를 한결같은 이치, 즉 참된 명지에 의거함이라 한다.

有成與虧 故昭氏之鼓琴也
無成與虧 故昭氏之不鼓琴也
昭文之鼓琴也 師曠之枝策也 惠子之據梧也
三子之知幾乎 皆其盛子也 故載之末年
唯其好之也 以異於彼其乎之也 欲以明之彼
非所明而明之 故以堅白之昧終
而其子又以文之綸終 終身無成
若是而可謂成乎 雖我亦成也
若是而不可謂成乎 物與我無成也
是故滑疑之耀 聖人之所圖也
爲是不用而寓諸庸 此之謂以明 (『장자』 내편 「제물론」)

소씨와 사광과 혜자는 각자의 분야에서 최고의 경지에 오른 사람들이다. 그런데 이들이 소리를 다룬다는 점에서 공통된 특징을 지니고 있다. 소씨昭氏는 거문고를 뜯는 데 최고의 연주자였고, 사광師曠은 귀가 밝다는 점에서 최고의 소리 전문가였고, 혜자惠子는 논리를 펴는 데 있어 최고의 언변가였다. 그렇지만 이들에게도 한계는 있다. 소씨와 같은 명인도 거문고를 뜯으면 잘된 부분과 부족한 부분으로 연주가 나뉘면서 잘된 부분과 부족한 부분이 더욱 드러난다. 또 혜자는 논리적으로는 규명될 수 없는 것을 규명하려고 했기에 일종의 궤변인 견백론見白論으로 끝났다. 또 소씨는 아들이 아버지의 소리 듣는 기술을 이어받는 데 그쳤을 뿐 평생 아무런 완성을 이루지 못했다. 왜 이렇게 되었을까? 자신들이 하는 일이 너무 좋은 나머지 다른 사람들에게 이를 무리하게 드러내 보이려고 했기 때문이다. 그래서 이들이 정말로 무언가를 이루고자 했다면 자의적 판단이나 논리를 넘어서서 모든 것을 자연스러움에다 맡겼어야 했다. 이것이 참된 명지明智를 통한 드러남인데, 원숭이 주인이 원숭이에게 보인 행동이 이에 해당한다.

이런 명지明智의 입장에 서 있으면 있음과 없음, 이것과 저것, 옳음과 옳지 않음, 아름다움과 추함과 같은 것들이 우리가 생각하는 것처럼 조화될 수 없는 그런 대립적 관계가 아니라는 사실을 비로소 깨닫는다. 이것이 바로 도道의 관점이다. 도의 관점은 차별의 근원, 즉 인간의 '분별하는 마음(分別心)'이 만드는 각양각색의 차별과 대립 세계의 근원을 넘어서서 외물 그 자체의 본래 상태를 지향한다. 그래서 도의 세계란 자기와 상대와의 대립을 멈추게 하고, 또 상대하는 타인들을 서로 의식하지 않게 하는 그런 세상을 의미한다. 이것은 모든 차별과 대립의 여러 표상들이 외물 그 자체의 있는 그대로 모습인 본래 하나로 이루어진 경지쯤에 해당한다. 이를 장자는 도추道樞, 즉 진실재 세계의 본질이라고 말한다. 그래서 성인은 특정한 입장에 서지 않고, 절대적 자연의 빛에 비추어서 보는데, 원숭이 주인은 원숭이에게 먹이 주는 방식을 그저 덤덤하게 바꿈으로써 결국 이런 모습을 보여준 것이다.

성인은 특정한 입장에 서지 않고,
하늘의 이치인 절대적 자연의 빛에 비추어 보고, 또 이를 따른다.
거기선 이것이 저것이고, 저것 또한 이것이다.
저것도 일면의 시비가 있고, 이것도 일면의 시비가 있다.
그렇다면 저것과 이것의 차이가 있는 것인가,
(아니면) 저것과 이것의 차이가 없는 것인가?
저것과 이것을 대립적으로 패거리 짓지 않는 경지를 도추,

즉 도의 핵심이라고 한다.
도추이기에 원의 중심에 있으면서 무궁한 변화에 대처할 수가 있다.
옳음도 하나의 무궁한 변화이며, 그름도 하나의 무궁한 변화다.
고로 (시비를 내세우는 것은) 자연의 명증함만 못하다고 말한다.

是以聖人不由 而照之於天 亦因是也
是亦彼也 彼亦是也
彼亦一是非 此亦一是非
果且有彼是乎哉 果且無彼是乎哉
彼是莫得其偶 謂之道樞
樞始得其環中 以應無窮
是亦一無窮 非亦一無窮也
故曰莫若以明 (『장자』 내편 「제물론」)

도추의 입장에서는 애태타哀駘它와 같은 추한 사람도 서시西施와 같은 당대 최고의 미인과 서로 통할 수 있다. 사람이나 사물이 아무리 이상야릇한 방식으로 서로 대조적이더라도 하나가 될 수 있기 때문이다. 즉 이것이 저것이 될 수 있고, 저것이 이것이 될 수 있기에 이룸(成)과 모자람(虧)조차도 서로 동거할 수 있다. 그래서 이룸과 모자람을 따지는 소씨와 사광과 혜자의 시시비비가 아무리 훌륭한 결과를 낳을지라도 자연의 명증함보다 못하다. 그런데 이런 자연의 명증함은 원의 한가운데 위치하고 있을 때 가능하다. 우리가 원의 한가운데 있으면 모든 시비로부터 자유로울 수 있기 때문이다. 원의 한가운데란 이것과 저것, 이룸과 모자람, 아름다움과 추함, 현명함과 어리석음 등 온갖 판단으로부터 자유로운, 그래서 어느 한쪽으로 기울지 않는 위치이기 때문이다. 그래서 이 자리는 사물의 한 면이 아니라 양면을 동시에 바라볼 수 있는 곳인데, 즉 이것과 저것, 이룸과 모자람, 아름다움과 추함, 현명함과 어리석음이 함께 나아갈 수 있는 양향兩行이 가능한 위치다.

이처럼 도추道樞[1]는 도의 성격을 이해하는 데 매우 중요한 개념이다. 원래 도추란 돌아가는 물레의 중심에 있는 빈 공간을 의미한다. 우리가 물레의 빈 공간에 추樞를 정확히 올려놓으면 추는 그곳에서 활발히 움직이면서도 제자리를 돌 뿐 거의 움직이지를 않는다. 그렇지만 추를 제대로 올려놓지 못하면 그 추는 그대로 튕겨 나간다. 이렇게 추가 물레의 한가운데에서 움직이면서도 움직이지 않는 상태를 가리켜 장자는 '추가 원환의 중심을 얻는다(樞始得其環中)'로 표현한다. 이는 추가 원의 중심에 있으면서 무궁한 변화에 대처할 수 있다는 의미다. 그래서 도추에 입각한 삶이란 우리가 살아가면서 마주치는 온갖 바람들이 동서남북 어디에서 불어오든 상관없이, 또 그 바람이 강하게 또는 약하게 불어오든 관계없이 그것들에 대해 무심하게 대하는 마치 원숭이 주인과도 같은 삶의 방식이다. 여기서 '원환의 중심을 얻은 상태'를 일종의 정적주의로 이해해서는 안 된다. 이런 고요함이 역동성의 다른 측면으로 보일 수 있지만 이런 고요함을 통해 타자와 소통할 수 있는 빈(虛) 공간이 마련될 수 있다는 측면이 장자에게선 무엇보다 더 중요하다.

도추를 태풍의 중심부인 핵에도 비유할 수 있다. 태풍의 주변부는 바람이 세게 불어 모든 것이 어지럽고 강해서 너무나 위태롭지만 중심부는 아주 고요해서 맑은 하늘이 보일 정도로 안정되고 안온한 상태를 유지한다. 그래서 겉으로는 태풍의 중심부가 마치 빈(虛) 것처럼 보인다. 그렇지만 이 빈 상태가 강력한 바람의 소용돌이를 가능케 하는 부동의 중심이기에 단순히 비어 있는 상태라고 말할 수 없다. 그렇다면 태풍의 내부가 비어 있다는 사실은 바깥의 강력한 소용돌이 바람과 동시적인 사

1 천주교의 추기경樞機卿 개념도 여기서 비롯되는데, 추기경이란 천주교 조직에서 태풍의 핵과 같은 존재로서 없는 듯하면서도 가장 큰 영향력을 발휘하는 자리를 의미한다.

태를 의미한다. 그런데 태풍의 중심부가 어디로 방향을 틀지 아무도 예측할 수 없다. 동쪽으로 방향을 틀면 동해안으로 향하고, 서쪽으로 방향을 틀면 서해안으로 향하겠지만 태풍의 중심부에선 어느 방향으로 틀지 어떤 단서조차 찾을 수 없다. 그래서 태풍의 중심부에 들어가면 저것 아닌 것이 없고, 또 이것 아닌 것이 없는 소위 '무물비피 무물비시無物非彼無物非是'의 상황이 전개된다. 바로 이 상황이 우리에게 양행兩行을 가능케 하는 조건으로 작용한다.

이제 우리는 도추라는 아주 관념적인 개념까지 설명했다. 이는 언어로 표현할 수 있는 마지막 단계까지 이르렀다는 의미다. 그래서 이제 남은 중요한 일은 도추에 대한 더 이상의 사변적인 설명이 아니라 우리를 직접 도추의 상태에 이르게 하는 작업이다. 장자는 다른 사상가들과 달리 우리에게 이런 상태의 체험과 느낌을 갖기를 진정으로 바랐다. 그래서 장자서 첫 장을 「소요유逍遙遊」라는 제목 아래, 북녘 바다 큰 물고기가 큰 새인 대붕大鵬으로 변해 하늘 높이 올라 남녘 바다로 날아가는 것으로 시작한다. 책의 시작이 거창한 담론이 아니어서 다소 당황스러울는지 모르지만 마음을 비워 스스로를 하늘 높이 날도록 해야 한다는 점을 강조하려는 장자의 의미 있는 시도가 숨겨져 있다. 거기서 먼 아래를 내려다보며 이 세상에는 아름다움과 추함, 옳음과 그름, 이것과 저것, 심지어 있음과 없음조차 형체 없이 해체되고 만다는 사실을 체험할 수 있다. 그래서 저 높은 하늘에서 우리의 삶을 관조하면 삶과 죽음에 대해서조차 마찬가지 태도를 지닐 것이다. 즉 삶이 죽음이고, 죽음이 삶이며, 또 이 사물의 탄생은 저 사물에서 보면 죽음이고, 이 사물의 죽음은 저 사물에서 보면 탄생이라고 말이다.

> 삶이 있기에 죽음이 있고, 죽음이 있으면 반드시 삶이 있다.
>
> 雖然 方生方死 方死方生 (『장자』 내편 「제물론」)

원숭이 주인의 생각이 여기에 미치면 아마 그는 죽음까지도 극복할 수 있을 것이다. 살고 죽는다는 것도 하늘의 관점으로 옮아가면 거기서는 모두가 하나이기 때문이다. 그래서 장자는 말한다. 삶은 동시에 죽음이고, 산다는 것은 곧 죽는다는 것이라고. 우리가 이런 사실을 자각하면 삶이 이미 삶이 아니고, 죽음이 이미 죽음이 아님을 비로소 깨달을 수 있다. 즉 하늘이라는 진실재의 세계에다 우리의 시야를 옮겨놓으면 삶도 죽음도 없다는 것을 알 수 있다. 단지 삶에서 죽음을 보기에 그 죽음이 삶이 아니고, 죽음에서 삶을 보기에 그 삶이 죽음이 아닐 뿐이다. 이런 식으로 보는 관점에 따라 삶과 죽음이 다르게 보일 뿐이지 그것이 서로 대응하는 개념이 아니다. 그래서 삶(生)과 죽음(死), 완성(成)과 파괴(虧), 있음(有)과 없음(無)조차 도의 세계에서는 본디 하나다. 본디 하나이기에 한정되지 않는 도의 세계에서는 일체 만물이 그러함도 아니고, 그렇지 않음도 아닌 것이다. 다만 그러하기도 하고 그렇지 않기도 할 뿐이다.

> 삶에서 죽음을 보면 그것을 삶이라고 할 수 없고,
> 죽음에서 삶을 보면 그것을 죽음이라고 할 수 없다.
> 그러므로 죽음과 삶은 서로 마주보고 있는 것이 아니라
> 모두 근원적으로는 하나다.
>
> 不以生生死 不以死死生
> 死生有待邪 皆有所一體 (『장자』 외편 「지북유」)

조삼모사의 이야기는 결국 혜시惠施를 비판하는 내용을 담고 있다. 혜시는 관념을 통해서 세상이 하나임을 정립하고자 했던 사상가다. 원숭이 주인의 경우처럼 혜시도 먹이를 주는 데 조삼모사(3+4)'와 '조사모삼(4+3)' 사이에 어떤 차이를 발견할 수 없었다. 그렇지만 원숭이의 화냄과 맞닥뜨렸다면 혜시는 원숭이 주인과는 다른 태도를 보였을 것이다. 즉 혜

시는 원숭이에게 먹이 주는 방식에 어떤 차이가 없음을 논리적으로 증명하면서 결국 먹이 주는 방식을 바꾸지 않았을 것이다. 이 경우 혜시와 원숭이는 정말로 하나가 될 수 없다. 오히려 서로 간에 생각의 차이만을 확인하고 그 차이의 간격을 더욱 넓혔을 것이다. 반면 원숭이 주인은 원숭이의 화냄에 대해 아무런 반응을 보이지 않은 채 원숭이가 바라는 대로 먹이 주는 방식을 자연스럽게 바꾸었기에 원숭이와 하나가 될 수 있었고, 나아가 양자 간에 어떤 생각의 차이를 만들어내지 않았다. 이는 혜시가 원숭이를 성심成心으로 대한 반면 주인은 원숭이를 허심虛心으로 대한 결과일 뿐이다.

장자는 관념적으로 이루어진 하나 됨보다는 '있는 그대로를 따를 뿐(因是)'을 통해 일상에서 하나 됨을 실천해 보고자 애썼다. 예를 들어 원숭이의 화냄에 대해 그럴 수 있다고 생각하고 옳고 그름을 따지는 방식으로 일체의 반응을 보이지 않은 원숭이 주인의 태도가 그러하다. 또 원숭이가 바라는 대로 생각을 바꿈으로써 원숭이와 하나가 될 수 있음을 보여준 원숭이 주인의 태도가 그러하다. 이는 '상대에 맞게끔 자신을 조절하는 방식(和之以是非)'이 이룬 쾌거다. 이런 쾌거는 의사소통상에 있어서 주체인 원숭이 주인이 객체에 해당하는 원숭이를 먼저 배려한 데서 비롯되는 일이다. 그래서 누가 주체인지, 누가 객체인지 모르는 상황, 즉 주체와 객체가 혼융된 상황이 자연스럽게 펼쳐짐으로써 주인과 원숭이 사이에서 진정한 의미에서의 소통이 가능하게 된 것이다. 그래서 장자가 혜시를 원숭이 주인이 원숭이를 대한 방식으로 대했기에 혜시의 생각에 동의하지 않으면서도 그와 좋은 관계를 유지할 수 있지 않았나 하는 생각도 든다.

이를 행글라이더의 비행에 비유해 보자. 그러면 원숭이 주인은 행글라이더를 조정하는 사람에, 원숭이가 일으키는 갖가지 감정은 하늘에서 부는 바람에 각각 해당할 것이다. 행글라이더를 조정하는 사람은 원숭이 주인이 원숭이에게 그러했던 것처럼 부는 바람에 억지로 저항하지 않은 채 유연하고 유동적인 자세를 지녀야만 오랜 시간 공중에 머물면서 순조로운 비행을 할 수 있다. 이것이 조종사가 부는 바람과 제대로 소통하는 일이며, 이렇게 함으로써 조종사와 바람은 하나가 될 수 있다. 바로 이 상태가 상황과 자유롭게 조화하면서 자연스런 균형에 머무는 천균天鈞에 따른 것이다. 천균이란 사람에 의해 규정된 결이 아니라 자연에 의해 나뉜 결, 즉 자연의 경계 내지 분별에 의해 성립된 결이라고 말할 수 있다. 장자가 「양생주」 편에 소개한 포정도, 소의 몸 안의 자연의 결을 잘 알고 있었기에 칼을 아무리 사용해도 칼날이 항상 새것일 수 있었다. 마찬가지로 행글라이더 조종사가 바람에 나 있는 자연의 결을 잘 알고 있으면 아무리 거센 바람이 동서남북 어디에서든 불어와도 몸의 중심이 흔들리지 않은 채 물처럼 평온한 양행兩行의 위치까지 올라설 수 있다.

그래서 의사소통상에서도 서로가 천균의 이치를 깨달으면 논쟁을 벌이더라도 다투지를 않는다. 옳음이나 그름, 맞음이나 틀림 등은 사람들의 논변에 따라 구분될 수 있는 것이 아니기 때문이다. 우리가 옳다고 생각하는 것이 정말로 옳으면, 옳음과 그름의 구분이란 논변을 통해 이루어지는 것이 아니다. 또 우리가 맞는다고 생각하는 것이 정말로 맞으면 맞음과 틀림의 구분을 위해 굳이 정밀한 논변을 동원할 필요도 없다. 옳음과 그름, 또 맞음과 틀림이 정말로 구분될 수 있다면 구분이 이루어지는 경계는 자연적인 것으로서 자연이 만든 경계, 즉 천예天倪에 해당한다. 반면 변론을 통해 성립하는 경계란 사람에 의해 만들어진 경계, 즉 인예人倪에 해당한다. 이것이 목소리의 조화인 언어에 기대는 것과 같다. 그래서 언어를 동원해서 시비를 벌이면 서로가 대립할 수밖에 없다. 만약 서로가 대립적인 관계가 되지 않으려면 반드시 천예로써 조화를 이루고, 무한한 변화에다 자신을 그대로 맡겨야 한다.

그래서 원숭이 주인이 몸소 실천한 방식은 '소통해서 하나가 되는

(知通爲一)' 양행兩行의 방식에 해당한다. 반면 혜시가 머리를 짜서 생각한 것은 '신명을 수고롭게 해서 하나로 되는(勞神明爲一)' 대동大同의 방식에 해당한다. 대동의 방식이란 그것을 주도하는 관념적 주체들에게만 하나 됨이 가능할 수 있다. 만약 관념적 주체들이 타자와 마주하면 자신들의 대동은 타자에 의해 영향을 받아 쉽게 무너진다. 조삼모사에 있어서 원숭이 주인이 원숭이의 화냄과 마주했을 때 그것을 성심으로 대했더라면 먹이 주는 방식을 놓고 한참 동안 고민했을 것이다. 그럼에도 어떤 결론을 내리지 못하고 주저했더라면 원숭이 주인이 생각했던 대동은 원숭이라는 타자에 의해 여지없이 무너지고 말았을 것이다. 다행히 원숭이 주인이 원숭이를 무심으로 대했기에 자세를 하나도 흩뜨리지 않은 채 평온을 유지할 수 있었다. 여기서 비논리에 입각한 장자의 소통 방식이 더욱 빛을 발하는 반면 혜시와 같은 논리주의자들의 한계는 더욱 드러나 보인다.

그런데 논리주의자들은 언어에 절대적으로 의존한다. 언어 없이는 자신들의 논리를 펼 수 있는 마땅한 수단이 없기에 언어를 통해 모든 것을 표현해 내고자 한다. 그래서 논리주의자들은 직관이나, 명상, 느낌 등 비언어적으로 이루어지는 표현에 대해서는 어떤 신뢰를 보내지 않는다. 실제로 우리의 일상에서는 언어적 표현 수단보다는 비언어적 표현 수단을 통해 소통이 이루어지는 경우가 많은데도 이를 객관적이지 않다거나, 또는 명료하지 않다거나 해서 곧바로 거부한다. 그렇지만 언어도 우리끼리의 약속으로 구성된 것이기에 절대적으로 믿을 만한 것이 되지 못한다. 시간의 흐름에 따라, 상황의 변화에 따라 언어가 규정하는 의미가 끊임없이 바뀔 수 있기 때문이다. 그러니 언어에 철저히 기초해 있는 논리란 더욱더 신뢰할 만한 것이 되지 못한다. 이에 장자는 언어를 하나의 손가락에 비유하면서 그것이 지니는 의미의 고정성에 대해 회의적인 시각을 표출한다.

천지는 하나의 손가락이고, 만물도 한 마리의 말이다.
그러니 가하다고 하면 가한 것이고, 불가하다고 하면 불가한 것이다.

天地一指也 萬物一馬也
可乎可 不可乎不可 (『장자』 내편 「제물론」)

여기서 천지는 가의記意(signified)에, 손가락은 기표記表(signifier)에 각각 해당한다. 또 만물은 기의에, 말(馬)은 기표에 해당한다. 그래서 천지가 하나의 손가락이라는 것은 하나의 손가락으로 천지의 모든 것을 지시할 수 있다는 말인데, 이는 지시 내용인 기의가 지시 수단인 기표를 넘어서서 존재한다는 사실을 뜻한다. 즉 손가락으로 하늘을 지시하면 그것이 하늘이라는 말이 되고, 땅을 지시하면 땅이라는 말이 된다는 것이다. 따라서 지시 수단을 통해 무어라고 규정하든지 간에 하늘은 하늘로서, 땅은 땅으로서의 내용이 변하지 않는다. 단지 변하는 것은 의미를 규정하는 지시 수단인 기표일 뿐이다. 그래서 그렇다고 부르면 그런 것이 되고, 그렇지 않다고 부르면 그렇지 않은 것이 된다. 즉 가可하다고 하면 가한 것이고, 불가不可하다고 하면 불가한 것이다.

지금 이것에 대해서 말하지만
그 말이 이 사물과 같은지 같지 않은지 알 수가 없다.
같거나 같지 않거나, 또 서로 같다면
이것은 저것과 무슨 차이가 있는가?

今且有言於此 不知其與是類乎 其與是不類乎
類與不類 相與爲類 則與彼無以異矣 (『장자』 내편 「제물론」)

이처럼 기의와 기표 간에는 어떤 자의성만이 있을 뿐 고정성이란 존재하지 않는다. 그럼에도 언어가 지닌 자의성을 오인할 때 관습 내지 편견, 즉 고정관념이라는 게 형성된다. 사회적으로는 관습일 수 있지만 주관적으로는 편견에 해당한다. 장자는 모든 시비는 관습과 편견을 중심으로 해서 생겨난다고 말한다. 그래서 시비를 논하는 것은 마치 관습과 편견을 중심축으로 해서 거리의 멀고 가까움이나 높이의 높고 낮음을 비교하는 것과 같다. 즉 과거와 미래를 구분하는 기준이 자신이 지금 서 있는 이 시간에 있는 것처럼 말이다. 그 결과 관습과 편견은 생겨날 수밖에 없으며, 결국 이것들이 사람들 간에 온갖 시비를 만드는 근원적 원인으로 작용한다. 장자는 사람들이 관습과 편견이 없는 상태에서 시비를 벌이면, 이는 오늘이라는 기준을 설정하지 않고 어제와 내일을 구분하는 것과 다름이 없다고 말한다. 그만큼 관습과 편견이 고착화되면서 우리의 판단은 흐려지게 되는데, 이는 무엇보다도 언어의 자의성을 무시한 데서 비롯된다.

여기서 노장사상의 핵심 개념을 왜 '길'이란 의미를 지니는 道로써 표현했는지에 대한 의문이 풀린다. 장자에 따르면 사물을 우연히 그렇게 부르니까 그것이 타성으로 굳어져서 이름이 된 것이다. 마찬가지로 이것/저것으로 우연히 분별하다 보니까 이것/저것으로의 구분이 타성으로 굳어졌다. 또 옳다/그르다로 우연히 구분하다 보니까 옳다/그르다로의 구분이 타성으로 굳어졌다. 마치 사람들이 우연히 거기를 다니기에 길이 생겨나는 것처럼 말이다. 그래서 길이란 그곳을 다니니까 저절로 생겨난 것이고, 마찬가지로 이름을 그렇게 붙이니까 그런 이름이 사물을 지칭하게 된 것이다.

> 길은 다녀서 생겨나고, 사물은 일컬어서 그렇다.
> 어째서 그런 것인가? 그러하다는 데서 그렇다.
> 어째서 그러하지 않은가?
> 그러하지 않는다는 데서 그렇지 않은 것이다.

어떤 사물이든 본디 그런 면이 있어서 그런 것이고,

또 어떤 사물이든 본디 그러하지 않은 면이 있어서 그렇지 않은 것이다.

道行之而成 物謂之而然

惡乎然 然於然

惡乎不然 不然於不然

物固有所然 物固有所可

無物不然 無物不可 (『장자』 내편 「제물론」)

그런데 사람이 다니는 길을 인도人道라고 하고, 차가 다니는 길을 차도車道라고 한다. 이런 길들이 처음 생겨났을 때는 매우 자연스럽게 만들어졌다. 지금도 시골에 있는 산에 올라가 아래를 내려다보면 산과 산 사이를 비켜가며 꾸불꾸불하게 난 길을 자주 볼 수 있다. 이런 꾸불꾸불한 길을 이용해서 목적지까지 가려면 똑바로 난 길에 비해 시간이 훨씬 많이 걸린다. 물론 길이 꾸불꾸불하게 된 것은 지나가는 사람들이 산과 강 등의 지형지세를 적절히 고려한 결과다. 그래서 이 길은 노장이 살았던 당시 기준에서 볼 때 가장 잘 만들어진 길에 해당한다. 높은 산을 마주하면 가로 질러야 하기에 힘이 많이 들어서 적당한 지점까지 우회해서 넘어가야 하고, 또 강을 마주하면 건너가기가 어려울 수 있기에 징검다리를 놓을 수 있는 곳까지 거슬러 올라가야 하는데, 이렇게 해서 난 길이 결과적으로 보행자들에게 가장 적은 노력을 통해 목적지에 가장 빨리 도달하는 길이 되고 만다.

그런데 이 길은 누군가의 설계에 의해서 만들어진 길이 아니다. 사람들이 다니다 보니까 저절로 그렇게 생겨난 길일 뿐이다. 먼저 지나간 사람이 걸었던 길이 혹시 시간이 많이 걸리는 길이었다면 그 길은 다음번 지나가는 사람에 의해 분명 수정될 것이고, 또 그다음 사람이 그 길보다 빠른 길을 발견하면 새로운 길로 곧바로 수정될 것이다. 그러다가 어느 날 사람들의 걸음이 우연히 한곳에 모아지면 길은 자연스럽게 넓어질 것이다. 그래서 길이란 누군가의 기획에 의해서 만들어지는 것이 아니고, 더더욱 신의 뜻에 의해 만들어지는 것도 아니다. 누군가가 수없이 지나가면서 길은 자연스럽게 만들어지는데 그가 누구인지를 우리는 알 수가 없다. 그래서 이 길은 자연과 가장 훌륭한 조화를 이룰 수 있다. 이런 이유 때문에 이 길을 가리켜 자연의 분계, 즉 천균天鈞에 따른 길이라고 말한다.

바로 이것이 길(道) 개념으로 노장이 우주 · 자연 · 인간세의 원리를 밝히려고 했던 이유다. 나아가 형이상학形而上學의 길을 통해 형이하학形而下學의 길까지 제시하려고 했던 이유다. 즉 우주 · 자연의 원리를 통해 인간세의 원리를 밝히려고 했던 이유다. 물론 노장이 말하는 형이상학의 길은 성격이 유가와 크게 다르다. 유가의 길은 노장의 길에 비해 결코 꾸불꾸불하지 않다. 아마도 강을 만나면 다리를 놓고, 산을 마주하면 터널을 뚫어서 똑바로 된 길을 만들지 않았을까 생각한다. 이런 사실 때문에 유가의 길은 노장의 길에 비해 무위無爲하지 못하고 유위有爲하다고 말할 수 있다. 그래서 유가의 길은 목적지까지 빨리 도달할 수 있을지 모르지만 우리가 고속도로에서 경험하는 것처럼 주변의 자연과는 조화를 이루지 못하는 경우가 많다.

그런데 혜시는 이렇게 똑바로 난 길에다 자동차까지 동원해서 무조건 빨리 달리려고 든다. 그 자동차가 의사소통에서는 언어쯤에 해당할 것이다. 언어란 어떤 목적을 지닌 유위有爲의 성격을 그대로 드러내는 도구다. 그럼에도 사람들은 언어가 지닌 편리함에 함몰된 나머지 언어가 지닌 어떤 의도, 즉 편파적이라는 사실을 미처 깨닫지 못한다. 오히려 그 길 위에서 더 빨리 달릴 수 있는 성능 좋은 차만 개발하려고 든다. 여기서 성능 좋은 차란 의미를 보다 객관화하고, 명료화할 수 있는 의사소통 매체를 뜻한다. 실제로 인류의 전 역사는 매체 발달의 역사라고 해도 과언이 아닐 정도로 온갖 매체들이 끊임없이 등장해 왔으며, 이렇게 등장했던 매체들이 우리의 삶을 엄청나게 바꾼 것도 사실이다. 인류 역사에서 가장 으뜸가는 발명품은 소통 수단으로서의 문자였으며, 지난 1000년에도 인간에게 가장 큰 영향력을 끼친 발명품은 소통 수단으로서의 활자였다. 또 앞으로의 1000년에서도 소통 수단으로서의 디지털 언어가 이 지위를 또다시 차지할 것으로 전망된다.

그런데 이 디지털 언어라는 자동차는 너무 빨라서 창밖에 스치는 자연을 볼 수 없도록 하는 것은 물론이지만 목적지로 가는 데 있어서 우리가 과연 어디쯤에 위치해 있는지 가늠조차 힘들게 한다. 그래서 우리의 머릿속에는 빨리 가야 한다는 일념만 있을 뿐 왜, 어떻게 가야 하는지의 여유란 생각조차 할 수 없다. 이는 의사소통에 있어서 지시 대상이 사라지고, 지시 수단만이 남는 상황에 비유될 수 있는데 이는 언어에 대한 지나친 의존이 만들어낸 비극적 결과다. 이런 비극적 결과는 유심有心의 성격을 지닌 언어가 위시爲是의 마음을 만들고, 위시는 천균天鈞을 깨뜨리며, 깨뜨려진 천균이 대동大同으로 나타난 것이다. 장자는 조삼모사의 단순한 우화를 통해 이런 상황을 미리 꿰뚫고 있었다. 이에 장자는 무심無心으로 인시因是를 만들고, 인시는 천균天鈞에 머무는데, 머문 천균은 양행兩行으로 나타나도록 주문한다. 이렇게 함으로써 우리는 진정한 의미에서의 소통에 이를 수 있는 것이다.

III
현玄에 입각한 의사소통

의사소통을 통한 삶의 해방

유불선 사상을 의사소통 수단인 매체의 관점에서 본다면 유가를 정명론正名論, 노장을 비명론非名論, 불가를 무명론無名論이라고 말할 수 있다. 먼저 불가를 무명론으로 규정할 수 있는 근거는 불가 텍스트 여러 곳에서 발견되는데, 중국 선불교를 대표하는 『육조단경』에서 불립문자不立文字나 교외별전敎外別傳 개념이 그러하다. 불립문자는 말 그대로 문자로써 세울 수 없다는 뜻인데, 이는 문자로는 의미가 통하지 않는다는 내용이다. 또 교외별전도 진리는 텍스트 바깥에 있다는 말인데, 이는 문자로 쓰인 불경 텍스트에 대해 회의적인 입장을 말한다. 그래서 무명론은 언어와 문자로써 의미가 재구성될 수 없다는 차원에서 '기의≠기표'의 관계로 표시될 수 있다. 이에 반해 유가는 모든 의미는 소통 매체에 의해 정확히 대체될 수 있다는 '기의=기표'의 입장을 지지하고 있어서 정명론이라고 말할 수 있다. 물론 유가가 말하는 소통 매체에는 언어와 문자뿐 아니라 얼굴 표정이나 눈빛 등과 같은 우리의 몸까지 포함된다. 이런 점에서 소통 매체를 언어와 문자로 제한했던 서양의 기호학과는 근본적으로 다르다. 만약 유가도 소통 매체를 몸으로까지 확장하지 않고 언어와 문자로 제한했더라면 정명론에서 비명론으로 선회했을는지 모른다. 언어와 문자만으로는 정명론이 지지하는 '기의=기표'의 추구가 사실상 어렵다고 보이기 때문이다.

그런데 의사소통에 대한 노장의 접근은 유가와는 사뭇 다르다. "도를 도라고 하면 늘 그러한 도가 아니다(道可道非常道)"는 노자 『도덕경』 첫 장의 언급에 보이듯이, '기의=기표'의 관계가 사실상 불가능하다는 입장을 취한다. 그렇지만 불가의 경우에서처럼 의사소통 매체 자체를 깡그리 부정하지는 않는다. 즉 정명론의 '기의=기표' 관계도 지지하지 않지만 무명론의 '기의≠기표' 관계도 지지하지 않는다. 그래서 '기의≒기표'의 관계로 표시되는 비명론이라는 제3의 길을 추구하는데, 비명론은 눈의 초점이 일치하지 않는 근시인 사람이 세상을 흐릿하게 보는 것에 비유할 수 있다. 그래서 세상과 눈의 관계가 '기의(세상)≒기표(눈: 근시)'로 표시된다. 만약 정상적인 눈을 지닌 사람이라면 세상을 정확하게 볼 수 있어서 '기의(세상)=기표(눈: 정시)'의 관계가 성립할 수 있다. 즉 눈의 초점 일치 여부에 따라 기의와 기표의 관계가 '='과 '≒' 중에서 결정되는 것이다. 그렇다면 '기의≠기표'의 관계로 표시되는 불가의 무명론은 어떻게 설명할 수 있을까? 아마도 눈에 아무것도 보이지 않는 흑암黑暗 상태 내지는 공空의 상태를 뜻할 것이다. 이는 세상을 의사소통 수단만으로 볼 수 없음을 강조하는 것이라 생각된다.

그런데 노장은 비명론을 말하면서 우리에게 왜 세상을 흐릿하게 보도록 계속해서 방치하는 것일까? 물론 그렇지 않다. 노장은 비명론을 통해 눈에 보이는 세상이 흐릿하더라도 마음에 느껴지는 세상만은 분명해야 한다는 점을 강조한다. 그러기 위해선 무엇보다 언어를 버려야 한다. 우리가 사용하는 언어란 세상만사를 억지로 구분하는 것이기에 천예의 조화를 그만 깨뜨리고 만다. 이에 장자는 반어反語와 같은 말이 날마다 생겨나서 시비를 초월하지 못하기니 자연의 경계와 화합하지 못하면 도道를 오래 전할 수 있는 방법이란 없다고 말하면서 새로운 언어 사용법을 제시한다. 그것이 바로 우언 · 중언 · 치언이라는 일종의 은유적 표현 방식이다. 우언寓言은 재미있는 우화 형식으로 말하는 방법이고, 중언重言은 세상 사람들이 권위를 부여하는 성인들의 말을 빌려 이야기하는 방법이며, 치언巵言은 상대방의 의식 상태 내지 삶의 상황에 맞추어서 자연스럽게 이야기하는 방법이다. 즉 치언은 저절로 자신의 흐름을 찾는 말이라면, 중언은 사람들이 참된 것이라고 여기는 말이며, 우언은 적용 범위가 넓은 말에 해당한다. 이에 장자는 치언으로 변화무쌍한 표현 수단으로 삼고, 중언으로 입증의 증거로 삼고, 우언으로 널리 알리는 수단으로 삼고자 한다.

이런 장자의 입장은 장자서 전반에 걸쳐 폭넓게 적용되고 있다. 사실 장자서는 중국 최고의 철학서이자 동시에 최고의 문학서라고 해도 과언이 아닐 정도로 수준 높은 은유들의 집합체다. 그래서 장자서를 읽다 보면 아하! 하고 자신도 모르게 탄복의 소리가 절로 튀어나는 경우가 한두 번이 아니다. 그만큼 장자가 동원한 은유들이 우리의 가슴에 그대로 꽂히기 때문이다. 이 점이 서양의 고전 철학서 서술과 크게 다른 점이다. 서양의 고전 철학서들은 주로 논리적으로 서술되었기에 시간이 한참 흐른 지금에 있어서는 관련 전공자 이외에 별로 읽지 않는다. 논리적 서술이란 가슴으로 느껴지는 것이 아니라 머리로 파악되는 것이어서 시간이 흐를수록 잘 이해되지 않는 시간상의 제약을 받는다. 반면 노자서와 장자서는 2000년이라는 긴 세월이 흘렀음에도 동서양을 막론하고 많은 사람들이 오늘날까지 애독하고 있다. 이는 오로지 인문人文적 힘에 따른 결과로 보이는데, 인문적 힘이란 무엇보다 중언 · 우언 · 치언이라는 은유법에서 시작된다. 은유법이야말로 언어를 사용하면서도 동시에 언어가 의미를 제대로 대체하지 못한다는 비명론을 극복할 수 있는 훌륭한 대안이라고 생각된다.

게다가 장자는 은유적 표현을 넘어 의사소통이 이루어지는 형식적 관계에도 주목하면서 언어가 지닌 한계를 또 한 차례 극복하고자 한다. 그것은 화자와 청자, 또 주체와 객체의 대대對待 관계를 어떻게 해체할 수 있느냐로 나타난다. 이를 위해 장자는 대대 관계에 따라 의사소통의 격을 네 단계로 구분하고 있다. 첫째, 대대 논리가 완전히 해체되어 무대심無待心만으로 지배된 상태인데, 여기선 상대방을 전혀 의식하지 않는 빈 마음(虛心)으로 의사소통이 이루어진다. 둘째, 대대 논리가 완전하지 않지만 상당 부분 해체되어 주로 무대심으로 지배된 상태인데, 여기선 상대방이 있다는 의식은 있어도 나는 나, 너는 너라는 식으로 나와 상대방을 구분하지 않고서 의사소통이 이루어진다. 셋째, 대대 논리가 약간만 해체되어 주로 유대심有待心으로 지배된 상태인데, 여기선 상대방이 있다는 의식은 물론이고, 나와 상대방을 나는 나, 너는 너라는 식으로 구분한 상태에서 의사소통이 이루어진다. 넷째, 대대 논리가 전혀 해체되지 않아 오로지 유대심만이 지배된 상태인데, 여기선 상대방이 있다는 의식은 물론이고, 나와 상대방을 나는 나, 너는 너라는 식으로 구분하는 마음에 더해 옳고 그름으로까지 구분하는 상태에서 의사소통이 이루어진다.

장자는 대대對待 관계의 청산이 완전히 이루어져서 오로지 무대심만으로 상대방을 대하는 첫 번째 경우가 가장 이상적인 의사소통이 이루어질 수 있는 조건이라고 말한다. 그리고는 의사소통에서 상대방을 무대심으로 대하는 것이 왜 중요한지에 대해 장자는 그의 절친한 친구이자 뛰어난 논변가인 혜시 간에 이루어진 연못 위의 대화를 통해 증명해 보인다. 물고기의 즐거움을 어찌 아느냐를 두고 벌어진 논쟁에서 뛰어난 논변가인 혜시조차 장자를 논리적으로 당해내지 못한다. 그것은 장자가 대대 논리로부터 완전히 해방된 반면 혜시는 대대 논리로부터 자유롭지 못한 탓이다. 그래서 장자는 물고기를 무대심으로 상대해 물고기와 자연스럽게 소통이 이루어져서 물고기의 즐거움을 안 반면, 혜시는 장자를 유대심으로 상대해 그와의 소통이 불가능해지면서 장자가 갖고 있는 물고기의 즐거움을 알 수 없었다. 이에 장자는 "당신이 내가 아닌데 어찌 나의 마음을 아느냐"고 혜시에게 되물음으로써 혜시가 상대방과의 관계에 적용하는 이중적 잣대를 따끔하게 지적한다. 즉 실제로는 상대방과 유대심으로 대하면서 말로는 무대심으로 대하는 그런 이중성인 것이다.

이런 식으로 혜시가 자신의 의도와 달리 대대 논리에 갇히게 되고 만 것은 혜시의 마음이 언어라는 소통 매체에 의해 크게 고정된 탓이다. 실제로 많은 사람들은 언어의 존재로 말미암아 대대 논리로부터 쉽게 헤어나지 못한다. 혜시도 자신이 만든 언어의 감옥에 자신도 모르는 사이에 갇힘으로써 대대 논리로부터 쉽게 벗어날 수 없었던 경우에 해당한다. 즉 '자신', '장자,' '혜시', '물고기'로 모두를 제각각 구분 지었기에, 즉 실체를 표현하는 데 동원된 형식적 개념에 의해 함몰되었기에, '자신과 장자', '자신과 물고기' 사이에 어떤 심리적 공감대를 만들어내지 못했다. 이런 식으로 언어의 감옥에 갇히면 언어는 이내 말다툼의 무기로 변하고, 그 결과 사람들은 쓸데없는 논쟁에 더욱 빠져든다.

결국 장자는 꾸는 꿈을 통해서 대대 관계로부터 완전한 해방을 시도하고자 한다. 그는 꿈에서 나비가 되어 훨훨 날아 다녔는데 이때 아무것에도 걸리지 않는 자유로운 상황을 만끽한다. 이런 자유로운 상황은 나비가 되었기에 가능할 수 있는 일인데, 이는 장자가 대대 논리로 세상과 마주하지 않은 탓이다. 그래서 꿈에서는 장자가 나비일 수도 있고, 나비가 장자일 수도 있다. 이것은 감관感官이 규정하는 바로부터 완전히 벗어났을 때 비로소 가능한 일이다. 그렇지만 이는 말 그대로 꿈에서나 가능한 이야기다. 현실에선 나와 나비가 철저히 구분될 수밖에 없는데 이런 구분은 오로지 감관이 작용하고 있어서이다. 어쩌면 살아 있는 것 자체도 감관으로만 파악될 뿐이다. 만약 감관 작용이 모두 멈춘다면 우리는 삶과 죽음조차 구분할 수 없을 것이다. 즉 오관이 전혀 기능을 하지 못하면 지금 내가 살아 있는지, 또 죽어 있는지 알 수 있는 방법이란 없을 것이다. 장자는 이 점을 분명히 깨닫고 있었기에 저 유명한 '나비의 꿈' 이야기를 꺼낼 수가 있었다.

xii

우언寓言 · 중언重言 · 치언卮言의 은유법

노자서와 장자서를 읽다 보면 아주 오래전에 쓴 책답지 않게 그 내용들이 마치 살아 있는 듯해서 문장 하나하나가 우리의 가슴에 깊이 와 닿는다. 더욱이 이 두 책이 철학 내지 사상이라는 딱딱한 내용을 주제로 삼고 있는데도 불구하고, 2000년이란 오랜 시간이 흘렀음에도 생생한 느낌들이 우리에게 어떻게 다가올 수 있는지 책을 읽을수록 신기하게만 느껴진다. 아마도 노자와 장자가 자신들의 담론을 체계적인 논리로 풀지 않고 여유 있는 인문적 사고를 동원해서 풀어나간 탓이라고 본다. 그래서인지 노자서와 장자서는 중국 최고의 사상서일 뿐 아니라 최고의 문학서로 동시에 평가받는다. 그만큼 수준 높은 은유들의 집합일 정도로 이 책들은 인문적 상상력으로 가득 차 있다. 이 점이 오늘날의 철학서 내지 사상서와 크게 다른 점이다. 특히 서양 철학서와 서양 사상서들은 논리의 규범이라고 할 만큼 모든 것을 체계적이고, 또 분석적인 방식으로 서술하고 있다. 그렇지만 노자서와 장자서에선 그런 엄격한 논리의 전개보다는 생활 속의 자연스러운 언어로 주제들을 흥미 있게 풀어 나간다. 그러면서 무언가의 의미 있는 메시지를 던짐으로써 우리의 가슴에 긴 여운을 남게 만든다.

그런데 노장이 자신들의 주제를 논리적으로 규명하지 않고 인문적 상상력을 마음껏 동원해서 은유의 방법으로 풀이한 것은 어떤 이유에서였을까? 아마도 딱딱한 주제를 생활 속의 언어로 자연스럽게 설명함으로써 사람들에게 쉽게 다가가기 위한 노력 때문이 아니었을까 하고 생각해 본다. 그런데 단지 이런 이유 때문이었다면 굳이 은유의 방법을 동원하지 않고 서술 그 자체를 쉽게 했으면 되었을 터이다. 그럼에도 은유적 표현으로 책의 곳곳을 장식한 것은 언어가 지닌 한계를 극복하기 위한 시도 때문이라고 추측해 본다. 우리는 언어라는 기표記表와 그것이 표현하고자 하는 내용, 즉 기의記意 사이에 완전한 일치가 있는 것이라고 믿곤 한다. 그래서 '기의=기표'의 관점에서 한 발짝도 벗어나지 못하는 경우가 종종 있다. 그렇다면 사전에서 한 단어(기표)에 대해 하나 이상의 의미(기의)들이 있다는 사실은 어떻게 설명할 수 있을지 무척이나 궁금해진다. 이런 점을 감안했기에 노장은 기의와 기표를 '기의=기표'의 경우처럼 고정되거나 폐쇄적인 관계보다는 '기의≒기표'의 경우처럼 느슨하고 열려 있는 관계라고 본다.

이처럼 기표와 기의의 관계를 고정불변의 폐쇄 회로가 아니라 둘 사이의 공간이 활짝 열려 있다고 파악하면 우리는 그 열린 공간을 통해 다양한 의미들을 새로이 만들어낼 수 있다. 게다가 한자와 같은 표의문자의 경우는 그것이 지시하는 기호와 대상과의 관계가 아날로그적이어서 알파벳과 같은 표음문자에 비해 다른 의미들이 생겨날 수 있는 여지가 훨씬 크다. 사실 표음문자는 대상과의 자의적인 약속으로 기능하는 것이기에 서로 간에 약속을 달리하면 다른 의미들이 얼마든지 만들어질 수 있다. 그렇지만 일단 만들어져서 그 의미가 고정화되면 표의문자와 달리 그 해석의 공간이 크게 좁아진다. 물론 표음문자든 표의문자든 간에 기표와 그것이 지시하는 대상 간의 사이를 열린 공간으로 파악하는 것이 무엇보다 중요하다. 왜냐하면 이 열린 공간을 잘 활용하면 다양한 의미들이 많이 만들어지기 때문이다. 그런데 이를 위한 가장 좋은 방법이 바로 은유를 통한 표현 방식이다. 노자와 장자가 자신들의 책에 은유라는 우회적 표현을 가능한 많이 동원했던 것도 책을 열린 공간, 즉 열린 텍스트로 남겨두려는 의도 때문이라고 생각한다. 노장자 텍스트 해석에서 그 해석의 다양성과 깊이가 오늘날까지 잘 유지되는 것도 바로 이런 이유 때문이라고 본다.

그런데 은유를 둘러싼 노자와 장자의 표현 방식 사이에는 약간의 차이가 있다. 일반적으로 은유란 사물을 직접적이 아니라 다른 사물의 성격을 빌려 간접적으로 지시하는 표현 방식이지만 근본의 모습에 보다 가깝게 접근할 수 있는 표현 방식이기도 하다. 또는 이미 일반화된 체험 방식을 통해 아직 알려져 있지 않은 다른 체험을 부분적으로 말해주는 표현 방식이라고 말할 수 있다. 그렇다면 장자의 은유법은 이런 은유의 개념에 정확히 부합하지만 노자의 은유법은 은유적 표현이라고 하는 게 차라리 낫다. 예를 들어 『노자』 41장에 등장하는 "최고의 덕은 마치 골짜기와 같다(上德若谷)", "가장 희고 깨끗한 것은 마치 때를 품은 측색測色과 같다(大白若辱)", "광대한 덕은 마치 부족한 것 같다(廣德若不足)", "강건한 덕은 마치 게으른 것 같다(健德若偷)", "속이 찬 덕은 마치 텅 빈 것 같다(質德若渝)"는 표현들은 은유적 표현일 뿐이지 은유에 정확히 부합하는 표현은 아니다. 왜냐하면 은유로써 의미 전환이 이루어져야 하는 덕의 개념이 일반 사람들에게 그다지 익숙한 개념이나 경험 대상이 아니기 때문이다. 따라서 노자의 이런 식 표현들은 형식적 측면에선 분명 은유이긴 하지만 실질에 있어선 은유라고 단정하기에는 다소 무리가 있다.

그런데 은유 표현 방식을 둘러싼 노자와 장자 간의 이런 차이는 언어에 대한 입장 차이에서 비롯된다고 말할 수 있다. 장자는 언어가 대상의 의미를 정확하게 반영할 수는 없지만 실재에 근사하게 접근할 수 있는 수단으로 규정하면서 언어의 표현 가능성에 대해 유연한 입장을 취한다.

반면 노자는 언어의 실재 표현 가능성에 대해 매우 회의적이다. 노자가 『노자』 서두를 "도를 도라고 말하면 늘 그러한 도가 아니고, 이름을 이름이라고 부르면 늘 그러한 이름이 아니다(道可道非常道 名可名非常名)"고 한 것도 하나의 단적인 예다. 사람들은 이를 두고 노자의 언어관을 무명론無名論으로 규정하는 경우도 있지만 보다 엄격한 기준에서 본다면 비명론非名論에 가깝다. 무명론이 어떤 대상에 이름 붙이는 것이 불가능하다는 입장, 즉 '기의=기표'의 관계를 전면적으로 부정하는 입장이라면, 비명론은 어떤 대상에 이름을 붙일 수는 있지만 '항상 그러한 것(常名)'이 아니라는 입장, 즉 '기의≒기표'의 관계를 수용하는 입장이다. 그래서 노자는 언어가 실재를 왜곡하지 않고 정확한 표현 수단이 되려면 반어反語를 동원한 일종의 은유적 표현 방식에 해당하는 '약반若反'의 형식을 취해야 한다고 말한다.

그렇다면 반어를 동반한 은유적 표현 방식이란 대체 무엇이며, 그것이 어떻게 해서 실재에 이르는 가장 자연스러운 방법이 될 수 있는 것일까? 이와 관련해서 노자는 서로 대립하는 것들을 조화함으로써 실제 모습에 가장 근사하게 접근할 수 있다는 입장을 지지한다. 예를 들어 "있고 없음이 서로 공생하고, 어려움과 쉬움이 서로 조성하며, 길고 짧음이 서로 형성하고, 높고 낮음이 서로 기울고, 자연 소리와 인공 소리가 서로 조화하고, 앞뒤가 서로 수반한다(有無相生 難易相成 長短相較 高下相傾 音聲相和 前後相隨, 『노자』 2장)"가 그것이다. 노자의 이런 생각은 언어가 실재와 합치할 수는 없어도 실재에 무한히 접근할 수 있다는 생각과 같은 맥락이다. 만약 언어와 실재, 즉 기의와 기표가 완전한 합일에 이른다면 그것은 인간이 실재를 이해하는 것이 아니라 언어에 의해 실재가 사물화되는 경향을 뜻한다. 이럴 경우 언어는 실재에 이르는 빛의 역할을 제대로 할 수 없다. 이런 점을 감안한 탓인지 노자는 우리가 실재를 안다고 하는 것은 실재와 완전한 합일에 이르는 것이 아니라 실재와 인간 사이를 밝은 빛으로 비추는 것쯤에 비유한다. 이는 언어가 실재를 조명하는 빛의 역할을 해냄으로써 실재가 자신의 실상을 스스로 드러내게끔 하는 방법이다. 즉 언어는 투사광投射光이 아니라 조사광照射光의 역할을 하는 것이다.

그런데 반어를 동원한 은유적 표현이 어떻게 실재가 스스로 드러나게끔 하는 빛의 역할을 수행하는 것일까? 노자는 화려한 수식어 대신 일상의 언어를 은유적 표현으로 사용하기 때문이라고 말한다. 화려한 수식어를 사용하면 사람들이 수식어의 과장된 꾸밈에 함몰되어 실제 의미를 제대로 파악하지 못하거나, 또는 소홀히 하는 경우가 적지 않다. 예를 들어 상품 포장이 그럴듯하면 상품 내용보다 상품 포장을 보고 상품을 구매하는 것과 마찬가지 이치다. 반면 일상의 언어는 소박하고 담담하기에 사람들이 언어 그 자체에 현혹되거나 미혹되지 않고서 대상의 배후에 있는 의미까지 지향할 수 있는 여유를 만든다. 노자는 이런 은유적 표현이 만들어내는 대상의 의미를 두고 "형상 없는 형상, 아무것도 없는 모습(無狀之狀 無物之象, 『노자』 14장)"에 비유한다. 이는 기표가 자아내는 가상에 집착하지 말고 오히려 기표를 뒷면으로 밀어냄으로써 기표가 지향하는 실재가 자신의 실상을 스스로 드러낸다는 의미를 지닌 일종의 은유적 표현이다.

이에 반해 장자는 은유적 표현 방법보다는 은유 표현 그 자체를 선호한다. 장자는 말보다는 마음이 중요하다고 생각하면서 마음을 제대로 읽고 이를 표현할 마땅한 수단이 없다며 마땅한 표현 수단으로 은유를 선택했다. 여기서 말보다 마음이 중요하다는 사실은 기표보다 기의가 중요하다는 사실을 의미한다. 장자는 이런 점을 강조하기 위해 "우리가 말을 하더라도 시비是非를 벌이지 않으면 평생 말을 하더라도 말을 하지 않은 셈이 된다(言無言終身言)"는 다소 이해하기 어려운 이야기를 꺼낸다. 여기서 시비란 일종의 기의에 말은 기표에 해당하는데, 그렇다면 장자의 이야기는 다음과 같이 해석될 수 있다. 말이 우리의 입에서 나오더라도 거기에 어떤 의미를 담고 있지 않으면 어떤 말을 하더라도 하지 않은 셈이지만, 어떤 말을 하지 않더라도 마음에 시비가 생겨나면 평생 말을 하지 않더라도 그것이 결코 잠자코 있음을 뜻하는 것은 아니라고 말이다.

> 말을 하되 시비를 논하지 않으면 평생 말한들 말한 셈이 안 되고,
> 평생 말을 하지 않더라도 (말 안에 시비가 이미 포함되기에)
> 말하지 않았다고 할 수 없다.
>
> 言無言終身言
> 未嘗不言終身不言 未嘗不言 (『장자』 잡편 「우언」)

또 마음을 제대로 읽고 이를 표현할 마땅한 수단이 없다는 장자의 말을 좀더 생각해 보자. 모든 사물은 원래부터 자연에 의거하고 있어서 구분이라는 게 생겨날 수 없는데, 사람의 입장에서는 옳다는 것과 옳지 않다는 것, 그렇다는 것과 그렇지 않다는 것 등으로 구분된다. 즉 자연에는 분계란 있을 수 없는데 사람들이 만물을 언어로 구분하면서부터 그만 천예의 조화를 깨트리고 만다. 그래서 장자는 말한다. 무엇이 그런 것인가? 그러니까 그런 것이다. 또 무엇이 그렇지 않은 것인가? 그렇지 않으니까 그렇지 않은 것이다. 마찬가지로 무엇이 옳은가? 옳으니까 옳은 것이다. 또 무엇이 옳지 않은가? 옳지 않으니까 옳지 않은 것이다. 이처럼 만물은 "본디 그렇다고 할 만한 데가 있으며(物固有所然)", 또 "옳다고 할 만한 데가 있다(物固有所可)"고 말한다. 따라서 언어로 표현되는 그렇지 않은 것, 또 언어로 구분되는 옳지 않은 것이란 있을 수 없다. 그래서 날마다 반어反語가 생겨나 시비를 초월하지 않으면, 즉 은유에 따른 표현 방법이 끊임없이 생겨나 자연의 경계와 화합을 이루지 못하면 도道

를 오래도록 전할 수 있는 방법이란 게 없다.

> 가可하다고 여겨지는 것, 불가不可하다고 여겨지는 것,
> 그렇다고 생각되는 것, 그렇지 않다고 생각되는 것이 있다.
> 과연 무엇이 그런가? 그런 것을 그렇다고 한다.
> 무엇이 그렇지 않은가? 그렇지 않은 것을 그렇지 않다고 한다.
> 무엇이 가可한가? 가한 것을 가可하다고 한다.
> 무엇이 불가不可한가? 불가한 것을 불가不可하다고 한다.
> 사물에는 본디 그렇다고 할 만한 데가 있고,
> 가可하다고 할 만한 데가 있는 법이다.
> 그러니 그렇지 않은 것이란 없고, 불가不可하지 않은 것도 없다.
>
> 有自也而可 有自也而不可 有自也而然 有自也而不然
> 惡乎然 然於然 惡乎不然 不然於不然
> 惡乎可 可於可 惡乎不可 不可於不可
> 物固有所然 物固有所可
> 無物不然 無物不可 (『장자』 잡편 「우언」)

실재란 고정된 모습이 없이 문득문득 흘러가기에 그 변화가 무척이나 다양하다. 그래서 실재를 삶과 죽음으로 구분하려고 들면, 실재는 천지天地와 병존하고 신명神明과 함께 흘러간다고밖에 말할 수 없다. 또 실재가 어디로 향해 가느냐고 물으면, 모든 곳으로 갈 수 있게끔 되어 있으나 꼭 어디로 갈는지 모른다고 말할 수밖에 없다. 옛날 도학道學에는 이런 경향이 많았는데, 장자는 이런 도학의 학풍을 매우 긍정적으로 평가했다. 왜냐하면 세상이 심히 오염되어 자신의 생각을 점잖은 말로써만 표현할 수 없다고 생각했기 때문이다. 그래서 치언卮言을 변화무쌍한 표현 방법으로 삼았고, 중언重言을 입증의 증거로 선택했고, 우언寓言

을 널리 알리는 수단으로 활용했다. 치언이 상대방의 의식 상태와 삶의 상황에 맞추어서 자연스럽게 이야기하는 표현이라면, 중언은 세상 사람들이 권위를 부여하는 성인들의 말을 빌려서 이야기하는 표현이며, 우언은 재미있는 우화 형식으로 이야기하는 표현이다. 그래서 치언이 저절로 자신의 흐름을 찾는 말이라면, 중언은 사람들이 참된 것이라고 여기는 말이며, 우언은 적용 범위가 넓은 말에 각각 해당한다. 장자가 터무니없는 언설이나 황당한 발언, 또 방자한 말을 늘어놓기는 했지만 치언 · 중언 · 우언이 지닌 이러한 성격 때문에 큰 무리가 있지 않았다.

> 치언으로써 늘어놓고,
> 중언으로써 믿게 하고,
> 우언으로써 그 의미를 넓힌다.
>
> 以巵言爲漫衍
> 以重言爲眞
> 以寓言爲廣 (『장자』 잡편 「천하」)

장자는 무슨 언어이든 간에 언어가 의사 전달을 위한 완전한 수단으로 기능한다고 생각하지는 않았다. 언어를 잘못 사용하면 오히려 의사소통을 방해하고, 나아가 서로를 이간질하고 공격하는 무기로 얼마든지 변할 수 있다는 점을 잘 유념하고 있었기 때문이다. 그래서 언어의 잘못된 사용을 방지하기 위해 장자는 중언으로 골격인 뼈를 형성하고, 치언으로 부연 설명하면서 살과 근육을 입히고, 우언으로 이루어진 교설에다 생기를 돌게 하기 위해 숨을 불어넣어야 한다고 주장한다. 이런 사실을 통해서 볼 때 장자란 인물은 어떤 권위에 입각해서 자신의 학설을 일방적으로 설파하지 않고 그 대신 상대방의 수준을 적절히 고려하면서 그와 소통을 이루기 위해 애써 노력하는 정신의 소유자였음을 알 수 있다. 따라서 중언 · 치언 · 우언의 세 가지 표현 방식을 단지 문학적인 수사로만 읽어서는 안 된다. 그보다는 동시대 사람은 물론이고 후세 사람과도 소통하려는 장자의 진지한 자세에서 비롯된 것이라고 파악해야 한다. 실제로 장자는 논쟁을 반대했지만 오히려 논쟁을 잘했으며, 말하기를 반대했지만 거꾸로 언어의 대가였다. 이런 사실도 장자가 동원한 수사들이 그의 탁월한 재치에 의해 우연히 생겨난 것이 아니라 상대방과 소통하려는 그의 진실한 삶의 자세에서 비롯된 것임을 말해준다.

먼저 우언寓言에 대해 알아보자. 우언이란 동물들의 어리석은 행동을 통해서 성립하는데, 열에 아홉일 정도로 그의 책에 많이 등장한다. 우언은 무엇보다 바깥의 것, 즉 바깥의 어리석은 행동을 빌려 논증하는 표현 방식이다. 물론 '바깥의 것'이 있으면 당연히 '안의 것'도 있어야 하는데, 우언이란 '안의 것'을 등장시키지 않고 '바깥의 것'만 등장시켜 입증하는 방식이다. 예를 들어 아버지가 제 자식의 중매를 설 수 없는 것은, 제 자식을 칭찬하는 데 아버지가 아닌 다른 사람이 하는 것만 못하기 때문이다. 이는 아버지에게 잘못이 있어서가 아니라 듣는 사람에게 문제가 있어서다. 즉 자식이 훌륭하더라도 이를 아버지가 칭찬하면 사람들이 좀처럼 믿으려 하지 않는다. 여기서 '바깥의 것'은 다른 사람을, '안의 것'은 아버지를 의미한다. 이처럼 남의 입을 빌려 자신을 좋게 이야기하도록 만드는 것이 세상물정을 따르는 방식인데 이는 일종의 기교에 해당한다. 이런 기교는 사람들이 자기와 생각이 같으면 따르고, 자기와 생각이 다르면 반대하면서 자기와 같은 것은 맞다고 생각하고, 자기와 다른 것은 틀렸다고 생각하기에 가능할 수 있다.

> 우언은 열에 아홉인데 바깥의 것을 빌려 논증하는 것이다.
> 가령 아버지는 제 자식의 중매를 서지 않는다.
> 아버지가 자식을 칭찬하는 일이

아버지가 아닌 사람이 칭찬하는 것만 못하기 때문이다.
이는 아버지에게 잘못이 있는 것이 아니라 듣는 사람들의 문제다.
사람들은 자기와 생각이 같으면 따르고, 자기와 생각이 다르면 반대한다.
자기와 같은 것을 맞는다고 하고, 자기와 다른 것을 틀렸다고 한다.

寓言十九 藉外論之
親父不爲其子媒
親父譽之 不若非其父者也
非吾罪也 人之罪也
與其同則應 不與其同則反
同於己爲是之 異於己爲非之 (『장자』 잡편 「우언」)

장자서 첫 장은 '대붕의 뜻을 누가 알리오'로 알려진 「소요유」인데 「소요유」 편도 우언과 함께 시작한다. 매미와 비둘기는 구만 리나 높이 올라가 남쪽으로 날아가는 큰 새 대붕을 바라보면서, 자신들은 있는 힘을 다해 날아오르면 느릅나무나 뽕나무에까지 이를 수 있는데, 대붕이 터무니없이 공연한 짓을 한다고 조롱한다. 이에 장자는 매미와 비둘기의 어리석음을 재미난 은유로 표현한다. 교외로 소풍 가는 사람은 세 끼니면 돌아올 때까지 배가 부르지만, 백리 길을 가는 사람은 하룻밤 걸려 곡식을 찧어야 하고, 천리 길을 가는 사람은 석 달 동안 식량을 모아야 한다면서, 조그만 날짐승들의 작은 지혜가 큰 지혜에 도저히 미칠 수 없다고 말한다. 이는 하루살이가 밤과 새벽을 모르고, 매미가 봄과 가을을 모르는 것과 마찬가지다. 이 역시 짧은 수명의 동물들이 긴 수명을 사는 동물들의 삶이 얼마나 오래 지속되는지 알 수 없음을 조롱하는 은유에 해당한다.

이와 비슷한 우언은 「추수」 편에 등장하는 거북이에게 촐랑거리다가 혼쭐이 난 우물 안 개구리 이야기에서도 반복된다. 무너진 우물 안의 개구리가 난간 위에선 폴짝폴짝 뛰놀며, 우물 안의 깨어진 벽돌 끝에서 푹 쉬고, 물 위에 엎드려선 두 겨드랑이를 물에 찰싹 붙인 채 턱을 들고서는 이런 즐거움이 세상에 어디 있느냐고 자랑하자, 동해에 사는 거북이 그 말을 듣고선 정말인지 우물 안으로 들어가 보았다. 그런데 왼발이 들어가기도 전에 오른쪽 무릎이 이미 우물에 꽉 낄 정도로 우물 안이 작았다. 거북은 잠시 망설이다가 뒤로 물러나선 천리 길도 동해의 크기에 비하면 아무것도 아니고, 10년 동안 아홉 번이나 홍수가 났어도 바닷물이 불어나지 않았는데 이것이 동해에 사는 나의 즐거움이라고 말했다. 이 말을 들은 우물 안 개구리는 깜짝 놀라 그만 얼이 빠졌는데, 이는 바다를 말해도 알지 못하는, 즉 장소에 구애된 개구리의 어리석음을 지적하는 우언이다. 그래서 장자는 매미에게 얼음(겨울)을 말해도 알지 못하는 것이 시간에 구애되었기 때문인 것처럼, 편벽된 선비에게 도를 말해도 알지 못하는 것은 가르침에 묶여 있기 때문이라고 밝힌다.

「제물론」 편에는 사람, 원숭이, 미꾸라지 셋 중에서 누가 자신이 살 곳을 제대로 아는가 하는 비교가 있다. 사람이 습한 데서 자면 허리 병에 걸리는데 미꾸라지도 그럴까, 또 사람이 나무 위에 오르면 겁에 질리는데 원숭이도 그럴까 하는 식의 비교다. 또 사람, 뱀, 까마귀, 사슴 넷 중에서 누가 입맛을 제대로 아는가의 비교가 있다. 사람은 고기를 즐겨 먹으며, 뱀은 지네를 먹고, 까마귀는 쥐를 즐겨 먹고, 사슴은 풀을 뜯어 먹어서 동물들의 입맛이 서로 다른데 어느 입맛이 표준이 되겠느냐는 비교다. 또 원숭이, 순록, 미꾸라지, 미인 넷 중에서 누가 올바른 아름다움을 아는가 하는 비교가 있다. 그런데 암컷 원숭이는 긴 팔 원숭이가 짝으로 삼고, 순록은 사슴과 교배하고, 미꾸라지는 물고기와 놀고, 모장이나 여희는 세상 사람들이 미인이라고 하는데도, 모장이나 여희를 보면 물고기가 물속 깊이 숨고, 새들은 하늘 높이 날고, 순록은 힘껏 달아난다. 이는 서로 다른 표준이 있는데 그 표준을 알지 못하고 이를 구분하려는 인간의 어리석음을 비웃는 우언이다.

장자는 「추수」 편에서는 왜 그런지의 이유를 다음과 같이 말한다. 대들보와 같은 큰 나무는 성벽을 칠 수 있어도 작은 구멍을 막을 수 없는데 이는 서로 다른 '용도(器)'가 있어서다. 또 준마는 하루에 천리를 달릴 수 있어도 쥐를 잡는 데는 고양이나 족제비만 못한데 이는 서로 다른 '재주(技)'가 있어서다. 또 부엉이가 밤에는 벼룩을 잡으며 털끝까지 헤아릴 수 있지만 낮에는 눈을 부릅떠도 산이나 언덕과 같은 큰 것을 보지 못하는데 이는 각기 다른 '성질(性)'을 갖고 있어서다. 이처럼 용도와 재주와 성질이 각기 다를 수 있는데 이를 같은 차원에서 비교하려는 우리의 잘못을 대들보, 준마, 부엉이를 서로 비교함으로써 우리로 하여금 자연스럽게 이해하게 만들었다.

「제물론」 편의 '조삼모사朝三暮四' 이야기는 대표적인 우언에 해당한다. 원숭이 주인이 도토리를 주면서 아침에 석 되, 저녁에 넉 되 주면 어떻겠느냐고 했더니 원숭이가 모두 화를 내자 주인이 곧바로 아침에 넉 되, 저녁에 석 되 주겠다고 마음을 바꾸었더니 원숭이가 모두 기뻐 날뛰었다고 한다. '조삼모사(3+4)'나 '조사모삼(4+3)'이나 그 표현만 다를 뿐 실질에 있어서는 하나도 변한 게 없는데 원숭이는 두 표현 사이에 엄청난 차이가 있는 것으로 착각하면서 기쁨과 노여움을 동시에 보였다. 오히려 원숭이 주인은 실질에 있어서 하나도 변한 것이 없음을 굳이 지적하지 않고서 원숭이가 원하는 바를 그대로 따랐다. 이는 '있는 그대로를 따르는' 인시因是에 입각한 행동으로 보인다. 이에 장자는 원숭이 주인의 여여자연如如自然하고 태연자약泰然自若한 삶을, 시비를 조화하면서 '자연스런 가지런함(天鈞)'에 머무는 성인의 자세에 비유한다. 물론 원숭이 주인의 이런 바람직한 삶이 돋보일 수 있었던 것은 원숭이들의 어리석은 행동이 있었기 때문이다.

그런데 우언이 궁극적으로 목표하는 바가 동물들의 어리석은 행동을 비웃으면서 거기에서 삶의 교훈을 얻고자 하는 것이 아니다. 그 보다는 대립적인 인물, 혹은 대립적인 사상들 사이의 관계에 주의하면서 이런 대립의 진실성에 대해 반성하도록 하는 것이다. 이렇게 함으로써 우언이라는 표현 방식에선 대립이 저절로 사라지고 마는데, 대립이 사라진 자리를 채우는 것이 '도는 하나로 통한다(道通爲一)'는 노장의 일관된 주장이다. 이것은 공자가 말하는 '노선(道)이 다르면 함께 정사를 논하지 않는다(道不同 不相爲謀, 『논어』「위영공」)'는 주장과는 큰 대조를 이룬다. 그렇다면 장자의 글 속에서 이런 점이 우언을 통해 어떻게 제시되는지 살펴보자.

물고기의 즐거움을 두고 장자와 혜시가 벌인, 「추수」 편의 유명한 논쟁도 좋은 은유에 해당한다. 친구 관계임에도 두 사람 사이에 생겨난 논쟁은 물고기의 생각을 알 수 있는지의 여부에서 시작된다. 혜시가 장자에게 "당신이 물고기가 아닌데 어찌 물고기의 즐거움을 안다고 말할 수 있느냐?"고 묻자 이에 대한 장자의 대답이 걸작이다. "당신은 내가 아닌데 내가 물고기의 즐거움을 모른다는 것을 당신이 어찌 안다고 말할 수 있느냐?"고 되묻는다. 장자는 혜시의 논리를 또 다른 논리로 부정하는데, 이런 부정의 형식이 우언의 극치에 해당한다. 논리지상주의자인 혜시가 오히려 장자의 논리에 의해 말문이 그만 막혀버렸기 때문이다. 이 같은 일이 벌어질 수 있는 것은 장자와 혜시 사이의 소통관에 근본적 차이가 있어서다. 즉 장자는 상대가 누구이든지 간에 '소통의 도'를 서로 깨닫기만 하면 누구와도 소통할 수 있는 반면 혜시는 상대에 따라 소통이 되는지의 여부가 결정되기 때문이다.

이처럼 장자는 '도통위일道通爲一'의 자세를 지니기에 사람과 소통할 때나, 자연과 소통할 때나 거기에는 어떤 구분이 생겨나지 않는다. 즉 다른 사람과 소통할 수 있으면 심지어 물고기와도 자연스럽게 소통할 수 있다. 그래서 장자는 물고기가 노니는 걸 보니 물고기가 즐거운 모양이라고 말할 수 있었다. 그런데 혜시는 사람과의 소통과 자연과의 소통 사이를 구분하려고 든다. 즉 사람과 사람 사이에선 소통이 가능할지 모르지만 사람과 자연 사이에는 소통이 불가능하다고 보는 것이다. 그래서 혜시는 장자에게 "물고기가 아닌데 어찌 물고기의 즐거움을 알 수 있느냐"고 대들 수 있었던 것이다. 이에 대해 장자는 혜시에게 "나를 이해하지 못하는데 내가 물고기의 즐거움을 안다고 하는 것을 당신이 어찌 아느냐"고 반문했다. 이는 장자와 혜시 간에, 즉 사람들 간에조차 소통이 이루어지지 않으면 사람과 물고기 사이에 이루어지는 소통을 도저히 알 수 없다는 의미다. 즉 '소통의 도'는 하나로 통하고 있기에 거기에는 사람과 자연 사이에 어떤 구분이 생겨나지 않는다는 뜻이다.

근엄하고 무거운 글인 중언重言은 장자서에서 열 가운데 일곱으로 우언보다는 상대적으로 비중이 작지만 그래도 장자는 우언과 비교해서 큰 차이를 두지 않는다. 중언은 나이가 많이 든 성인들의 말을 인용함으로써 논쟁을 그치게 하는 표현 방법이다. 왜냐하면 나이가 많은 어르신의 말이라면 사람들은 대개가 옳다고 생각하기 때문이다. 물론 장자는 나이가 들어도 일을 처리하는 근본 원칙과 그 실현 방법을 제대로 갖추지 못하고 공연히 나이에만 의존하는 사람은 참된 연장자가 될 수 없다고 잘라 말한다. 그래서 연장자이면서도 덕을 갖추지 못하면 사람의 도를 잃은 자이고, 사람의 도를 잃은 자는 '진부한 사람(陳人)'이라고 장자는 규정한다.

> 열 가운데 일곱인 중언은 논쟁의 말들을 그치게 하는 방법이다.
> 왜냐하면 나이가 많은 어르신 말이면 옳다고 생각하기 때문이다.
> 그러나 나이만 들었지 일을 처리하는 근본 원칙과 그 실현 방법이 없이
> 공연히 나이에만 의존하는 사람은 참된 연장자가 아니다.
> 연장자이면서도 덕을 갖추지 못하면
> 사람의 도를 잃은 자이고, 사람의 도가 없는 자는 진부한 사람이다.

重言十七 所以已言也
是爲耆艾
年先矣而無經緯本末
以其年耆者 是非先也
人而無以先人 無人道也
人而無人道 是之謂陳人 (『장자』 잡편 「우언」)

그런데 중언은 어떤 의미에서 보면 우언과는 정반대의 표현 방식이다. 우언은 바깥의 것을 빌려 논증하는 형식을 취하는 반면 중언은 자신이라고 하는 일방적인 한쪽의 입장에서 출발하는 방식이기 때문이다. 그래서 중언은 전통적 의미에서의 의탁, 또는 다른 사람의 권위를 빌려 자신의 생각을 표현하는 기법인 차중借重에 가깝다. 그러므로 중언에는 우언과 달리 장난기란 눈곱만치 있을 수 없다. 차중의 대상이 되는 사람이 덕망과 학식을 고루 갖춘 나이 많은 어른인 것도 이 때문이다. 장자가 살았던 전통적 사회에서는 경험에서 지혜가 우러나오기에 중언이 자연스럽게 먹혀들 수 있었다. 물론 나이나 경험이 곧 지혜를 의미하는 것은 아니지만 지혜란 주로 나이와 연관이 있기 때문이다. 유가도 이 점을 부정하지 않았다. 그래서 공자가 "열다섯에 뜻을 세우고, 서른에 홀로 서서, 마흔에 유혹에 빠지지 않고…" 하고 말한 것도 지혜가 '세월과 더불어 성숙해 간다'는 사실을 사실상 인정한 셈이 아닌가?

중언은 장자서에서 공자가 제자들이나 제후들과 하는 문답을 통해 많이 나타난다. 특히 내편의 「인간세」 편과 「덕충부」 편에서는 이런 문답 형식으로 중언이 자주 등장하는데, 「덕충부」에서 소개되는 '근본이 온전하다(才全)'는 경우도 그중의 하나다. '재전才全이 어떤 것인가'라고 하는 애공哀公의 물음에 대해 공자는 마음의 조화를 중요한 조건으로 내세운다. 공자에 따르면 마음이 조화되어야만 시원히 트여서 항상 즐거움을 잃지 않으며, 또 밤낮으로 이루어지는 변화가 끼어들 틈이 없어서 만물과 조화를 이룬다. 만물이 이런 경지를 접하면 봄 같은 화기가 마음에 생겨나는데 바로 이 경지가 근본이 온전한 경지에 해당한다. 그럼에도 사람들은 삶과 죽음, 빈곤과 부귀, 현명과 어리석음, 헐뜯음과 높이 기림, 굶주림과 목마름, 추위와 더위 같은 세상일의 다양한 변화들이 우리의 눈앞에서 밤낮으로 교대되는 탓에 마음의 조화를 이루지 못한다고 공자는 말한다.

중언은 장자서에서 「인간세」 편에 가장 많이 등장한다. 장자는 「인간세」 편에서 공자가 행한 제자와의 문답을 통해 중언을 활용한다. 공자는 제자인 안회顔回에게 "덕은 명성을 드러내는 데서 파괴되고, 지식은 다툼 가운데서 생겨난다"고 말한다. 그리고는 "명성은 서로 충돌하고, 지식은 다툼의 도구로 변질되기에 이 두 가지는 일종의 흉기로 자신들의 행위를 결코 훌륭하게 할 수 없다"고 말한다. 공자가 이런 식으로 중언을 사용한 것은 안회에 대한 안타까움 때문이다. 공자가 생각하기에 안회는 덕이 중후하고 신의가 꿋꿋하지만 아직 남의 기분을 이해하는 데까지 이르지 못했고, 명성을 다투지 않는다고 해도 다른 사람의 마음을 꿰뚫는 데까지 이르지 못해서다. 그런데도 안회는 인의仁義나 법도法道를 군주 앞에서 기를 쓰고 말할 텐데 이는 곧 다른 사람의 추함을 드러냄으로써 자신을 선하게 보이려는 것이기에 결국 남에게 해를 끼치는 행위라고 파악한다. 이런 식으로 남에게 해를 끼치면 반드시 남으로부터 해를 돌려받기에 안회도 예외가 될 수 없음을 안타깝게 생각하여 중언으로 안회의 행동을 누르고자 했다.

"공자가 들은 바를 말씀 드린다"는 식으로 이루어지는 중언도 「인간세」 편에 가끔씩 등장한다. 교린交隣이란 가까우면 신의로써 맺어지고, 멀면 말로써 진심을 보여주어야 하는데, 말로써 신심을 보여주는 경우 양쪽 모두를 기쁘게 하거나 화나게 만들기란 매우 어렵다. 왜냐하면 양쪽이 모두 기쁠 때는 상대방을 칭찬하는 말이 지나치게 많아서이고, 양쪽이 모두 다 화가 날 때는 상대방을 헐뜯는 말이 지나치게 많아서이다. 그래서 칭찬이든 비판이든 간에 지나친 말은 망령된 말이고, 또 망령된 말은 신용이 없으며, 신용이 없어지면 말을 전한 자가 결국에는 재앙을 당한다. 옛날 격언에선 "있는 그대로를 전해야지 말을 부풀려서 전달하지 말아야 한다며 이렇게 해야만 자신을 보전할 수 있다"고 한 것도 같은 맥락이다. 그러면서 장자는 말은 풍파風波이고 행동은 득실得失인데 풍파는 쉽게 변화하고 득실은 위험에 빠지기 쉽다고 말한다. 그래서 교활한 말과 편파적인 논리가 분노를 폭발시키는 도화선이라는 내용의 중언을 덧붙인다.

「인간세」 편에 등장하는 대표적인 중언은 '마음의 비움(心齋)'에 관한 공자의 설명일 것이다. 심재에 대해 가르쳐달라는 안회에 대해, 공자는 잡념을 없애고 마음을 통일해서 귀로 듣지 말고 마음으로 듣도록 하고, 마음으로 듣지 말고 기氣로 듣도록 하라고 주문한다. 귀는 소리를 들을 뿐이고, 마음은 밖에서 들어온 것에 맞추어 깨달을 뿐이다. 그래서 귀로 듣고, 마음으로 들으면 우리의 마음에는 외물이 등장하고, 지식이 축적되고, 관념이 생겨난다. 반면 기氣는 텅 비어서 모든 대상에 부응할 수 있기에 무엇이든지 모든 것을 다 받아들일 수 있다. 즉 빈 채로 사물을 기다리기에 어떤 욕망, 관념, 편견 등이 생겨나지 않는다. 그래서 세상 속에 노닐면서도 세상과 충돌하지 않음으로써 세상 가운데 있으면서도 무심하게 변화에 맡길 수 있다. 바로 이 상태가 심재로, 오로지 도의 상태에 이를 때 이 텅 빈 곳에 머물 수 있다. 이처럼 장자는 심재를 설명하는데 중언을 동원함으로써 우리에게 도의 상태에 이를 수 있는 가장 구체적인 방법을 제시한다.

마지막으로 치언巵言은 국자로 퍼내는 말이라는 의미를 지니는데 일반적으로 무심한 말로 해석된다. '치巵'는 술그릇의 일종이다. 그런데 술을 마신 뒤에 한 말은 거의 생각 없이 마음속에서 직접 나온다. 그래서 무심한 말이란 어린아이를 대할 때 하는 말과 같을 수 있다. 이때 사람들은 대체로 따지거나 계산하지를 못한다. 이 때문에 자신을 보존할 수 있는 효용적 가치마저 지닐 수 있다. 이것이 치언이 '천수를 다할 수 있다'는 의미다. 그래서 치언에는 진실한 것이 더 많고, 거짓이 더 적다. 또 마음속에 내세우는 것이 없고, 시비의 함정에 빠지지 않기에 이를 끝없는 변화라고 말할 수 있다. 탁월한 이야기꾼의 경우 치언을 잘 활용해서 이야기에 살과 근육을 자연스럽게 갖다 붙여 말을 부드럽게 이끈다. 마르지 않은 샘에서 끊임없이 물을 퍼내듯, 장자의 도도한 변설이 무궁무진할 수 있었던 것도 바로 치언을 잘 활용한 탓이다. 어쩌면 치언이란 공자가 말한 '무슨 행동을 하더라도 하나도 부자연스러움이 없다(從心所欲不踰矩)'는 70세의 경지에서 내뱉는 말과 흡사하다.

치언은 날마다 새롭게 하는 말로서 시비를 초월해서
자연의 변화에 호응한다.
끝없는 변화를 따르기에 천수를 다할 수 있다.
말을 하지 않으면 만물은 하나로 통일되어 있다.
통일되어 있는 만물과 말은 통일되지 않고,
말은 통일되어 있는 만물과 통일되지 않는다.
고로 아무 생각 없이 말해야 한다.

卮言日出 和以天倪
因而蔓衍 所以窮年
不言則齊
齊與言不齊 言與齊不齊也
故曰無言 (『장자』 잡편 「우언」)

그런데 장자는 치언에 대해 특별히 강조한다. 치언이 자연의 분계로써 시비를 조화시키는 언어라고 보기 때문이다. 장자는 치언으로써 자기 생각을 날마다 새롭게 하여 자연의 분계와 조화를 이루지 못하면 상대방과 소통할 수 있는 마땅한 길이 없다고 단언한다. 여기서 소통은 인간 상호 간의 소통만이 아니라 인간과 자연 간의 상호 소통으로도 확대된다. 또 만물의 모든 씨앗은 그 모습이 같지 않지만 서로 전승하면서 처음과 끝이 고리를 이루고 있어서 이를 하늘의 물레라고 한다. 하늘의 물레란 하늘의 분계인 천예天倪를 의미하는데, 천예란 저절로 그러하다는 의미를 지닌다는 점에서 자연의 분계와 마찬가지 뜻으로 해석된다. 장자에 따르면 하늘의 분계에서는 시작과 끝이 미리 고정되어 있는 것이 아니라 부단히 순환하기에 시작과 끝이 어디라고 단정할 수 없다. 그래서 장자는 치언으로 자신의 생각을 날마다 새롭게 하여 자연의 분계와 조화를 이루지 못하면 이것의 이치를 알 수 있는 길도 막연하다고 말한다.

> 치언이 날마다 생겨나서 시비를 초월하지 않는다면
> 어찌 그것이 오래도록 계속되겠는가?
> 천지의 만물은 각기 모두 종류가 다르고,
> 형체가 다르므로 서로 이어가며 변화하기 마련이다.
> 처음과 끝이 고리 같아서 그 순서를 알 수가 없다.
> 이를 하늘의 조화라고 한다.
> 하늘의 조화란 시비를 초월하여 대자연과 하나가 됨을 말한다.
>
> 非巵言日出 和以天倪 孰得其久
> 萬物皆種也 以不同形相禪
> 始卒若環 莫得其倫 是謂天均
> 天均者天倪也 (『장자』 잡편 「우언」)

치언의 또 다른 예를 들어보자. 사람들은 잠이 들면 꿈을 꾸어서 마음이 쉴 새가 없고, 깨어나면 육체가 활동을 시작하기에 또다시 쉴 새가 없다. 또 이들은 서로 간의 관계에서 분란을 일으키며 날마다 다툼질로 속을 썩이고 마는데, 부드러운 표정 속에 간교함을 감추고, 말 속에 함정을 파놓고, 또 속마음을 감춰 드러내지 않는다. 그래서 조금만 놀라도 안절부절 못하고, 크게 놀라면 기절까지 한다. 이들이 쏘아대는 말이 활의 시위를 떠난 활 같다는 것은 상대의 허점을 틈타 옳고 그름을 따지려고 들기 때문이다. 이들이 굳세게 지킨다는 것이 마치 맹서를 하듯 한다는 것은 필사적으로 승리를 쟁취하려고 하기 때문이다. 이들이 마치 가을과 겨울처럼 시들어가는 것은 날마다 참된 자신의 모습을 잃어가기 때문이다. 그래서 이들은 각자 하는 일에 너무 깊이 빠져 타고난 본성을 회복할 수 없다. 이들이 마치 끈으로 꽁꽁 묶듯이 마음의 문을 걸어 잠그는 것은 그들이 늙어가고 있기 때문이다. 그래서 죽음에 가까이 다가간 마음은 다시 되살아나게 할 수 없다.

잠들었을 때는 혼들이 뒤섞여 꿈을 꾸고,
깨어 있을 때는 몸의 감각이 열려 사물과 접촉한다.
사물과 접촉하면서 얽히고, 날마다 마음속으로 전쟁을 치른다.
그들은 부드러운 표정 속에 간교함을 감추고,
말 속에 함정을 파놓고,
속마음을 깊이 감춰 드러내지 않는다.
조금 놀라면 안절부절못하지만 크게 놀라면 넋을 잃고 기절을 한다.
그들이 쏘아대는 말이 시위를 떠난 활 같다는 것은
상대의 허점을 틈타 옳고 그름을 따지는 것을 가리킨다.
그들이 굳세게 지키는 것이 마치 맹서하듯 한다는 것은
필사적으로 승리를 쟁취하려는 태도를 이르는 말이다.
그들이 마치 가을겨울같이 시들어가는 것은

날마다 참된 제 모습을 잃어가는 것을 말한다.
그들은 각자 하는 일에 너무 깊이 빠져서
타고난 본성을 회복할 수 없게 되었다.
그들이 마치 끈으로 꽁꽁 묶듯이 마음의 문을 걸어 잠그는 것은
그들이 늙어가고 있음을 말한다.
죽음에 가까이 다가간 마음은 다시 되살아나게 할 수 없다.

其寐也魂交 其覺也形開
與接爲搆 日以心鬪
縵者 窖者 密者
小恐惴惴 大恐縵縵
其發若機栝 其司是非之謂也
其留如詛盟 其守勝之謂也
其殺若秋冬 以言其日消也
其溺之所爲之 不可使復之也
其厭也緘 以言其老洫也
近死之心 莫使復陽也 (『장자』 내편 「제물론」)

그런데 술을 마신 뒤에 아무런 생각 없이 내뱉는 무심한 말이 치언이라고 하지만 거기에는 우리의 가슴에 와 닫는 어떤 예리함이 살아 있다. 그래서 우리는 장자의 치언을 마주할 때마다 탄복한다. 「제물론」 편의 서두를 장식하는 '대지의 퉁소 소리(地籟)'만 해도 그러하다. 바람을 '대지의 기氣'에 비유한 것도 좋은 표현이지만, 바람이 일었다 하면 온갖 구멍들이 성내 부르짖는다는 비유는 무심한 상태가 아니면 생각해 낼 수 없는 표현이다. 그래서 장자에게는 산림 속에 백 아름이나 되는 나무에 뚫린 크고 작은 구멍들이 마치 코 같고, 입 같고, 귀 같고, 술병 같고, 술잔 같고, 절구 같고, 연못 같고, 동굴 같아서 거기에 바람이 부딪히기만 하

면 울기 시작해서 마치 콸콸 흐르는 소리, 씽씽 나는 화살 소리, 나직이 나무라는 소리, 흐흑 들이키는 소리, 외치는 소리, 울부짖으며 곡하는 소리, 개 짖는 소리, 슬퍼 흐느끼는 소리들을 낸다. 이런 표현들은 그야말로 치언의 극치다. 왜냐하면 '대지의 퉁소 소리'가 우리가 살아가면서 만드는 바로 '사람의 퉁소 소리(人籟)'이기 때문이다. 이런 식으로 장자는 '대지의 퉁소 소리'라는 치언을 통해 '사람의 퉁소 소리'의 덧없음을 가슴에 와 닿게끔 말하고 있다.

또 장자는 궤변의 형식을 지닌 치언도 사용한다. 이런 형식의 대표적 치언으로 「제물론」 편에 등장하는 '시작의 시작'으로 알려진 글을 들 수 있다. 일반적으로 시작이 있으면 시작이 시작되기 이전이 있고, 또 시작이 시작되기 이전의 이전이 있다. 반면 시작되지 않음이 있으면 아직 시작되지 않음의 이전이 있고, 또 시작되지 않음의 이전의 이전이 있다. 마찬가지로 '있다(有)'가 있고, '없다(無)'가 있으면 있다/없다로 구분되기 이전이 있고, 또 있다/없다로 구분되기 이전의 이전이 있다. 이런 사실을 접한 고대 그리스의 철학자 제논은 '날아가는 화살은 정지해 있다'는 정도의 궤변으로 끝나고 말았지만, 장자는 모든 것은 상대적이기에 시작과 끝, 있음과 없음을 구분하는 것이 무의미하다는 도의 관점에서 이 모순을 해결하고자 했다. 그래서 장자는 감관을 통해 들어오는 모든 외물에서 어떤 차이를 느끼지 않는 '제齊'의 상태에 이를 때 우리가 비로소 도의 경지에 오를 수 있다고 말한다.

물론 도의 경지란 감관 작용만으로 이루어지는 것은 결코 아니다. 어쩌면 감관 작용보다 중요한 것이 심관心官 작용일 수 있다. 그래서 장자는 심관 작용의 문제점에 대해서도 「제물론」 편에서 치언의 형식으로 언급한다. "당신이 나를 이기고 내가 당신을 이기지 못하면 당신은 옳고 나는 그르며, 내가 당신을 이기고 당신이 나를 이기지 못하면 나는 옳고 당신은 그르냐"고 묻는 내용이 그것이다. 이는 한 사람이 옳으면 반드시 다른 한 사람은 그르냐, 아니면 둘 다 옳으냐, 아니면 둘 다 그르냐를 우회적으로 표현한 일종의 치언이다. 논쟁이 벌어지면 모두가 자신에게 유리한 방향으로 해석하기에 나와 당신은 물론이고, 제3자도 판단할 수 없는 상황이 전개된다. 이처럼 옳고 그른 것조차 심관 작용 여하에 따라 결정된다. 그래서 심관 작용의 미망에 빠지면 간과 쓸개조차 초나라와 월나라의 거리만큼 멀리 떨어진 것 같지만, 심관 작용의 미망에서 벗어나면 모든 만물은 마찬가지가 될 수밖에 없다.

장자의 치언 중에는 말장난에 속하는 것도 있다. 장자는 언어에 구애받지 않고 말(馬)이 진짜 말이 아니라고 하는 것이 최선의 증명 방법이라고 말한다. 그렇다면 언어에 의해 구애받지 않고 그 말이 진짜 말인지의 여부를 어떻게 증명해 보일 수 있을까? 그것은 진짜 말을 보여줌으로써, 설명하려는 말과 차이가 있는지를 눈으로 직접 확인토록 하는 방법이다. 이는 언어로써 말을 설명하는 것보다 실물을 직접 보여주는 것이 차라리 낫다는 의미다. 나아가 장자는 손가락이라는 언어를 통해 실제 손가락이 참 손가락이 아니라고 설명하는 일은 손가락에 구애됨이 없이, 즉 도의 입장에서 실제 손가락이 참 손가락이 아니라고 설명하는 일만 못하다고 말한다. 즉 시비와 구분을 초월해 있는 것이 가장 바람직하다는 것을 알쏭달쏭한 치언으로 표현한다.

xiii

대대對待 관계의 해체를 위하여

강을 건너는데 배 하나가 떠내려 오더니 내가 타고 있는 배와 부딪쳤다. "똑바로 배를 몰라"고 고함을 치려고 하는데 배 안에 아무도 없었다. "공연히 화를 내려고 했구나" 하고 속으로 중얼거리면서 배를 계속 저어 가는데 또 다른 배가 오더니 내 배와 다시 부딪쳤다. 아무도 타지 않은 빈 배라고 생각하고 그냥 지나치려고 했더니 그 배에 사람이 타고 있는 게 아닌가. 갑자기 화가 치밀어서 "배를 똑바로 몰라"고 고함을 쳤다. 그런데 처음 부딪친 배에 화를 내지 않다가 지금 부딪친 배에 화를 낸 것은 무슨 까닭인가? 그것은 무대심無待心과 유대심有待心의 차이에서 비롯된다. 처음 부딪친 배와 나와는 무대無待의 관계이기에, 즉 화를 내더라도 그 화를 받을 상대가 없기에 화를 내지 못했던 것이고, 지금 부딪친 배와는 유대有待의 관계이기에, 즉 화를 내면 그 화를 받을 상대가 있기에 화를 낼 수 있었던 것이다. 그렇다면 내가 낸 화를 받을 상대가 있더라도 그런 사람이 없다는 무대심無待心으로 인생이라는 강을 흘러간다면 누가 나를 해칠 것인가 하고 장자는 우리에게 묻는다.

> 두 배가 나란히 강을 건너는데 빈 배가 내 배와 부딪치면
> 아무리 성급한 사람이라도 성을 내지 않을 것이다.

만일 그 배에 한 사람이라도 있었다면
그 사람을 불러 배를 떨어지게 하거나 물러나도록 할 것이다.
그런데 한 번 불러서 듣지 않고, 두 번 불러서 듣지 않으면
세 번째는 고함을 치고 욕설을 퍼부을 것이다.
지난번에는 성을 내지 않다가 이번에는 성을 내는 것은
지난번에는 마음을 텅 비웠고, 이번에는 채웠기 때문이다.
사람이 만일 자기를 텅 비워서 세상을 대한다면
누가 그를 해치겠는가?

方舟而濟於河 有虛船來觸舟 雖有惼心之人不怒
有一人在其上 則呼張歙之
一呼而不聞 再呼而不聞
於是三呼邪 則必以惡聲隨之
向也不怒而今也怒 向也虛而今也實
人能虛己以遊世 其孰能害之 (『장자』 외편 「산목」)

이처럼 타자를 상대하는 데 무대심과 유대심 중 어느 하나를 선택하느냐에 따라 상대방과의 소통의 격이 달라진다. 소통의 상대를 무대심으로 대하면 화가 난 마음도 이내 풀어지고, 흥분된 마음도 금방 가라앉는다. 그렇지만 소통의 상대를 유대심으로 대하면 화가 조금만 나도 더욱 치밀고, 조그만 흥분되어도 더욱 고조된다. 그래서 장자는 타자와의 관계 맺음, 즉 대대對待 관계가 소통을 위해 무엇보다 중요하다고 강조한다. 즉 소통의 상대가 있더라도 그를 의식하지 않고 대대 관계를 초월해 있으면 타자와의 참된 소통을 이룰 수 있는 반면 소통의 상대를 의식해서 대대 관계를 벗어나지 못하면 타자와의 참된 소통을 이룰 수 없다. 이렇게 참된 소통의 가능성을 나와 타자와의 형식적 관계에서 찾으려고 하는데, 이런 식의 접근 방법은 장자에게서만 발견되는 매우 독특한 것

이다. 서양의 커뮤니케이션학은 물론이고, 유가의 의사소통 사상에서도 나와 타자 사이의 대대 관계가 아니라 주체인 나를 통해 의사소통의 조건을 찾으려고 하기 때문이다. 예를 들어 소통의 주체가 진실해야만 참된 소통을 이룰 수 있다는 식의 주장이 그것이다.

먼저 나와 타자의 대대 관계를 쉽게 설명하기 위해 우리가 수영을 배울 때 물과 어떤 관계를 맺고 있는지를 통해서 알아보자. 어린아이가 처음 수영을 배울 때는 물속에 그냥 뛰어들어 물의 운동과 흐름, 부력 등에 자신을 적절히 맞추어가면서 몸을 자유롭게 움직이려고 노력한다. 이는 물을 의식하지 않고, 즉 물과 대대 관계를 만들지 않고 자연스럽게 수영을 배우는 방식이다. 반면 어른이 되어서 수영을 배우는 경우에는 수영 교본에 따라 물속에서 의식적으로 몸을 움직이는데, 이때 물과의 직접적인 소통이 방해받기 마련이다. 그것은 물과 대대 관계를 만들기 때문이다. 그렇지만 수영 교본도 애초에는 누군가가 물과 직접적으로 소통한 후에 쓴 것이기에 소통이란 근본적으로 대대 관계를 만들지 않고 무매개적으로 이루어지는 것이다. 만약 무매개적으로 이루어지지 않으면 그것은 허울뿐인 소통이다. 그렇지만 대대 관계를 만들지 않는 무매개적 소통이란 나와 타자 사이의 합일이나 일치에서 출발하는 것이 아니라 오히려 차이의 긍정에서부터 시작한다. 그래서 무매개적 소통은 나라는 주체가 자기 해체를 통해 상대라는 타자를 향해 나가는 일종의 자기 조절 과정이라고 말할 수 있다.

이런 차원에서 장자의 궁극적 관심은 '우리가 어떻게 타자와 관계하면서 삶을 온전하게 유지할 수 있을까?' 하는 것으로 귀결된다. 이는 타자와의 적절한 관계 맺음을 위해서는 맑은 연못(淸淵)과 같은 빈 마음(虛心)을 지녀야 하는가, 아니면 선입견으로 물든 고착된 마음(成心)을 지녀야 하는가에 있어서 둘 중 하나의 선택이라고 말할 수 있다. 여기서 빈 마음이란 '나는 나'라고 하는 인칭성이 제거된 '비인칭적非人稱的(inpersonal)'

마음을 의미하며, 또 고착된 마음이란 인칭성이 매개된 '인칭적人稱的(personal)' 마음을 의미한다. 물론 비인칭적 마음이 일체의 자의적 구분에서부터 벗어난 무대심에서 출발한다면, 인칭적 마음은 자의적 구분을 일으키는 인식으로부터 자유롭지 못한 유대심에서 생겨난다고 말할 수 있다. 그래서 인칭적 마음을 지니는 사람은 마음속 감옥에다 자신을 가두는 사람이라고 말할 수 있는데, 이런 자세를 지니고서는 자신의 삶을 온전하게 유지할 수 없다.

이에 장자는 성심成心으로 타자를 상대하는 경우 얼마나 어처구니없는 상황이 전개될 수 있는지를 '해조海鳥의 죽음'이라는 우화를 들어 설명한다. 이 우화는 누군가가 성심으로 새라는 타자와 소통하려다가 그만 새를 죽이고 만다는 내용이다. 노魯나라 왕이 바다에서 날아온 새를 너무 사랑한 나머지 인간에게 할 수 있는 최선의 방식으로 향응을 베풀었다. 그래서 "자기를 보양하는 방법으로 새를 보양했다(以己養養鳥)"고 할 정도로 베풀었는데 이런 과분한 보양은 노나라 왕의 성심에서 비롯된 것이다. 그런데 이런 마음이 사랑하는 새를 오히려 죽이고 말았다. 만약 노나라 왕이 "새를 보양하는 방식으로 새를 보양했다(以鳥養養鳥)"고 하면 새는 살았을 것이고, 왕의 친절에 대해서도 매우 고마워했을 것이다. 이는 타자가 나에게 도래했을 때 기존의 생각으로 새로운 것을 판단하고, 또 그 판단에 입각해서 그 새로운 것과 관계 맺으려는 우리의 성심을 꼬집는 우화다. 이 우화를 통해 우리는 성심에서 벗어나서 타자와 조우해야 한다는 사실을 깊이 깨달아야 할 것이다.

> 옛날 해조가 날아와 노나라 서울 교외에 앉았는데
> 노나라 임금은 이 새를 친히 맞이하여 종묘 안에서 술을 마시게 하고,
> 구소의 음악을 연주하며, 소와 돼지, 양을 잡아서 대접했다.
> 새는 그만 어리둥절해하고 슬퍼할 뿐 한 조각의 고기도 먹지 않고,

한 잔의 술도 마시지 않은 채 사흘 만에 죽어버렸다.
이것은 (노나라 왕이) 자기를 보양하는 방법으로 새를 보양한 것이지
새를 기르는 방법으로 새를 보양하지 않은 탓이다.

昔者海鳥止於魯郊
魯侯御而觴之于廟 奏九韶以爲樂 具太牢以爲膳
鳥乃眩視憂悲 不敢食一臠 不敢飮一杯 三日而死
此以己養養鳥也 非以鳥養養鳥也 (『장자』 외편 「지락」)

그런데 성심成心은 언어와 언어에 의해 작동하는 사유의 분별 작용을 통해 더욱 심화된다. 예를 들어 그렇게 말하면 그렇게 되고, 또 그렇게 생각하면 그렇게 된다. 왜냐하면 언어와 인식은 기본적으로 대대對待 논리에 입각해 있어서 그 논리에 따라 자의식이 고착되고, 고착된 자의식, 즉 성심을 통해 작동하는 인식마저 허구적이고 관념적인 무한성을 낳기 때문이다. 이런 이유 때문에 장자는 언어와 인식이 허황된 꿈과 다를 바 없다고 비판한다. 그래서 장자도 자신의 언어를 대대 논리에 가두어 두기보다는 거기로부터 훌훌 벗어나게 해서 이를 자유자재로 부리려고 한다. 즉 언어에 의해 지배당하기보다 오히려 그것을 지배함으로써 그의 인식을 상황에 맞게끔 자유롭게 만들어 궁극적으로 상대방과의 소통을 이루고자 한다. 이 경우 인식이란 사변적인 것이 아니라 실천적 인식으로서 장자 「제물론」 편에 나오는 '조삼모사朝三暮四' 이야기의 원숭이 주인이 이런 실천적 인식을 대표하는 사람에 해당한다.

아침에 석 되, 저녁에 넉 되의 도토리를 주겠다는 제의에 대해 화를 낸 원숭이에게 원숭이 주인은 아무런 반응을 보이지 않은 채 아침에 넉 되, 저녁에 석 되의 도토리를 주겠다고 다시 무심코 제안했다. 이에 원숭이들은 기뻐 날뛰는 유심有心, 즉 성심의 태도를 보였다. 원숭이들의 이런 성심은 '조삼모사(3+4)'와 '조사모삼(4+3)'이 마치 다른 것으로 착각

한 탓이다. 즉 '조사모삼(4+3)'이 '조삼모사(3+4)'보다 좋다고 착각한 것인데, 이는 언어 부호에 의해 원숭이들의 의식이 지배되었음을 단적으로 말해주는 예다. 따라서 '조사모삼'이나 '조삼모사'의 경우처럼 언어가 양자 간에 매개되면 대대 논리가 작동한다. 그리고 대대 논리가 작동하면 '이것이라고 여김(爲是)'에 의해 성심이 저절로 생겨난다. 그런데 원숭이 주인은 '조삼모사'와 '조사모삼'이 서로 다르지 않다고 생각했다. 게다가 원숭이의 화냄에 대해 특별히 어리석다는 반응을 보이지 않고 무심無心한 상태에서 먹이 주는 방식을 바꾸었을 뿐이다. 이는 원숭이 주인에게 성심이 없었기에 가능한 일이다. 그 결과 '자신이 직면한 사태의 고유성에 근거함(因是)'에 따라 언어가 매개된 대대 논리를 무력화시키고, 궁극적으로 원숭이와 참된 소통을 이룰 수 있었다.

이처럼 우리의 마음이 언어와 인식으로부터 해방될 때 무대심은 자연스럽게 생겨난다. 그리고 무대심을 지닌 사람은 마음이 넓고 편안해서 여유롭게 안주할 수 있는 삶의 공간도 만들어낸다. 이 공간은 '비어 있으며(虛)', '하고자 하는 바가 없는(無爲)' 공간이자 동시에 '진정한 소통'을 이룰 수 있는 공간이기도 하다. 나아가 '하지 않는 것이 없는(無不爲)' 공간으로도 바뀔 수 있다. 그리고 이 공간은 형이상학적인 사변이나 논리적인 사변이 작동하지 않는 그야말로 실천 속에서 이루어지는 공간이다. 즉 허무주의적이거나 신비주의적인 초월의 경지가 아니라 실천적인 삶 속에서 이루어지는 현실의 공간이다. 따라서 '무대의 마음을 회복한 사람(達者)'은 세상을 수직적으로 초월한 절대자나 초월자가 아니라 원숭이 주인의 경우에서처럼 우리의 주위에서 흔히 발견되는 보통 사람들이다. 이런 보통 사람들이 자신의 일상적 삶 속에서 실천을 통해 구현하고자 하는 마음이 바로 무대심이다. 이런 점에서 우리가 무대심을 회복한다는 것은 '삶의 세계로부터(from)'의 비상飛上이 아니라 '삶의 세계로의(into)' 비상을 의미한다.

결국 장자에게 완성된 인간이란 탁 트인 마음, 자유로운 정신, 선입견 없는 의식, 즉 개별적인 것에 집착하지 않고 넓고 큰 마음을 지닌 바로 무대심을 회복한 인간을 뜻한다. 이런 무대심을 지닐 때 우리는 만나는 상대가 누구이든, 또 무엇이든 그들과 진정으로 소통을 이룰 수 있다. 그래서 장자는 인의예지仁義禮智와 같은 목적론적 이념을 위해 '삶'을 희생할 수 있다고 주장한 이데올로그는 아니다. 목적론적 이념이 또 다른 유대심의 원인으로 작용할 수 있기 때문이다. 그래서 장자가 추구한 바는 모든 것을 미리 규정하는 서구 형이상학적 담론이나, 또는 유가나 묵가 식의 정형화된 사회적 이념이 아니라 삶의 가치와 바람직한 삶의 방법으로서의 '소통의 도道'다. 그래서 장자에게 참된 삶이란 타자와의 조우와 소통을 통해 비로소 존재하는 것이다. 이처럼 장자는 현실에서의 삶의 가치를 중시했던 철학자다. 그렇다면 삶의 가치란 결국 소통의 '격格', 즉 '언격言格'을 통해 비로소 구현되는 것이 아닐까?

그래서 장자는 대대對待 관계에 따라 소통의 '격'을 네 단계로 구분한다. 첫 번째는 대대 논리가 완전히 해체되어 무대심으로 이루어지는 소통이고, 두 번째는 대대 논리가 상당 부분 해체되어 무대심에 가깝게 이루어지는 소통이고, 세 번째는 대대 논리가 일정 부분 해체되어 무대심이 약간만 있는 상태에서 이루어지는 소통이고, 네 번째는 대대 논리가 전혀 해체되지 않아 오로지 유대심으로 이루어지는 소통이다. 이를 나와 상대라는 관점에서 보면 무대심에만 입각한 첫 번째는 타자(상대)라는 개념이 없는 오로지 빈 마음으로 이루어지는 소통 방식이다. 또 무대심에 가까운 두 번째는 타자라는 개념은 있지만 '나는 나, 너는 너'라는 식으로 나와 상대를 구분하지 않는 마음으로 이루어지는 소통 방식이다. 또 무대심이 약간 있는 상태의 세 번째는 타자 개념은 물론이고, '나는 나, 너는 너'라는 구분도 있지만 상대방을 옳고 그름으로 구분하지 않는 마음으로 이루어지는 소통 방식이다. 마지막으로 유대심에만 입각한 네 번째는 '나는 나, 너는 너'라는 구분은 물론이고, 나아가 상대방을 옳고 그름으로 구분하는 마음까지 있는 상태에서 이루어지는 소통 방식이다. 불행히도 네 번째가 오늘날 가장 일반화된 우리의 소통 방식이다.

먼저 무대심無待心으로만 이루어지는 소통 방식에 있어서 중요한 것은 모든 타자들과 소통할 수 있는 '빈 마음(虛心)'이다. 물레의 추樞도 그 안이 텅 비어 있기에 어느 곳에도 치우치지 않고 그 중심을 유지할 수 있다. 장자는 이런 허심虛心의 상태를 어디에도 고정되어 있지 않은 채로 흐르는 물에 비유한다. 왜냐하면 고정되어 있지 않은 채로 흐르는 물은 각양각색의 모양을 수도 없이 만들어낼 수 있기 때문이다. 그래서 상대가 삼각형이면 물은 삼각형의 모양을 한 마음으로, 상대가 사각형이면 물은 사각형의 모양을 한 마음으로, 또 상대가 원형이면 물은 원형의 모양을 한 마음으로 제각각 상대하면서 상대방과의 원활한 소통을 이루어낼 수 있다. 이처럼 무대심은 소통의 주체에게 상대라는 존재를 전혀 의식하지 않고서 그를 자유롭게 상대할 수 있는 조건을 제공한다. 그래서 장자는 무대심을 자유롭게 흐르는 물에 비유한 것이다.

> 지인의 마음 작용은 마치 거울과도 같다.
> 사물을 보내지도, 억지로 맞아들이지도 않는다.
> 사물에 따라 응하여서 비추되 품으려고 하지 않는다.
> 그러므로 사물과 마주하더라도 자신을 상하도록 하지 않는다.
>
> 至人之用心若鏡
> 不將不迎 應而不藏
> 故能勝物而不傷 (『장자』 내편 「응제왕」)

장자는 무대심을 맑은 거울에도 비유한다. 맑은 거울은 어떤 사물도 구별하지 않은 채 항상 같은 상태로써 모든 것을 똑같이 비추기 때문이다. 그래서 거울은 자신에게 비친 사물을 억지로 꾸며서 내보내지도 않고, 또 그것을 억지로 맞아들이지도 않는다. 또 사물의 생긴 모습에 따라 응하여 비출 뿐 그것을 품으려고 하지도 않는다. 이런 사실 때문에 거울은 항상 사물과 마주하더라도 자신을 상하지 않는다. 장자는 이런 무대심으로 상대방과 소통을 하는 사람의 예로 관윤關尹과 노담老聃을 든다. 관윤과 노담은 모든 사물과 유형을 조잡한 것이라고 보고 이것들의 근원에 있는 허무虛無의 대도大道만을 으뜸으로 삼기 때문이다. 그래서 스스로를 자연의 변화에다 맡긴 채 만물과 상응하면서 유약겸하濡弱謙下의 태도를 잃지 않았다. 이런 이유 때문에 관윤과 노담은 아주 편하게 지극한 경지에 머물 수 있었는데 이런 경지가 바로 '참된 사람(眞人)'의 경지다.

근본으로써 정밀함을, 만물로써 정세함을 쌓음으로써
부족함을 생각하며 신명한 상태에서 홀로 자연스레 머문다.
옛날 도술에는 이런 경향이 있었다.
관윤과 노담은 이런 소문을 듣고 기뻐했다.
그래서 항상 '유가 없음(無)'인 허무를 내세우고,
커다란 하나됨을 따랐다.
지나치지 않은 겸손한 태도로 스스로를 나타내고,
만물을 훼손하지 않는 공허한 태도로 실질을 위했다.
관윤은 스스로에게는 일정한 입장이 없고,
만물에 따라 응하면서 자신을 드러낸다고 말한다.
움직임은 물과 같고, 정지함은 거울과 같고, 외물에 응함은 울림과 같고,
황홀함은 죽은 것과 같고, 평온함은 맑은(선명한) 것과 같다.
이 경지에 동화되는 사람은 화합할 수 있지만
이 경지를 얻으려는 사람은 얻을 수가 없다.

지금까지 결코 남의 앞장을 서지 않고서 언제나 남의 뒤를 따라 행동했다.

以本爲精 以物爲粗 以有積爲不足
澹然獨與神明居 古之道術有在於是者
關尹老聃聞其風而悅之
建之以常無有 主之以太一
以濡弱謙下爲表 以空虛不毁萬物爲實
關尹曰 在己無居 形物自著
其動若水 其靜若鏡 其應若響 芴乎若亡 寂乎若淸
同焉者和 得焉者失
未嘗先人而常隨人 (『장자』 잡편 「천하」)

대대 논리가 상당 부분 해체되어 상대방과는 무대심에 가깝게 이루어지는 소통은 상대를 의식하지만 '나는 나, 너는 너'라는 식으로 구분하지 않는 마음으로 이루어지는 방식이다. 그렇지만 이런 소통 방식은 '나는 너가 될 수 있다'로 확대 해석될 수 있는 소지가 있어서 자칫 너라는 타자에 의해 내가 종속될 수 있다. 왜냐하면 나는 너라고 하는 타자에 의해 규정된 존재로서 타자가 밀면 밀리고, 당기면 당겨질 수 있기 때문이다. 그래서 네모난 그릇을 만나면 네모난 모양으로 드러나는 물의 마음에, 또 세모난 그릇을 만나면 세모난 모양으로 드러나는 물의 마음에 비유할 수 있다. 또 사과를 있는 그대로 비추는 거울에도 비유할 수 있다. 장자는 이런 마음으로 상대방과 소통하려는 사람의 예로 팽몽彭蒙, 전병田駢, 신도愼到 등을 들고 있다. 팽몽, 전병, 신도는 사람들이 주장하는 시비 선악이 결코 보편적인 가치가 될 수 없고, 인간의 지혜와 논변도 도를 포괄하기에 턱없이 부족하다고 보고 있기에, 자아를 버린 여여자연한 자세만이 참된 자유에 입각해 있다고 말한다. 그렇지만 이들조차도 자신들의 생각에 따라 판단하고 행동하는 것이기에 여전히 자신들에 의해 구속받고 있는 셈이다.

> 공평하면서도 한쪽에 기울지 않고,
> 바뀌는 데 있어서 사심이 작용하지 않고,
> 얽매인 것에서 떠나도 내세움이 없고,
> 외물을 취하더라도 짝을 짓지 않고,
> 근심해도 마음에 새기지 않고,
> 지식을 얻더라도 지모를 꾸미지 않고,
> 사물에 대해 선택하지 않아서 모두 만물과 함께 동화되어 행동한다.
> 옛날 도술에는 이런 경향이 있었다.
> 팽몽, 전병, 신도는 이 가르침을 듣고 기뻐했다.
>
> 公而不黨 易而無私 決然無主 趣物而不兩
> 不顧於慮 不謀於知 於物無擇 與之俱往
> 古之道術有在於是者
> 彭蒙田駢愼到聞其風而悅之 (『장자』 잡편 「천하」)

대대 논리가 일정 부분 해체되어 무대심과 유대심이 공존하는 상태에서 이루어지는 소통은, 상대를 나와 너로는 구분하지만 옳고 그름으로는 구분하지 않는 마음 상태에서 이루어지는 방식이다. 그래서 소통하는 중에 '너는 너, 나는 나'라는 식의 의식은 있지만 '나는 옳고, 너는 그르다'는 식의 시비 판단은 일어나지 않는다. 예를 들어 네모난 그릇에 담긴 물이 세모난 그릇과 마주할 경우 네모난 모습과 세모난 모습의 물이 관련 없다면서 서로를 구분하지만, 네모난 모습의 물이 세모난 모습의 물보다 잘났다는 식으로 평가하지 않는다. 이는 상대방에 대한 일체의 판단을 유보하는 것에 해당하지만 나와 너를 구분함으로써 상대방에 대한 유대심有待心은 이미 시작된 것이라고 말할 수 있다. 장자는 이런 마음으로 상대방과 소통하려는 사람의 예로 송견宋鈃과 윤문尹文을 들고 있다. 송견과 윤문은 백성의 안정을 중시해서 전쟁을 비난하고, 또 과욕을 하지 않는 생활 태도를 견지하며, 그리고 연약과 화합의 처세술을 주장하지만, 이를 어떻게 구현해야 할지 그저 침묵으로 일관한다. 어떤 방식을 택하는 경우 생겨날 수 있는 시비 판단으로부터 오로지 자유로워지고 싶기 때문이다.

세속에 얽매이지 않고, 사물을 치장하지 않으며,
사람을 번거롭게 하지 않고, 대중을 거역하지 않으며,
천하의 안녕을 원함으로써 백성이 잘 살 수 있다.
남도 나도 함께 모두 의식이 충분하기를 바라며,
이렇게 함으로써 스스로 마음을 명백하게 한다.
옛날의 도술에는 이런 경향이 있었다.
송견과 윤문은 이 이야기를 듣고 기뻐하며,
위아래가 고른 관을 만들어 자기네를 상징하고,
'선입견의 제거(別宥)'를 이룸으로써
만물이 서로 연결되어 있음을 밝히고, 마음의 얼굴,
즉 사람의 정욕을 말하며, 이를 마음의 행위라고 이름 붙였다.
겸손한 태도로써 사람들의 기쁨을 한데 합치고,
이것으로써 나라 안을 조화시키며 화합의 마음이 으뜸되길 바랐다.
남에게 모욕을 당해도 치욕으로 여기지 않고,
백성의 다툼을 멈추게 하여 공격이나 무력을 금지시켜
세상의 싸움을 없애려고 했다.

不累於俗 不飾於物 不苛於人 不忮於衆
願天下之安寧以活民命
人我之養畢足而止 以此白心

古之道術有在於是者

宋鈃尹文聞其風而悅之 作爲華山之冠以自表

接萬物以別宥爲始 語心之容 命之曰心之行

以聏合驩 以調海內 請欲置之以爲主

見侮不辱 救民之鬪 禁攻寢兵 救世之戰 (『장자』 잡편 「천하」)

송견에 대한 이야기는 장자서 시작부인 「소요유」 편에도 등장한다. 「소요유」 편에서는 송영자宋榮子라는 이름으로 등장하는데, 송영자는 온 세상이 그를 칭찬해도 고무되지 않고, 온 세상이 그를 비난해도 위축되지 않았다고 한다. 송영자가 이렇게 처신할 수 있었던 것은 자신과 타자를 분명히 구분하고, 이에 근거해서 사회적 명예나 불명예 등이 본질적인 것이 아니라고 판단했기 때문이다. 여기서 송영자가 자신과 타자의 구분, 즉 나와 너의 구분을 이루려고 한 것은 투철한 자기반성을 통해 자신과 타자 사이의 관계를 매개하는 비본질적인 것들을 성공적으로 해체하고 싶어 했기 때문이다. 즉 나와 너, 아니면 자신과 타자와의 관계를 이렇게 분명히 구분하고자 한 것은 영욕榮辱의 경우에서처럼 나와 너 사이에 매개하는 세속적인 것들이 결코 본질적인 것이 아니라는 사실을 밝히고 싶어 했기 때문이다.

송영자는 느긋하게 이들을 비웃으면서

세상 모두가 그를 칭찬한다고 더욱 애쓰지도 않았고,

세상 모두가 헐뜯는다고 기죽지도 않았다.

그는 자신과 타자와의 분별을 뚜렷이 했다.

그리고 시비 판단과 관련해서는 영예와 치욕만 구분했을 뿐이다.

그래서 그는 세상일을 좇아 허둥지둥하지 않았다.

그렇지만 아직 안정되지 못한 데가 있었다.

宋榮子 猶然笑之
且擧世而譽之而不加勸 擧世而非之而不加沮
定乎內外之分 辯乎榮辱之境 斯已矣
彼其於世未數數然也 雖然猶有未樹也 (『장자』 내편 「소요유」)

마지막으로 대대 논리가 전혀 해체되지 않아 오로지 유대심으로 이루어지는 소통은 나와 너를 옳음과 그름으로 구분하는 마음에서 비롯되는 방식이다. 이런 마음 상태에서는 나와 상대방이 서로 옳다고 적극적으로 주장하는 것이 시비 판단의 근거로 작용하면서 이것이 상대방에 대한 평가 기준이 된다. 이런 마음 상태는 마치 네모난 그릇 속에서 얼려져 네모로 만들어진 얼음에 비유할 수 있다. 자유롭게 흐르는 물이 자연 상태의 마음을 의미한다면 네모난 그릇에 담겨져 네모난 모습으로 나타난 얼음은 성심成心을 의미한다. 그래서 사람들은 네모난 형태로써 소통의 상대방을 규정한다. 즉 상대가 네모난 얼음의 모습을 하고 있으면 옳고, 세모난 얼음의 모습을 하고 있으면 그르다는 식이다. 이런 식으로 성심에 갇힌 사람들은 자신의 기준에 따라 상대방과 시비를 다투고, 나아가 이런 시비 판단에 근거해서 허구적이고 관념적인 소통에 빠져들기 십상이다. 그런데 이것이 전형적인 유가와 묵가가 용인하는 소통 방식이 아닐까?

장터에서 오가는 사람의 발을 밟으면 자신의 허물을 사과하지만
형의 발을 밟으면 조금 만질 뿐이고
어버이의 발을 밟으면 사과하거나 만지지도 않는다.
그러므로 옛말에도 지극한 예禮는 남을 남으로 구분하지 않고
지극한 의義는 사물과 서로 구별 짓지 않으며,
지극한 지知는 모의하지 않으며,

지극한 인仁은 새삼스레 친근함이 없으며,

지극한 신信은 금옥을 저당 잡히는 일이 없다.

蹍市人之足 則辭以放驁

兄則以嫗 大親則已矣

故曰 至禮有不人

至義不物 至知不謀 至仁不親 至信辟金 (『장자』 잡편 「경상초」)

부모의 발을 밟았어도 사과를 필요로 하지 않은 것은 부모와 자식 관계가 무대심無待心으로 이루어져 있기 때문이다. 그리고 형의 발을 밟았어도 크게 미안해하지 않은 것도 형제간에는 여전히 무대심이 작용하고 있기 때문이다. 물론 형의 발을 만져보며 약간의 미안함을 표시하는 것은 부모와 비교해서 작은 유대심이 작용한 탓이라고 본다. 그렇지만 장터에 오가는 사람의 발을 밟고서 반드시 자신의 허물을 사과해야 하는 것은 그들과는 어떤 무대심이 형성되어 있지 않기 때문이다. 오로지 유대심만 작용하고 있어서 사과함으로써 상대방에 대한 예의를 지켜야만 했다. 물론 유가의 도리 중에서 예禮만이 유대심을 만들어내는 기준이 아니다. 예 못지않게 인仁·의義·지知·신信도 우리의 마음을 성심으로 이끄는 데 기여하는 기준들이다. 그래서 상대방을 성심으로 대하면 서로 간에는 유대有待의 관계가 자연스럽게 형성된다. 이에 장자는 스스로를 허심虛心의 상태로 돌려 대대 관계를 해체해야만 상대방과 신정으로 소통할 수 있다는 사실을 강조한다.

그런데 '상대하는 마음(待心)'에 따라 구분되는 네 가지 소통 방식은 시간의 흐름에 따라 세상 속에서도 서서히 변해왔다. 아주 먼 옛날에는 대대 논리가 전혀 없는 무대심으로만 상대방과의 소통이 이루어졌다. 그 후 시간이 흐르며 상대방에 대한 의식이 마음 한편에 생겨나면서 무대심은 점점 사라지고 유대심이 그 자리를 채워갔다. 급기야 오늘날에는 유대심으로만 지배되는 소통이 일반화되고 있는 실정이다. 이런 사실은 우리의 의식을 네 단계의 발전으로 구분한 장자의 분석과도 잘 맞아떨어진다. 장자는 '처음부터 타자(외물)가 존재한 적이 없다(有以爲未始有物者)'고 하는 도道의 지배 단계를 첫 번째 의식 단계로, '타자가 있기는 하지만 처음부터 나와 너로 구분된 적이 없다(以爲有物矣而未始有封也)'는 단계를 두 번째 의식 단계로, '나와 너의 구분은 있지만 누가 옳고 그른지에 대한 구분이 없다(以爲有封焉 而未始有是非也)'는 단계를 세 번째 의식 단계로, '나와 너 사이에 옳고 그른지에 대한 구분이 있다(是非之彰也)'는 단계를 네 번째 의식 단계로 삼는다. 여기서 첫 번째 의식 단계가 무대심으로만 이루어진 상태라면, 마지막 네 번째 의식 단계는 유대심으로 기운 상태라고 말할 수 있다.

> 옛 사람의 지혜는 지극한 데가 있었다. 얼마나 지극했는가?
> 애초부터 외물이 존재한 적이 없다고 생각하는 경지다.
> 최고의 경지이자 지극한 경지여서 더 이상 어떤 것을 보탤 수가 없다.
> 그다음은 외물이 있기는 했지만
> 처음부터 구분된 적이 없다고 생각하는 경지다.
> 그다음은 외물 사이에 구분은 있지만
> 구분에 있어서 옳음과 그름이 있지 않은 경지다.
> (그다음은 옳음과 그름의 구분이 있는 경지인데)
> 옳음과 그름의 구분이 있으면 도가 허물어지며,
> 도가 허물어지면 편애가 발생한다.
> 과연 이룸(완성)과 허묾(훼손)이 있는 것인가,
> 아니면 이룸과 허묾은 없는 것일까?
>
> 古之人其知有所至矣 惡乎至
> 有以爲未始有物者 至矣盡矣 不可以加矣

其次以爲有物矣 而未始有封也

其次以爲有封焉 而未始有是非也

是非之彰也 道之所以虧也

道之所以虧 愛之所以成

果且有成與虧乎哉 果且無成與虧乎哉　　(『장자』 내편 「제물론」)

장자서에서 대대對待 관계가 가장 극적으로 해체되는 상황은 장자와 혜시가 벌인 연못 위에서의 논쟁일 것이다. 장자는 자신의 절친한 친구이자 뛰어난 논변가인 혜시惠施와 함께 연못 위에서 물고기의 즐거움에 대해 대화를 나누었는데, 이때 장자는 혜시에게 "물고기가 노니는 걸 보니 물고기가 즐거운 모양이다"고 말했다. 이에 혜시는 장자에게 "물고기가 아닌데 어찌 물고기의 즐거움을 아느냐"고 물었다. 장자는 당황하지 않고서 "그대는 내가 아닌데 어찌 내가 물고기의 즐거움을 모른다는 것을 아느냐"고 맞받아쳤다. 장자의 이런 맞받아침은 혜시가 "물고기의 즐거움을 어찌 아느냐"고 물었던 것이, 장자가 이미 그 사실 즉 장자가 물고기의 즐거움을 알고 있었다는 사실을 혜시가 알고 물은 것으로 보았기에 가능할 수 있었다. 그리고 장자가 이렇게 생각할 수 있는 근거로 혜시는 장자가 아닌데도 장자가 물고기의 즐거움을 모른다는 것을 알았다는 사실을 들었다.

장자가 혜자와 함께 연못 위의 해자를 거닐고 있었다.

장자가 말했다. 물고기가 노니는 걸 보니 물고기가 즐거운 모양이다.

그러자 혜자가 말했다.

그대는 물고기가 아닌데 어찌 물고기의 즐거움을 안단 말이오?

장자가 받았다.

그대는 내가 아닌데 어찌 내가 물고기의 즐거움을 모른다는 것을 안단 말이오?

혜자가 말했다. 그렇소. 나는 그대가 아니니까 정말 당신을 모르오.

마찬가지로 그대도 물고기가 아니므로

물고기의 즐거움을 모른다고 해야 하는 것이 맞지 않겠소?

장자가 말했다. 그렇다면 처음으로 돌아가서 다시 이야기해 봅시다.

그대가 나에게 물고기 즐거움을 어찌 아느냐고 물었는데

그것은 이미 내가 안다는 것을 알고서 물은 것이오.

나도 해자 위에서 물고기의 즐거움을 알았소이다.

莊子與惠子遊於濠梁之上

莊子曰 儵魚出遊從容是魚之樂也

惠子曰 子非魚安知魚之樂

莊子曰 子非我安知我不知魚之樂

惠子曰 我非子固不知子矣

子固非魚也子之不知魚之樂 全矣

莊子曰 請循其本 子曰汝安知魚樂云者

既已知吾知之而問我 我知之濠上也 (『장자』 외편 「추수」)

장자와 혜시 사이에 오고간 대화 내용들이 여전히 쉽게 이해되질 않는다. 어떻게 해서 장자가 연못 위에서 물고기의 즐거움을 알 수 있었는지, 그리고 장자와 혜시 사이에 긴장감이 형성되다가 그런 긴장감은 어디론가 사라지고 갑자기 장자가 깨달았다고 하는 것인지, 이것은 오로지 대대對待 관계의 유무로 설명이 가능하다. 혜시가 장자에게 "그대는 물고기가 아닌데 어찌 물고기의 즐거움을 안단 말이오"라고 한 것은 장자와 물고기 사이를 대대 관계로서 파악한 결과다. 즉 장자와 물고기를 유대有待 관계로 파악했기에 서로 간에는 소통이 불가능하다고 추측한 결과다. 이에 대해 장자는 "그대는 내가 아닌데 어찌 내가 물고기의 즐거움을 모른다는 것을 안단 말이오"라고 말했는데, 이는 나와 혜시 사이의 관계도 유대 관계라고 보아야 하며, 이런 유대 관계에서 혜시가 나의 심중을 어찌 헤아릴 수 있느냐고 되물은 것이다. 이에 혜시는 "그렇소. 나는 그대가 아니니까 정말 당신을 모르오"라고 하면서 장자와의 사이를 유대 관계로 규정해 버리고 말았다. 그러면서 "그대도 물고기가 아니므로 물고기의 즐거움을 모른다고 해야 하는 것이 맞지 않겠소?"라고 말하는데 이는 장자와 물고기의 사이가 유대 관계임을 혜시가 재차 확인하는 작업을 의미한다.

여기서 장자는 자신과 물고기의 관계, 나아가 자신과 혜시와의 관계가 무대無待라는 사실을 통해 극적인 반전을 이룬다. 즉 장자는 혜시와는 물론이고 물고기와도 무대 관계를 형성하고 있으므로 서로가 소통할 수 있다고 보면서, 이런 소통을 통해 장자는 물고기의 즐거움, 또 혜시는 장자의 즐거움을 알 수 있는 것이라고 몰아붙인다. "그대가 나에게 물고기의 즐거움을 어찌 아느냐고 물었는데 그것은 이미 내가 물고기의 즐거움을 안다는 것을 알고서 물은 것이오"라고 한 대목이 그것이다. 여기서 '내가 물고기의 즐거움을 안다는 것을 (혜시가) 알고서'라고 말한 대목이 혜시가 장자와는 어떤 대대 상태를 만들지 않고 있음을 뜻한다. 이는 앞서 혜시가 "그렇소. 나는 그대가 아니니까 정말 당신을 모르오"라고 하며 장자와의 관계를 유대로 규정했던 것을 스스로 깨뜨리는 작업에 해당한다. 이는 결국 뛰어난 논변가인 혜시가 스스로의 논리를 부정하는 엄청난 사태다. 장자는 이런 모순을 혜시에게 들이대고서는 나와 물고기 사이에 어떤 대대 관계가 존재하지 않기에 물고기의 즐거움을 알 수 있는 것이라고 증명해 보인다.

이처럼 혜시가 장자를 논리적으로 당해낼 수 없었던 것은 혜시가 대대 논리로부터 결코 자유롭지 못한 탓이다. 그런데 혜시처럼 대대 논리로부터 자유롭지 못하게 된 이유 뒤에는 항상 언어라는 소통 매체가 잠복해 있다. 그래서 사람들은 언어의 존재로 말미암아 대대 논리로부터 쉽게 벗어나지를 못한다. 혜시도 자신이 만든 '언어의 감옥'에 갇힘으로써 결국 대대 논리로부터 헤어나지 못했다. '자신', '장자,' '혜시', '물고기'로 서로를 각각 구분 지었기에, 즉 실체를 표현하는 데 동원된 형식적 개념에 의해 함몰되었기에 '자신과 장자', '자신과 물고기' 사이에 어떤 심리적 공감대를 만들어내지 못했다. 이런 식으로 언어의 감옥에 갇히면 언어는 이내 말다툼의 무기로 변하고, 사람들은 쓸데없는 논쟁에 더욱 빠져든다. 그럼에도 우리는 현실에서 '나,' '당신,' '물고기'를 독립된 실체로 파악하는 혜시 식의 소통 방식에 보다 익숙해 있다. 그래서 인간들끼리의 논쟁은 끝없이 이어질 수밖에 없다. 이에 장자는 이런 식의 논쟁에 종지부를 찍기 위해 "내가 아니면서 나의 마음을 안 것처럼 나도 물고기가 아니면서도 물고기의 즐거움을 알았다"는 무대無待의 관계로 대대 논리를 해체하고자 했다.

이제 장자는 마지막으로 꿈을 통해 대대 관계로부터의 완전한 해방을 추구하고자 한다. 그래서 그는 꿈에서 나비가 되어 훨훨 날아다녔는데 이때 아무것에도 걸리지 않는 마음껏 자유로운 상황과 마주했다. 이런 자유로운 상황은 장자가 나비가 되었기에 가능한 일인데, 대대 논리로 세상과 마주하지 않았기에 가능할 수 있는 경험이다. 꿈에서는 장자가 나비일 수 있고 나비가 장자일 수 있다는 사실은, 우리가 자신의 감관이 규정하는 바로부터 벗어났을 때 비로소 참다운 자유를 만끽할 수 있다는 점을 의미한다. 그렇지만 이는 말 그대로 꿈에서나 가능한 이야기다. 현실에서는 나와 나비가 철저히 구분되는데 이런 구분은 결국 감관이 작용한 탓이다. 어쩌면 살아 있다는 것 자체도 우리의 감관으로만 파악될 뿐이다. 만약 우리의 감관 작용이 모두 멈춘다면 삶과 죽음이라는 구분 자체도 불가능해진다. 즉 오관이 그 기능을 모두 정지한다면 지금 우리가 살아 있는지, 죽어 있는지를 판단할 수 있는 어떤 근거도 없다.

장자는 이런 사실을 분명히 깨달았기에 저 유명한 '나비의 꿈(蝶蝴之夢)' 이야기를 꺼냈다.

> 어느 날 장주가 꿈에 나비가 되었는데 나비가 된 것이 황홀했다.
> 그리고는 자신이 장주라는 사실을 완전히 잊고 있었다.
> 그러다 문득 깨어보니 아하! 꿈이라.
> 가만있자 그것이 꿈이었던가.
> 모르지. 장주가 조금 전 나비가 된 꿈을 꾼 것인지,
> 나비가 지금 장주가 된 꿈을 꾸고 있는 것인지.
> 장주와 나비 사이에는 필히 구분이 있는데
> 이를 가리켜 '만물로 나타남(物化)'이라고 한다.
>
> 昔者 莊周夢爲蝶蝴 栩栩然蝶蝴也
> 自喩適志與 不知周也
> 俄然覺 則蘧蘧然周也
> 不知周之夢爲胡蝶與 胡蝶之夢爲周與
> 周與胡蝶 則必有分矣 此之爲物化 (『장자』 내편 「제물론」)

우리는 일상에서 자신과 나비를 철저히 구분한다. 꿈에서는 자신이 얼마든지 나비가 될 수 있음에도 일상에서는 나비가 절대로 아니라는 식으로 말이다. 이런 구분은 우리의 감관이 보고, 듣고, 느끼고 하면서 만들어낸 일종의 왜곡이다. 그런데 이런 구분에 대해 장자는 '물화物化'라는 개념으로 표현한다. 물화란 '만물로 나타남'이란 뜻을 지니는데, 장자와 나비도 하나의 만물로서 세상에 등장했기에 장자와 나비 사이에는 구분이 생겨난 것이다. 장자가 꿈인지 생시인지 혼돈하여 장자가 나비가 된 것인지, 나비가 장자가 된 것인지 한 것처럼 장자와 나비가 세상에 등장하기 전에는 이 둘 사이에 어떤 구분이 있지 않았다. 그래서 장자가 나

비의 꿈 이야기에서 말하고자 한 바는 물화 현상이란 그저 일시적인 환상일 뿐이라는 사실이다. 즉 삶과 죽음도 사물의 탈바꿈, 즉 물화이며, 이는 곧 환상이라는 점이다. 이런 사실을 깨달을 때 우리의 삶은 유쾌한 나들이로, 또 세상은 한바탕의 축제 무대로 얼마든지 화할 수 있다.

그래서 장자는 우리에게 묻는다. 사람들이 죽기 전에는 죽지 않으려고 온갖 애를 쓰지만, 막상 죽으면 걱정할 바가 아니었는데 그렇게 살려고 발버둥 쳤구나 하고 후회할는지 누가 알겠느냐고. 또 꿈속에서 즐겁게 술을 먹은 사람이 아침에 깨어나선 슬퍼 통곡을 하지만 꿈속에서 슬퍼 통곡한 사람이 아침에 깨어나선 즐거운 기분으로 사냥을 떠나지 않느냐고. 그만큼 꿈과 현실 사이에는 실제로 경계가 없는데 우리는 대대 논리에 따라 꿈과 현실 사이를 철저히 구분하려고 든다. 그래서 꿈을 꾸고 있어도 그것이 꿈인지를 모르고, 또 꿈속에서 꿈을 꾸고 있다는 사실을 알아도 꿈에서 깨어나야만 그것이 꿈인 줄을 안다. 여기서 꿈에서 깨어난다는 것은 큰 '깨달음(覺)'을 의미하는데, 큰 깨달음을 얻어야만 우리가 지금 꿈속에 있다는 사실을 비로소 알 수 있다. 그래서 지금 우리가 잠에 들어서 혹시 꿈을 꾸더라도 그것은 큰 깨달음으로 이어지는 꿈이 아니다. 우리의 삶 자체가 꿈이라는 사실을 알았을 때 비로소 큰 깨달음으로 이어지는 꿈이라고 말할 수 있다. 즉 삶과 죽음 간에 놓여 있는 대대 논리를 극복할 때 우리가 큰 깨달음을 얻을 수 있다.

이처럼 장자는 '꿈(夢)'을 대대 논리에 의해 구속된 마음에다, '깨어남(覺)'을 대대 논리로부터 해방된 마음에다 각각 비유한다. 대대 논리로부터 해방되어 깨어난 마음은 타자로 자유롭게 나아갈 수 있고, 또 타자도 그 마음으로 자유롭게 들어올 수 있다. 이런 식으로 나와 타자 사이의 대대 논리를 해체하면 우리는 인생이라는 꿈에서도 쉽게 깨어날 수 있다. 즉 언어와 인식, 그리고 고착된 자의식의 감옥으로부터 우리의 삶을 해방시킬 수 있다. 장자는 이를 도道의 지도리가 달린 문이 완성된 마음,

즉 도추道樞로 상징되는 마음에 비유한다. 그래서 도추로 상징되는 마음이란 이 세계를 초월해서 관조하는 마음이 아니라 외부의 타자들과 민감하게 반응할 수 있는 마음이다. 즉 '고요하게 움직이지 않는 듯이 중심에 있지만 일체의 타자들과 대응할 수 있는(樞始得其環中 以應無窮)' 마음이다. 그래서 자신과 나비 사이의 걸림 없는 이동은 결국 만물의 영원한 회귀에 이르는 길이라고 할 수 있는데, 이런 상황에서는 꿈과 현실은 물론이고, 삶과 죽음조차 어떤 경계境界를 만들어내지 않는다.

> 죽은 자가 처음에 삶을 바란 것을 후회하지 않는지 내 어찌 알겠소?
> 꿈속에서 즐겁게 술 먹은 자가 아침에는 통곡을 하고,
> 꿈속에서 통곡한 자는 아침에는 명랑한 기분으로 사냥을 떠난다.
> 방금 그가 꿈을 꾸고 있었으나 그것이 꿈인지를 알지 못한다.
> 꿈속에서 자기가 꿈꾸는 것을 알았다고 해도 꿈에서 깨어나야만
> 그것이 꿈인지를 안다.
> 역시 크게 깨달은 연후에야 지금 이 순간이 큰 꿈인지를 안다.
> 어리석은 자가 스스로 깨달았다고 착각하고,
> 사소한 앎을 갖고서 군주니 목자니 한 지 오래되었다.
> 공자도 그대도 모두 꿈을 꾸고 있다.
> 내가 그대에게 꿈꾸고 있다고 말하는 것도 역시 꿈이다.
>
> 予惡乎知夫死者 不悔其始之蘄生乎
> 夢飮酒者旦而哭泣 夢哭泣者旦而田獵
> 方其夢也 不知其夢也
> 夢之中又占其夢焉 覺而後知其夢也
> 且有大覺而後知此其大夢也
> 而愚者自以爲覺 竊竊然知之 君乎牧乎固哉
> 丘也與女 皆夢也

予謂女夢 亦夢也 (『장자』 내편 「제물론」)

장자가 삶과 죽음 사이에 놓여 있는 대대 논리를 극복해야 한다고 우리에게 주문하는 것은 삶이 있으면 죽음이 뒤따르고, 또 죽음이 있으면 삶이 시작되기 때문이다. 즉 새로운 삶이 시작되면 반드시 다른 하나가 사라져야 하는데 그 사라짐을 받아들이지 못하면 그것은 새로운 삶을 거부하는 경우에 해당하기 때문이다. 장자가 이런 식으로 삶과 죽음에 대해 인과적인 논리를 펼 수 있었던 것은 기氣의 작용을 통해 세상 만물이 나타났다가 사라진다는 생각을 했던 탓이다. 즉 기가 모여서 만물이 생겨나고, 그것이 흩어지면 만물이 사라진다는 입장에 있기 때문이다. 이런 식으로 삶과 죽음은 기의 작용에 따라 서로 교환되는 것이기에 장자는 우리에게 죽음에 대해 크게 걱정할 필요가 없다고 말한다. 즉 삶과 죽음 사이에는 기의 작용만 있을 뿐 우리의 감관으로 느끼는 것처럼 대대 논리에 따라 삶과 죽음이 구분되는 것이 아니다.

삶은 죽음을 뒤따르게 하며, 죽음은 삶의 시작인데
누가 그것을 관장하는지 어찌 알겠소.
사람의 태어남은 기가 모인 것이어서 모이면 태어나고 흩어지면 죽는다.
이처럼 죽음과 삶은 뒤좇아 붙어 다니는 것이니
내가 또 어찌 괴로워하겠소?

生也死之徒 死也生之始 孰知其紀
人之生氣之聚也 聚則爲生 散則爲死
若死生爲徒 吾又何患 (『장자』 외편 「지북유」)

장자서에서 가장 핵심적인 장은 「제물론」이라고 앞에서도 몇 차례에 언급한 바 있다. 그런데 그 「제물론」 편은 안성자유顔成子游가 스승

남곽자기南郭子綦에 대해 '살았으면서도 동시에 죽은 것처럼 보인다'는 언급으로부터 시작하고 있다. '살았으면서도 동시에 죽은 것처럼 보인다'는 이야기는 '삶(A)=삶이 아님(Ā)' 상태를 의미하는데, 이런 상태는 서양의 형식논리로는 도저히 설명이 될 수 없다. 서양의 형식논리란 모든 것을 대대 관계로 파악하기에 삶과 죽음도 서로 교호할 수 없는 대립적인 관계로 파악한다. 그렇지만 '시작이 없음(無始)'에서 '끝이 없음(無終)'으로 이어지는 거대한 변화의 흐름에서 본다면, 삶과 죽음도 대립적인 관계가 아니라 보완적인 관계로 얼마든지 파악될 수 있다. 마치 'either or' 식의 상극相剋 관계가 아니라 'both and' 식의 상생相生 관계처럼 말이다. 그렇다면 '있음'과 '없음', 또 '완성'과 '파괴'도 마찬가지 방식으로 설명될 수 있다. 그래서 '이것 또한 저것이고, 저것 또한 이것이다(無物非彼 無物非是)'는 말도 성립할 수 있다. 이것들은 '서로의 대립성(其偶)'을 포기함으로써 가능한 일인데 대립성의 포기란 결국 대대 관계를 해체할 때 비로소 나타난다.

이제 장자의 시각은 대대 관계의 해체를 넘어서서 구속이 없는 절대 자유로운 경지로 훨훨 날아가고자 하는데, 이것이 장자서 첫 장의 제목인 소요유逍遙遊를 뜻한다. 소요유란 인간들이 누릴 수 있는 절대 자유의 경지를 뜻한다. 현실 세계에서는 여러 가지 구별들, 예를 들어 권력과 신분, 도덕과 권위, 삶과 죽음, 가난함과 부유함 등이 있어서 그것들이 우리의 마음을 절대적으로 구속한다. 장자는 이 세계 안에서 신경을 곤두세우며 이욕에 눈이 어두워 날뛰는 인간들의 희로애락을 비웃는다. 그래서 장자는 이런 것들로부터 완전히 초월해 있는 자유로운 도의 세계에 안길 때 비로소 참된 행복을 얻을 수 있다고 말한다. 이에 장자는 우리에게 외물에 얽매인 현실에서부터 훨훨 벗어나서 대자연의 무궁한 품속에 안겨 자유로이 노닐 것을 권한다. 이것이 도에 입각한 삶인데 이런 삶은 소요유의 즐거움을 느낄 수 있을 때 비로소 얻어질 수 있다. 이런 소요유의 즐거움을 장자는 무한한 허공을 힘차게 날아 올라가 미지의 남해로 날아가는 대붕大鵬에다 비유한다.

> 북쪽 바다에 한 물고기가 있는데 이름을 곤이라고 한다.
> 곤은 그 크기가 몇 천 리나 되는지 알 수가 없다.
> 이것이 변하여 새가 되면 그 이름을 붕이라고 한다.
> 붕의 등 넓이도 몇 천 리나 되는지 알 수가 없다.
> 힘차게 날아오르면 그 날개가 하늘에 구름을 드리운 것 같았다.
> 이 새는 바다 기운이 움직여 대풍이 일 때 (그것을 타고)
> 남쪽 바다로 날아간다.
> 남쪽 바다란 곧 천지를 말한다.
>
> 北冥有魚 其名爲鯤
> 鯤之大 不知其幾千里也
> 化而爲鳥 其名爲鵬
> 鵬之背 不知其幾千里也
> 怒而飛 其翼若垂天之雲
> 是鳥也 海運則將徙於南冥
> 南冥者 天池也 (『장자』 내편 「소요유」)

부록

주체와 객체의 융합 조건에 관한 연구:
자크 데리다와 유불선 사상과의 접합을 통해서

들어가는 말

담론의 변화: 노동에서 의사소통으로

산업사회를 대표하는 핵심어 중 하나는 '노동'이다. 지난 200년 동안 토지, 자본과 더불어 노동은 생산력의 주요 원천으로 작용해 왔다. 그리고 산업사회는 노동을 통해서 생산력을 어떻게 증진시킬 수 있을까 하는 것을 주요 과제로 삼아왔다. 18세기 중반부터 시작된 산업혁명은 이런 과제에 대한 중요한 해결책을 제시했다. 산업혁명을 통해서 신체의 기능적 연장으로서의 '도구(tool)'는 '기계(machine)'로 대체되었고, 그 결과 인간의 노동 형태에 근본적 변화가 이루어지면서 생산성 향상에 중요한 계기를 마련했다. 대량 생산에 따른 고도의 발전된 자본주의 사회가 등장하게 된 것도 인간 노동에서 이런 변화가 있었기 때문이다.

그런데 마르크스는 산업사회의 변화된 노동에 대해 온몸으로 저항했던 지식인이었다. 그는 『독일이데올로기』에서 노동을 인간과 자연 사이를 매개하는 것으로서 인간의 '자아실현(self-fulfillment)'을 위한 수단으로 이해해서 노동을 인본주의 실천을 위한 핵심 개념으로 가정했다. 따라서 그는 노동의 결과물을 우리의 정신적 가치가 반영된 것으로 전제하고서, 노동을 '일(work)'로 환원시켜 그 결과물을 상품으로 치환해 왔던 자본주의 체제 옹호주의자들과 대립각을 세웠다. 자본주의 체제 옹호주의자들은 노동에서 가치 실현을 배제하고 생산수단으로만 파악함으로써 우리의 '경제적 풍요'를 위한 피할 수 없는 희생물쯤으로 간주했다.

그 결과 오늘날 후기 자본주의 체제 하에서 노동에 대한 근본적 고민이 사상적으로 제대로 승화되지 못하고 있다고 본다. 또 자본주의 체제가 전 세계적으로 보편화된 탓인지 노동관에 대한 마르크스의 문제 제기가 더 이상의 설득력을 얻지 못하고 있다. 게다가 오늘날 생산력을 구성하는 요소 가운데 노동이 차지하는 비중이 점차 낮아지고, 그 대신 지식과 정보가 그 역할을 대신함으로써 노동에 대한 논의가 초기 자본주의 시대만큼 뜨겁지 못하다. 게다가 탈근대의 특징으로 나타나는 인간의 다양한 사고와 행태를 규명하기에는 초기 자본주의를 지배했던 식의 노동관으로 설명되지 않는 측면이 많다. 따라서 인간의 본질을 규명하는 요소로서 노동 이외의 다른 대안이 필요한 시점에 와 있는데 이런 대안으로 가장 주목 받는 것이 인간의 가장 원초적 행위인 의사소통 행위다.

하버마스(J. Habermas)는 오늘날 사회를 의사소통의 관점에서 이해하고자 한 대표적인 학자다. 그는 마르크스가 생산 행위자로서의 인간, 그리고 생산 행위로서의 노동이라는 점을 착안한 것에 대해 높이 평가하면서도 현실 사회는 경제적 하부구조로만 구성되어 있지 않고, 하부구조와는 비교적 독립적으로 형성된 규범적 구조와 상호 주관적 구조가 함께 있다고 주장했다. 이에 하버마스는 마르크스의 생산력과 생산관계의 개념을 노동과 상호작용으로 대체했는데[1] 이런 시도는 근대 이성의 역설에 대한 해답을 찾고자 한 데서 비롯된다. 이럼으로써 그는 의식철학의 패러다임이 완전히 고갈되었다고 선언하면서 상호 이해의 패러다임으로 옮아가야 한다고 주장했다.

그런데 이성에 입각한 근대의 기획은 원래 취지와 다르게 변질되면서 오늘날 심각한 위기를 맞이하고 있다. 이론적 합리성에 입각한 과학기술의 발전은 오히려 생태계의 위기, 핵전쟁의 공포, 인간 실존의 위기 등 '합리화의 역설'을 초래하고 있기 때문이다. 즉 이성이 인간 해방을 위해서가 아니라 오히려 인간을 구속하는 기제로 작용하고 있는 셈이다. 그 결과 과학기술을 통해 발휘된 이성은 자연과 타인을 자신의 목적대로 이용하고 기획하고 지배하는 도구적 능력에 지나지 않는 것으로 드러나

---

1 이런 구분은 그의 후기 저작으로 넘어가면서 목적합리적 행위와 의사소통적 행위로 바뀐다.

고 있다. 이는 오늘날 계몽을 통해 중세의 암흑과 억압으로부터 문명사회로 진입하려던 근대성의 과제가 새로운 차원의 억압으로 회귀하는 역설적이고 이중적인 모습으로 변질되고 있음을 여실히 말해주고 있다.

이런 시대적 변화에 편승하여 탈근대주의, 후기구조주의 등 반이성주의 입장들이 오늘날 서양 사상의 새로운 주류로 등장하고 있다. 그런데 하버마스는 이런 입장들과는 달리 이성주의로 회귀해서 합리성에 입각한 새로운 해방 사회를 구현하고자 했다. 이를 위해 하버마스는 합리성을 어떤 목적을 달성하는 데 가장 능률적인 수단을 선택하는, 즉 기술적 경험의 효율성에서 비롯되는 '목적합리성'과 목적 달성에는 비능률적이더라도 모두가 동의하고 합의하는 데 높은 가치를 부여하는 '의사소통적 합리성'으로 구분했다. 그리고 근대성의 위기를 초래한 주범을 목적합리성으로 제한하여 합리성 전체에 대한 비판을 견제하면서 의사소통적 합리성을 통해 진정한 자유와 해방을 가져올 수 있다는 입장을 피력했다.

근대 사회를 합리화 과정이라고 규정할 때 하버마스는 그것을 목적합리성과 의사소통적 합리성을 모두 아우르는 의미라고 말했다. 이런 식으로 목적합리성에 더해 의사소통적 합리성까지 내포하는 포괄적인 합리성 개념을 상정함으로써, 그는 편협하고 단편적인 합리성 개념에만 의존한 나머지 어쩔 수 없이 회의적 결론에 도달했던 프랑크푸르트학파의 한계를 극복할 수 있었다. 또 합리성의 역설은 이성의 과다에서 비롯되었다고 주장하는 후기구조주의 철학자들과 달리 오히려 도덕적 · 규범적 이성이 덜 발달한 데서 기인되었다고 보고, 합리성의 역설은 의사소통적 합리성처럼 한층 더 계몽된 이성에 의해 극복될 수 있다고 보았다. 나아가 사회를 가치중립적 입장에서 분석하는 것을 일차적 임무로 가정했던 루만(N. Luhmman)의 몰가치적 경험주의를 배격하고, 사회 비판의 규범적 관점을 유지하고자 했다.

그런데 하버마스는 그의 저서 『의사소통행위 이론』에서 목적합리성을 넘어 의사소통적 합리성의 위기마저 진단했다. 체계(system)와 생활세계(life-world)라는 패러다임[2]에서 그는 근대화의 결과로 경제와 정치 체계는 화폐와 권력이라는 조정 매체의 제도화를 통해 생활세계로부터 점차 분리되면서, 근대화라는 체계 요구의 선택적 압력 속에서 자본주의적 경제와 근대적 행정국가의 확장은, 일면적이고 왜곡된 그러면서 동시에 위기를 내포한 사회적 합리화인 '생활세계의 식민화'를 가져왔다고 보았다. 즉 생활세계가 체계에 의해 종속된 셈이다. 이는 하버마스가 자본주의 체제의 모순을 경제적 계급 갈등으로만 파악했던 마르크스와 달리 오늘날 경제 활동은 정부가 주도하기에 경제적 위기는 곧 정치적 위기이며, 이 위기는 곧 국민의 의사 전달이 약화되는 정당성의 위기라고 진단한 결과다.

그런데 흔히 국가(체계)와 시민사회(생활세계)가 분리되면서 발생하는 것이 공론장이다. 공론장은 시민사회의 자발적인 참여에 의해서 구성된다는 것을 특징으로 한다. 그런데 국가가 시민사회를 압박하는 경우 '공론장'은 축소될 수밖에 없다. 이는 체계에 의한 생활세계의 강제적인 합병을 의미하는데 오늘날 목적합리성의 과도한 발달로 인해 의사소통적 합리성이 이에 압도됨으로써 공론장의 축소가 일반화되고 있는 실정이다. 이런 생활세계의 식민화는 정치적 수준에서 의사소통의 비판적 잠재력이 약화되고 소멸될 수밖에 없다는 논리를 지지한다. 따라서 하버마스의 '이성의 기획'은 의사소통 구조에 내재되어 있는 의사소통적 합리성에서 해방의 잠재력을 찾고자 하는 작업으로 귀결된다.

---

2 하버마스는 1972년의 『후기 자본주의의 정당성 연구』에서는 '사회 통합'과 '체계 통합'이라고 불렀지만 1981년의 『의사소통행위 이론』에서는 '생활세계'와 '체계'로 나누어 구분했다.

이를 위해 하버마스는 생활세계의 의사소통 행위에 내재하는 의사소통적 합리성의 잠재력이 실현되는 '정치적 공론장'을 유지하고 활성화시킴으로써, 체계의 고유 논리를 생활세계의 요구에 의해 통제하는 해방적 잠재력의 가능성을 제시했다. 구체적으로 근대의 고립적 인식 주체로부터 서로를 이해하는 상호 주체로의 이행, 나아가 주체와 대립해 있는 객체와의 상호 이해를 가능케 하는 의사소통적 합리성을 요구했다. 하버마스는 이런 식으로 자신의 이론을 일상의 평등주의적 공간인 '생활세계' 속에 비판을 위치시키는 상징적 상호 작용 이론으로 발전시켰는데, 이는 의사소통이란 모든 발화 상태들에 내재하는 '보편타당성 요청'을 전제로 하고, 이런 의사소통은 민주적 공간을 만들어내는 존재론적 보루 역할을 한다고 믿었기 때문이다.

연구 목적: 주체와 객체의 융합 조건을 찾아서

하버마스가 주장하는 의사소통적 합리성은 의사소통 당사자들의 담론 위치와 밀접한 관련을 맺는다. 일반적으로 의사소통은 말하는(쓰는) 사람과 듣는(읽는) 사람의 형식으로 구성되는데, 이들의 존재 양식이 담론(서사)의 위치를 결정한다. 예를 들어 서양 근대는 오랫동안 말하는 사람을 주체로, 듣는 사람을 객체로 고정시켜 왔다. 이는 구텐베르크 인쇄술에서 기인하는 바가 큰데, 인쇄술의 결과로 등장한 책이 저자를 주체로 독자를 객체로 서사 위치를 구조화시켰기 때문이다. 이런 서사의 위치는 말하기와 듣기라는 일반적 담론 상황으로까지 파급되어 왔다. 따라서 서양 근대에서 의사소통상의 지배적인 담론 구조는 주체와 객체라는 고정화된 의사소통 방식에 입각해 있다. 서양 근대가 시작되면서 생겨난 계몽주의(Enlightenment)가 단적인 예인데 계몽주의란 권위주의의 또 다른 형태로서, 계몽의 주체와 대상이라는 객체로 소통 방식이 상하관계로서 결정되기 때문이다.

그런데 하버마스는 의사소통적 합리성을 달성하기 위해 고정된 주체와 객체의 관계에서 벗어나고자 했다. 그의 이런 생각은 '이상적 담론 상황(ideal speech situation)'에서 잘 드러나는데, 이상적 담론 상황이란 하버마스에게 있어서 의사소통을 하는 데서 체계적인 왜곡을 배제하면서 의사소통 행위로부터 논술 행위로, 또 논술 행위의 한 차원에서 다른 차원으로 이동할 수 있는 자유를 보장해 주는 상황을 뜻한다. 이런 식의 이상적 담론 상황은 의사소통에 참여하는 사람에게 자유롭고 공개적인 의사소통을 보장하기에 가능하다. 그리고 이런 조건에서 달성된 합의는 어떤 것이든 타당한 합의로 받아들여질 수 있다. 이런 관점에서 하버마스는 이상적 담론 상황에서 요구되는 '이상적 균형 조건'을 다음과 같이 제시했다.

첫째, 모든 참여자들이 '의사소통적(communicative)' 언술 행위를 하는 동일한 기회를 지님으로써 언제든지 담화를 시작하고 지속할 수 있어야 한다. 둘째, '주장적(constantive)' 언술 행위를 할 수 있는 기회, 즉 질문을 제기하고, 주장의 논거를 대거나 반박하는 기회를 동일하게 가짐으로써 어떤 의견도 고려나 비판의 대상에서 제외되는 일이 없어야 한다. 셋째, '표현적(representative)' 언술 행위를 할 수 있는 기회, 즉 자신의 태도, 감정, 의도 등을 표현할 수 있는 기회를 동일하게 가짐으로써 다른 사람에게 자신을 감추지 않고서 솔직히 드러내 보여야 한다. 넷째, '규제적(regulative)' 언술 행위를 할 수 있는 기회, 즉 명령하고, 반대하고, 허락하고, 금지하는 등의 행위를 하는 기회를 동일하게 가짐으로써 한쪽이 일방적 특권을 갖지 않아야 한다.

그런데 이런 이상적 담론 상황이 과연 존재할 수 있을까? 이에 대해 하버마스는 이상적 담론 상황이란 경험적 현상도 단순한 구인도 아니며, 담화에서 불가피한 상호 가정일 뿐이라고 말했다. 그리고 이 가성은 비현실적일 수도 있으며, 반드시 현실적일 필요도 없다고 말했다. 따라서 하버마스에게 중요한 것은 이상적인 담론 상황이 실제로 존재하느냐 여부가 아니라 일상적인 의사소통 행위에 있어서 우리가 인도하는 이상적인 담론 상황에 대한 예상일뿐이다. 그런 예상을 통해서 이상적인 담론 상황은 현실적인 담론 상황을 비판하고 개선을 도모하는 기준으로서 작용한다. 즉 이상적인 담론 상황이란 플라톤의 이데아처럼 의사소통 행위의 준거 틀로서 생활세계 속의 의사소통 상황을 비판하고 개선하는 목적을 지닌다. 이런 이상론으로 말미암아 하버마스는 마르크스를 넘어서기는커녕 오히려 뒤처져서 칸트의 관념론으로 회귀한다는 비판까지 받을 수 있다.

그런데 오늘날 의사소통 방식은 근대와 비교할 때 그 양과 질에서 획기적인 변화를 겪고 있다. 컴퓨터를 매개로 해서 이루어지는 전자적 의사소통이 대표적인 예다. 그리고 이것은 고도로 제도화된 집단적 종교 행위나 공동체의 다른 기능 속에서 이루어지는 것이 아니라 집 안이라는 사적이고, 비공식적이고, 고립된 상황에서 이루어진다. 게다가 전자 매체에 의해 형성되는 담론 구조는 상징적 의사소통의 구조와 그 토대를 이루는 조건을 근본적으로 바꾸고 있다. 이런 상황에서 데리다(J. Derrida)는 매체가 일상의 한복판에서 새로운 문화를 형성하면서 근대성 및 근대적 주체의 개념을 해체하고 있다고 예견했다. 이런 관점에서 보면 하버마스는 여전히 근대성의 범주에서 벗어나지 못하고 있는 셈이다. 그렇다면 하버마스의 이상적 담론 상황이 새로운 매체 환경에서 여전히 유효할 것인가라는 의문이 제기된다.

오늘날 매체의 중요성은 하버마스가 이상적 담론 상황의 이론적 틀을 빌려온 18~19세기 부르주아지 공론장을 구성했던 당시와는 큰 차이를 보인다. 특히 인터넷을 통한 전자적 의사소통 방식이 새로운 지배적 의사소통 방식이 되고 있는 상황에서는 더욱 그러하다. 그럼에도 주체와 객체의 유연한 관계, 그럼으로써 주체와 객체가 융합하는 수평적 담론의 위치도 텍스트의 성격에 따라 고정된 주체와 객체라는 수직적 관계로 얼마든지 변화할 수 있다. 이렇게 보면 하버마스의 의사소통 이론은 담론의 표면적 구조에 대해서만 언급했지 담론의 성격을 결정하는 데 매우 중요한 텍스트 구조에 대해서는 소홀히 취급했다고 본다. 그 결과 이상적 담론 구조가 이상적 담론 상황으로 이어질 것이라는 순진한 생각으로 이어진 것이 아닌가 하는 의구심을 갖게 된다.[3]

그러나 매체의 성격만이 텍스트에 영향을 미치는 유일한 요인은 아니다. 보다 더 근본적인 구조가 텍스트 안에 숨어 있는데, 데리다는 이를 서구의 전통적 형이상학인 '로고스중심주의(logocentrism)'에서부터 비롯된다고 보았다. '로고스중심주의'란 텍스트를 이항대립 구조에 입각해서 구성한 다음 그 구조에 있어서 은연중 어느 한쪽에 더 많은 가치를 부여하는 방식이다. 선/악, 진리/허위, 정신/육체, 주관/객관, 능동/수동, 안/밖, 위/아래와 같은 이항대립 구조 하에서 앞은 뒤에 있는 것보다 더 소중한 것으로 파악했다. 이런 식으로 서구의 전통적 형이상학은 어떤 절대적인 체계나 진리를 그 중심에 놓고, 이에 바탕 해서 다른 것을 이해하는 식이다. 이 경우 주체에 의해 텍스트의 의미가 상당 부분 고정되면서 의사소통상의 주체와 객체의 융합은 또 다른 어려움을 만난다.

데리다는 이 문제를 해결하기 위해 문자를 모든 흔적을 지닌 '차연差延(différance)'[4]으로 파악했다. 즉 문자란 상반된 다른 요소들로부터

---

3 하버마스가 담론 구조의 중요성을 강조한 것은 사실이지만 그가 말하는 담론이란 텍스트 '내용'과 관련된 담론이다. 즉 어떤 내용이, 어떤 주제가 담론으로 선택되느냐에 그의 초점이 맞추어져 있다고 말할 수 있다. 그렇지만 이것은 텍스트의 구조적 요인과는 무관하다. 텍스트상에서 구조적 요인이란 텍스트의 내용을 사전에 결정하는 텍스트상에 숨어 있는 형식을 의미한다. 즉 내용이 아니라 형식인 셈이다. 매클루언의 매체 결정론적 요인, 또는 데리다가 주장하는 텍스트의 이항대립적 구조 등이 이런 형식적 구조에 해당한다고 말할 수 있다.

흔적의 환영들을 받아서 구성된 것으로서 결국 자기 고유성이 없는 것이라고 파악했다. 따라서 문자 세계에서는 실체란 있을 수 없고, 흔적과 환영의 삼투작용만 있을 뿐이다. 그렇다면 문자란 '파르마콘(pharmakon)'처럼 차이의 간격에서 주고받는 공놀이이자 '젓가락 운동'인 셈이다. 공놀이의 경우 상대가 있어야 성립한다는 사실은 공놀이가 보충과 대립으로 이루어짐을, 또 상대방이 친 공에 의해 내가 치는 공의 내용이 결정된다는 사실은 흔적으로서 작용한다는 점을 말해준다. 바로 여기서 의사소통에 있어서 주체와 객체의 융합이 회복될 가능성이 만들어진다.

따라서 본 논문은 하버마스의 이상적 담론 상황이 현실에서 구현되기 위해서는 주체와 객체의 융합이 전제되어야 한다는 가정에서, 이런 융합을 실질적으로 가능하게 하는 조건들을 찾고자 한다. 이것은 하버마스의 이상적 담론 상황이 매체, 또는 텍스트의 구조를 제대로 수용하지 못하여 결코 현실적이지 못하다는 문제 제기에서 비롯된다. 이를 위해 데리다의 문자학을 통해 텍스트 뒤에 숨어 있는 심층적 구조를 파악하면서 주체와 객체의 실질적인 융합 가능성에 대해 논하고자 한다.

그리고 데리다의 이런 시도가 동양의 유불선이 제시하는 매체관과 어떤 연관성을 지니는지에 대해서도 함께 분석하고자 한다. 유불선은 의사소통 수단으로서의 매체에 대한 절대적 의존을 피하려고 한다. '모양을 만들어 뜻을 전한다(立象盡意)'는 유가의 입장, '문자로써 말해질 수 없다(不立文字)'는 불가의 입장, '언어로써 도를 언급할 수 없다(言語道斷)'는 도가의 입장이 단적인 예다. 이런 매체관에서 구성된 텍스트에선

---

4 '차연差延'보다는 '차이差移'라는 번역이 데리다의 의도와 더 일치할 수 있다. 데리다는 differ'a'nce와 differ'e'nce 사이에 발음상 차이가 없음을 상기했기에 이런 점을 감안한다면 차연보다는 차이差異(differ'e'nce)와 발음상 구분되지 않는 차이差移(differ'a'nce)라는 번역이 타당하다. 그렇지만 차연이라는 번역이 보편적이기에 본 논문에서는 차연을 그대로 사용한다.

의미가 고정되지 않고 교호하게 됨으로써 주체와 객체의 구분이 자연스럽게 사라진다. 그럼으로써 주체와 객체의 실질적 융합 가능성을 이룰 수가 있다.

의미 분화로서 특징되는 서양의 근대성

서양 근대는 인간은 이성적 능력을 지니며, 이 능력으로 세상을 이해할 수 있으며, 이 경우 인간은 세상의 주체로 존재할 수 있다는 것을 특징으로 한다. 데카르트의 '나는 생각한다, 고로 존재한다'는 선언이 이런 현상을 웅변적으로 대변하고 있다. 데카르트의 이 선언 이후 서양 사상은 인간의 합리성을 중심으로 극적인 발전을 이루어왔다. 즉 이성에 대한 절대적 신뢰를 바탕으로 해서 자연을 수량적으로 인식하고, 역사 발전과 진보를 당연한 것으로 여겨왔다. 나아가 선과 악, 정신과 육체, 본질과 현상 등 실체를 이분법적으로 구분하는 사유 체계를 일반화했다. 이런 이성 중심의 이분법적 세계관이 언어 중심의 인식론과 결합되어 근대 서양 사상의 근간을 이루었다고 해도 과언이 아니다.

그렇다면 서양의 근대는 어떻게 해서 태동되었을까? 그 태동의 배후에는 구텐베르크의 인쇄매체가 우뚝 서 있다. 오늘날 서양 근대는 정치적으로는 민족국가, 경제적으로는 자본주의, 종교적으로는 기독교로 대표된다고 말할 수 있다. 이런 사회를 형성하는 데 인쇄매체는 더없이 중요한 역할을 했다. 이 때문에 지난 밀레니엄 기간 동안 인류에게 가장 큰 영향력을 미친 발명품으로 인쇄기를 드는 데 세계 석학들 사이에 큰 이의가 없었다. 그런데 인쇄매체가 가져다준 정치 · 경제 · 종교의 변화는 의사소통에 미친 인쇄매체의 영향력과 비교할 때 단지 표피적이고 표면적인 변화일 뿐이다. 그만큼 인쇄매체가 우리의 의사소통은 물론이고,

서양의 근대성 확립에 미친 영향은 엄청났기 때문이다.

우리는 매체를 통해서 의사소통을 한다. 그리고 인간은 새로운 매체를 끊임없이 발명해 왔고, 새로운 매체가 등장할 때마다 텍스트 구성 방식은 물론이고, 의사소통 행위마저 바꾸고, 나아가 우리의 의식은 물론이고, 사회 구조도 변화되었다. 예를 들어 인류 최초의 매체인 '말'이 등장했을 때 오관의 균형 속에서 청각 의존적으로, 또 '글'이라는 매체가 도입되었을 때는 시각 의존적으로 의사소통 방식이 각기 바뀌었다. 그리고 의사소통상의 이런 변화는 사회 형태를 씨족 · 부족국가에서 제국의 차원으로 과감히 나아갈 수 있는 토대도 형성했다. 따라서 매체는 그 자체로서 기능하지 않고 인간과 사회와의 관계 속에서 작동하는 핵심적 동력이다. 즉 매체란 의미의 중립적 전달자라기보다는 그 자체가 인간의 의식과 사고를 지배하는 의미 생성의 중요한 구조인 셈이다.

그런데 구텐베르크 인쇄매체의 등장은 이전 매체들이 만들어냈던 어떤 결과보다도 심원하고 지대하다. 특히 서양 근대에 미친 영향은 가히 폭발적이라고 말할 수 있다. 이로 말미암아 매클루언은 구텐베르크 인쇄기가 초래한 서양 근대를 '구텐베르크 은하계(Gutenberg Galaxy)'라고 은유화했다. 그런데 인쇄매체의 등장은 의사소통상의 형식적 차원에서 볼 때는 단순한 변화에 불과하다. 사용하는 감각의 수와 관련해서는 복수 감각에서 단일 감각으로의 변화이고, 인식 형태와 관련해서는 모자이크적 인식에서 선형적 인식으로의 변화일 뿐이다. 그렇지만 이런 변화가 텍스트 구성에 영향을 주고, 또 텍스트가 의사소통 형식에 영향을 주고, 나아가 의사소통 형식이 인간과 사회에 미친 변화까지 고려하면 의사소통상의 형식적 변화가 초래한 결과는 엄청나다.

인간은 원래 오관(시각, 청각, 후각, 미각, 촉각)에 모두 의존해서 외부와 의사소통을 해왔고, 이런 의존은 감각기관 간의 상대적 균형을 통해 가능할 수 있었다. 물론 의사소통에 있어서 매체가 도입됨으로써 감각기관에 대한 의존도가 바뀌어온 것은 사실이다. 특히 말과 글이 등장한 후로는 오관 중에서 시각과 청각에 대한 의존도가 높아졌다. 그렇지만 말과 글을 동시에 사용함으로써 시각과 청각 사이에 균형을 유지할 수 있었다. 그뿐 아니라 시각과 청각은 완벽할 정도로 보완적인 역할을 수행함으로써 의사소통에서 획기적인 전환을 이루었다. 즉 청각은 '선형적' 인식을 통해, 또 시각은 '모자이크적' 인식을 통해 부족한 부분을 서로 보완할 수 있었기 때문이다.

청각에서 선형적이란 '순차적인(sequential)' 성격을 띠는데, 순차적으로 구성된 텍스트는 일관된 흐름을 지닌다. 왜냐하면 앞의 내용을 이해하지 못하면 지금의 내용을 이해할 수 없기 때문이다.[5] 따라서 선형적 텍스트를 이해하는 데는 일관된 흐름을 놓치지 않는 것이 중요한데 이 일관된 흐름을 가능케 하는 것이 이성에 입각한 논리적 사고다. 이에 반해 시각의 모자이크적 인식은 우리 시선이 닿는 데로 움직여서 이들을 모아 재구성한 형식이어서 텍스트를 이해하는 데 특별한 문법이 요구되지 않는다. 자유롭게 보고 마음대로 해석하면 그만이다. 단지 우리 마음속에서 생겨나는 감성적 '느낌'만이 요구될 뿐이다. 예를 들어 자연을 얼마나 아름답게 느낄 것인가, 하늘을 얼마나 푸르게 볼 것인가 하는 것들이다.

그런데 구텐베르크 인쇄매체는 시각의 모자이크성과 청각의 선형성 사이에 놓여 있는 균형을 깨뜨렸다. 시각을 통해 얻어지는 텍스트가 보다 선형적으로 바뀌면서 이성적 사고가 인간의 의사소통을 지배하도록 만들었기 때문이다. 예를 들어 구텐베르크의 인쇄술에 의해 출판된 책은 선형적 형식을 취하고 있어서 읽을 때는 반드시 눈을 좌우로 움직여야 한다. 게다가 책의 선형성은 청각으로 전해지는 텍스트에 비해 더

5 소설을 읽을 때 앞부분을 이해할 수 없으면 전체 내용을 이해하지 못하는 것과 마찬가지 이치이다.

욱 엄격한 선형적 형식을 요구하고 있기에, 말할 때에 비해 높은 수준의 이성적 사고를 필요로 한다. 그 결과 서양 근대인은 시청각 모두가 선형적 텍스트에 익숙해졌고, 이는 근대인에게 이성만이 주목의 대상이고, 감성은 귀찮은 존재라는 인식을 낳게 했다.

그런데 의사소통에서 이성만이 일방적인 우위를 차지하면 의사소통의 목표는 한 가지로 귀결된다. 즉 언어를 통해 대상을 명확하게 재현할 수 있는가 하는 점이다. 인류의 매체 발달사를 거시적인 관점에서 보면 재현의 역사로 귀결되고, 이것은 '구별(differentiation)'을 통해 이루어지는 '의미 분화'로 가능했다. 마치 서양 근대가 사회적 차원에서 '노동 분화'를 통해 발전해 온 것처럼 인류는 머릿속에 내재하는 추상적 의미들을 분화하여 구별함으로써 '문명화(civilized)'해 온 셈이다. 그리고 그 의미 분화는 의사소통을 불확실성에서 확실성으로, 주관적에서 객관적으로, 불투명성에서 명료성으로 이끌어왔다. 이렇게 함으로써 인간은 자신의 생각을 상대방에게 더욱 명확하게 표현할 수 있었으며, 말, 글, 활자와 같은 매체의 등장이 의사소통의 명확성을 더욱 높이는 데 기여해 왔다.

그런데 오늘날 새로운 매체 테크놀로지의 급속한 발전과 보급으로 말미암아 인쇄매체의 영향력은 급속히 퇴조하면서 서양의 근대적 사유를 형성하는 데 결정적 영향력을 발휘했던 '선형적 명료성'과, 그로부터 비롯된 재현의 문제도 점차 그 빛을 잃어가고 있다. 그 대신 과거 인쇄매체의 등장으로 소멸되었던 '총체적 즉각성(feeling of all-at-onceness)'과 이런 식의 인식으로 생겨난 이미지가 그 자리를 채우고 있다. 이런 상황에서 언어는 수행적인 것으로서, 즉 주체에 대한 능동적인 형상화로서 이해된다. 즉 대상을 지시하기 위해 사유자들을 환기시키는 기호들의 자의적 체계다. 이 경우 주체는 단지 부분적으로 안정되며, 시공간의 다양한 지점들에서 반복적으로 재구성되며, 자기 동일적이지 못하고, 항상 부분적으로 타자에게 이해된다. 이 경우 주체와 객체의 고정적 관계는 무너지고, 주체와 객체의 융합적 관계로 서사의 위치가 결정된다.

이처럼 주체와 객체가 융합하는 상황에서 표현은 공유의 대상으로 변한다. 언어를 재현적 역할로 제한함으로써 주체와 객체의 구분을 가져올 수밖에 없었던 서양 근대의 의사소통 방식과 근본적으로 다르다. 이런 식의 변화는 이성적이기보다는 감성적이고, 시각적이기보다는 촉각적이고, 파편적이기보다는 통합적인 성격을 지닌 인쇄 문화 이전으로 인간형의 부활을 의미한다. 매클루언은 이를 두고 '재부족화(retrivalization)'라고 부른다. 물론 이런 변화의 배후에는 새로운 매체 기술이 굳게 위치하고 있다. 즉 전자 매체가 인쇄매체를 대체하고 있다. 인쇄매체가 지난 300년간 서양의 근대적 사유 형성에 결정적 영향을 미쳤다는 점을 고려하면, 전자 매체의 등장은 또 다른 은하계로의 여정을 의미한다. 즉 매체 구조가 우리가 의식하지 못하는 틈에 또 다른 인간 내지 세계를 만들어가고 있는 셈이다.

이처럼 서구 사회에 인쇄매체가 나타나면서 의사소통 구조는 주체와 객체의 관계로 변화되었고, 의사소통 구조의 변화는 복수 감각에서 단일 감각으로, 또 모자이크적에서 선형적으로 텍스트 구성 방식을 바꿈으로써 주체와 객체의 관계가 더욱 고착화되었다. 그리고 주체와 객체의 고정된 관계가 심화될수록 우리의 의식은 이성에 더욱 의존하게 되는데, 그 결과 인쇄매체는 합리성에 입각한 서양의 근대를 확립하는 데 중요한 토대를 형성했다. 결국 서양 근대의 뿌리는 인쇄매체로부터 시작된다고 말할 수 있다. 이는 새로운 매체가 도입되면 우리의 의사소통 방식이 바뀌고, 의사소통 방식의 변화는 우리의 의식마저 바꿈으로써 궁극적으로 새로운 사회를 만드는 초석이 된다는 극단적인 예다.

그런데 새로운 매체의 도입만으로 이런 큰 변화가 예견되는 것은 결코 아니다. 새로운 매체에 적합한 문법에 따라 텍스트가 새롭게 구성되어야만 이런 변화가 실질적으로 가능할 수 있다. 즉 매체 테크놀로지라는 하드웨어상의 변화를 넘어서서 매체 문법이라는 소프트웨어상의 변화가 반드시 수반되어야 한다. 인쇄매체에 맞는 매체 문법으로서 책이라는 텍스트가 구성되었기 때문에 의사소통상에서 주체와 객체의 관계가 고착화된 것이다. 그런데 주체와 객체의 이런 고착화된 관계는 오늘날 전자 매체의 등장으로 인해 새로운 전기를 만나고 있다. 전자 매체에 부합하는 매체 문법은 주체와 객체의 관계를 혼융하도록 함으로써 주체와 객체의 관계를 수직적에서 수평적으로 이루어내기 때문이다. 이런 소프트웨어상의 변화가 하버마스가 말하는 이상적 담론 상황을 텍스트상에서 실질적으로 구현해 내는 작업에 해당한다.

주체 및 객체의 융합 조건: 자크 데리다의 차연론

오늘날 전자 매체의 등장은 서양의 과거 근대와는 전혀 다른 새로운 사회의 출현을 의미한다. 그것은 통합된 지구 공동체로서 마치 '신부족주의(neo-tribalism)'가 전자라는 기술의 '기氣'를 받고 일어나는 세계와도 같다. 이 세계는 모든 것이 모든 것과 공명하는, 마치 옛날 부족사회의 공명과 같아서, 사람들은 부분적으로 또는 단편적으로 인식하지 않고 전반적으로 인식한다. 이 때문에 구텐베르크의 유산들—선형성, 논리, 계몽, 합리성 등—은 의미를 잃고 만다. 매클루언은 이런 세계를 가리켜 '공명 공간(echo chamber)', 또는 '음향 공간(acoustic space)'이라고 불리는 '지구촌(global village)'으로 규정했다. 원래 지구촌이란 기술의 가능성을 의미하는 수사인데, 의사소통 기술이 발달함으로써 전 지구가 하나의 의사소통 공동체를 형성하여 마치 이웃하는 촌락처럼 좁혀진다는 것이다.

그런데 지구적 차원의 그런 원거리 의사소통은 기술의 가능성을 넘어 실질적으로 새로운 담론 구조를 만들어가고 있다. 인쇄매체에 기반해서 생겨났던 과거의 의사소통 방식들이 전자적으로 매개된다고 해서 담론 구조가 확장되거나 배가되는 것은 아니지만, 전자적 매개는 상징적 소통 구조와 그 토대를 이루는 조건들을 근본적으로 변화시키고 있다. 이런 의미에서 매클루언의 지구촌 개념은 근대성이 마련한 공간 개념에 대한 반발이다. 근대성에 입각한 사회는 각 지역이 지닌 특성을 무시한 채 지도를 보면서 구획하는 식의 무색무취하고, 획일적이고, 연속적인 공간을 여태껏 만들어왔다. 이런 공간은 근대인에게 편리하다는 실용성을 제공했는지 모르지만 특징이 없는 균질적인 공간일 뿐이다. 따라서 매클루언의 지구촌 개념은 실용성을 담보로 그동안 포기해 왔던 질적 공간에 대한 추구다.

그렇다면 매클루언이 언급했던 '지구촌'의 원형은 무엇일까? 매클루언에 따르면 '지구촌'이란 표면적으로는 원시시대 사람들이 동굴에서 행했던 의사소통 공간, 즉 공명 공간이다. 그렇지만 실질적 정의에 들어서면 이 정도 범위를 훨씬 넘어선 질적으로 완전히 다른 공간이다. 공명 공간이란 한 사람만이 의사소통의 주체이고, 그 밖의 사람들은 객체로만 머무는 그런 공간이 아니다. 누구든지 의사소통의 주체가 될 수 있는, 즉 주체와 객체가 융합할 수 있는 평등화된 공간이다. 따라서 이 공간에서는 누군가 던진 말이 금방 소멸되지 않고, 다른 사람을 통해 또다시 확대 발전됨으로써 메아리처럼 울려 퍼진다. 즉 공명이 의사소통 공간 안에서 자연스럽게 이루어진다. 이것이 의사소통의 주체는 저자 한 사람뿐이고 나머지는 모두 객체인, 구텐베르크 인쇄 시대의 상황과 근본적으로 다른 점이다.

이런 공명 공간을 이루기 위해서는 의사소통에서 본질적인 변화가 필요하다. 즉 의사소통에 참여하는 주체들 간의 '접촉 감각(touch sense)'에 따른 친밀감이 무엇보다 중요하다. 이는 말을 통한 구두적, 또는 글을 통한 문자적 의사소통 방식, 나아가 오감 중에서 시청각이 중심이 되는 의사소통 방식이 아니라 촉각이 중요한 매체로 작용하는 의사소통 방식을 의미한다. 이는 이성만이 아니라 이성과 감성을 함께 아우르는 의사소통 방식을 의미하는데 근대의 합리성 하에서 소홀히 되었던 통정성通情性을 회복하는 길이기도 하다. 이렇게 볼 때 매클루언의 지구촌 개념은 언론에서 주로 사용하는 '세계가 한 지붕 아래'라는 인간 상호작용의 외형적 변화를 넘어서 그 안에서 살고 있는 우리에게 의사소통상에 어떤 변화를 가져다주고, 그럼으로써 우리의 의식과 태도, 나아가 사회까지 근본적으로 변화시킬 수 있는 질적 개념이다.

이런 식으로 매클루언은 '이상적' 의사소통의 원형을 원시인으로부터 찾았다. 원시인은 '말'이라는 매체 하나에 의존함으로써 감각기관 사이에 균형을 이루면서 의사소통을 행했기 때문이다. 이런 이유로 인해 그는 '고결한'이라는 형용사까지 동원해서 그들을 수식했다. 이런 고결성은 '글'이라는 매체가 등장함으로써 무너지기 시작했으며, 구텐베르크 인쇄기의 등장은 그 붕괴의 결정적인 역할을 했다. 그 결과 서양은 책 보급을 통해서 지식과 정보의 급속한 확산과 과학기술의 획기적 발전을 이루었고, 근대성마저 확립해서 합리성에 입각한 새로운 사회를 열었지만 우리의 의사소통 방식과 관련해서는 중요한 왜곡을 초래했다. 이런 상황에서 매클루언은 지구촌의 등장이 이런 왜곡을 극복하고 '고결한' 의사소통 방식의 재현을 가능케 해줄 것이라고 믿었다. 그래서 매클루언에게 지구촌의 의미는 부락에서만 이루어지던 원시인의 소통 방식이 전 지구적으로 확대된다는 의미를 지닌다.

그런데 데리다의 관점에서 매클루언의 매체론을 파악하는 경우 '로고스중심주의'에 입각한 서구의 형이상학을 그대로 계승한다는 의구심을 불러일으킬 수 있다. 매클루언은 우리 오관이 적당한 '비比'를 형성하면서 이루어지는 의사소통을 이상형으로 삼고, 그 단적인 예로서 원시인의 의사소통을 들었다. 그렇지만 인류 역사를 검토해 보면 원시인만이 감각기관 사이의 일정한 비를 지니면서 의사소통을 이룬 집단은 아니다.

그렇다면 매클루언이 원시인의 의사소통을 이상형으로 삼은 데는 또 다른 이유가 있을 것이다. 서로의 얼굴을 마주하면서 행했던 원시인의 의사소통 방식, 그럼으로써 더 많은 촉각성을 확보할 수 있었던 의사소통 방식이 이상적 의사소통의 또 다른 이유로 보인다. 그가 지구촌을 원시인의 의사소통이 주로 이루어졌던 동굴이라는 좁은 공간을, 그럼으로써 촉각성이 더욱 발휘될 수 있는 그런 공간의 연장으로 가정했다는 점은 이런 사실을 더욱 분명히 드러낸다.

이런 유의 촉각성은 서구 형이상학적 전통에서 잘 드러난다. 서구의 형이상학은, 인간이 소기所記의 의미나 개념을 자연적이고 또 직접적으로 파악하는 길은 자기 현존적인 목소리를 통해서라고 전제한 뒤, 문자(글)는 소리를 적은 부차적 능기能記 즉 소리와 음성의 능기를 알려주기 위한 파생적 능기에 불과하다고 본다. 따라서 서구의 형이상학에서 문자는 언어(말)의 내면성에서부터 오랫동안 추방되었고, 그 결과 '로고스중심주의=소리중심주의=말중심주의'가 서구 형이상학의 주요 전통으로 위치를 차지했던 것이 사실이다. 소쉬르도 이런 입장을 계승하여 언어활동이란 능기적인 소리와 소기적 생각의 결합이므로, 언어활동을 '사유 즉 음성'의 불가분적인 통일로 여긴 반면, 문자는 바깥이고, 언어활동과 사유 즉 음성의 외면적 표상에 지나지 않는 것이라고 여겼다.

루소도 이런 서구의 형이상학 전통을 계승한 대표적인 사람 중의 하나다. 루소의 전 저작을 살펴보면 두 가지 계열이 그의 사상을 가로지르고 있음을 발견할 수 있다. 첫째 계열은 '말÷자기 현존÷동정심÷자연÷작은 공동체'이고, 또 다른 계열은 '문자÷부재÷불평등÷힘의 구조÷거대 사회'다. 이런 식의 구분은 문자보다 말을 우위에 두었을 때 가능한 것으로서 자기 현존적이고, 말하고 듣는 것이 거의 동시적인 그런 사회에 대한 강한 향수에서부터 비롯된다. 이런 향수로 말미암아 루소는 문자를 말에 종속시키는 현존의 형이상학과 '말중심주의'로 재귀하려는 사상을 줄기차게 고집했다. 나아가 이런 식의 향수가 선이라면 그렇지 못한 문명사회는 악이라고 규정한 뒤 '자연≑근원≑본연≑선'으로 동일화시키고, '문화≑허위≑오류≑타락≑악'으로 계열화했다.

그러나 루소는 매클루언과 달리 문자를 백안시하지 않았다. 루소는 말의 타자로서 문자의 보충 대리 역할을 어쩔 수 없이 인정했는데, 그가 공식적으로는 자연과 현존의 형이상학을 거듭 천명했음에도 불구하고 그의 생각의 행간에 흰 글씨로 자연은 이미 사회와 문명에 의해 보충 대리되고 있으며, 또 말은 문자에 의해 보충 대리되고 있다고 보았다. 그리고 지고선의 대명사로 여겨왔던 자연은 그 자체의 고유성을 상실하고, 언어(말)도 그 자체의 신과 자연에 의해 인간 속으로 기록된 문자처럼 해독되어야 하기에, 자연과 말은 타자와의 '보충 대리적 차연' 이외에 다른 것이 아닌 것으로 보았다. 이처럼 루소는 현존의 형이상학을 추구하기 위한 생각을 펼쳤지만 처음 의도와는 달리 '차연'과 '보충 대리'의 논리를 스스로 인정한 셈이다.

데리다는 루소의 이런 매체관을 수용하면서 전자 글쓰기가 가져올 변화들에 대해 많은 방식으로 예견했다. 그중에서도 서구 사상의 위대한 전통들에서 묘사된 주체의 형상들이 전자 글쓰기에 의해 무너져야 한다는 생각을 가장 앞서서 예언한 선구자였다. 서구 사상은 기본적으로 주체의 형상을 강조해 왔고, 이런 경향은 근대에 이르러서 더욱 두드러졌는데 데카르트적 주체, 칸트적 주체, 헤겔적 주체가 그 대표적인 예다. 데카르트적 주체란 자신이 마주하는 객체의 세계를 그 세계 외부에서 분명하게 인식할 수 있는 주체이며, 칸트적 주체는 지식의 기원에 해당하는 세계 외부에 있음과 동시에 지식의 경험적 대상인 세계 내부에 있는 주체이며, 헤겔적 주체는 세계 내 존재로서 그 자신을 변형시키면서도 세계의 생성이라는 궁극적인 목적을 구현하는 주체다.

그런데 데리다는 이런 주체들의 형성이 텍스트 구성과 밀접한 관련을 맺는 것으로 파악했다. 서구의 전통적인 글쓰기 방식은 주체들의 형상을 지원하고 강화해 왔는데 이는 기본적으로 의미의 고정성이나, 불후성, 또는 저자의 권위에 입각해 있기 때문이다. 그 결과 말하는 화자話者(또는 저자)만이 안정된 의미의 근원이고, 듣는 청자聽者(또는 독자)는 화자가 의도한 것을 수용하는 수동적인 존재라는 것이다. 이 경우 화자와 청자는 주체와 객체의 관계로 고정될 뿐 아니라 화자는 청자들에 의해 둘러싸인 중심으로 기능하게 된다. 서구적 사유는 이런 전통적 글쓰기 방식에 의존함으로써 주체의 형상만을 끊임없이 강조하고 강화해 왔는데, 이는 언어에 대한 서구의 편향된 인식으로부터 비롯되는 것이다.

서양은 전통적으로 언어에 대한 절대적 의존을 전제로 해서 텍스트를 구성해 왔다. 이는 모든 것을 언어로 표현할 수 있고, 또 언어를 통해 자신의 생각을 객관적이고, 또 명료하게 표현할 수 있다는 믿음의 반영이다. 즉 언어가 사물이나 사고를 재구성할 수 있다는 일종의 확신인데 서양은 이런 확신을 현실에서 가능토록 하기 위해서 차이의 체계에 입각한 '의미 분화(division of meaning)'라는 전략을 사용했다. 즉 표현하고자 하는 대상이 지닌 의미를 끊임없이 쪼개서, 그 잘게 쪼개진 의미에 부합하는 언어를 찾았던 것이다. 그런데 의미 분화를 가장 효과적으로 달성하는 길은 '이항대립(binary opposition)' 구조에 입각한 것이다. 이런 식으로 의미 분화를 계속하게 되면 의미의 추상성은 크게 줄어들면서 추상성이 줄어든 의미에 부합하는 언어를 찾는 작업이 쉬워진다.

이항대립 구조란 가장 적은 비용으로 의미 중복을 가장 최소화하는 장치라고 말할 수 있는데 선/악, 진리/허위, 정신/육체, 주관/객관, 능동/수동, 안/밖, 위/아래 등의 구분이 이런 예에 속한다. 그리고 이를 계속해서 분화하면 선과 악의 경우는 '최선最善'과 '최악最惡'으로, 아니면 '차선次善'과 '차악次惡'으로 나타난다. 그리고 마지막으로 분화된 의미는 그 직전에 분화된 의미보다 더욱 객관적이고 명료해지므로 이에 부합하는 언어와 그 의미 사이에서 이루어지는 일치 정도는 더욱 높아진다. 이런 식의 의미 분화를 계속하면 결국 '0'과 '1'의 조합으로 구성된 디지털 인공 언어를 만나게 되는데 이런 디지털 언어야말로 대상(의미)과 언어 사이의 완전한 일치가 보장되는 언어다.

그런데 서구의 전통적 형이상학인 '로고스중심주의'는 이항대립 구조에서 은연중 어느 한쪽에 더 많은 가치를 부여해 왔다. 앞의 선/악, 진리/허위, 정신/육체, 주관/객관, 능동/수동, 안/밖, 위/아래의 예에서 선은 악보다, 진리는 허위보다, 정신은 육체보다, 주관은 객관보다, 능동은 수동보다, 안은 바깥보다, 위는 아래보다 더 소중한 것으로 파악해 왔다. 이런 식의 인식은 이성적 진리를 기반으로 해서 성립된 '로고스중심주의'가 로고스만이 모든 것의 으뜸이자 궁극적이라고 믿는 데서 비롯된다. 이처럼 서구의 전통적 형이상학은 어떤 절대적인 체계나 진리를 그 중심에 놓고, 이에 바탕해서 다른 것을 파악해 왔다. 플라톤의 이데아론은 이런 형이상학의 출발점에 해당하는데 중세에는 신이, 근대에는 합리성이 이런 이데아의 역할을 수행해 왔다.

그러나 데리다는 중심이라는 것, 또는 절대적 진리라는 것은 그와 반대되는 것을 배제하고 만들어낸 허구에 불과하다고 보았다. 즉 다른 가능성을 모두 배제하고 만들어놓은 폐쇄적 사고방식이라고 규정했다. 서구의 지적 전통은 그동안 수천 년간 이어져 내려온 절대적 기준 하에 성립되었고, 이 기준에서 벗어나면 모두를 '타자'라는 주홍 글씨로서 각인시켜 온 것이 사실이다. 레비스트로스(C. Levi-Strauss)는 『야생의 사고』에서 서구는 자연과 문명, 뜨거운 사회와 차가운 사회를 대립시키고, 후자를 전자보다 더 높게 평가했으며, 푸코(M. Foucault)도 『광기의 역사』에서 서구는 이성과 광기를 대립시키고, 이성이 광기를 배제하고 억압한 역사라고 분석했다.

특히 푸코는 우리가 '이성'이라는 것이 정상과 비정상을 구분하고,

그 비정상을 광기로 몰아붙임으로써 자신의 반대 세력을 억압해서 만들어낸 가상에 불과하다고 파악했다. '타자'의 경우도 마찬가지인데 타자란 '동일인'과 반대되는 개념으로서 동일인은 관련된 대상들을 하나의 동일한 질서 속에 끌어들이는 데 반해 타자는 거기에서 배제되고, 억압된 채로 있는 존재다. 서구 근대의 이성(동일인)은 광기라는 타자의 배제와 억압을 통해 탄생되었고, 그것을 통해 자신의 정체성을 끊임없이 확인해 왔다. 이처럼 이성이란 정상성의 경계를 통해 정의될 수 있는데 광기가 아닌 것, 부랑이 아닌 것, 게으름이 아닌 것 등은 이성의 외연인 셈이다. 그렇지만 광기, 부랑, 게으름 같은 개념이 존재하지 않았더라면 이성을 유효하게 정의하는 길도 봉쇄되었을 것이다.

데리다도 레비스트로스나 푸코와 기본적으로 같은 입장에서 '절대'라는 말의 모순을 파악하고자 했다. 서양은 전통적으로 신의 개념에서 나타나듯이 주체(기준)라는 단어 앞에 '절대'라는 형용사를 붙이는 데 큰 주저함이 없었는데, 이는 주체를 영원불변한 존재로 가정하고 그 이외의 모든 것을 주체에 의해 강제해 왔기 때문이다. 이런 상황에서 주체란 모든 것을 배제한 채 홀로 서 있는 존재다. 이에 대해 데리다는 어떤 주체라도 여러 이질적인 기반 위에 성립되어 있기 때문에 서구의 전통적 주체관에 대한 근거가 타당치 않다고 파악했다. 따라서 그는 절대 주체의 모순을 만천하에 드러내려고 시도했고, 이를 위해 모든 중심적 사고를 거부하는 '해체(deconstruntion)'라는 전략을 동원했다.

데리다의 해체론은 어떤 중심을 만들지 않으며, 설령 중심이 있더라도 그 중심은 고정된 위치를 차지하는 것이 아니라 하나의 기능, 즉 무한한 기호의 대치만이 적용되는 일종의 비위치 상태로 존재한다는 입장이다. 그는 이성/광기의 경우조차도 서로 상보적이며, 보충적인 관계이지 결코 대립적이고, 단절된 관계가 아닌 것으로 파악했다. 이성 안에 광기가 내재하고, 광기 안에 이성이 존재하기 때문이다. 따라서 데리다의 해체 전략은 어떤 고정된 중심을 거부하고, 잠정적으로 정해진 위치들이 끊임없이 떠돌면서 어떤 공간을 만듦으로써 자유로운 '놀이'가 가능토록 하는 작업이다. 이런 자유로운 공간 구성은 모든 것들이 고정되지 않고, 타자와의 관계에 의해 자유롭게 만들어지는 가변적 위치에서나 가능하다.[6]

데리다는 해체 전략을 『문자학』[7]을 통해 구체적으로 제시했다. 그는 언어를 해체 대상으로 삼았는데 이는 서구의 지적 전통에서 오랫동안 누적되어 온 은폐된 원리와 무의식적 전제들이 언어 속에 내재되어 있다고 보았기 때문이다. 선/악, 진리/허위, 정신/육체, 주관/객관의 경우처럼 모든 언어는 '차이'에서 비롯되는데 차이에 입각한 이런 언어관은 서구 형이상학의 중요한 전제가 되었다. 즉 악으로써 선을, 허위로써 진리를, 육체로써 정신을, 객관으로써 주관을 보다 명료하게 드러나게 함으로써 하나의 로고스를 구성했다. 그렇다면 높은 산과 깊은 계곡도 차단벽에 의해 별개로 존재하는 것일까? 물론 아니다. 높은 산과 깊은 골짜기는 하나의 주제나 중심으로 통일되어 있는 것이 아니라 하나가 존재하기에 다른 하나가 존재한다는 형식을 띤다.

이것은 대비되는 개념이라 하더라도 그것이 분리되어 있지 않고 공유되어 있다는 사실을 웅변적으로 말해준다. 따라서 모든 언어에는 상이

---

6 이런 자유로운 대표적인 놀이로 바둑을 들 수 있다. 바둑은 '현존/부재'의 대립을 넘어서는 사유가 있고, '채움/공백'의 구분을 넘는 사유가 있으며, '흔적과 차이를 체계화하는' 놀이가 있다. 바둑 놀이는 간격과 대기의 관계에서 구조가 생겨나고, 동시에 힘을 지닌 구조가 된다. 이것은 구조화함으로써 구조주의에서 말하는 기계론적 구조가 아니고, 바둑돌 하나가 운동량을 가진 힘의 구조다. 그러므로 바둑 놀이는 구조적인 것과 역동적인 것의 대립을 넘어서 있고, 동시에 공간적 간격과 시간적 연기의 대립을 넘어서 있기에, 구조주의에서 대립시켜 온 '구조/역사'의 대립도 넘어서 있다. 따라서 차연도 구조이며 동시에 힘이고, 구조이며 동시에 생성이기도 하다.

7 데리다가 『문자학』에서 언급한 '문자'의 의미는 우리가 흔히 알고 있는 '글자(letter)'의 의미를 훨씬 넘어선다.

한 두 가지 의미가 공존하고 있다. 선/악의 경우도 개념상으로는 대립적 형태를 띠지만 이들을 서로 교호하게 놔두면 숨어 있는 참된 의미를 밝혀낼 수 있다. 따라서 절대적 선/악이란 언어상으로 표현되는 '개념'이지 실제 현실에서 존재하는 '의미'가 아니다. 데리다는 이런 언어관에 의거해서 언어란 차이에서 비롯되지만 '보충'과 '대리'를 통해 비로소 완성될 수 있다는 입장을 견지했다. 이런 보충과 대리의 역할을 설명하기 위해 데리다는 '차이差異(différence)'와 '연기延期(délai)'의 의미가 동시에 포함된 '차연差延(différance)'[8] 개념을 창안했다.

그런데 데리다는 모든 텍스트를 차연의 구조로 설명했다. 그것은 텍스트가 공간적 개념으로서의 '차이'와 시간적 개념으로서의 '연기'라는 두 실로 짜여 있기 때문이다. 이 때문에 텍스트상에는 으뜸의 텍스트란 있을 수 없고, 또 발단이 되는 텍스트도 존재할 수 없다. 또 텍스트는 두 개 이상의 날실과 씨실이 서로 얼기설기 짜인 직물과도 같기에 어느 누구도 그 직물을 처음 짠 사람을 알 수 없다. 단지 알 수 있는 것은 그 직물이 차이의 상호작용이기에 이질적이면서 교호적이고, 교호적이면서 이질적인 차연의 형태를 띤다는 사실뿐이다. 이처럼 텍스트란 시작과 끝이 없는 무한 운동이 일반화시킨 접목 작용과 같다. 그렇다면 우리가 몸담고 있는 세상도 이런 모습을 하고 있는 셈이다.

---

8 데리다는 1968년 1월 27일 프랑스철학학회에서 차연이라는 제목으로 강연을 했다. 차연이란 불어 'differ'라는 동사의 명사형인데, 이 생경한 조어는 문자 그대로 '차이(différence)'와 '연기(délai)'의 두 가지 개념이 동시적으로 복합된 관념이다. 불어에서 'différer'라는 동사 자체가 이미 '차이가 나다'와 '연기하다'의 두 가지 복합적 의미를 동시에 함의하고 있는데, 그런 동사의 양가적 의미를 명사화시킨 단어가 불어에는 없다. 따라서 데리다는 양가적 의미를 지닌 동사 'différer'의 명사화를 가리키기 위해 일반적으로 '차연'이라고 번역되는 'différance'를 만들었다. 차연의 'différance'와 차이의 'différence'는 불어의 발음상에는 아무런 변별적 차이가 없고, 단지 글자상에서 'a/e'의 구분이 있을 뿐이다

따라서 독자적이거나 원본적인 의미에서 창조란 존재하지 않는다. 모든 창조는 재창조일 뿐이고, 글쓰기라 할지라도 그것은 다시 쓰기와 다르지 않다. 즉 모든 것은 다른 것의 사본일 따름이지 어디에도 원본은 존재하지 않는다. 마찬가지로 텍스트에서도 하나의 원천적 중심 개념도 존재하지 않는다. 그렇다면 인쇄 글쓰기의 경우처럼 어떤 중심에서 출발하여 그 주위로 동심원의 파문을 그려나가는 텍스트 구성 방식은 수용하기가 어렵다. 특히 인과관계 논리에 입각한 선형적 글쓰기 방식은 더욱 곤란하다. 이런 상황에서 텍스트를 제대로 이해하기 위해서는 상반된 개념들이 서로 엮이는 교차로들을 그때그때마다 살펴볼 수밖에 없는데 데리다는 이를 위해 '파르마콘(pharmakon)' 이란 개념을 사용했다.

소크라테스는 『파이드로스』 '대화편'에서 파이드로스가 가져온 기록된 텍스트를 파르마콘에 비유했다.[9] 파르마콘이란 묘약과 같아서 치료제이면서 동시에 독약의 성격을 지니기에 우리에게 축복과 동시에 저주를 가져다줄 수 있다. 파르마콘은 이런 야누스적인 두 얼굴을 하고 있어서 로고스중심주의 철학에서는 이상한 괴물로 여겨진다. 소크라테스도 파르마콘을 로고스중심주의 철학을 위협하는 적이자 독이라고 생각했고, 나아가 문자(글)도 마치 파르마콘과 같아서 이런 이상한 이중적 기능을 한다고 보았다. 그리고 '글에 의한 기록'과 '말(대화)'의 차이는 파르마콘을 취급하는 마법, 즉 '사이비 의술'과 '진정한 학문으로서의 의학'의 차이만큼 분명하다고 보았다. 이처럼 파르마콘은 자기 동일적이지 못하다.

따라서 파르마콘은 치료약과 독약의 동거와 차이의 차연 운동의 계속적인 반복이다. 즉 치료약은 독약의 다름이고 독약은 치료약의 다름이

---

9 데리다는 『산종(La Dissémination)』에서 파르마콘 개념을 심층적으로 분석한다. 파르마콘은 '마약', '미약', '독', '치료약', '생명의 씨' 등과 같은 양면적 의미를 띠는 것으로 문자의 양면성을 나타낸다.

어서, 파르마콘 속에는 같음과 다름이 동거하면서 동시에 차이를 만들어내기 때문이다. 이런 식으로 파르마콘 안에서 치료약과 독약이 상호 간에 보충 대리의 역할을 하면서 독약이 치료약이고, 치료약이 독약으로 변하는 가역적 반복을 형성한다. 삶과 죽음의 경우조차도 파르마콘과 같아서 같음과 다름의 동거와 차이의 관계를 교차시켜 나간다. 삶은 죽음에 이미 연루되어 있고, 죽음은 또다시 가역 작용을 일으켜 삶에 공모되어 있다. 이런 식의 상호 의존의 놀이가 바로 문자의 힘이요, 텍스트의 짜임새요, 기계적 반복이자 곧 영원회귀인 셈이다.

따라서 파르마콘은 대립과 일치가 함께하는 하나의 상호 얽힘으로서의 텍스트다. 즉 양변의 차이로 거느리되 대립하지 않으면서 상호 얽힘으로 엮어나가는 파르마콘은, 대립의 일치와 유사하면서 동시에 차이를 구성한다. 이 점에서 저 점으로 가면 서로 만나는 점이 있듯이 대립의 일치에는 어떤 중심점이 있지만 파르마콘에는 그 어떤 중심점도 있을 수 없다. 이처럼 세상의 모든 이치가 로고스가 아니라 파르마콘이라면 이 세상 모두가 텍스트요, '텍스트 바깥에는 아무것도 없다(There is no text outside)'는 데리다의 주장이 타당하다. 모든 것이 텍스트라면 이 세상은 온전한 자기류나 자기성이라는 것이 존재하지 않고, 이것도 따져보면 이질성과의 동거와 접목과 전염에 의해 가능하기 때문이다.

데리다는 문자를 파르마콘에 비유해서 모든 흔적을 지니는 차연의 성격으로 파악했다. 문자란 텍스트와 마찬가지로 자기 고유성을 지니지 못한 채 상반된 다른 요소들로부터 흔적의 환영들을 이미 받아서 구성된다. 마치 문자를 '흔적의 흔적'에 비유할 수 있다. 이것도 흔적이고, 저것도 흔적이라면 이 흔적은 저 흔적의 흔적과 다를 수가 없는데 바로 이런 관계가 문자의 참된 의미를 구성한다. 따라서 문자의 세계에서는 실체란 있을 수 없고, 흔적과 환영의 삼투작용만 있을 뿐이다. 그렇다면 문자란 파르마콘처럼 차이의 간격에서 주고받는 공놀이이자 '젓가락 운동'이다.

공놀이의 경우 상대가 있어야 성립한다는 사실은 공놀이가 보충과 대립으로 이루어짐을, 또 상대방이 친 공에 의해 내가 치는 공의 내용이 결정된다는 사실은 흔적으로서 작용한다는 점을 말해준다.

서구의 전통적 형이상학은 언어를 재현적 목적을 위한 수단으로 파악했다. 즉 언어를 통해 대상을 어떻게 객관적으로, 또 명료하게 그려낼 수 있는가가 오로지 관심이었다. 반면 데리다는 언어를 구성하는 기표와 기의의 관계는 순전히 자의적이고, 비동기적인 관계로 파악했다. 기의와 기표는 계속적으로 분리될 뿐 아니라 이런 분리를 통해 새로운 조합이 만들어진다. 그렇지만 언어의 이 같은 역동적인 생산성에도 불구하고 그것이 지닌 휘발성으로 말미암아 의미의 불안정성이 초래될 수 있다. 이런 상황에서 개인들은 분산되며, 자아의 통일성과 고정성에 대한 잘못된 관념들은 깨지고 만다. 결국 의미란 주체와 객체의 안정적이고, 지시적 관계에서 생산되는 것이 아니라 기표의 무한한 상호 텍스트적 논리 속에서 생산된다. 따라서 의미란 의미 작용의 끝없는 과정상의 한 계기에 불과하며, 데리다는 이런 과정을 '전자 글쓰기'라는 표현을 통해 구현해 보고자 했다.

따라서 '전자 글쓰기'에서는 주관과 객관의 대립은 무의미하다. '주관/객관'은 차연의 결과이지 그 자체의 대립은 결코 근본적이지 않다. 보다 정확히 말해서 '주관/객관'의 대립 자체가 덧없다. 왜냐하면 주체의 고유성이 있는 것이 아니고, 그런 주체도 결국 어떤 텍스트라는 무대 위에서 벌어지는 '차이의 체계'나 '차연의 운동'에 전적으로 의존하기에 자기 것이라고 특별히 고집할 것이 없기 때문이다. 이처럼 서구의 전통 철학에서 애지중지해 온 주체도 스스로 나누어지고 스스로 간격을 만들면서, 스스로 대기하고 스스로를 연기하면서 구성될 뿐이다. 이것이 데리다가 말하는 '전자 글쓰기'의 전형적 특징이다. 따라서 해체는 모든 형태의 글쓰기에 대한 데리다의 일종의 해석적 몸짓이라고 말할 수 있다.

그런데 데리다의 텍스트론과 이에 따른 의사소통의 구조는 유불선으로 대표되는 동양의 의사소통관과 기막힌 접합을 이룬다. 데리다는 텍스트를 파르마콘의 성격을 지닌다고 보고 '종국적으로 뿌리가 없는 나무'에 비유했는데, 이런 비유는 말하기보다는 글쓰기에서 '차연'의 문제, 그리고 텍스트의 의미가 고정되지 않다는 점을 강조하고자 한 데서 비롯된다. 그에 따르면 서구의 지배적 사유인 '이항대립(binary opposition)'에 입각한 대립적 사고도 양극 간에 서로 대칭하는 것이 아니라 서로 교호한다. 데리다의 주장처럼 텍스트가 의미의 젓가락 운동을 하면서 흔들리고 있다면 이미 삼라만상에 의미의 고정성을 두지 않는 동양적 사유야말로 텍스트를 가장 잘 이해한다고 말할 수 있다.

또 다른 가능성: 유불선의 의사소통론

우리는 주체와 객체가 실질적으로 융합할 수 있는 조건을 규명하기 위해 먼 길을 걸어왔다. 하버마스 이론 체계의 핵심에 해당하는 이상적 담론 상황이 그의 주장처럼 현실에서 ― 더구나 매체 발달이 급격히 이루어지는 현 상황에서 ― 구성되기 힘들다는 가정에서 이를 극복할 수 있는 가능성을 찾기 위해서였다. 이 작업은 단순한 작업처럼 보일 수도 있지만 우리의 의사소통을 구성하는 핵심적 요소인 매체와 텍스트 안에 존재하는 구조를 밝혀내지 못하면 사실상 불가능한 작업이다. 이런 관점에서 매체 안에 내재하는 구조와 텍스트 안에 숨어 있는 구조를 규명하기 위해서 데리다의 해체론을 동원했다. 이런 분석적 작업은 결국 서구의 근대적 사유는 물론이고, 서구의 전통적 형이상학을 전면적으로 부정하는 일에 속한다.

이런 엄청난 시도에도 불구하고 유불선의 의사소통 사상은 이런 문제들에 대한 해결책을 간단하게, 그리고 명료하게 제시하고 있다. 이런 해결책은 매체에 대한 관점이나 의사소통에 대한 의식이 서양인과 달랐기에 가능했던 일이라고 본다. 서양인은 말과 글이 모든 대상을 표현해 낼 수 있다는 가정에서 의사소통에 대해 확실한 믿음이 있었던 반면 동양의 의사소통 사상은 그 반대의 입장에서 의사소통을 파악해 왔다. 즉 동양의 의사소통 사상은 말과 글이 편리한 수단이긴 하지만 그것은 자칫 대상을 잘못 표현하는, 현혹시키는 도구라고 가정하고, 말과 글을 넘어선 의사소통을 강조해 왔다. 유가사상이 언행일치言行一致와 입상진의立象盡意를 강조한 것도, 도가사상에서 언어도단言語道斷을 강조한 것도, 불가사상에서 불립문자不立文字를 강조한 것도 모두 이런 이유에서다. 그 결과 말과 글의 사용을 엄격하게 제한하는 것을 이상적인 의사소통의 한 방편으로 여겨왔다.

언어도단론은 노장의 핵심 사상에 해당한다. 노자는 『도덕경道德經』 첫 장에 "도를 도라고 말하면 더 이상 道가 아니며, 대상에 이름을 붙이면 더 이상 대상이 아니다(道可道非常道 名可名非常名)"라고 해, 언어에 대해 강한 불신을 드러냈다. 이 첫 장만을 놓고 보면 말과 글을 아예 사용하지 말라는 의미로 해석되는데, 만약 이런 식으로 언어관을 이해했다면 『도덕경』 자체도 성립될 수 없는 노릇이다. 따라서 이 표현은 언어의 한계를 감안하고서 사용하라는 뜻으로 『장자莊子』 외편 「추수秋水」의 "물고기를 잡으면 통발을 버리고, 뜻을 얻으면 말을 버려라(得漁忘荃得意忘言)"는 표현이 이런 사실을 입증해 준다. 그럼에도 언어가 인식주관의 한편에 계속 생경하게 남는다면 이는 안 맞는 신발이 발을 조이고, 발의 통증을 느끼게 하는 것과 같다. 따라서 언어가 담고 있는 의미를 정확히 파악하고 나면, 즉 앎이 완성되면 그 순간 우리는 잘 맞는 신발을 신고 있는 것처럼, 그리고 물고기가 물속에서 자신의 존재를 잊고 있는 것처럼 우리의 의식 속에서 언어는 사라져야 한다.

이런 노장의 언어관은 데리다의 텍스트론과 자연스럽게 결합한다. 노자는 "모든 것은 그 반대편 것과의 관련성 속에서 비로소 존재하며, 그 반대 방향을 향해서도 열려 있다"고 말했다. 예를 들어 높은 산과 깊은 골짜기는 칸막이로 가로막힌 차단의 벽에 의해 각각이 별개로 존재하는 것이 아니라 하나가 존재하기 때문에 다른 하나가 존재한다. 따라서 높은 산과 깊은 골짜기는 하나의 주제나 중심으로 통일되어 있지 않지만 그렇다고 해서 서로 분리되어 있지도 않다. 노자의 말대로라면 이 우주에는 형이상학적 실체와 같은 것이 따로 존재할 수 없다. 따라서 노자가 말하는 '도道'라는 것도 대립 쌍들의 상호 의존적 관계의 법칙 외에 다른 것이 아니다. 이 세계는 대립 쌍들이 서로 꼬여서 이루어져 있는데 이것이 이 우주의 존재 원칙(항恒)이자 법칙(상常)이고, 이런 존재 형식 내지는 원칙에 '도'라는 기호를 붙였을 따름이다.

불가의 언어관은 '불립문자'로 대표될 수 있다. 불립문자론은 불교 선禪의 최초 설법에 해당하는 '염화시중의 미소'와 일맥상통 하는데 이 설법은 가섭 존자가 부처의 생각을 '말로 통하지 않고, 마음으로 전하고, 미소로 받았다'는 내용이다. '염화시중 미소'의 설법은 불가의 모든 교설이 어디까지나 도구적이라는 것을 의미하는 것인데 그렇다면 누군가 불가 교설을 '밑 닦는 휴지'에 비유한 것도 전혀 무리가 아닐 것이다. 화장실에서 일을 볼 때 휴지가 없다고 생각하면 그 황당함과 고통스러움은 이루 말할 수 없다. 그만큼 휴지는 유용한 도구이지만 그것은 어디까지나 '밑 닦는 휴지'에 불과하다. 즉 언어가 없으면 큰 불편을 겪지만 그것은 화폐와 같은 일종의 방편이기에 서구인의 생각처럼 언어로써 모든 것을 완전하게 표현할 수 있다는 신념은 애초부터 무리일 것이다.

이런 언어관에 기초해서 불교의 대표적 경전인 『금강경金剛經』을 압축한 유명한 「반야바라밀다심경般若波羅蜜多心經」에서는 "색과 공이 다르지 아니하고, 공이 색과 다르지 아니하다(色不異空 空不異色 色

卽是空 空卽是色)"고 가르쳐왔다. 이처럼 색과 공의 동거와 접목, 보완의 논리는 비색비공非色非空의 초탈 논리로 동시에 들어간다. 이를 텍스트의 문제로 구체화하면 문자를 텍스트로 파악하는 경우 문자는 충만하고 동시에 비어 있다. 충만이라 함은 대상을 있는 그대로 모방하고 묘사함으로써 가능한 것인데 문자는 분명 영상의 충만처럼 기능한다. 그렇지만 문자가 그림을 통해 형상화될 때 그것은 대상과 어긋난 장소로 이동하는데 이 경우 거기에는 빈 곳, 즉 '공空'이 들어설 수 있는 여지가 생겨난다. 사실 인간이 문자를 창안할 때 대상을 그대로 모방하거나 또는 본뜨거나 하려고 하지 않았다. 이 때문에 거기에는 '공'이 존재할 수 있고, 그렇기 때문에 다른 것에 의해 한없이 보충되고 대신 되어야 했다.

데리다는 차연에 입각한 그의 텍스트론을 전개하기 위해 2000년 이상 서구의 형이상학을 떠받쳤던 로고스중심주의를 거부했다. 이런 시도에도 불구하고 데리다의 텍스트론은 노장과 불가사상에 의해 이미 오래전에 말해진 내용의 반복이라고 말할 수 있다. 그렇다면 노장과 불가사상은 어쩌면 가장 탁월한 양식에서 '반'철학의 진리이며, '반'개념의 사상으로서 차연의 논리를 우주의 텍스트의 본질로 파악했던 데리다의 해체적 사유의 효시일 수 있다. 이러한 사상의 바탕에서 출발한 동양적 의사소통은 데리다의 텍스트 이론을 그저 염화시중의 미소로 바라보고 있는 것은 아닐까? 이런 표현이 가능한 것은 데리다가 텍스트 뒤에 숨겨진 구조를 찾는 작업, 그럼으로써 텍스트를 해독하는 방식에 머문 반면 노장과 불가사상은 숨겨진 구조를 찾아내는 것에 더해 바람직한 텍스트 구성방식까지도 언급했기 때문이다.

이런 언어관을 현실에서 구체화한 것으로 '산은 산이고, 물은 물이다'는 표현을 들 수 있다. 당唐의 청원淸原 선사가 오래전에 했던 표현으로 몇 해 전 성철 스님이 다시 언급하면서 유명한 말이 되었는데 이 표현의 의미를 해석하면 지극히 당연한 결론에 이른다. 그렇지만 현재까지도 사람들 간에 합의된 해석은 생겨나지 않고, 또 사람들마다 그 말의 해석을 달리한 채 지금까지 이르고 있다. 그뿐 아니라 같은 사람조차도 시간이 흐르면서 그 의미를 달리 해석하는 경우까지 생겨나고 있다. 이런 해석상의 차이와 변화는 주체가 던진 말에 대한 의미를 객체가 재구성했기에 가능한 일이다. 즉 객체는 주체가 던진 말의 의미를 일방적으로 수용하지 않고 자신의 의지에 따라 새로운 해석의 가능성을 열어두었기에 의미의 재구성이 가능하다. 이런 상황은 주체와 객체가 고정되는 것이 아니라 융합하고 있는 관계임을 분명히 드러내준다.

선사의 이런 표현은 우리의 일상생활에서 볼 때 극히 예외적인 방식이다. 그렇지만 이런 표현 방식에 대해 우리는 서구인에 비해 훨씬 익숙해 있다. 만약 서구에서 이런 표현 방식으로 진리를 말하고자 하면 그 효과를 기대하기 힘들다. 서구인은 의사소통에서 객관성과 명료성을 최우선적 가치로 삼고 있기에 이런 애매모호한 표현을 수용할 수 없다. 서구의 의사소통 사상이 모든 표현 대상(기의)은 언어(기표)에 의해 대체될 수 있다는 신념에서 의미 분화, 그중에서도 이항대립이라는 극단적인 의미 분화 전략을 채택한 것도 모두 이런 이유에서다. 그 결과 언어에 대한 절대적 신뢰가 서구인의 뇌리에 보편적 가치로 정착된 것은 부인할 수 없는 사실이다.

하버마스의 기본적 사상도 서구의 근대적 이념을 충실히 계승하고 있다는 점을 감안하면 그의 의사소통론도 기의와 기표의 절대적 동일시라는 관점에서 이해될 수 있다. 이는 매체와 텍스트에 존재하는 숨겨진 구조를 간과한 결과인데 이런 관점에서는 주체와 객체는 영원히 융합할 수 없는 고정된 관계로 머물 수밖에 없다. 이는 의사소통상의 형식 요건과 관계없이 주체와 객체의 관계가 수평적이기보다는 수직적 관계로 변질된다는 점을 의미하고, 나아가 담론의 성격조차도 계몽적 내지는 권위적으로 변화할 가능성이 높다는 사실을 말해준다. 이에 반해 동양의 의사소통 사상은 언어란 필요한 수단일 뿐, 이것으로써 모든 것을 다 표현한다는 믿음으로부터 한 발짝 벗어나 있다. 이런 태도는 언어에 대한 절대적 의존을 거부하는 유불선의 오래된 전통에서 비롯된다. 따라서 유불선에 입각한 매체관을 수용하는 경우 주체와 객체가 실질적으로 융합함으로써 이상적 담론 상황이 현실에서 구현될 가능성이 더욱 높아 보인다. 이것이 이상적 담론 상황을 의사소통의 형식적 차원에서만 접근한 하버마스의 관점과 다른 점이다.

찾아보기

본문에서 『노자』 찾아보기

본문에서 『장자』 찾아보기

내편內篇

외편外篇

잡편雜篇

(괄호 안 숫자는 장자에서 직접 인용한 글이 아니라 그 부분이 언급되었다는 것을 의미함)

저자 소개

김정탁金正鐸

지리산 경상도 쪽 언저리 산청군 생초면이 고향이다. 이곳은 경북 영양의 주실마을과 전북 임실의 삼계면과 더불어 남한의 삼대 문필봉文筆峰이 있는 곳이다. 고향의 이런 정기를 이어받은 탓인지 대학에선 신문방송학을 전공했고, 졸업해선 신문사를 첫 직장으로 택했다.

기자로 3년여를 보낸 뒤 1979년 12월 박정희 대통령 서거로 온 나라가 어수선했던 시절 중앙일보를 그만두고 미국으로 공부하러 떠났다. 미주리 대학교에서 언론학으로 석사와 박사를 받은 뒤 1985년 성균관대학교 신문방송학과에 교수로 부임하여 지금까지 재직해 오고 있다.

교수 초년 시절에는 언론학에 관심을 두면서 "한국언론인의 보수화된 자기중심성", "한국언론의 지배이데올로기의 형성과 전개" 등의 논문을 썼다. 그러다가 당시 대학가를 휩쓴 격렬한 학생운동이 계기가 되어 학문적 관심을 사회커뮤니케이션 쪽으로 바꾸었다. "민중의 커뮤니케이션적 인식", "포스트모더니즘 토대로서 노동과 커뮤니케이션" 논문 등이 그런 결과물이다.

2000년대에 들어 서구적 방법론에서 우리의 전통적 방법론으로, 사회과학적 패러다임에서 인문적 패러다임으로 중요한 학문적 전환이 이루어졌다. 『禮 & 藝: 한국인의 의사소통 사상을 찾아서』와 『노장·공맹, 그리고 맥루한까지』와 같은 책을 쓰게 되었고, 같은 맥락에서 이번에 『현, 노장의 커뮤니케이션』을 펴냈다. 현재는 『명, 동양의 매체미학』을 준비 중이다.

게임

게임
게임과 문화연구
게임의 변신
게임하기
디지털 게임, 게이머, 게임 문화
비디오게임
새로운 세대의 등장, 게임 제너레이션
억압받는 사람들을 위한 비디오게임
인터넷과 온라인게임*
컴퓨터 게임의 일반 문법

광고

거부할 수 없는 광고 계율
검색엔진을 위한 광고전략
경쟁환경에서 TV광고 매체기획
공익광고의 은밀한 폭력
광고 그리고 문화
광고 그리고 창의성
광고 기호학
광고 비즈니스
광고 쉽게 알 수 있는 사전
광고 크리에이티브 전략
광고 크리에이티브의 원리와 공식(개정판)
광고 프레젠테이션의 실제
광고, 결정적 비밀
광고, 소비자와 통하였는가?
광고기획의 기술(개정판)
광고는 기만인가, 진실인가?
광고라 하는 것은
광고매체 용어집
광고매체론
광고심리학
광고언어론
광고에 대한 3가지 견해
광고에서 사회를 읽는다
광고연구방법론
광고와 39개의 머리
광고와 설득커뮤니케이션
광고와 언어
광고와 예술
광고의 경험
광고의 기호학
광고의 미래
광고의 질적 연구방법론
광고전략 워크북
광고학개론
국제 광고와 PR(개정판)
글로벌 마케팅 커뮤니케이션
기호의 광고학
기호학을 아는 광고, 기호학을 모르는 광고
누군가 나를 설득하고 있다
다변량 데이터분석법의 이해
두뇌증폭기
멀티미디어 광고전략과 실제
방송광고 경제학
방송광고 장르론
브랜드
브랜드 처방법
브랜드는 커뮤니케이션이다
서구 민주주의와 정치광고
설득이미지*
설득커뮤니케이션의 이해와 활용
세계는 이 광고에 놀랐다
세상에서 가장 쉬운 광고책
세상에서 가장 쉬운 프레젠테이션
세상에서 가장 쓴 광고책
소비자는 어떤 광고에 반응할까?
쉽고 빠른 광고기획
신문광고 개선방안
신문광고 시장의 미래
신문광고와 텔레비전광고 효과 비교
신문의 기사형 광고
신화를 만드는 브랜드, 브랜드를 만드는 신화
아이디어를 내는 방법
영상 커뮤니케이션
영상학서설
옥외광고 효과와 유통 구조
인터넷 광고 효과모델
인터넷 광고의 이해
인터넷 광고의 효과 과정
일상의 욕망과 금기, 광고로 읽다
자본주의의 시, 광고슬로건
전략적 광고조사론
정치광고의 이해와 활용
제품기호학●
카피 카피 카피
카피라이터의 조건
카피라이팅의 원리와 공식
카피연습장 1, 2
프레젠테이션 프로페셔널
프로파간다 시대의 설득전략
한국 광고+통합+크리에이티브+전략
한국 근대 광고 걸작선 100
한국인의 미디어와 소비 트렌드
홍보영상제작론
2008년 TV광고 호감도 분석
Advertising in Korea
CF 제작론
DAGMAR 광고이론
IMC 광고론
PR의 평가*
TV-CM 제작 입문
(예정) 광고 기획론
(예정) 광고매체론(2010년 개정판)
(예정) 광고효과와 매체기획
(예정) 뇌과학으로 본 광고론
(예정) 온라인 카피라이터즈 핸드북

국제 커뮤니케이션

국가의 품격과 저널리즘 외교
글로벌 미디어 기업의 경영 전략
남미로 가는 교두보
뉴스통신사
독일 방송 통일
독일의 디지털 방송정책
동아시아의 미디어 콘텐츠 유통
디지털 시대의 일본 방송
러시아 미디어 정책
문화간 커뮤니케이션과 국제협상
문화와 국제광고 표현
미국 언론법
미국 텔레비전 뉴스
미국신문 연구
밤과 여름
방송프로그램 편성
북한 방송 총람
북한의 IT전략
분단국의 방송 교류
서구 민주주의와 정치광고
세계의 디지털 위성방송
세계의 지상파방송사 경영 전략
스카이하이
시청각 서비스의 해외 통상 규범 및 무역장벽 에 관한 연구
아시아 국가의 텔레비전
아시아의 인터넷, 정치, 커뮤니케이션
아시아의 텔레비전
영국 언론
외신 데스크 위의 세계
인도네시아 · 말레이시아 방송 시장 연구
일본 매스 커뮤니케이션사
일본 미디어의 정보 카르텔
일본 방송 콘텐츠 산업과 정책
일본 방송개방과 교류
재외동포 언론실태와 현황
중국 디지털 방송 연구
중국 신문의 현실
테러리즘과 글로벌 커뮤니케이션
통신위성 시대의 국제 커뮤니케이션
프랑스 언론●
프랑스 TV와 권력
한 · 미 신문의 기사 형식과 내용
현장 문화행사 국제교류
호주의 미디어
BBC와 CNN
e-브리타니아
Framing North Korea

네트워크 커뮤니케이션

네트워크론
사회자본
조직 커뮤니케이션
(예정) 갈등 해결의 8단계
(예정) 사회관계망 연구 핸드북
(예정) 인터넷 시대의 사회관계자본

마케팅 커뮤니케이션

강한 원칙 강한 마케팅
거대시장 시니어의 탄생
고객 커뮤니케이션
광고보다 빠른 세일즈 프로모션
국경을 넘는 마케팅
글로벌 마케팅 커뮤니케이션
누구도 알려주지 않은 마케팅 리서치 비법 노트
도시마케팅
마케터의 일
마케팅 PR(개정판)
문화예술 마케팅
문화예술 스폰서십
문화콘텐츠 마케팅
문화콘텐츠의 해외 마케팅
미디어 소비: 경기변동과 미디어 이용
방송영상 콘텐츠 유통 마케팅
브랜드 관계 마케팅*
비즈니스 DNA의 발견, 4D 브랜딩
사회 마케팅과 공익광고 캠페인
상품세계의 인식과 설득
성공적인 기업이미지 마케팅
세일즈프로모션
스포츠 저널리즘과 스포츠 마케팅
스포츠 프로모션과 세일즈
예술경영학 개론
위대한 브랜드의 비밀
제품기호학●
컬러 마케팅
쿠폰
한국인의 미디어와 소비 트렌드
'한류'와 방송 영상 콘텐츠 마케팅
21세기, 마케팅 커뮤니케이션
IMC 워크북
MD WHO & HOW(개정판)
NBi, 생태주의 브랜드 경영
(예정) 디자인을 만나다
(예정) 박물관이 응답한다
(예정) 예술 경영 2.0

만화 · 애니메이션

만화 콘텐츠 비즈니스
만화산업백서 2005~2007
만화애니메이션 연구
비주얼 스토리텔링
애니메이션 경제학 2004(개정판)
애니메이션 시나리오
애니메이션 지원정책의 효율성 제고 방안 연구
애니메이션 타이밍
애니메이션산업백서 2004~2007
유럽 애니메이션 시장분석 및 진출전략 비즈니스 가이드
음악산업백서 2005~2007
일본 극장애니메이션 개방효과 및 대응방안
일본 애니메이션 산업의 역사
일본 애니메이션은 미국 시장에서 어떻게 성공했나?
중국 애니메이션 비즈니스
캐릭터 비즈니스
캐릭터산업백서 2004~2007
컴퓨터그래픽과 애니메이션
하우 투 클레이 애니메이션
1999~2004 남북애니메이션 교류백서
Le Manhwa, Nouvel horizon de la BD asiatique(한국만화 가이드북-불문판)
Manhwa, Another Discovery in Asian Comics(한국만화 가이드북-영문판)
(예정) 애니메이션, 어떻게 써야 할까?

멀티미디어 · 모바일 미디어

검색어 1위 UCC 이렇게 만든다
공공정보가 디지털 경제를 움직인다
글쓰기의 공간
기업정보화 방법론
기업정보화 워크북
네트워크 사회
뉴미디어 백과사전
뉴미디어 시대의 네트워크 커뮤니케이션
데이터방송(개정판)
동영상 UCC와 저널리즘
디지털 경제 백과사전
디지털 뉴스 유통과 저작권
디지털 멀티미디어 브로드캐스팅
디지털 모자이크*
디지털 미디어 테크놀로지와 해킹의 최신 지식
디지털 미디어의 최신 지식
디지털 컨버전스*
디지털 혁명과 인쇄매체
디지털이 경제다
멀티미디어와 디지털 세계
멀티미디어와 디지털 쌍방향 TV
모바일 2.0
모바일 미디어
모바일 미디어와 모바일 사회
모바일 미디어와 새로운 인간관계 네트워크의 출현
모바일 미디어의 문화와 시장●
미디어2.0, 새로운 공간과 시간의 가능성
방송과 인터넷의 조우
브로드캐스트에서 넷캐스트로
블로그
블로그 파워
블로그와 시민권 그리고 미디어의 미래*
블로그와 커뮤니티 경영 전략
비트의 문명 네트의 사회
사이버사회 2.0
사회자본
세계의 전자정부와 전자민주주의
아시아의 인터넷, 정치, 커뮤니케이션
어린이와 인터넷 미디어
언론사 닷컴, 현황과 과제
온라인 미디어 비즈니스의 성공과 실패
우리 시대의 디지털 거인들
웹 미디어의 정치경제학
웹2.0은 지식정보 해방공간인가?
유령의 윤리 또는 사이버스페이스에 대한 윤리적 개입
유비쿼터스와 방송의 미래
이동통신과 사회
인터넷 미디어 읽기
인터넷 미디어의 이해와 활용
인터넷 방송
인터넷 자율규제
인터넷과 사이버사회●
인터넷과 온라인 게임*
인터넷과 커뮤니케이션 패러다임의 대전환
인터넷뉴스와 수익모델
인터넷방송 기획실무
인터넷신문의 뉴스 생산과 소비
인터넷은 자유공간인가?
재매개
전자정부와 정부혁신
전자정부와 행정개혁
정보통신과 한국의 변화
최신 인터넷 방송의 이해
컨버전스와 미디어 세계
포털 뉴스의 의제설정과 사회적 평가
하이퍼텍스트 3.0
한국의 블로그 산업
한국의 인터넷, 진화의 궤적
휴대 수신 방송
휴대전화 전자파의 위험
2006 한국의 인터넷신문
2009 한국의 인터넷신문
NewsML의 이해
UCC 나비와 유비쿼터스 태풍
When Mobile Came
(예정) 인터넷 시대의 사회관계자본

문화 · 문화간 커뮤니케이션

게임
글로벌 시대 미디어 문화의 다양성●
늙어가는 미국
다중매체 시대 미디어 이용 패턴의 변화와 이용 내용상의 질적 다양성 탐구
대중매체의 현실
대중문화, 그 기호학적 해석의 즐거움
도쿄 스터디즈
디지털 패러독스
메두사의 웃음
문화 간 커뮤니케이션
문화 연구란 무엇인가◆
문화연구사전
문화연구와 담론분석

미국 텔레비전 뉴스
미디어 문화론
미디어 아트, 디지털의 유혹
미디어, 그 기호학적 해석의 즐거움
미디어는 어떻게 신화가 되었는가
미디어와 일상
비트의 문명 네트의 사회
세계 문화 이해
소리
소비문화 이데올로기 분석
억압받는 사람들을 위한 비디오게임
예술의 위기
웹 미디어의 정치경제학
이문화간 커뮤니케이션
인간 커뮤니케이션, 비서구적 관점*
전화의 재발견
정보사회의 이데올로기
젠더에 갇힌 삶
코미디, 웃음과 행복의 텍스트
테크놀로지와 낭만주의●
텔레비전과 공중
포스트 시대의 문화정치
하이브리드 컬처
한 침대에 두 사람
한국 사회의 변화와 텔레비전 드라마
한국 시사만화의 이해
한국인과 문화간 커뮤니케이션●
현대사회와 예술/교육
TV 속의 사회, 사회 속의 TV
(예정) 미디어 문화사 1

미디어 경제 · 경영 · 정책

교차미디어 혁명
국내 지상파 방송사 인적자원관리의 현황과 전망
글로벌 미디어 기업의 경영 전략
기술혁신과 언론노동
김정섭 기자의 한국 방송 엔터테인먼트 산업 리포트
네이버 공화국
뉴미디어 사업 현황과 경영전략
다자간 연합에 의한 엔터테인먼트 산업 활성화 방안
다채널 시대의 영상물 유통
대안미디어 진흥 방안
댓글 문화 연구
독일 방송 통일
독일의 디지털 방송정책
디지털 경제 백과사전
디지털 디바이드 해소와 방송
디지털 방송 법제론
디지털 방송 정책과 수용자
디지털 시대 방송법 해설(2010년 개정 2판)
디지털 시대 방송인력과 수급정책
디지털 시대의 독립제작사
디지털 시대의 방송 정책
디지털 양방향 서비스
디지털시대의 언론사 인사 모델
러시아 미디어 정책
매체 경제 분석◆
멀티미디어와 디지털 쌍방향 TV
모바일 콘텐츠 활성화 방안 연구
미디어 경제학
미디어 규제와 지원제도
미디어 기금
미디어 기업의 경영과 자금조달
미디어 기업의 고객관계관리(CRM)
미디어 기업의 사업다각화 성과와 전략
미디어 기업의 소유구조 연구
미디어 기업의 수익 다각화 전략
미디어 다양성
미디어 산업의 성장과 변화
미디어 산업의 지형 변화 2007
미디어 소유와 집중
미디어 집중과 민주주의
미디어기업의 협력과 통합
미디어박물관
미디어의 경쟁과 공존
미디어환경 변화와 케이블 TV
민영방송경영론
방송 미디어 경제학
방송 산업 비정규직의 실태와 개선 방향에 관한 연구
방송 영상 산업 진흥 정책의 이해
방송 프로그램의 수입과 수용
방송 · 통신 융합의 네트워크 특성
방송과 연예 매니지먼트 산업
방송산업과 정책의 이해(2009년 3차 개정판)
방송산업에서의 공정경쟁 정책
방송영상 산업 민간투자 환경 개선과 진흥 제도 연구
방송위원회의 정책 과제와 방향
방송의 내용 규제와 영향력 평가
방송의 미래와 전략, 2017
방송정책 이론과 방법론
방송통신 융합 시대 공영방송의 좌표와 개혁
분단국의 방송 교류
블로그와 커뮤니티 경영 전략
사라지는 신문독자
새로운 커뮤니케이션 정책 연구
세계 방송영상 콘텐츠 유통 비즈니스
세계 주요국의 미디어 융합형 서비스
세계의 디지털 위성방송
세계의 지상파방송사 경영전략
스카이하이
시청률과 방송정책
신문 산업과 한 · 미 FTA
신문 판매의 미래
신문의 미래: 19~35세 신문 독자, 비독자 그리고 여성
아시아 방송영상 콘텐츠 유통 마케팅
아시아의 텔레비전
언론사 경영실태 분석
언론산업 비정규 노동 연구
엔터테인먼트 산업의 경제학
영상커뮤니케이션의 자유와 윤리
예측 가능한 경영을 위한 엔터테인먼트 매니지먼트
온라인 뉴스콘텐츠 비즈니스 모델
온라인 미디어 비즈니스의 성공과 실패
유럽의 영화산업
유사 양방향 프로그램 연구
유선방송시장에서의 경쟁
인터넷 뉴스와 수익모델
일본 방송시장 개방 대응 전략 연구
잡지 경영 현황과 발전 전략
저작권과 방송 콘텐츠 유통
전자민주주의 시대의 인터넷 활용*
전자상거래와 창업
정보 컨텐트 산업의 이해
주요국의 위성 DAB 현황과 전망
지상파 텔레비전 소유 구조
지역 방송과 지원 정책
지역신문 뉴스 생산조직 합리화 방안
지역신문의 경영구조 개선 방안 연구
채널 브랜드 전략
커뮤니케이션 정책 연구*
커뮤니케이션 테크놀러지 기술이전과 그 주요 함의
케이블TV 수신료 인상의 논리
콘텐츠 유료화 연구
통신과 방송의 자유경쟁논리
프랑스 TV와 권력
한국의 미디어 사회문화사
한국의 지상파방송사 경영전략
한국의 TV 홈쇼핑
한국케이블TV산업론●
할리우드 영화산업론
해외 미디어 경영과 마케팅 전략
2005 언론 경영실태 분석
2006 언론 경영실태 분석
2006 한국의 인터넷 신문
2007 언론 경영실태 분석
2007 해외 미디어 경영과 마케팅 전략
2008 언론 경영성과 분석
2008 언론수용자 의식조사
2008 해외 미디어 경영
2009 언론 경영성과 분석
2009 해외 미디어 경영
BBC와 CNN
e-브리타니아
IP TV의 동향과 전략
PP의 경영 전략
PP의 경영 전략 II
WTO와 방송시장 개방
(예정) 글로벌 미디어의 아시아 경영
(예정) 미디어 경제학

미디어 공학

디지털 멀티미디어 방송 기술 및 서비스

디지털 텔레비전 전송기술
디지털방송기술총람
방송기술총람
이동 TV 방송 기술
입체 TV 방송 기술
VOD－주문형 영상 서비스 Video On Demand

미디어 교육

고등학교 영화읽기
교실 속의 영화감독
디지털 시대의 미디어 리터러시
미디어 교수법
미디어 교육과 교과과정
미디어 교육과 교수법
미디어 교육과 비판적 리터러시
미디어 교육학
미디어 리터러시
미디어 리터러시의 도구상자
어린이, 청소년, 미디어
어린이와 인터넷 미디어
어린이와 청소년을 위한 TV 리터러시
언론학 교육의 길을 묻다
영상문화교육 교육과정 기초연구
영화교육론
영화교육의 다양한 교수 · 학습 방법
영화읽기(교사용)
우리 아이들에게 인터넷을 어떻게 가르칠까?
한국의 미디어교육 현황
NIE 어떻게 가르칠 것인가
NIE 이해와 활용
(예정) 즐거운 영화 감상 활동 60

미디어 기호학 · 담론

광고 기호학
광고의 기호학
기호의 광고학
기호학을 아는 광고, 기호학을 모르는 광고
대중매체의 기호학
대중문화, 그 기호학적 해석의 즐거움
미디어 담론
미디어, 그 기호학적 해석의 즐거움
보도 비평, 그 기호학적 해석의 즐거움
신체 언어 커뮤니케이션의 기호학
언론보도와 신화적 인식
영화, 그 기호학적 해석의 즐거움 2
전쟁보도와 미디어 담론
정치담론과 인터넷
제품기호학●
커뮤니케이션과 기호
텔레비전 문화의 기호학
한국 선거보도의 기호학◆
한국 언론보도의 기호학
Media Coverage & Semiotics

마셜 매클루언 시리즈

구텐베르크 은하계●
매클루언의 이해
미디어는 맛사지다
미디어의 이해
지구촌
(예정) 기계 신부
(예정) 지구촌의 전쟁과 평화

미디어 미학

디지털 모자이크*
디지털 패러독스
비트의 문명 네트의 사회
언어와 타이포그래피
영상 제작의 미학적 원리와 방법
영화색채미학
재매개
코미디, 웃음과 행복의 텍스트
HDTV 프레젠스 미디어의 해석*

미디어 법 · 윤리 · 저작권

글로벌 시대의 언론윤리
네티즌을 위한 e-헌법 CyberLaw
뉴스저작물의 저작권
다매체 시대 미디어 윤리의 실천
대통령후보 TV토론의 법적 · 제도적 쟁점과 개선사항
독일의 인터넷 법제
디지털 방송 법제론
디지털 시대 방송법 해설(2010년 개정 2판)
디지털 시대의 문화와 예술과 법률의 최신 지식
디지털 시대의 미디어와 저작권*
미디어 기업의 윤리경영
미디어 법(2009년 개정판)●
미디어 윤리
미디어 정치시대의 미디어와 선거법
보도하는 자의 권리, 보도되는 자의 권리
세계의 언론법제 2000~2001, 2005~2009년
언론과 시민권
언론소송 10년의 판례 연구
언론은 어디까지 말할 수 있나?
언론의 자유와 민주주의
언론인의 직업 환경과 역할 정체성
언론인의 직업윤리
엔터테인먼트 산업과 스타의 권리
연예인 전속계약서 잘 쓰는 법
영화 · 드라마 · 뉴스 만들기 법률실무 100문 100답
웹2.0시대의 저작권 상식 100
유령의 윤리 또는 사이버스페이스에 대한 윤리적 개입

빌렘 플루서 시리즈

그림의 혁명
사진의 철학을 위하여
코무니콜로기●
피상성 예찬*
(예정) 기술적 형상의 세계
(예정) 텔레마틱 문화
(예정) 플루서 전집 독해

인터넷 자율규제
인터넷미디어 읽기
인터넷은 자유공간인가?
자유롭고 책임있는 언론
저작권에서 배급계약까지
정보화 사회의 프라이버시와 표현의 자유
커뮤니케이션 테크놀러지 기술이전과 그 주요 함의
테크놀러지와 통제 혁명
퍼블릭도메인과 저작권법
표현과 보도의 자유는 어디까지인가?
한국 언론윤리 현황과 과제
현대 저작권의 쟁점과 전망(2010년 개정판)
78개의 최신 사례로 보는 미디어 윤리
(예정) 디지털 시대의 음악 공연권

미디어 사상

대항공론(對抗公論)과 대안언론
동양의 고대 커뮤니케이션 사상●
매클루언의 이해
부르디외, 커뮤니케이션을 말하다
언론과 시민권
제국과 커뮤니케이션
체계이론과 커뮤니케이션
커뮤니케이션 사상사
커뮤니케이션과 종교
한국 공론장의 구조 변동
(예정) 커뮤니케이션의 편향성
(예정) 玄: 노장의 의사소통 사상

미디어 수용자

노인과 미디어
늙어가는 미국
디지털 마니아와 포비아
디지털 방송 정책과 수용자
디지털 수용자
디지털시대의 미디어 이용
매스미디어와 수용자
방송 프로그램의 수입과 수용
북한이탈주민의 남한방송 수용
수용자 분석
수용자 연구
수용자 의식조사

시청 행태 심층 분석
신세대 비독자 연구
아시아 수용자 연구
에이징 커뮤니케이션●
위성방송 연구
일본 방송 프로그램의 국내 수용에 관한 연구
주5일 근무와 TV시청
주한 외국인의 뉴스매체 이용 조사
퍼블릭 액세스와 한국의 시민참여방송
한국 시청자의 텔레비전 이용과 효과 연구*
해외 매체의 국내 수용 현황
2005 시청행태 심층분석
2006 국민의 뉴스소비

미디어 일반

교양인을 위한 미디어 세미나
디지털이다
매스 커뮤니케이션의 이해(개정판)
매스미디어와 정보사회
매스커뮤니케이션 개론
미디어 공공성
미디어 시장 획정 연구
미디어의 미래
세상에서 가장 쉬운 매스미디어 101문 101답
신종플루와 언론
언론학의 20가지 개념
정보사회 입문
현대 매스커뮤니케이션의 이해
현대 사회와 미디어의 이해
현대사회와 미디어
현대사회와 언론
호모미디어쿠스
(예정) 전자 미디어론

미디어와 사회

개혁의 확산●
고도 정보화사회의 여러 모습
그것이 알고 싶다
근대 유럽의 인쇄 미디어 혁명*
네그로폰테이다
네트워크 사회
늙어가는 미국
대한민국은 지금 체험지향사회
디지털 혁명과 인쇄매체
미디어 빅뱅
미디어 빅뱅, 세상을 바꾼다
미디어 집중과 민주주의
미디어 파워*
미디어와 시민참여*
사회정보학
섹스와 돈
시민 속의 언론, 공공저널리즘*
시민사회와 방송개혁●
언론개혁의 15가지 쟁점과 논의
언론모니터의 이해와 활용
인간, 매체, 커뮤니케이션
인터넷과 사이버사회●
전화의 재발견
정보격차를 넘어 평등사회로
젠더에 갇힌 삶
커뮤니케이션과 종교
퍼블릭 액세스와 한국의 시민참여방송
한국 사회의 변화와 텔레비전 드라마
현대사회의 생활양식과 텔레비전
Media Big Bang!
Media, Culture and Korea
PD수첩, 한국 PD저널리즘의 보고 I, II
TV 속의 사회, 사회 속의 TV
(예정) 디자인을 만나다
(예정) 전자 미디어론

방송 · 영상

검색어 1위 UCC 이렇게 만든다
고등학교_디지털 영상 제작
김정섭 기자의 한국 방송 · 엔터테인먼트 산업 리포트
남북한 보도방송 언어연구*
뉴스 크리틱, 100편의 진단서
다채널 음향
다채널TV론
다큐멘터리 제작론
드라마 디자인
디지털 뉴스 핸드북
디지털 라디오 방송론
디지털 모자이크*
디지털 방송
디지털 방송의 공익성
디지털 비디오 색 보정
디지털 시대의 방송론
디지털 텔레비전 전송기술
디지털방송기술총람
라디오 다큐멘터리
라디오 제작 실무론
라디오 프로그래밍
멀티미디어와 디지털 쌍방향 TV
모던 리코딩 테크닉
미디어 음향
밤과 여름
방송 글쓰기
방송 모니터 길라잡이
방송 모니터 WHO & HOW
방송 미디어 경제학
방송 발음
방송 언어 연구
방송 프로그램 구성 실습
방송, 권력과 대중의 커뮤니케이션
방송 · 영상의 실제적 이해
방송구성작가 되기
방송구성작가입문
방송기술총람
방송기획제작의 기초(개정판)
방송론
방송산업과 정책의 이해(2009년 3차 개정판)
방송영상학개론
방송의 미래와 전략, 2017
방송인 김인규의 공영방송 특강
방송프로그램 편성
방송학 개론
방송화법
비주얼 스토리텔링
비주얼스토리텔링
사운드 포지 8.0
세계의 24 시간 TV뉴스 채널
세계의 지상파방송사 경영전략
세상의 모든 코미디
숏의 문법
스카이 하이
스튜디오와 중계 카메라 제작 기법
스포츠 방송과 영상 산업
시청률과 텔레비전 편성
시트콤 구조 분석론
아나운싱
아비드 에디팅 바이블
아시아 국가의 텔레비전
아시아의 텔레비전
알기 쉬운 방송 영상 입문
애니메이션 제작
어린이 뉴스
연예인 전속계약서 잘 쓰는 법
영국의 방송 프로그램 시장
영상 매체학 개론
영상 제작론
영상 제작의 미학적 원리와 방법
영상매체란 무엇인가
영상문화의 이해
영상미디어론
영상편집 이야기
영상편집론
영화색채미학
영화와 비디오 제작의 세계
유비쿼터스 사회와 방송
이것만 알면 찍는다
이제는 말할 수 있다
일본 방송개방과 교류
장기오의 TV 드라마론
종합편성 채널과 방송 정책
채널 브랜드 전략
최신 인터넷 방송의 이해
텔레비전 뉴스 제작론
텔레비전 뉴스의 이해
텔레비전 시청률조사 연구
텔레비전 영상과 커뮤니케이션
텔레비전 오락 프로그램
텔레비전 카메라 연출
텔레비전을 만드는 사람들
토크쇼, 그 힘과 영향
특수영상 촬영기법
퍼스널TV 특성 및 서비스
프로 저널리스트를 위한 방송 뉴스, 기획에서

보도까지
프로그램 제작비 지원제도
프로덕션디자인
프로듀서는 기획으로 말한다
프로페셔널이 되기 위한 HD 촬영
한국 케이블TV 산업론●
한국어 아나운싱과 스피치
한국의 TV 홈쇼핑
핵심정리 PD되기
현장기자가 발로 쓴 영상저널리즘
홍보영상 제작론
힘 있는 뉴스 리포트
1인 라디오 방송 만들기
2002 한일 월드컵 방송
2002 TV프로그램분석 I
2002 TV프로그램분석 II
2002년 대통령후보 경선 TV토론
2002년 TV 시청행태 분석
AVID HD 개정판
ENG & 캠코더
HDTV－프레젠스 미디어의 해석*
HDTV의 이해와 실제
KBS 김구철 기자의 방송 뉴스 이렇게 쓴다
KBS 김구철 기자의 특종을 만드는 방송 뉴스 이렇게 취재한다
KBS 이재경 촬영 감독의 현장 촬영 노하우
PD, WHO & HOW
PD감각입문
PD를 위한 텔레비전 연출 강의
TV 고발뉴스 제작의 실제
TV 시청률과 시청행태
TV, CATV, IPTV 그리고 DMB를 위한 방송 조명 연출
TV가 TV를 말한다
TV뉴스 취재에서 보도까지
TV드라마 바로보기, 바로쓰기
TV드라마의 메시지
VOD－주문형 영상 서비스 Video On Demand
WTO와 중국 방송
(예정) 세계로 가는 TV
(예정) 시사 다큐 프로그램 기획제작론
(예정) 영상 이미지 컨트롤

설득 커뮤니케이션

광고와 설득 커뮤니케이션
누군가 나를 설득하고 있다
설득 메시지
설득이미지*
설득 커뮤니케이션의 이해
설득 커뮤니케이션의 이해와 활용
프로파간다 시대의 설득전략

스포츠 커뮤니케이션

디지털 커뮤니케이션과 스포츠 컨텐츠
디지털방송과 스포츠중계
미디어 스포츠
미디어 스포츠 사회학
미디어 스포츠와 스포츠 커뮤니케이션
미디어, 스포츠 그리고 사회
스포츠 방송과 영상 산업
스포츠 저널리즘과 스포츠 마케팅
스포츠 프로모션과 세일즈
스포츠, 미디어를 만나다
영상 시대의 미디어 스포츠
최신 스포츠 스폰서십
(예정) 스포츠 경영

스피치 · 글쓰기 · 읽기 · 토론

공포를 날려버리는 학술적 글쓰기 방법
구술강화
글쓰기의 공간
기업을 흥분시키는 자기소개서
논술 연습
논술교육, 읽기가 열쇠다
논쟁
논증의 역사
대한민국 오피니언 리더를 위한 미디어 트레이닝
두려움만 정복하면 당신도 스피치의 달인
듣기
리더의 커뮤니케이션
모든 학문과 정치의 시작, 토론
문화간 커뮤니케이션과 국제협상
발표와 토의
비언어 커뮤니케이션
선거와 TV 토론
설득커뮤니케이션의 이해
설득커뮤니케이션의 이해와 활용
수사학 이론*
스피치 커뮤니케이션●
스피치 특강
스피치의 기술
신체 언어 커뮤니케이션의 기호학
열려라, 말
일곱 살부터 시작하는 어린이 커뮤니케이션 트레이닝
정책토론의 방법
토론
토론의 방법
효과적인 사내 커뮤니케이션
효과적인 의사소통을 위한 기술
TV 토론의 이해
(예정) 갈등 해결의 8단계
(예정) 비언어 커뮤니케이션
(예정) 히틀러의 수사학

신문 · 인쇄 · 출판

기술혁신과 언론노동
대책없는 한국신문, 일본에 길을 묻다
대한민국 지역신문기자로 살아가기
디지털 혁명과 인쇄매체
사라지는 신문독자
사라진 일장기의 진실
신문 판매의 미래
신문법 연구
신문의 역사
신문의 파워
일본 편집자의 탄생
잡지 경영 현황과 발전 전략
절반의 성공, 신문개혁입법운동의 성과와 과제
지역공동체 신문
편집국 쪽으로
한국의 월간잡지
한국의 인터넷 신문
(예정) 간키 하루오

영화

교실 속의 영화감독
국제 문화다양성 협정 체결에 대한 연구
극장의 영화 선택과 상영관 배분전략에 관한 연구
글로벌 영화 산업 동향 분석
김 대리의 시나리오 작가 입문기
남북한 영화 교류방안 연구
노사협약 이후 영화제작현장 변화 및 개선 방향 연구
논리니어, 비선형 디지털 영상 편집
다양성 영화의 지역 상영 활성화 방안 연구
다큐멘터리 스토리텔링
다큐멘터리, 또 하나의 영화
디지털 시네마 도입의 경제적 파급효과
디지털 영화
디지털 영화 제작 3.0
만추, 사라진 영화
만추, 이만희
멀티플렉스 산업 연구
메두사의 웃음
명장면으로 영화 읽기
문화다양성협약과 한국영화
미디어 융합과 영화산업 패러다임의 변화
미디어 융합시대, 영화창구의 경쟁구조 및 공존전략 연구
방송과 영화의 연계방안 연구
배우 신성일
북극의 나눅
북한영화사
사운드 디자인
세계 영화산업 규모 및 현황연구
세상에서 가장 쉬운 디지털 시네마
송길한 시나리오 선집
신 스터디
아비드 에디팅 바이블
아시아 공동제작 현황과 발전 방안
아시아 · 태평양 지역 한국영화 진출현황연구

얼터너티브 시나리오
연출부 · 제작부가 꼭 알아야 할 영화 후반 작업
영상문화교육 제도화를 위한 기초 연구
영화 분야 한류 현황과 활성화 방안 연구
영화 연출부 매뉴얼
영화 연출부를 위한 필수 문서양식 65
영화 읽기
영화 읽기(교사용)
영화, 그 기호학적 해석의 즐거움 2
영화, 그 기호학적 해석의 즐거움*
영화교육론
영화교육의 다양한 교수 · 학습 방법
영화를 여는 비밀번호, 영화음악 1579
영화산업 기업전략
영화산업 부가시장 활성화 방안 연구
영화산업 전문인력 구조분석과 정책지원 방향
영화산업 전문인력 분류체계 연구
영화산업의 경쟁력과 경제적 파급효과
영화색채미학
영화와 비디오 제작의 세계
영화와 TV 제작의 포스트 프로덕션
영화의 다양한 상영을 위한 기초연구
영화의상 디자인
영화인지기호학
예술영화관 지원정책 연구
오리지널 시나리오 대장금
유럽 · 미주지역 한국영화 진출현황연구
유럽예술영화 명작 30편
유럽의 영화 산업
이것만 알면 찍는다
일본 영화시장 연구
작가의 탄생
장르 혼합현상에 나타난 산업과 관객의 상호텍스트적 관계
좋은 시나리오, 나쁜 시나리오
최신 HD영화 제작 가이드
통일 한국인이 보아야 할 북한영화 50선
포스트 할리우드
프로덕션디자인
한국 단편영화의 이해
한국 영화 제작 매뉴얼
한국 영화관객의 관람구매 결정요인과 마케팅 방안 연구
한국 영화산업 수익성 분석과 투자 활성화 방안
한국 영화산업의 사회연결망 분석
한국영화 기술사 연구
한국영화 기술의 역사
한국영화 배급사 연구
한국영화는 이렇게 만든다 1, 2●
한국영화라는 낯선 경계
한국영화사
한국영화산업 규모예측과 성장요인 분석
한국영화산업 투자환경 및 자본조달구조
한국영화산업의 디지털화
할리우드 명작 30편
할리우드 영화산업론
해외 영화산업 부가시장 현황 연구
해외 영화제 출품 가이드
해외 주요 국가의 영화산업 조세지원제도 연구
1970년대 서울의 극장산업 및 극장문화 연구
1999~2003년도 한국 영화관람객의 성향과 변화분석
2001~2006 한국 시나리오 선집
2002~2007 한국영화연감
2002년 한국영화 수익성 분석
2004년 세계 영화시장 규모 및 한국영화 해외 진출 현황 연구
2004년 한국영화 수익성 분석과 영화산업 수익성 향상 방안
2005 영화관객 성향조사
2005년 한국영화 수익성 분석과 영화산업 기업화 과정 연구
2006 영화관객 성향조사
2006년 한국 영화산업 실태조사와 한국영화 수익성 분석
2007 영화소비자조사
2007년 세계 영화산업 현황
2008 영화소비자조사
70년대 체제 이행기의 남북한 비교 영화사
Korean Cinema from Origins to Renaissance
WTO 가입 이후 중국 영화산업의 변화와 전망
(예정) 뉴 디지털 시네마
(예정) 다이렉트 시네마
(예정) 다큐멘터리
(예정) 디지털 시네마
(예정) 멜로드라마
(예정) 비주얼 스토리 연출
(예정) 소통과 표현력 향상을 위한 영화교육의 이해와 실제
(예정) 시네마토그래피
(예정) 아시아의 영화산업
(예정) 알모도바르 영화의 모든 것
(예정) 여성 영화
(예정) 영화 편집의 기술
(예정) 저예산 영화의 명장면 연출과 촬영
(예정) 즐거운 영화 감상 활동 60
(예정) 촬영감독과 감독을 위한 영화촬영기법
(예정) 페이킹 잇
(예정) 필름 누아르
(예정) 호러 장르

한국 시나리오 걸작선 101

1. 임자 없는 나룻배
2. 애련송
3. 유관순
4. 자유 결혼
5. 구름은 흘러도
6. 이 생명 다하도록
7. 지상의 비극
8. 마부
9. 사랑방 손님과 어머니
10. 에밀레종
11. 현해탄은 알고 있다
12. 돌아오지 않는 해병
13. 성난 능금
14. 저 하늘에도 슬픔이
15. 갯마을
16. 초우
17. 만추
18. 산불
19. 역마
20. 한
21. 막차로 온 손님들
22. 독 짓는 늙은이
23. 분례기
24. 소장수
25. 석화촌
26. 토지
27. 삼포 가는 길
28. 불꽃
29. 집념
30. 문
31. 족보
32. 전우가 남긴 한마디
33. 장마
34. 깃발 없는 기수
35. 심봤다
36. 짝코
37. 피막
38. 사람의 아들
39. 만다라
40. 난장이가 쏘아올린 작은 공
41. 안개마을
42. 꼬방동네 사람들
43. 여인 잔혹사 물레야 물레야
44. 땡볕
45. 그해 겨울은 따뜻했네
46. 길소뜸
47. 중광의 허튼소리
48. 달빛 사냥꾼
49. 씨받이
50. 행복은 성적순이 아니잖아요
51. 그들도 우리처럼
52. 낙타는 따로 울지 않는다
53. 경마장 가는 길
54. 베를린 리포트
55. 산산이 부서진 이름이여
56. 가슴에 돋는 칼로 슬픔을 자르고
57. 김의 전쟁
58. 눈꽃
59. 하얀 전쟁
60. 미스터 맘마
61. 가슴 달린 남자
62. 살어리랏다
63. 그 섬에 가고 싶다
64. 참견은 노 사랑은 오예
65. 투캅스 1
66. 만무방
67. 장미빛 인생

68. 어디서 무엇이 되어 다시 만나랴
69. 두 여자 이야기
70. 세상 밖으로
71. 헐리우드 키드의 생애
72. 서편제
73. 개 같은 날의 오후
74. 301, 302
75. 아름다운 청년 전태일
76. 주목할 만한 영화
77. 축제
78. 고스트 맘마
79. 투캅스 2
80. 그것에 대하여
81. 낮은 목소리 2
82. 죽이는 이야기
83. 블랙잭
84. 가족시네마
85. 내 마음의 풍금
86. 이재수의 난
87. 정(情)
88. 클럽 버터플라이
89. 물고기자리
90. 죽거나 혹은 나쁘거나
91. 고양이를 부탁해
92. 고추 말리기
93. 라이방
94. 번지점프를 하다
95. 소름
96. 파이란
97. 꽃섬
98. 질투는 나의 힘
99. 폰
100. 선택
101. 와일드 카드

예술 커뮤니케이션

광고와 예술
디지털 시대의 문화와 예술과 법률의 최신 지식
문화예술 마케팅
문화예술 스폰서십
예술경영학 개론
예술의 위기
유럽예술영화 명작 30편
현대사회와 예술/교육
현장 문화예술 홍보
(예정) 박물관이 응답한다
(예정) 예술 경영 2.0

위험 커뮤니케이션

기업과 위험 커뮤니케이션
위기 커뮤니케이션
위험 보도론
위험 인지와 위험 커뮤니케이션
위험보도
위험보도와 매스커뮤니케이션
위험커뮤케이션
위험커뮤니케이션과 위험 수용
테러리즘과 글로벌 커뮤니케이션
휴대전화 전자파의 위험

이벤트 · 공연

대한민국에서 뮤지컬 만들기
레크리에이션과 스포츠 시설
스포츠 이벤트 매니지먼트
신이벤트 마케팅 전략
이벤트 계획 실무
이벤트 성공의 노하우
이벤트 연출가, 순간을 최고로 만드는 사람
이벤트 운영 실무
이벤트의 이론과 실제
이벤트의 저력
이벤트의 천재들
일본 테마파크의 사례와 전략
지역 이벤트
창조적인 이벤트 전략
탤런트 연기수업
현장 문화행사 국제교류
21세기 지역 이벤트 전략
IMC 시대의 이벤트 기획론
(예정) 한국의 근대 박람회

저널리즘

갈등이슈 보도의 새로운 접근
격동 속에 부침한 어느 뉴스 도매상 이야기
경제저널리즘의 종속성
공공저널리즘과 한국 언론
공중보건과 의학보도
과학 보도와 과학 저널리즘
교열 리포트
구경
국익과 진실보도
글로벌 시대의 TV저널리즘
글로벌시대, 금융저널리즘의 이해
남북 화해 시대의 국민적 과제와 언론의 역할
남북 화해 시대의 방송 저널리즘
남북문제 보도의 새로운 모색
남북한 문화차이와 언론
남북한 방송문화교류의 현황과 과제
남북한 텔레비전 뉴스보도 비교연구
남북한언론의 정상회담 보도
뉴스 영어의 정복자
뉴스 크리틱, 100편의 진단서
뉴스에이전시란 무엇인가
대북정책과 언론-국가 관계
대외경제정책과 뉴스미디어
대통령 보도와 청와대 출입기자
대한민국 지역신문기자로 살아가기
동영상 UCC와 저널리즘
디지털 뉴스 핸드북
디지털 뉴스룸과 방송 저널리즘
디지털 다매체 시대의 공영방송
디지털 시대 장애인 방송 활용론
디지털 시대 저널리즘 구하기
디지털 시대 TV 드라마의 위상과 전망
디지털 시대의 뉴스전문채널
디지털 시대의 재해방송
디지털 테크놀로지와 저널리즘
무료신문 연구
미국 텔레비전 뉴스
미국신문 연구
미디어 디베이트
미디어 상호비평의 지형
미디어 선거와 그 한계
미디어 정치 시대의 TV 저널리즘
미디어 통계의 이해
미디어 환경 변화와 뉴스통신사의 새로운 역할
미디어에 나타난 이웃
방송 공익성에 관한 연구
방송 저널리즘
방송기자로 성공하는 길
별은 어둠을 피해 달아나지 않는다
부러진 펜으로 쓰다
부산일보 편집 스타일북
사이공 최후의 표정 컬러로 찍어라
사회 위기와 TV저널리즘
새로운 신문 기사 스타일
선거와 여론조사 보도
세상에서 가장 쉬운 기사작성론
세상에서 가장 쉬운 취재보도론
수양산 그늘이 팔십리를 가듯이
스트레이트를 넘어 내러티브로
스포츠 저널리즘과 스포츠 마케팅
시민 속의 언론, 공공저널리즘*
시사잡지와 잡지저널리즘
시장의 감옥
신문 정보그림의 이해와 활용
신문 헤드라인 뽑는 법
신문, 좋은 문장 나쁜 문장
신문뉴스 생산조직 합리화 방안
신문의 경기동향 보도
신문의 미디어 비평
신문의 북리뷰, 무엇이 문제인가?
신문의 의약분업보도
실전취재보도론
언론개혁과 자율규제
언론과 진실, 이상한 동거
언론인 인력 수급과 교육 수요
언론학의 20가지 개념
얼터너티브 인터넷
여자가 기자가 된다
온라인신문, 경쟁과 공존
외국신문에 비친 한국언론
외신의 한반도 취재와 보도
웹 2.0과 저널리즘 혁명

위기의 한국신문
인터넷 공간의 사적콘텐츠와 법률적 쟁점
인터넷 시대, 실전취재보도론
인터넷 시대의 새로운 정치환경과 언론
인터넷 자율규제
인터넷신문과 온라인 스토리텔링
인터넷에서는 무엇이 뉴스가 되나
인터뷰
인터뷰이를 위한 인터뷰의 이론과 실제
일본 미디어의 정보 카르텔
재외동포 언론 실태와 현황
저널리즘 글쓰기
저널리즘 평론-부동산 보도
저널리즘 평론-사회적 약자
저널리즘 평론-환경보도
저널리즘과 선진 민주주의
저널리즘은 민주주의를 어떻게 만드는가?
저신뢰 위험사회의 한국 언론
전북도민일보 편집 스타일북
전쟁 저널리즘
전쟁보도와 미디어 담론
전환기의 한국방송
정보공개와 탐사보도
정치냉소주의와 TV저널리즘
좋은 문장, 나쁜 문장
지역공동체와 공공저널리즘
지역공동체와 저널리즘
최신 사사기획제작법
클릭, 인터넷 취재
클릭을 부르는 인터넷 뉴스 헤드라인
탐사보도와 CAR 실무●
테러리즘과 미디어
테러와 전쟁보도 연구
텔레비전 리얼리티 프로그램
텔레비전선거 여론조사 보도
편집권 독립, 반세기의 고민●
포털 뉴스의 의제설정
포털 비즈니스의 성과와 미래
프랑스 언론●
한 · 미 신문의 기사 형식과 내용
한 · 미 신문의 취재원 이용 관행
한국 기획기사와 미국 피처스토리 비교 분석
한국 시사 만화
한국 신문의 1면 기사
한국방송의 정체성 연구
한국언론의 병리
한국언론의 시민운동보도
한국언론의 신뢰도
한국언론의 좌표◆
한국의 뉴스미디어 2006
한국의 뉴스미디어 2007
한국의 대안 미디어
한국의 무료신문
한국의 신문칼럼
한국의 언론인 2001
한국의 언론인 2005
한국의 언론인 2007
한국의 언론인 2009
한국의 저널리즘
한국의 전문 기자
한국의 전문신문
헤드라이닝
2004 이슈
2005 TV 저널리즘의 이슈와 쟁점
2005년 한국 사회의 쟁점과 텔레비전 프로그램
2007 국민의 선택
2007 남북정상회담과 언론보도
CAR, 데이터베이스로 취재하기
NewsML의 이해
PD수첩, 한국 PD저널리즘의 보고 I, II
TV장르와 방송 저널리즘
(예정) 기자혼은 죽지 않는다
(예정) 컨버전스 시대의 온라인 저널리즘

지역 미디어

대한민국 지역신문기자로 살아가기
디지털 시대의 지역방송 편성
지역 방송과 지원 정책
지역 MBC 발전 방안 연구
지역공동체 신문
지역미디어
지역방송 뉴스 비교연구
지역사회와 언론
지역신문 뉴스 생산조직 합리화 방안
지역신문의 경영구조 개선방안
지역언론과 지역문화●
지역언론의 발전과 개혁
한국 민영 방송사의 재평가
한국지방일간지의 지역성

커뮤니케이션 역사

격동 속에 부침한 어느 뉴스 도매상 이야기
고쳐 쓴 언론유사●
광고라 하는 것은
극비 조선총독부의 언론 검열과 탄압●
기술혁신과 언론노동
뉴스의 역사
뉴스통신사
대구경북언론사
대한매일신보 연구*
동굴벽화에서 만화까지*
디지털 시대의 일본 방송
미국 텔레비전 뉴스
북한영화사
사라진 일장기의 진실
스카이 하이
신문의 역사
언론과 한국 현대사
언론조선총독부*
역사와 언론인
일본 매스커뮤니케이션사
제국과 커뮤니케이션

한국의 저널리스트 시리즈

고승철_밥과 글
김연수_끊임없는 열정으로 역사를 찍는다
김지석_시대의 과제에 맞섰는가
김창혁_동굴 속 기자의 초상
김학순_진실, 세상을 바꾸는 힘
박래부_분노 없는 시대, 기자의 실존
손석춘_아주 무딘 칼날
안병찬_르포르타주 저널리스트의 탐험
이영성_외눈박이 시대의 외눈박이 기자

조선시대의 언론 문화
케이블TV 10년사
한국 근대 광고 걸작선 100
한국 근대언론과 민족운동
한국 근대언론의 재조명
한국 민영 방송사의 재평가
한국 텔레비전의 전설
한국방송 70년의 평가와 전망
한국사회의 미디어 출현과 수용
한국영어신문사*
한국영화 기술의 역사
한국영화사
한국의 방송인
현장기록, 방송노조 민주화운동 20년
현장기록, 신문노조 민주화운동 20년
JODK, 사라진 호출 부호
JODK, 조선방송협회 회상기
Korean Cinema
(예정) 미국 신문의 역사
(예정) 인류 역사와 커뮤니케이션
(예정) 한국의 근대 박람회
(예정) 한국 PR사

커뮤니케이션 연구 방법

광고연구방법론
광고의 질적 연구방법론
구조방정식모형으로 논문 쓰기
누구도 알려주지 않은 마케팅 리서치 비법노트
다변량 데이터 분석법의 이해
리서치가 있는 맛있는 PR
미디어 내용분석 방법론
사회과학 통계방법론의 핵심 이론
선거 여론조사
소비자는 어떤 광고에 반응할까?
여론조사
인터넷 연구방법◆
전략적 광고조사론
커뮤니케이션 연구, 어떻게 할 것인가
커뮤니케이션의 역사 연구 방법
포커스그룹 리서치
PR의 언론 관계 효과 측정
PR의 평가*

Q 방법론◆
(예정) 사회관계망 연구 핸드북

커뮤니케이션 이론

개혁의 확산●
게이트키핑의 이해
독일 언론학 연구
매스 커뮤니케이션이란 무엇인가?
매체의 현실 구성론*
미디어 방정식
미디어모포시스
미디어에서 리얼리티란 무엇인가
미디어와 인간
미디어의 실제
비판 커뮤니케이션
세계화와 미디어 연구*
언어와 타이포그래피
왜 미디어를 연구하는가?
재매개
첫눈에 반한 커뮤니케이션 이론
커뮤니케이션 이론
커뮤니케이션 핵심 이론
커뮤니케이션 현상의 비판적 성찰
커뮤니케이션의 이해
커뮤니케이션이란 무엇인가?
커뮤니케이션학이란 무엇인가
컴퓨터 매개 커뮤니케이션
컴퓨터는 극장이다
(예정) 커뮤니케이션을 이해하는 50가지 방법

커뮤니케이션 정치 경제

네거티브 전쟁
대통령과 미디어
디지털 패러독스
미디어 선거와 케이블TV
미디어 선거의 이론과 실제●
미디어와 시민참여*
미디어와 유권자
사이버 선거와 인터넷
서구 민주주의와 정치광고
선거 캠페인의 CEO, 정치 컨설턴트
선거와 TV 토론
아시아의 인터넷, 정치, 커뮤니케이션
언론과 민주정치
언론 권력과 의제 동학
이미지 파워
정치 커뮤니케이션의 이해
정치광고의 이해와 활용
정치 담론과 인터넷
커뮤니케이션 기술혁명의 정치경제학
텔레마티크와 정보화 정책론
한겨레신문과 미디어 정치경제학
한국 대통령선거와 커뮤니케이션
한국 미디어의 정치사회학
한국 선거보도의 기호학◆
한국 언론민주화의 진단
한국 텔레커뮤니케이션 자유화의 정치경제학
한국선거보도연구
한국의 정치는 신문이 죽인다
현대 정치 커뮤니케이션
현대정치와 커뮤니케이션
TV 토론의 이해

콘텐츠 · 한류

동아시아의 미디어 콘텐츠 유통
디지털 미디어 스토리텔링
디지털 미디어 콘텐츠 비즈니스
디지털 시대의 케이블 콘텐츠 전략
모바일 콘텐츠 활성화 방안 연구
문화콘텐츠 경영전략●
문화콘텐츠 마케팅
문화콘텐츠 블루오션
문화콘텐츠 산업론
문화콘텐츠 제작, thinking and writing
문화콘텐츠의 해외마케팅
문화콘텐츠학개론
미디어 아트, 디지털의 유혹
방송영상 콘텐츠 유통 마케팅
방송영상 콘텐츠 제작 · 투자 및 성과
블루 콘텐츠 비즈니스
새로운 매체환경과 콘텐츠
세계 방송영상 콘텐츠 유통 비즈니스
에듀테인먼트 콘텐츠 기획
영상 콘텐츠 연구
인터랙티브 미디어와 놀이
인터랙티브 스토리텔링
일본 방송 콘텐츠 산업과 정책
정창권 교수의 문화콘텐츠학 강의: 깊이 이해하기
정창권 교수의 문화콘텐츠학 강의: 쉽게 개발하기
콘텐츠 디자인
콘텐츠 유료화 연구
한류, 신화가 미래다
한류, 한국과 일본의 드라마 전쟁
한류와 문화 커뮤니케이션
'한류'와 방송 영상 콘텐츠 마케팅
DMB 킬러 콘텐츠
DMB와 모바일 콘텐츠

한국어

국수는 밀가루로 만들고 국시는 밀가리로 맹근다
국어의 고수 1, 2, 3
그곳에 가면 언어가 된다
글쓰기로써 말하기 또는 네티즌의 펌글, 댓글, 베플, 악플, 아이디 그리고 이모티콘의 언어학적 분석
김치한국어
내 말에 상처 받았니?
내겐 너무 매운 한국
댓글 아닌 답글 쓰기
문제로서의 언어 1: 사회와 언어
문제로서의 언어 2: 민족과 언어
상생화용, 새로운 의사소통 탐구
선생님 말에 상처 받았니?
선생님을 위한 문법책 1: 문장 편
어르신을 위한 ABC
엄마 아빠 말에 상처 받았니?●
여보, 내 말에 상처 받았어?●
열려라, 말
왜 다시 품사론인가
외국인을 위한 한국어 문법 1: 체계 편
외국인을 위한 한국어 문법 2: 용법 편
외국인을 위한 한국어 수업 대화 분석
인터넷에서 가장 많이 틀리는 한국어
조선, 말이 통하다
지하철이 고장나서 늦었어요
한국어 교육에서 한국문학 교육의 이론과 실제
한국어 교육을 위한 한국어 연어사전
한국어 정보처리 입문
한국어 학습자의 의사소통 문제 연구
한국어 학습자의 중간언어 연구
한국어, 그렇구나 1: 로서와 로써가 헷갈리니?
한국어가 있다 1, 2, 3, 4
한자는 힌트다 1: 감정 편
한자의 미래

홍보

경찰PR론
고객 커뮤니케이션
국가 브랜드 국가 이미지
국가 이미지
국가 이미지 전쟁
국제 PR*
글로벌 브랜드로 가는 길
기업 홍보 실무 특강
기업, 문화, 커뮤니케이션
기업홍보의 힘
대변인
똑똑한 홍보팀을 만드는 실전 홍보 세미나
문화예술 홍보론
미디어 다루기
미디어 트레이닝
브랜드 자산관리
브랜드 혁명
사례로 본 PR 경영
사이버홍보닷컴
사회복지사를 위한 홍보 ABC
설득이미지*
성공한 PR
스테이크 홀더
시민단체 다루기
실리콘 밸리 인터넷 PR전략
언론과 홍보

언론사 홍보
여론을 만드는 사람, 에드워드 버네이즈
여론의 법정에서
온라인 PR
위기 커뮤니케이션
위기관리 커뮤니케이션
위기관리 PR 커뮤니케이션
위기에 성공한 PR
위기PR
위대한 브랜드의 비밀
이미지 상자
이미지 파워
이미지PR
이젠 정책 e 홍보다
인터넷으로 PR하기
전략적 이슈 관리 PR
전략홍보 워크북
정부 PR
제대로 알고 하는 검색광고
제일기획 출신 교수들이 쓴 광고 · 홍보 실무 특강
창의력, 깜짝 놀랄 PR을 만들다
퍼블릭어페어즈 핸드북 -사례편, 실행편, 이론편, 일반편
현대 PR의 이론과 실제
현장 문화예술 홍보
혼자서도 할 수 있는 비영리PR
No.1 vs No.2, 브랜드 게임의 법칙
PR
PR 스타일 가이드
PR실전론
PR 이론
PR 프로젝트 기획
PR의 기능과 운영
PR의 새로운 패러다임
PR의 언론 관계 효과 측정
PR의 역사와 개념
PR의 연구와 평가
PR의 원칙과 책임
PR의 테크닉과 실행
PR의 힘●
PR전문가들이 말하는 리서치가 있는 맛있는 PR
PR조직과 운영
PR캠페인 기획 · 관리의 단계별 지침서
PR캠페인 기획과 실무
Strategies in Public Relations
(예정) 기업 퍼블릭 어페어즈
(예정) 박물관이 응답한다
(예정) 이것이 진정한 PR이다
(예정) 한국 PR사

환경 커뮤니케이션

도시마케팅
도시, 인간과 공간의 커뮤니케이션
도쿄 스터디즈
인간과 환경의 커뮤니케이션●
창조지구, 문화 생산의 전위

휴먼 커뮤니케이션

인간 커뮤니케이션, 비서구적 관점*
커뮤니케이션 이론
헬스 커뮤니케이션

2010년 3월 현재까지